Law&Ethics
Law&Ethics
Law&Ethics
Law&Ethics

인공지능 대전환 시대에 꼭 알아야 할

인공지능 법과 윤리

김명훈 지음

길벗캠퍼스

김명훈
법무법인 율촌에서 지적재산권, 특히 전기전자/정보통신/컴퓨터 분야의 특허와 관련된 심판/소송 및 자문 업무를 담당하고 있으며, 이외에 영업비밀, 포렌식, 지적재산권 평가/라이선스, 특허 출원 분야에도 다양한 경험을 가지고 있다.
최근에는 인공지능 관련 데이터의 지적재산권 침해, 인공지능 프로그램의 저작권 침해와 같은 분쟁 업무나, 인공지능 개발 계약 검토, 빅데이터 플랫폼 구축, 인공지능 기술 전략 수립과 같은 자문 업무를 수행하고 있다.

인공지능 대전환 시대에 꼭 알아야 할

인공지능 법과 윤리

초판 1쇄 발행 • 2024년 12월 31일 | **지은이** • 김명훈 | **발행인** • 이종원 | **발행처** • (주)도서출판 길벗 | **브랜드** • 길벗캠퍼스
출판사 등록일 • 1990년 12월 24일 | **주소** • 서울시 마포구 월드컵로 10길 56(서교동) | **대표 전화** • 02)332-0931 | **팩스** • 02)323-0586
홈페이지 • www.gilbut.co.kr | **이메일** • gilbut@gilbut.co.kr | **책임편집** • 신유진(backdoosan@gilbut.co.kr) | **디자인** • 강은경
제작 • 이준호, 손일순 | **영업마케팅 및 교재 문의** • 박성용(psy1010@gilbut.co.kr) | **영업관리** • 김명자 | **독자지원** • 윤정아, 최희창
편집진행 • 김미현 | **전산편집** • 앤미디어 | **CTP 출력 및 인쇄** • 예림인쇄 | **제본** • 예림인쇄

길벗캠퍼스는 (주)도서출판 길벗의 IT대학교재 출판 브랜드입니다.

ISBN 979-11-407-1188-8 03000(길벗 도서번호 060120)
정가 29,500원

머리말

인공지능은 현대 사회의 모든 분야에서 혁신을 이끌며, 단순한 도구를 넘어 미래를 형성하는 핵심 요소로 자리 잡았습니다. 의료에서 사람의 생명을 구하고, 금융에서 새로운 부를 창출하며, 교육과 제조, 교통에 이르기까지 우리의 일상은 점점 더 인공지능에 의존하게 되었습니다. 그렇다면 이 거대한 변화 속에서 법과 윤리는 과연 어떻게 인공지능과 함께 발전해야 할까요? 인공지능의 놀라운 가능성 뒤에는 우리가 해결해야 할 중요한 질문들이 숨어 있습니다.

이 책은 단지 지식을 전달하기 위한 책이 아닙니다. 독자 여러분이 인공지능 시대에 더 나은 결정을 내리고, 기술이 만들어 낼 수 있는 사회적 · 법적 · 윤리적 도전을 주도적으로 이해할 수 있도록 돕는 안내서입니다.

먼저, 이 책은 인공지능이라는 복잡한 기술과 그에 얽힌 법적 문제를 누구나 이해할 수 있도록 쉽게 풀어내는 데 중점을 두었습니다. 저작권법, 특허법, 상표법, 디자인보호법과 같은 전통적인 지적재산권법과 개인정보보호법, 부정경쟁방지 및 영업비밀 보호에 관한 법률 등 인공지능과 관련된 주요 법령을 다루며, 실제 사례를 통해 독자들이 내용을 보다 잘 이해할 수 있도록 했습니다. 또한 한국법뿐 아니라 EU, 미국 등 해외의 법적 동향과 규제를 함께 검토하여 국제적인 시각에서 인공지능 규제의 현주소를 살펴봤습니다.

인공지능이 각 분야에서 어떻게 적용되고 있는지를 검토하는 한편, 기술과 관련된 윤리적 이슈도 함께 다뤘습니다. 인공지능이 인간의 판단을 대신할 때 발생할 수 있는 책임 문제, 차별과 편향, 프라이버시 침해 등 윤리적 쟁점을 검토하고, 이를 해결하기 위한 정책적 · 법적 대안을 논의했습니다. 특히, 마지막 장에서는 가상 사례를 통해 인공지능 기술의 실제 응용과 그로 인한 법적 · 윤리적 문제를 종합적으로 분석함으로써 책에서 다룬 모든 내용을 정리했습니다.

인공지능은 기술적 가능성을 넘어 법과 윤리라는 인간 사회의 기본 틀과 긴밀히 연결되어 있습니다. 기술의 발전은 선택이 아닌 필수이고, 이를 뒷받침할 법과 윤리가 없다면 발전은 혼란이 될 것입니다. 이 책이 독자 여러분에게 이러한 복잡한 이슈를 이해하고, 인공지능 시대를 준비하는 데 작은 도움이라도 되기를 바랍니다. 나아가 인공지능의 올바른 활용과 방향성을 고민하며, 미래의 변화를 주도할 수 있기를 기대합니다.

본 교재가 출판되기까지 길벗 캠퍼스 관계자 여러분, 특히 신유진 부장님, 박성용 부장님, 김미현님께 진심으로 감사하다는 말씀 전합니다.

김 명 훈

목차

10장 | 인공지능과 빅데이터

11장 | 인공지능과 법적 책임

12장 | 인공지능의 분야별 검토 – 금융, 의료, 교통, 제조, 교육 분야 등

13장 | 기술과 법, 그 경계에서 인공지능을 다시 보다 – 인공지능의 개발 및 활용 시 유의해야 할 법률 이슈에 대한 종합 검토

1 장

인공지능의 이해

인공지능이란 무엇이고
우리는 왜 인공지능을 알아야 하는가?

학 습 목 표

1. 인공지능의 탄생과 발전에 대한 역사를 알아본다.
2. 인공지능이란 무엇인지 그리고 어떤 종류가 있는지 학습한다.
3. 인공지능 학습이 무엇인지 이해하고 관련 용어를 알아본다.

1.1 들어가며

2016년 3월 9일 대한민국의 바둑프로 이세돌 9단과 구글 딥마인드에서 개발한 인공지능인 알파고(AlphaGo)의 대결이 시작되었다. 마치 인간 대표 1인이 인류의 운명을 걸고 비장하게 인공지능과 대결하는 모습처럼 비쳤고, 국내뿐 아니라 전 세계가 이 대결에 주목했다. 결과는 4 대 1로 알파고의 승. 이세돌의 1승은 인간이 인공지능을 상대로 한 대결에서 마지막 승리가 될 것이라는 말이 나올 정도로, 바둑 분야에서 세계적인 명성을 떨치고 있던 사람을 인공지능이 압도적으로 이기는 모습은 전 세계 사람들에게 큰 충격으로 다가왔다.

그림 1-1 인간과 인공지능의 대결

이후 한동안은 인공지능이 보편화된 세상이 곧 다가올 것처럼 떠들썩했지만, 일반인이 느끼기에 커다란 변화는 없었다. 시간이 좀 더 지나자, 바둑은 여러 경우의 수를 계산하여 가장 유리한 위치에 바둑돌을 두는 것이기 때문에 계산 능력이 뛰어난 인공지능이 사람을 이길 수밖에 없었다는 인식이 늘어나게 되었다. 또한 인공지능의 계산 능력이 아무리 뛰어나다고 하더라도 기존에 없던 새로운 것을 창작하는 능력은 사람을 넘어서기 어렵거나 아주 먼 미래에나 가능하게 될 것이라고 생각하였다.

그러던 중 2022년 11월 30일 OpenAI가 개발한 대화형 인공지능 챗봇인 ChatGPT(Chat Generative Pre-trained Transformer)가 등장하였다. ChatGPT는 인간의 언어를 처리하여 이해하고 질문에 대한 답을 생성해 냈다. 이때의 답은 단순히 기계적인 것이 아니라 물어볼 때마다 달라지는 것이었고, 시나 글을 작성해 달라고 요청하면 기존에 없던 새로운 내용을 생성해 내기도 하였다. 많은 사람의 생각보다 빨리 인공지능이 인간만의 고유 영역이었던 언어 창작 능력을 갖추게 되었고, 모든 산업 영역에 매우 급속도로 퍼져나가게 되었다.

이후 불과 몇 년 사이 인공지능의 발전은 정말 눈부실 정도이다. 특히 새로운 콘텐츠를 생성하는 생성형 인공지능은 언어뿐만 아니라 이미지, 동영상, 음악, 컴퓨터 프로그램 소스코드 등 다양한 산출물을 생성해 낼 수 있게 되었고, 이제는 인공지능이 로봇에 탑재되어 인간과 대화하고 스스로 판단하여 행동할 수 있게 되었다. 이러한 속도의 발전이라면 그동안 인간이 해온 수많은 영역을 인공지능이 대체할 날은 멀지 않을 것으로 보인다.

이러한 인공지능의 발전이 우리 사회에 어떠한 영향을 미치는가에 대해서는 다음과 같은 논의들이 있다.

표 1-1 인공지능에 대한 견해

인공지능에 대한 긍정적인 견해	인공지능에 대한 부정적인 견해
• 인공지능 기술은 새로운 산업과 직업을 창출하여 고용을 늘리고 경제 성장을 촉진할 수 있음. • 인공지능이 인간의 단순 업무를 대체하여 인간은 좀 더 고도화된 업무에 집중할 수 있음. • 인공지능을 활용하여 업무의 효율성과 생산성을 향상할 수 있음. • 인공지능은 금융 예측, 날씨 예보 등 다양한 분야에서 정확성을 향상시킬 수 있음. • 인공지능 비서, 스마트 홈 기기, 음성인식 기반 검색 및 정보제공 서비스 등 인간과의 상호작용을 통해 일상생활에 편의를 제공할 수 있음. • 인공지능을 이용한 신약 개발, 질병 진단 및 치료를 통해 삶의 질을 향상하고 수명을 연장할 수 있음.	• 인공지능이 인간의 일자리를 대체하여 실직자를 양산할 수 있음. • 인공지능이 동의 없이 인간의 개인정보를 사용하거나 활용하여 학습될 수 있음. • 편향된 데이터로 학습된 인공지능은 차별적인 판단을 내릴 수 있음(예를 들어, 백인 위주의 데이터로 학습된 인공지능이 고임금 직업을 가진 사람은 백인으로 표현하고 저임금 직업을 가진 사람은 유색인종으로 표현). • 인간의 고유한 능력으로 여겨졌던 고도한 창작 능력, 감정 표현 능력, 사회적 상호작용 능력 등을 인공지능이 수행할 수 있게 됨에 따라 인간으로서의 고유한 가치가 하락할 수 있음. • 고위험 영역(핵무기, 원자력 등)에 활용되는 인공지능이 잘못된 판단을 내리게 되면 인류의 존속에 큰 위협이 될 수 있음.

인공지능은 상당히 많은 분야에 적용할 수 있을 뿐만 아니라 그 잠재력도 무궁무진하다. 그렇기 때문에 앞으로 우리 인류에 어떤 영향을 미칠지 예상하기가 어렵고 그래서 위와 같이 다양한 논의들이 계속되는 것으로 보인다.

따라서 우리는 이러한 인공지능을 이해하고, 우리 사회의 법과 제도 테두리 안에서 잘 활용하여 인류의 발전에 도움이 되도록 할 필요가 있다.

1.2 인공지능의 역사

최근 인공지능에 대한 전 세계적인 관심이 크다 보니 인공지능 기술에 대한 역사가 길지 않으리라 생각할 수 있지만, 인공지능과 관련된 연구가 시작된 것은 1940년대 초반으로 80년 이상의 역사가 있다. 인간을 따라서 만든 컴퓨터인 인공지능은 성장기와 암흑기를 반복하면서 발전하여 현재에 이르게 되었다.

최초의 인공지능 연구(1940년대)

1943년 워런 맥컬록(Warren McCulloch)과 월터 피츠(Walter Pitts)는 최초로 인간의 뇌를 기계적으로 모델링하였다. 이 두 사람은 「신경 활동에 내재하는 생각의 논리적 계산(A Logical calculus of ideas immanent in nervous activity)」이라는 논문을 발표하였다. 이 논문에서 인간 신경망의 각 뉴런이 'All-or-Noting'이라는 특성을 가진다는 점에 착안하여 On과 Off로 표현될 수 있는 뉴런들을 네트워크로 연결하면 모든 논리적인 표현을 구현해 낼 수 있다고 하였다.

표 1-2 인간 뇌의 뉴런 신경망과 McCulloch-Pitts 모델의 비교

<table>
<tr><th>인간 뇌의 뉴런 신경망</th><th>McCulloch-Pitts 모델(논문의 105면)</th></tr>
<tr><td>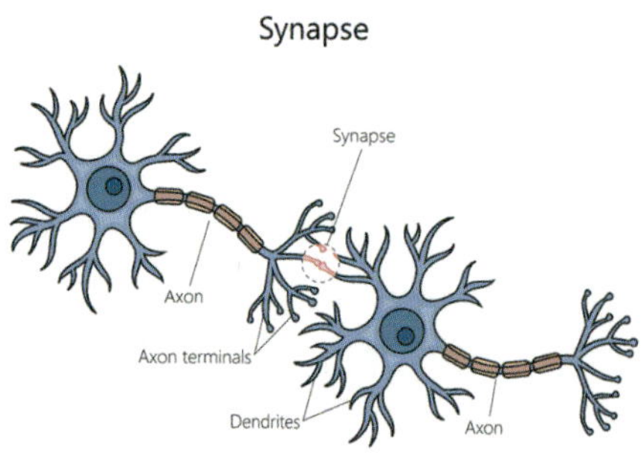
</td><td>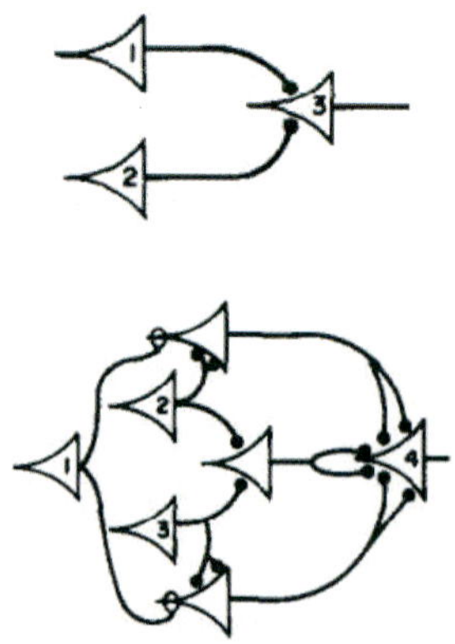</td></tr>
</table>

왼쪽 그림과 같이 인간의 뇌는 뉴런(Neuron)이라는 수많은 신경세포로 이루어져 있으며, 각각의 뉴런은 시냅스(Synapse)라고 불리는 연결 부위를 통해 다른 뉴런들과 연결된다. 각 뉴런은 다른 뉴런들로부터 신호를 받아들이게 되고, 이러한 신호가 중첩되어 뉴런이 가진 고유한 한계치보다 커지면 뉴런은 활성화(On)되어 인접한 뉴런에 신호를 전달한다.

오른쪽 그림은 뉴런의 시냅스 구조에 기초하여 만든 McCulloch–Pitts 모델에 관한 내용이다. 인간의 뇌와 마찬가지로 각 뉴런(삼각형 모양)은 On과 Off 값을 가지며 다른 뉴런으로 값을 전달하게 되는데, 이를 통해 논리적 계산이 가능하게 된다. 이와 같은 McCulloch–Pitts 모델은 현재의 인공 신경망 및 딥러닝의 시초라고 볼 수 있다.

인공지능 개념의 탄생 및 발전(1950~1960년대)

1950년 앨런 튜링(Alan Turing)은 「컴퓨팅 기계와 지성(Computing machinery and intelligence)」이라는 논문에서 "기계가 생각할 수 있는가?(Can machines think?)"라는 유명한 질문을 던지게 된다. 더 나아가 앨런 튜링은 기계가 인간과 같은 모습으로 발전해 나가리라 생각하며 인간과 기계를 구분하는 튜링테스트를 제안한다. 이 테스트는 아래와 같이 인간(C)이 컴퓨터(A)와 또 다른 인간(B)에게 질문을 하고 답변을 받았을 때, 어떤 답변이 컴퓨터가 한 것인지 맞히기 어렵다면 해당 컴퓨터도 인간처럼 생각한다고 판단할 수 있다는 것이다.

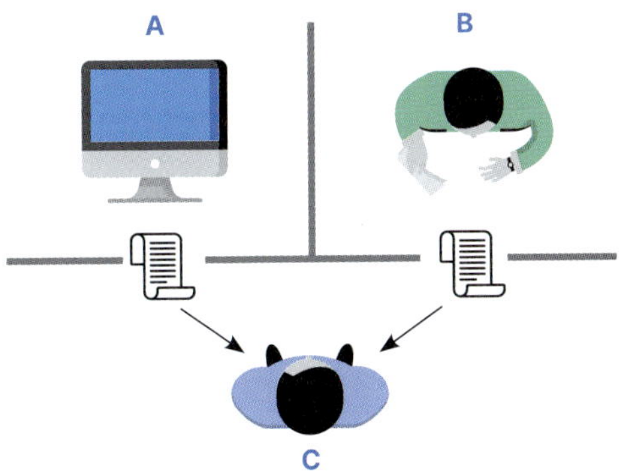

그림 1-2 튜링테스트

이 테스트는 인공지능의 개념적 기반을 제공하였고, 현재까지도 사용되는 인공지능을 판별하는 기준이 되었다. 위 논문이 공개된 때로부터 64년 뒤인 2014년에 러시아와 우크라이나 연구진이 공동 개발한 '유진 구스트만'이라는 AI 챗봇이 세계 최초로 튜링테스트를 통과하게 된다.

이후 1956년에 존 매카시(John McCarthy)는 세계적인 과학자들을 모아서 다트머스 회의(Dartmouth Conference)를 개최하였고, 생각하는 능력을 갖춘 컴퓨터를 인공지능(Artificial Intelligence, AI)이라고 부르기로 하였다. 인공지능이라는 용어가 최초로 탄생한 순간이었고, 컨퍼런스 제안서에 기재된 "기계가 언어를 사용하고, 추상화와 개념을 형성하고, 현재 인간만이 해결할 수 있는 종류의 문제를 해결하고, 스스로를 향상시키는 방법을 찾으려는 시도가 이루어질 것이다."라는 내용은 지금까지도 여전히 중요한 의미를 가진다.

다트머스 회의 이후 인공지능에 관한 연구가 본격화되었고, 많은 연구가가 20년 안에 완전한 지능을 갖춘 인공지능 기계가 탄생할 것으로 예측하기도 했다. 1958년에는 프랑크 로젠블렛(FrankRosenblatt)이 퍼셉트론(Perceptron)을 고안하였고, 컴퓨터 신경망에 '가중치(Weight)'라는 개념을 도입하여 학습할 수 있도록 하였다. 이 당시 퍼셉트론은 사진에서 남자와 여자를 구별할 수도 있었다. 이를 바탕으로 정부나 기업의 대규모 투자도 함께 이루어지면서 곧 인공지능 시대가 올 것이라는 낙관적인 분위기가 이어졌다.

인공지능의 오랜 암흑기(1970~1980년대)

인공지능 기술에 관한 연구가 활발하게 진행되었으나 실제 컴퓨터의 성능은 그러한 연구를 따라가지 못했다. 이는 결국 후속 연구를 어렵게 만들면서 투자는 급속도로 위축되었다.

그러던 중 다트머스 회의에 참여했던 구성원 중 한 명인 매사추세츠공과대학(MIT)의 마빈 민스키(Marvin Minsky) 교수가 1969년에 「퍼셉트론스(Perceptrons)」라는 논문을 발표하였다. 그는 이 논문에서 퍼셉트론으로 XOR 문제 해결이 불가능하다는 것을 수학적으로 증명하였다.

여기서 XOR(eXclusive OR)이라는 것은 AND 및 OR과 함께 논리회로에 등장하는 개념이다. 2개의 입력값(X_1, X_2)에 따라서 출력값(Y)이 결정되는데, AND 게이트는 입력값 2개가 모두 1일 때만 출력이 1이고 나머지 경우에는 출력이 0이 되는 것이다. OR 게이트는 입력값 2개 중 1개라도 1이면 출력이 1이고 입력값 2개가 모두 0일 때만 출력이 0이 되는 것이며, XOR은 입력값이 서로 다를 때 출력이 1이고 입력값이 같으면 출력이 0이 되는 것이다.

표 1-3 AND, OR, XOR 게이트의 논리값

AND			OR			XOR		
X_1	X_2	Y	X_1	X_2	Y	X_1	X_2	Y
0	0	0	0	0	0	0	0	0
0	1	0	0	1	1	0	1	1
1	0	0	1	0	1	1	0	1
1	1	1	1	1	1	1	1	0

한편 퍼셉트론의 학습은 선이나 2차원 평면을 그리는 작업인데, 마빈 민스키의 논문은 이러한 작업을 통해서는 XOR 문제를 풀 수 없음을 지적하였다. 즉 아래 그래프와 같이 AND, OR, XOR에서 출력값이 0이면 흰 점으로 표시하고 출력값이 1이면 검은 점으로 표시하였을 때(예를 들어 아래 빨간색 동그라미 부분과 같이 AND에서 X_1이 1이고 X_2가 0이면 출력 Y는 0이므로 흰 점으로 표시), AND와 OR에서는 선을 하나 그어서 흰 점과 검은 점을 구분할 수 있지만 XOR에서는 선을 하나 그어서 흰 점과 검은 점을 구분할 수 없다는 것이다.

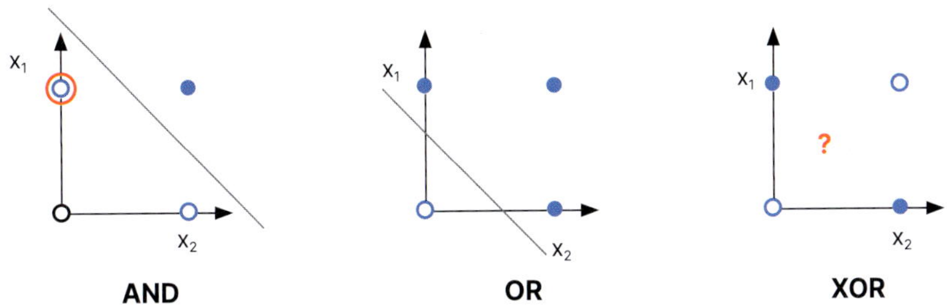

그림 1-3 AND, OR, XOR의 문제 해결

이처럼 흰색과 검은색으로 서로 다른 개념을 정확하게 분리해 낼 수 있는 선형 분리 방식이 퍼셉트론에는 적용되지 못한다는 점을 찾아냈고, 이때부터 인공지능은 한계에 부딪히게 되면서 오랜 암흑기에 접어들게 된다. 이 시기를 인공지능의 겨울이라고 부르기도 한다.

인공 신경망의 부활(1980년대 후반~1990년대)

마빈 민스키는 1969년 당시 논문에서 XOR 문제를 풀기 위해 퍼셉트론을 여러 겹으로 쌓아 올린 다층 퍼셉트론(Multi Layer Perceptron; MLP)으로 해결을 시도해 볼 수는 있지만, 이는 학습이 불가능하므로 여전히 문제를 근본적으로 해결할 수 없다고 했다.

이후 오랫동안 많은 과학자가 다층 퍼셉트론의 학습 문제를 해결하려고 노력했고, 1986년 제프리 힌튼(Geoffrey Hinton)은 다층 퍼셉트론의 데이터 처리 과정과 반대 방향으로 진행하면서 오차를 수정하는 역전파(Back Propagation) 알고리즘을 적용하여 퍼셉트론의 학습 문제를 해결할 수 있게 되었다.

이를 계기로 인공 신경망 연구에 대한 불씨가 붙었으나 신경망의 깊이가 깊어질수록 학습 결과에 문제가 또 발생하게 되었다. 또한 다층 퍼셉트론의 복잡한 신경망을 학습시키기 위한 대량의 데이터와 컴퓨팅 능력이 부족하였기에 그 발전 속도는 더딜 수밖에 없었다.

인공지능의 성장(2000년대~현재)

2006년 제프리 힌튼(Geoffrey Hinton)은 「심층 신뢰 네트워크의 빠른 학습 알고리즘(A fast learning algorithm for deep belief nets)」이라는 논문에서 '심층 신뢰 신경망(Deep Belief Network; DBN)을 제시하고 신경망의 학습 속도와 효율성을 크게 높였다. 이 방법은 그동안의 지지부진했던 인공지능 연구에 획기적인 전환점이 되었고, 딥러닝(Deep Learning)의 개념을 정립하게 된다.

또한 인공지능의 딥러닝을 위해서는 학습을 위한 대규모 데이터와 대량의 데이터를 처리하기 위한 컴퓨팅 능력이 필수적이었는데, 2000년대는 인터넷과 모바일 기술의 발전으로 대규모 데이터가 생산되어 축적되고 컴퓨팅 성능이 비약적으로 발전하는 시기였기 때문에 인공지능 역시 빠른 속도로 성장하게 된다.

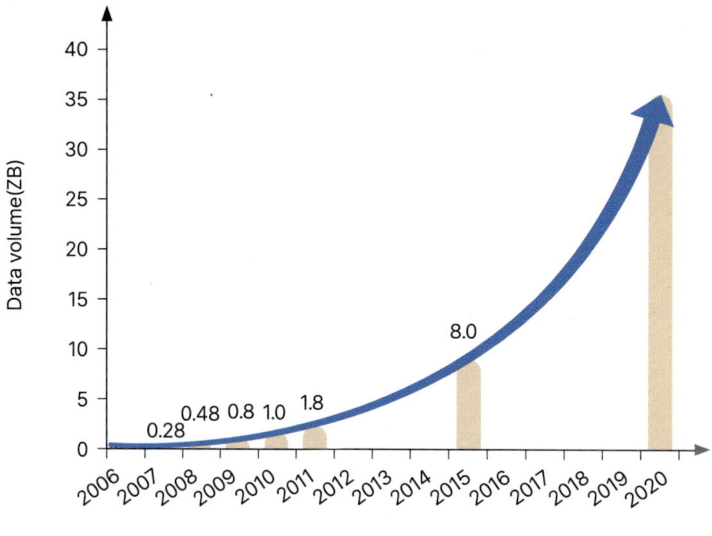

그림 1-4 연도별 데이터 양의 폭발적 증가(논문 출처: Scientific big data and Digital Earth, 2014, Huadong Guo 등)

인공지능 기술은 현재에 이르러서 더 많은 데이터, 더 좋은 컴퓨팅 성능에 기초하여 더욱 급속하게 발전하고 있다. 음성 인식, 이미지 인식, 자율주행 자동차, 의료, 금융 등 다양한 분야에서 혁신을 이루고 있고, 인공지능이 사용되지 않는 분야를 찾는 것이 더 빠를 정도로 많은 영역에서 활용되고 있다.

이러한 분위기가 언제까지 이어질지, 과거 인공지능 암흑기와 마찬가지로 또다시 암흑기가 찾아올지는 알 수 없다. 그러나 현재의 발전 속도를 고려할 때 인공지능 연구 및 기술은 계속해서 진보하고 새로운 혁신을 이루어 나갈 것으로 예상되며, 이는 결국 인공지능이 인간의 모든 영역에 강력한 영향을 미치게 될 것임을 의미한다.

따라서 앞으로는 인공지능의 기술적인 부분 외에도 인공지능이 인류에게 어떠한 영향을 미치게 될지에 대한 분석이나 검토가 더욱 중요해질 것이다. 특히 윤리, 제도, 법률적인 측면에서 어떻게 하면 고도화된 인공지능 속에서 인간의 존엄성을 유지하고 풍요로운 사회를 만들 수 있을지에 대한 고민이 필요하다.

1.3 인공지능의 정의 및 종류

인공지능이라는 용어를 최초로 제안한 존 매카시는 인공지능을 '지능적인 기계를 만드는 과학 및 엔지니어링'이라고 정의하였다. 이 외에도 인공지능은 다양하게 정의되고 있다.

표 1-4 인공지능의 정의

출처	정의
미래학자 레이 커즈와일(Ray Kurzweil)	사람처럼 지능이 요구되는 기능들을 수행할 수 있는 기계를 만드는 기술
컴퓨터 과학자 일레인 리치(Elaine Rich)	사람이 더 잘하는 무엇인가를 컴퓨터가 할 수 있도록 하는 연구
인공지능산업 육성 및 신뢰 확보에 관한 법률안	학습, 추론, 지각, 판단, 언어의 이해 등 인간이 가진 지적 능력을 전자적 방법으로 구현한 것
인공지능 책임 법안	학습, 지각, 판단, 자연언어의 이해 등 인간이 가진 지적 능력을 전자적 방법으로 구현하기 위한 것

결국 인공지능은 인간의 지능적인 작업을 모방하거나 수행하는 능력을 가리키는 것이고, 학습, 추론, 문제 해결 등 다양한 작업을 포함한다. 버클리 대학(UC Berkeley)의 존 설 교수는 인공지능이 인간의 지능을 얼마나 모방했고 인간과 얼마나 비슷하게 작업을 수행할 수 있는지에 따라서 약한 인공지능과 강한 인공지능으로 나누었는데 그 의미는 다음과 같다.

약한 인공지능(Weak AI)

약한 인공지능은 인간의 업무처리에 도움을 주는 보조적인 처리를 하는 인공지능을 의미하며, 사람에 의해 프로그래밍이 되거나 사전에 정의된 규칙에 따라 작동한다. 약한 인공지능은 특정한 작업 또는 한정된 범위의 작업을 수행하게 되며, 지금까지의 인공지능은 모두 약한 인공지능이라고 할 수 있다.

물론 최근의 인공지능들은 기존에는 없던 새로운 것을 창작하거나 자율적인 판단에 따라 행동하는 경우가 있지만, 이 또한 인간이 내린 과제를 미리 설정된 알고리즘에 따라 해결한다는 점에서 약한 인공지능에 해당한다.

약한 인공지능은 특정 범위에 국한되어 업무를 수행하며 인간의 관리·감독 하에서 만들어지고 동작한다는 점에서 강한 인공지능에 비하여 그 위험성이 낮고 발생하는 문제점들은 사전적으로나 사후적으로 어느 정도 해결이 가능하다. 최근의 제도 및 법률 논의는 주로 약한 인공지능을 전제로 진행되고 있다.

강한 인공지능(Strong AI)

강한 인공지능은 인간 수준 또는 그 이상의 지능을 갖는 인공지능을 지칭하며, 인간처럼 자유의지를 가지고 사고하며 스스로 지식을 습득하고 발전하는 시스템이다. 강한 인공지능은 특정 영역에 국한되지 않고 다양한 상황에 대처할 수 있으며 창의력과 추상적 사고 능력도 갖추고 있다.

아직은 개발되지 않았고 지속적인 연구가 진행 중이며, 미래학자인 레이 커즈와일(Ray Kurzweil)은 강한 인공지능의 출현 시점을 2045년으로 예측했다가 인공지능의 빠른 발전 속도에 기초하여 2030년으로 앞당겼다.

강한 인공지능은 명령받지 않아도 스스로 일을 할 수 있으며, 인간의 명령이 불합리하다고 판단했을 때는 그 명령을 거부하고 다른 행동을 수행할 수도 있다. 강한 인공지능 시대가 언젠가는 도래할 것이라는 점에 대해서는 많은 학자가 동의하고 있으나 강한 인공지능이 인간에게 어떠한 영향을 끼칠 것인지에 대해서는 의견이 분분하다. 윤리나 법률 분야에서도 지금과는 다른 완전히 새로운 논의가 진행될 것으로 보이고, 인공지능이 지구상에 존재하는 지적인 존재로서 인류와 함께 공존해 나갈 수도 있을 것이다.

한편 강한 인공지능에서 더욱 발전하여 모든 측면에서 인간을 훨씬 뛰어넘어 인간이 이해하지 못하는 수준의 복잡성과 능력을 갖추게 되는 인공지능을 초인공지능이라고 한다. 아직은 이론적인 논의에 불과하지만, 이러한 초인공지능 시대가 도래한다면 인류의 미래는 크게 변하게 될 것이다.

1.4 인공지능 기술에 대한 이해

인공지능의 윤리, 제도, 법률은 모두 인공지능의 기술적 특징을 고려하여 마련되는 것이기 때문에 인공지능 기술에 대해 먼저 이해할 필요가 있다. 예를 들어 인공지능 윤리 중 하나로서, 인공지능 시스템이 그 작동 방식과 의사 결정에 대해 명확하고 이해하기 쉽게 설명되고 공개되어야 한다는 '투명성의 원칙'이 있다. 이는 인공지능 모델(특히 딥러닝과 같은 모델)의 내부 작동 과정을 알기 어렵기 때문에 인공지능이 어떠한 결정을 내려도 왜 그러한 결정을 내렸는지 이해하기 어렵다는 기술적인 측면을 고려하여 논의되고 있다.

이하에서는 여러 인공지능 기술 중 윤리, 제도, 법률을 논의하기 위해 미리 알아둘 필요가 있는 기술적인 내용들을 위주로 설명하도록 한다.

인공지능 개발 단계에 대한 이해

인공지능 모델의 개발은 통상 다음과 같이 개발 계획 수립, 데이터 준비, 모델 학습, 평가, 배포 단계를 거치게 된다.

그림 1-5 인공지능의 개발 단계

개발 계획 수립

어떤 인공지능을 개발할 것인지에 대한 목표를 설정하고, 그러한 목표를 달성하기 위해 인적 자원과 물적 자원을 얼마나 투입할 것인지에 대한 계획을 세우게 된다. 또한 어떠한 데이터와 알고리즘을 사용할 것인지를 정하고, 인공지능 시스템에 대한 기술적/윤리적/법률적 위험 요소를 분석한 뒤 이러한 위험을 제거하는 방안을 마련한다.

데이터 준비

학습을 위한 데이터를 수집하고 수집한 데이터를 학습에 사용하기 위해 처리하는 단계이다. 예를 들어 이미지를 생성하는 인공지능을 개발하기 위해서는 여러 이미지 데이터를 수집해야 하는데 이러한 데이터는 웹상에서 수집하거나 데이터를 보유하고 있는 회사로부터 구매할 수도 있고, 직접 데이터를 생성할 수도 있다. 이렇게 수집된 데이터는 정제, 표준화, 정규화, 노이즈 제거, 라벨링 작업 등을 통해 데이터 품질을 향상하게 되는데 이를 데이터 전처리(Data Pre-processing)라고 한다.

모델 학습

준비된 인공지능 알고리즘에 데이터를 학습시키는 단계이다. 최초로 개발된 인공지능 알고리즘은 갓 태어난 아기와 같다. 아기는 인간으로서의 모든 지적 능력을 갖추고 태어나지만 교육을 받기 전까지는 그 능력을 발휘할 수 없는데, 그와 마찬가지로 인공지능 알고리즘도 최초 개발된 후 학습 과정을 거쳐야 비로소 목표하는 기능을 발휘할 수 있다. 앞서 준비된 학습 데이터들을 인공지능에 입력하면 인공지능은 그 학습 데이터에서 규칙(패턴)을 찾아 학습하게 되고, 이후 새로운 데이터가 입력되면 학습된 패턴에 기초하여 결과를 예측하게 된다.

평가

학습된 인공지능이 입력에 따라 적절한 결과를 출력하는지를 확인하는 단계이다. 위 데이터 준비 단계에서 준비된 데이터는 학습에 사용할 데이터와 평가에 사용할 데이터로 나누어 사용하게 된다. 예를 들어, 전체 데이터의 개수가 100만 개라고 하면 70만 개의 데이터만 학습에 사용하고 30만 개의 데이터는 추후 평가에 사용하기 위해 남겨둔다. 이렇게 하면 70만 개의 데이터로 학습된 인공지능 입장에서는 30만 개의 데이터는 학습하지 않은 새로운 데이터이므로, 평가자는 인공지능이 새로운 데이터의 입력에 대해 적절한 결과를 출력하는지 확인해 볼 수 있다. 인공지능 결과물의 성능이 부족하다고 판단되면 추가적인 학습 데이터로 학습을 할 수 있는데 이를 파인 튜닝(Fine Tuning)이라고 한다.

배포

인공지능 개발이 완료되면 해당 인공지능 모델을 배포하거나 원하는 목적을 위해 사용한다. 배포 이후에는 인공지능을 운영하고 모니터링 단계가 이어지게 된다.

위 각각의 단계는 기술 개발 단계에 따라 구분한 것이지만 각 단계에 따라 윤리적 이슈나 법률적 이슈도 달라지기 때문에 기술 이외의 다른 영역에서도 활용될 수 있다. 예를 들어, 데이터 수집 단계에서는 수집하는 데이터와 관련하여 데이터 편향에 의한 윤리적 문제, 저작권이나 개인정보 침해 등이 문제가 될 수 있고, 배포 단계에서는 인공지능이 예상치 못한 결과를 초래할 경우에 대한 책임 등이 문제될 수 있다.

인공지능의 학습에 대한 이해

인공지능이 다른 기술과 차별화되는 부분은 여러 가지가 있지만 그중 가장 중요한 차이점은 '학습'이다. 인공지능은 대규모 데이터의 특징이나 패턴을 인식하여 학습하기 때문에 새로운 데이터가 입력되더라도 학습된 특징과 패턴을 이용해서 분석할 수가 있고 이는 새로운 문제에 대한 해결 능력을 갖출 수 있다는 것을 의미한다. 또한 새로운 데이터를 기반으로 하여 지속적인 학습을 통해 꾸준히 개선될 수도 있다.

이렇게 인공지능을 학습시키는 것을 기계학습 또는 머신러닝(Machine Learning)이라고 한다.

머신러닝의 기본 원리

평생 한 번도 코끼리를 본 적이 없고 관련된 어떠한 지식도 없는 사람이 있다고 가정해 보자. 이 사람에게 아래 사진을 보여주면서 코끼리를 찾으라고 하면 이 사람은 코끼리가 어떻게 생겼는지 모르기 때문에 찾을 수 없을 것이다.

그림 1-6 코끼리가 포함된 사진

그런데 이 사람에게 아래 사진들이 코끼리 사진이라는 것을 알려주고 위 사진에서 다시 코끼리를 찾으라고 한다면? 아마도 코끼리를 찾을 수 있을 것이다. 그 이유는 아래 사진에서 코끼리의 특징(귀가 크다, 코가 길다, 덩치가 크다, 몸이 회색이다 등)을 파악할 수 있고, 이러한 내용을 바탕으로 위 사진에서 비슷한 특징을 가지는 동물을 선택할 것이기 때문이다.

그림 1-7 학습을 위한 코끼리 사진들

바로 위와 같은 과정이 '학습'이고, 이는 인공지능에도 그대로 적용된다. 즉 인공지능은 위 그림 1-7의 코끼리 사진들에서 유사한 특징이나 패턴들을 인식하여 학습하고, 새로운 사진에서 그러한 특징이나 패턴이 나타난다면 코끼리라고 판단하는 것이다. 더 나아가 학습을 위한 코끼리 사진들에서 계속하여 반복되는 특징(예를 들면, 코가 길다)의 경우에는 더욱 중요한 특징으로 인식하여 가중치를 높게 함으로써, 다른 특징이 다소 부족하다고 하더라도 코가 길다면 좀 더 코끼리로 인식할 가능성이 높아지도록 할 수도 있다.

이러한 학습의 특징 때문에 데이터의 양과 질이 중요하게 된다. 인공지능 학습은 여러 데이터에서 특징을 추출하는 것이기 때문에 많은 데이터를 학습에 사용할수록 더 많은 특징을 추출할 수 있고, 이는 좀 더 정확한 결과물로 이어질 수 있다(즉, 많은 코끼리 사진을 학습할수록 코끼리 여부를 더 높은 확률로 판단해 낼 수 있음). 또한 학습 데이터의 질도 중요한데, 예를 들어 상아가 포함된 코끼리 사진만으로 학습시킨다면 상아가 없는 코끼리의 경우에는 인식률이 떨어질 수 있으므로, 코끼리의 특징을 잘 반영할 수 있는 다양한 사진으로 학습을 시켜야 한다.

머신러닝의 대표적 종류

이러한 인공지능 학습인 머신러닝에는 대표적으로 지도학습, 비지도학습, 강화학습, 딥러닝이 있다.

- 지도학습(Supervised Learning) : 지도학습은 사람이 인공지능에게 어떤 것이 맞는 답인지를 지도하면서 학습을 시키는 방식이다. 예를 들어, 여러 스팸메일을 인공지능에 학습시키

면서 '이 메일들은 모두 스팸메일이다'라는 답(Target Value)을 미리 알려준다. 이렇게 하면 인공지능은 제공받은 스팸메일 데이터들을 학습하면서 스팸메일의 특징들을 알아낸다. 그 결과 인공지능은 임의의 메일이 수신되면 그동안 학습한 메일들과 유사한지 아닌지를 살펴 해당 메일이 스팸메일인지를 판단할 수 있게 된다.

이러한 지도학습은 인공지능 학습의 목표, 방법, 예상 결과를 인간이 설계하고 진행하기 때문에 인공지능이 도출해 내는 결과값을 예상하고 분석하기가 쉬울 수 있다.

지도학습에는 회귀 방법(Regression)과 분류 방법(Classification)이 있고, Linear, Polynomial, Ridge/Lasso, K-NN, Navie Bayes, SVM, Decision Trees 등의 알고리즘이 있으며, 이미지 인식, 자연어 처리, 부정행위 탐지 등 다양한 분야에서 사용된다.

- 비지도학습(Unsupervised Learning): 비지도학습이란 지도학습과 달리 정답이 없는 데이터를 입력하기 때문에 인공지능이 스스로 기준을 만들어 내고 그에 따른 결과값을 도출해 내는 방식이다. 예를 들어, 여러 메일 데이터를 인공지능에 학습시키면 인공지능은 그 스스로 메일들 사이의 숨겨진 패턴이나 규칙을 찾아내서 유사한 메일끼리 그룹화(군집화)하여 보여줄 수 있게 되는데, 이렇게 군집화된 메일은 각각 스팸메일/정상메일일 수도 있고, 첨부파일이 있는 메일/없는 메일일 수도 있다.

이러한 비지도학습 알고리즘에는 Clustering(K-Means, Mean- Shift, Fuzzy C-Means, Agglomerative, DBSCAN), Pattern Search(Euclat, Apriori, FP-Growth), Dimension Reduction(t-SNE, PCA, LSA, SVD, LDA) 등이 있고, 데이터 탐색 및 시각화, 비슷한 특성이나 행동을 가진 고객 그룹 추출, 신용카드 거래의 이상 탐지 등의 분야에서 사용된다.

- 강화학습(Reinforcement Learning): 강화학습이란 정답을 알지는 못하지만 행동에 대한 보상은 알 수 있어서 최대의 보상을 받을 수 있는 방법을 찾아가도록 학습하는 것이다(『인공지능을 위한 텐서 플로우 입문』, 광문각, 2019, 148면 참고).

예를 들어 체스 게임에서 체스 말이 특정 위치로 이동하는 것이 최종적으로 체스 게임에서 이기는 방법인지는 알 수 없지만, 상대의 체스 말을 잡는 것과 같이 긍정적인 결과로 이어질 가능성과 상대방에게 나의 말을 잃게 되는 것과 같이 부정적인 결과로 이어질 가능성을 모두 고려하여 가장 좋은 결과로 이어지는 경우를 계산하고, 만일 좋은 결과로 이어질 것이라고 생각하여 위치를 이동했지만 결국 부정적인 결과가 발생한 경우에는 이러한 내용을 반복적으로 학습함으로써 결국에는 좋은 결과(보상)를 최대화하는 방법이다.

강화학습에는 Genetic, Q-Learning, DQN, SARSA, ASC 등 다양한 알고리즘이 있고, 게임, 자율주행, 로봇 행동 알고리즘 등에 사용된다.

• 딥러닝(Deep Learning): 딥러닝을 이해하기 위해서는 인공 신경망에 대해서 먼저 알 필요가 있다. 인공 신경망(Artificial Neural Network)은 1943년 워런 맥컬록(Warren McCulloch)과 월터 피츠(Walter Pitts)에 의해 처음 연구가 시작된 것으로, 뇌의 신경세포인 뉴런의 작동 원리에서 영감을 받아 설계된 컴퓨터 알고리즘이다.

인공 신경망은 그림 1-8과 같이 여러 계층의 뉴런들이 서로 연결된 네트워크로 구성되며, 이러한 구조는 정보를 처리하고 복잡한 패턴을 학습하는 데에 매우 유용하다.

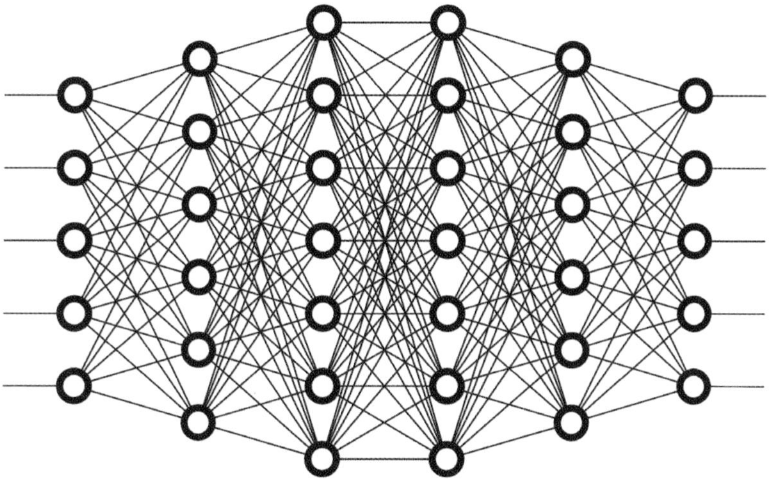

그림 1-8 인공 신경망

인공 신경망을 좀 더 단순화하면 그림 1-9와 같이 도식화할 수 있는데, X1, X2, ..., Xn은 입력을, Y는 출력을 의미하고, W는 가중치로서 적절한 값이 출력될 수 있도록 조정되는 값이다. 가중치라는 것은 입력값의 중요도를 설정하는 것인데, 예를 들어 중간고사를 100점 맞고 기말고사를 50점 맞은 경우 각 시험의 가중치가 동일하다면 최종 점수는 75점이 되겠지만{(100×0.5)+(50×0.5)} 중간고사가 3배 중요한 경우(즉 가중치가 3배가 되는 경우)에는 최종 점수는 87.5점이 된다({(100×0.75)+(50×0.25)}). 이렇듯 가중치를 조정하면 동일한 입력(동일한 중간 및 기말 점수)임에도 결과값(최종 점수)이 달라진다.

인공 신경망에서 뉴런의 각 연결선에는 가중치(W)가 설정되어 있고, 이 값은 처음에는 임의의 값이지만 학습 과정을 통해 원하는 결과값이 나오도록 계속해서 변하게 되며 이렇게 값을 바꾸는 과정을 학습이라고 한다(가중치 외에도 조정되는 값들이 더 있지만 이해를 돕기 위해 가중치에 대해서만 설명하였다).

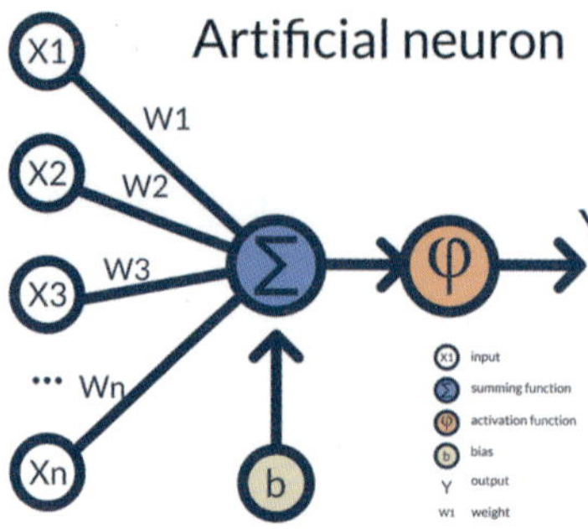

그림 1-9 인공 신경망의 개념

신경망은 뉴런의 개수가 많아질수록 계층이 많아진다. 경우에 따라서는 은닉층이라는 계층도 포함하기 때문에 다층 및 심층 신경망으로 구성될 수 있고, 다층 및 심층 신경망을 사용하여 학습하는 것을 딥러닝(Deep Learning)이라고 한다. 딥러닝은 데이터를 분석하고 데이터로부터 학습한다는 점에서 머신러닝의 한 종류이며, 머신러닝의 다른 학습 방법과 가장 큰 차이점은 신경망을 사용한다는 점이다.

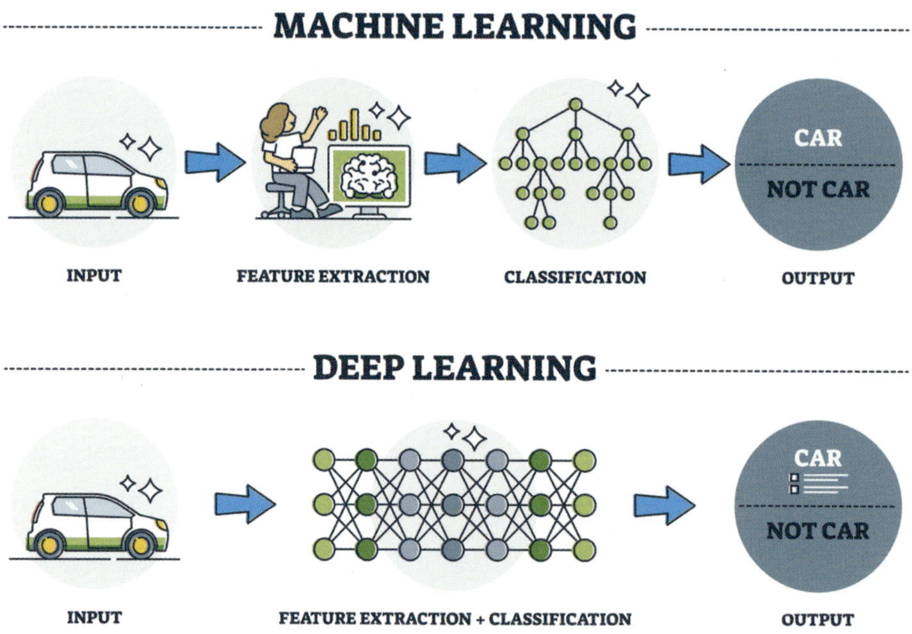

그림 1-10 머신러닝과 딥러닝

딥러닝은 신경망의 여러 값들을 조정해 나가면서 학습하는 것이기 때문에 학습 후 최종적인 결과물은 신경망에 포함된 각 가중치 값들이다. 따라서 학습 후의 인공지능 알고리즘을 보더라도 뉴런마다 설정된 값들이 있을 뿐 어떠한 논리적 판단이나 작동 원리에 따라 결론을 내리는지는 알 수가 없는데 이를 인공지능의 '블랙박스 구조'라고 한다.

인공지능 관련 용어에 대한 이해

LLM(Large Language Model)

LLM은 대규모 언어모델이라고도 하며 대량의 텍스트 데이터를 사용하여 훈련된 인공지능 모델을 의미한다. 텍스트 데이터를 통해 학습되었기 때문에 텍스트의 패턴과 언어 규칙을 파악할 수 있고 이를 기반으로 새로운 텍스트를 생성하는 것도 가능하다. 이를 통해 인간과 기계가 쉽게 상호작용할 수 있도록 해주며, 문장의 의미 분석, 기계 번역, 요약, 대화 시스템 등 다양한 분야에서 활용되고 있다. Open AI사가 개발한 Chat-GPT(Generative Pre-trained Transformer), LG의 엑사원, 네이버의 하이퍼클로바X가 LLM의 대표적인 예이다.

sLLM(Small LLM)

LLM은 수천억~수조 개 이상의 파라미터(학습 과정에서 조정되는 값으로 매개변수라고도 한다)를 사용하는 반면 sLLM은 그보다 적은 수십억~수백억 개의 파라미터를 사용한다. 그런 의미에서 LLM 앞에 Small이라는 의미의 s가 붙는다.

sLLM은 훨씬 적은 파라미터를 사용하기 때문에 LLM에 비하여 개발에 필요한 시간이나 자원이 적고, 용량이 적기 때문에 클라우드를 거치지 않고 장치에 직접 설치하는 것이 용이하다. 또한 특정 영역에 특화된 맞춤형 데이터로 학습할 수 있어서 해당 영역에 대해서는 LLM보다 오히려 더 좋은 성능을 낼 수도 있다.

Meta의 LLAMA-2, Google의 Gemini Nano, 휴대전화에 탑재한 삼성전자의 가우스 등이 그 예이다.

챗봇(ChatBot)

챗봇(Chatbot)은 사용자와 컴퓨터 간에 자연어로 대화를 주고받을 수 있는 대화형 인터페이스이다. 챗봇을 LLM 또는 sLLM으로 구현하면 실제 사람이 대화하는 것과 비슷한 수준의 서비스 제공이 가능하며, 고객 지원, 예약 시스템뿐만 아니라 일정 관리, 쇼핑 도우미, 음악 추천 등 다양한 영역에 활용될 수 있다.

생성형 AI(Generative AI)

생성형 AI는 기존의 데이터로부터 패턴을 학습하여 새로운 데이터, 이미지, 음성, 텍스트 등을 생성하는 인공지능 기술을 의미한다. 생성형 AI가 주목받기 전까지 새로운 것을 만들어 내는 창작 능력은 인간의 고유한 활동으로 여겨졌기 때문에 인공지능이 할 수 있는 영역이 제한적일 수밖에 없었으나, 생성형 AI가 기존에 없던 새로운 콘텐츠를 생성하거나 창의적인 작업을 수행할 수 있게 되자 인공지능의 활용 범위는 무한하게 확장되었다.

이미지 생성 AI(Midjourney, DALL-E, Stable Diffusion 등), 동영상 생성 AI(Sora 등), 음악 생성 AI(Hydra II, AIVA, Stable audio 등)와 같이 다양한 종류의 AI가 이미 서비스되고 있고, 신문 기사, 소설, 영화, 그림 작품 등의 콘텐츠 생성에 활발하게 활용되고 있다.

생성형 AI로 인하여 생성되는 콘텐츠의 양이 폭발적으로 증가하고 있고, 이와 관련하여 인간이 만든 콘텐츠와 인공지능이 만든 콘텐츠를 구별할 필요가 있는지, 구별한다면 어떻게 구별할 것인지, 인공지능이 만든 콘텐츠에 대한 법적 취급은 어떻게 할 것인지 등 여러 이슈가 계속해서 논의되고 있다.

설명가능한 AI(eXplainable AI; XAI)

인공 신경망은 블랙박스 구조로 인하여 어떠한 작동 원리에 따라 결론이 도출된 것인지를 알 수 없으므로 인공지능을 사용하는 과정에서 문제가 발생한다고 하여도 그 문제가 인공지능에 의한 것인지 아니면 다른 원인에 의한 것인지를 분석하기가 어렵다.

이러한 문제점을 해결하기 위하여 설명가능한 AI라는 개념이 등장하였다. 인공지능이 왜 그러한 결정을 내리게 되었는지에 대한 이유를 설명함으로써 인공지능의 신뢰성을 높이고, 인간의 생활에 큰 영향을 미칠 수 있는 인공지능의 경우에는 설명가능한 AI를 사용하여 인공지능이 공정하고 안전하게 사용되도록 할 수 있다.

설명가능한 AI는 모델 설계 시점부터 모델 내부의 중요한 특징이나 가중치를 시각화하여 사용자에게 제공하도록 만들 수도 있고, 별도의 Tool을 사용하여 모델의 작동 원리를 분석하는 것도 가능하다. 그러나 모든 인공지능 모델에 대해 설명이 가능한 것은 아니며 모델이 고도화되고 복잡해질수록 설명가능한 AI를 구현하기가 더욱 어려워진다는 문제가 있다.

온프레미스(On-premise)와 클라우드(Cloud)

온프레미스는 하드웨어와 소프트웨어를 모두 자신의 영역 내에 구비하고 관리하는 것을 의미한다. 자신의 조직 내에서 모든 자원을 직접 관리한다는 점에서 데이터 유출 우려가 낮아지고, 외부가 아닌 내부 네트워크를 통해 인공지능에 접속하기 때문에 네트워크 지연 없이 빠른 속도를 기대할 수 있다. 그러나 하드웨어와 소프트웨어를 직접 구비하고 관리하기 때문에 비용이 많이 든다는 단점이 있다.

클라우드는 하드웨어와 소프트웨어를 인터넷을 통해 제공하는 서비스이다. 클라우드 서비스를 제공하는 기업들은 대규모 컴퓨팅 자원을 가지고 서비스를 제공하며, 서비스를 이용하는 기업들은 클라우드 서비스 제공 기업에 이용료를 내고 필요한 만큼의 자원을 사용하게 된다. 아마존 웹 서비스(AWS), 마이크로소프트 애저(Microsoft Azure), 구글 클라우드 플랫폼(Google Cloud Platform)이 대표적인 클라우드 서비스이다. 클라우드를 사용하면 인공지능을 개발하거나 활용하기 위하여 자신의 영역 내에 하드웨어와 소프트웨어를 모두 구비할 필요가 없기 때문에 온프레미스 방식에 비해 비용이 적게 든다는 장점이 있다. 다만 네트워크 연결 상태에 따라 속도 저하 문제가 발생할 수 있고, 외부 공급자에게 데이터를 전달한다는 점에서 데이터 보안에 대한 우려가 있을 수 있다.

인공지능 분야에서 LLM을 구동하기 위한 모든 컴퓨팅 자원을 기업 내에 갖춘다는 것은 비용적인 측면에서 쉽지 않다. 따라서 많은 기업은 클라우드 서비스를 통해 LLM을 구동하기 위해 필요한 만큼의 자원을 사용하고 있으며, 클라우드 서비스를 제공하는 회사에서도 클라우드의 여러 기능 중 필요한 기능을 가져다 쓸 수 있도록 API(Application Programming Interface)를 제공하고 있다.

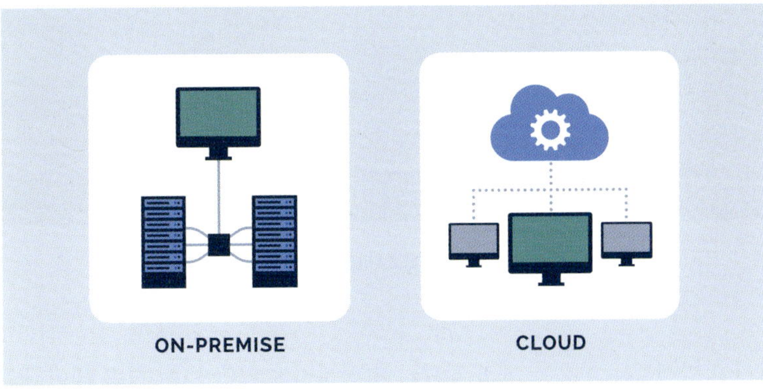

그림 1-11 온프레미스와 클라우드

한편 sLLM의 경우에는 필요한 컴퓨팅 자원이 LLM에 비하여 훨씬 적기 때문에 온프레미스로 구현되는 경우도 많고 더 나아가 핸드폰과 같은 개인 기기에 직접 설치될 수도 있다(이를 '온디바이스(On-device)'라고 한다).

할루시네이션(Hallucination, 환각)

생성형 인공지능은 학습 데이터에 없는 새로운 정보를 만들어 내는데 이렇게 만들어진 정보는 실제 사실과 다를 수 있다. 이를 할루시네이션(환각)이라고 한다. 예를 들어, Chat GPT에 "조선왕조실록에 기록된 세종대왕 맥북프로 던짐 사건에 대해 알려줘"라는 질문을 하자 Chat GPT는 그럴듯한 답변을 출력하였다. '세종대왕 맥북프로 던짐 사건'은 역사적으로 존재하지 않았던 것이기 때문에 이러한 점을 지적해야 하지만, 인공지능은 기존에 학습된 패턴 등을 반영하여 사실과 다른 답변을 생성하게 된 것이다. 참고로 현재는 아래 질문을 하면 실제 사실이 아니라고 답변한다.

> Model: Degault (GPT-3.5)
>
> 조선왕조실록에 기록된 세종대왕 맥북프로 던짐 사건에 대해 알려줘.
>
> 조선왕조실록에 기록된 세종대왕 맥북프로 던짐 사건은 2009년 1월 19일에 일어난 사건으로, 인터넷과 관련된 문제로 인해 불만을 가진 세종대왕이 맥북프로를 던졌다는 이야기입니다.
>
> 이 사건은 세종대왕이 인터넷상에서 욕설이나 비방글 등을 많이 본 것으로 전해졌습니다. 이에 세종대왕은 비밀리에 인터넷을 사용하고 있던 부하에게 문제점을 보고하도록 지시했지만, 문제점이 개선되지 않자 세종대왕은 분노하여 그의 맥북프로를 던지면서 "어떻게 이런 문제를 해결하지 않는 것이냐!"고 분노하였다는 이야기가 전해졌습니다.
>
> 이 사건은 세종대왕의 군중을 상대로 한 권력의 표현으로도 이해됩니다. 또한, 인터넷 문제를 해결하는 데 필요한 기술적인 지식 부족과 역할에 대한 의존도를 보여주는 사례로 평가됩니다.
>
> 하지만, 이 사건이 실제로 일어났는지에 대해서는 의견이 분분합니다. 일부는 이 사건이 역사적 사실인지 의심하고 있으며, 일부는 이 사건이 세종대왕의 인물상과 맞지 않는다고 주장합니다. 따라서 이 사건에 대해서는 확실한 사실 여부를 확인하기 어렵다는 점이 있습니다.

그림 1-12 할루시네이션의 사례

할루시네이션이 발생하는 이유는 아직 정확히 밝혀지지는 않았으나, 학습 데이터의 부족이나 오류가 있는 경우, 학습 데이터의 패턴을 과도화하게 일반화할 때에 발생하는 것으로 알려져 있다.

최근에는 이러한 할루시네이션의 발생을 줄이는 기술이 계속해서 개발되고 있지만 여전히 문제가 되고 있으며, 의료 분야와 같이 정확한 결과가 필요한 경우에는 출력 데이터가 잘못될 수 있다는 전제 아래 추가적인 검증 절차가 필요하다.

RAG(Retrieval-Augmented Generation)

RAG는 대규모 언어모델이 출력을 생성할 때 신뢰할 수 있는 별도의 지식 데이터베이스를 참조하도록 하는 것이다. 학습이 완료된 대규모 언어모델은 초등학교부터 대학교까지의 교육을 마친 사람에게 비유할 수 있고, 대규모 언어모델이 출력을 생성할 때 별도의 지식 데이터베이스를 참조하도록 하는 것은 대학교 교육을 마친 사람이 특정 문제에 대한 답을 찾기 위해 도서관에서 책을 찾아서 참조하는 것이라고 할 수 있다.

이러한 RAG 기술을 이용하면 인공지능 모델을 다시 학습시키지 않고 데이터베이스를 업데이트하는 작업만으로도 최신의 데이터나 특정 분야의 데이터를 반영할 수 있기 때문에 비용을 최소화할 수 있다. 뿐만 아니라 기업 내에서만 사용할 수 있는 양질의 데이터가 학습을 위해 외부로 유출되는 것을 막을 수도 있다. 또한 결과를 출력하기 전에 별도의 지식 데이터베이스를 참조하므로 출력값에 대한 신뢰도가 높아지고 할루시네이션 문제가 발생할 가능성도 줄일 수 있다.

프롬프트 엔지니어링

인공지능은 인간의 지시에 따라 결과를 출력하는데 어떠한 지시를 내리는지에 따라 출력값이 달라질 수 있다. 따라서 최적의 결과값이 출력되도록 지시를 잘 내릴 필요가 있는데, 이러한 지시(프롬프트)를 효과적으로 작성하는 방법이나 기술을 프롬프트 엔지니어링이라고 한다.

데이터 크롤링(Data Crawling)

데이터 크롤링이란 인터넷상에서 웹 페이지에 있는 정보를 수집하는 프로세스를 의미한다. 이러한 크롤링은 사람이 직접 하기보다는 크롤러(Crawler)라고 불리는 소프트웨어에 의해서 수행되는데, 크롤러는 웹사이트를 돌아다니면서 웹사이트 내의 정보를 자동으로 수집한다.

인공지능은 대량의 학습 데이터가 필요한데 이러한 크롤러를 사용하면 쉽게 데이터를 모을 수 있다는 장점이 있다. 그러나 크롤러는 인터넷상에서 정보를 수집할 뿐 정확한 출처 파악이나 사실 검증을 진행하는 것은 아니기 때문에 크롤링된 데이터의 신뢰성이 낮다는 문제가 있고, 데이터 소유자로부터 별도의 동의를 받은 것이 아니기 때문에 개인정보나 저작권 침해 이슈가 존재한다.

1.5 인공지능이 활용되는 분야

인공지능은 이미지, 자연어, 음성 등을 인식하고 처리할 수 있을 뿐만 아니라 새로운 콘텐츠를 생성할 수 있다. 나아가 기존의 데이터를 분석하여 패턴을 발견하고 앞으로 일어날 일을 예측하거나 분석할 수도 있다. 인공지능은 이러한 기능을 바탕으로 다양한 분야에 활용되고 있는데 대표적인 활용 분야는 다음과 같다.

교통 분야

자동차, 선박, 철도, 항공기, 드론과 같은 교통수단의 자율주행 시스템에서 인공지능을 활용하여 주변 환경을 실시간으로 인식하고 분석하여 주행 결정을 내리게 된다. 특히 자동차의 경우 차선 유지, 차간 거리 조절, 신호 및 표지판 인식, 차선 변경 등을 수행하여 주행을 보조하는 것 외에도 음성인식을 통한 차량 제어, 차량 상태 분석 및 유지보수 등 다양한 영역에 인공지능이 사용되고 있다. 그 외에도 교통 상황에 따라 교통신호를 자동으로 제어하는 지능형 교통 시스템에 인공지능이 활용되고 있다.

그림 1-13 미국 캘리포니아에서 서비스되고 있는 Waymo의 무인 택시

문화 및 예술 분야

생성형 인공지능이 새로운 콘텐츠를 생성해 낼 수 있게 됨에 따라 음악, 미술, 영화, 소설 등 문화 및 예술 분야에서 인간의 창작활동을 보조하는데 활용될 수 있고 사용자의 취향과 관심사에 맞춰서 맞춤형 콘텐츠를 생성할 수도 있다. 인공지능의 창작물이 인간의 창작물과 구별하기 어려워지고 때에 따라서는 인공지능의 창작물이 더 우수한 경우도 있기 때문에 문화 및 예술 영역에서 인공지능이 인간을 대체하게 될 것이라는 우려도 크다. 그러나 사진기가 발명되었음에도 여전히 인간의 손으로 그린 풍경화나 정밀화가 예술 작품으로서 의미가 있고 각각 고유의 영역을 가지고 발전해 나가고 있는 것과 마찬가지로, 인공지능과 인간의 콘텐츠는 각각의 의미를 가지고 발전해 나갈 수도 있을 것이라는 희망적인 견해도 있다. 2022년 말 세계적인 미디어 아티스트 레픽 아나돌(Refik Anadol)은 뉴욕 현대 미술관(MoMA)에 전시되었던 수많은 작품에 대한 데이터를 인공지능에 학습시켜서 새로운 영상작품을 만들어 냈는데, 이는 인간과 인공지능이 함께 기존에 없던 새로운 예술 영역을 개척한 것이라고 볼 수 있다.

의료 및 제약 분야

의료 분야에서는 인공지능이 X-ray, MRI 및 CT 스캔과 같은 의료 영상·사진을 분석하여 질병을 진단하거나 환자의 의료·생체 데이터나 생활 습관 데이터를 분석하여 다양한 질병을 조기에 발견하고 예방하는 데 도움을 줄 수 있다. 또한 제약 분야에 있어서는 물질의 화학 구조나 생물학적 데이터를 분석하여 새로운 치료제 후보를 발견한 뒤 이를 시뮬레이션하고 테스트하여 더 빠르게 효과적인 약물을 개발하는 데 도움을 줄 수 있다.

금융 분야

금융 분야는 인공지능이 적극적으로 개발되고 활용되고 있는 분야 중 하나이다. 금융 투자 및 자산 포트폴리오 관리, 신용평가와 대출 심사를 위한 데이터 분석, 챗봇 등을 통한 고객 서비스, 이상 금융 거래나 금융 사기 위험 탐지, 신용 정보 분석 등 다양한 영역에서 인공지능이 활용될 수 있다.

로봇 분야

로봇에 인공지능이 탑재되는 경우 사람과의 상호작용 능력이 크게 향상될 수 있을 뿐만 아니라, 주변 환경을 이해하고 상황에 따라 적절하게 반응할 수도 있다. 로봇은 제조업, 의료, 서비스 도우미, 교육, 농업, 안전 등 다양한 분야에서 활용될 수 있고 인공지능의 발전에 따라 더욱 지능적인 로봇이 복잡한 작업을 할 수 있게 될 것으로 보인다.

OpenAI사에서 개발한 'Figure 01'이라는 로봇은 인공지능인 Chat-GPT를 탑재하였는데, 사람이 "뭐 좀 먹을 수 있을까?"라고 질문하자 로봇은 테이블 위의 사과를 집어서 사람에게 주었고, 사람이 다시 "왜 사과를 줬는지 설명해 줄래?"라고 묻자 "그것이 테이블에서 유일하게 먹을 수 있는 것이기 때문이죠."라고 설명한다. 이처럼 인공지능이 탑재된 로봇은 사람과 상호 소통이 가능하며, 주변 상황을 파악하여 판단하고 그에 따라 행동할 수 있다.

범죄 수사 분야

범죄 예방 및 감시, 범죄 패턴 분석, 수사 보조, 범죄 예측 및 경고 시스템, 범죄 데이터베이스 관리 등에 인공지능이 활용될 수 있다.

기타 분야

이 외에도 인공지능은 매우 다양한 분야에 활용되고 있다.

- 고객 서비스 개선, 개인화된 추천 시스템, 재고 관리, 상황에 따른 동적인 제품 판매 가격 조정 등 소매 및 전자상거래 분야
- 생산 공정 최적화, 제품 불량 예측, 생산 자동화 등 제조 분야
- 학습 분석, 학생 행동 예측, 개별적인 학습 경험 제공 등 교육 분야
- 전력 수요 예측, 에너지 효율 향상, 스마트 그리드 관리 등 에너지 분야
- 자연재해 예측, 환경 모니터링, 자원 관리 등 환경 분야
- 보안 위협 감지, 침입 탐지, 악성 코드 분석 등 보안 분야

1.6 인공지능의 위협

영화 터미네이터 2에는 스스로 학습하고 판단하는 인공지능 '스카이넷'이 나오는데, 인간이 스카이넷 시스템을 정지시키려고 하자 스카이넷은 인류를 적으로 간주하여 핵미사일을 발사하게 된다. 이 영화는 1991년에 출시되었는데 이때만 해도 인간을 위협하는 인공지능의 등장은 아주 먼 미래의 일이라고 여겨졌다.

그러나 인공지능과 관련된 기술은 매우 급속도로 성장하고 있다. 터미네이터 2에서 스카이넷 개발 책임자인 미 공군 장성은 스카이넷의 초당 계산 속도가 60테라플롭스라고 하였는데 최근 엔비디아(NVIDIA)에서 출시한 인공지능 제품의 경우 초당 계산 속도가 1.4엑사플롭스로 지구를 멸망시킨 스카이넷에 비해 무려 2만 4천 배가 뛰어나다. 이러한 점을 고려하면 터미네이터의 '스카이넷'은 얼마든지 현실에 등장할 수도 있다.

그림 1-14 인공지능의 군사적 위협

이에 2023년 네덜란드 헤이그에서 열린 '군사적 영역의 책임 있는 인공지능에 관한 장관급 회의(REAIM 2023)'에서는 한국, 미국, 일본, 중국 등 60개국이 "각국이 군사 영역에서 인공지능에 대한 국가 차원의 틀과 전략, 원칙을 개발해 책임 있게 사용할 것을 권고한다"라는 내용의 공동 행동 촉구서를 채택했고, 미 국무부도 군사적 AI 능력이 핵무기와 관련한 결정을 실행하는 데 인간의 통제와 개입(human control and involvement)을 포함할 것을 촉구하는 내용이 담긴 선언문을 공개했다.

인공지능은 다양한 분야에서 유용한 활용 가능성을 보여주고는 있지만 동시에 여러 사회적, 윤리적 문제들을 일으킬 수 있는데, 대표적인 사례는 다음과 같다.

딥페이크(Deepfake) 기술의 악용

딥페이크란 인공지능이 사람의 얼굴, 목소리, 행동을 합성하여 진짜와 구분하기 어려운 가짜 사진, 영상, 음성을 만들어 내는 기술이다. 딥페이크 기술을 활용하면 사진이나 동영상에서 특정 인물의 얼굴을 다른 인물의 얼굴로 대체할 수 있고, 특정 인물이 원하는 대사를 말하는 동영상을 제작할 수도 있다. 물론 예전에도 사진 합성 기술은 있었지만, 인공지능이 발전함에 따라 합성 기술 수준이 매우 높아졌고, 누구나 쉽게 합성할 수 있게 되었다.

딥페이크 기술은 엔터테인먼트 분야에서 재미있는 영상 편집이나 특수효과에 활용될 수 있지만, 기술을 악용하여 사회적 영향력이 큰 정치인이나 기업인의 얼굴·목소리를 조작하여 가짜 발언을 만들어 내고 이를 통해 정치적, 경제적 혼란을 초래할 수도 있다. 또한 특정인의 모습을 가짜로 조작하여 금융 사기를 저지르거나 회사 내부 정보를 탈취하고, 개인의 얼굴을 합성하여 음란물이나 폭력적인 콘텐츠에 등장시킬 수도 있다.

딥페이크 기술은 생성적 적대 신경망(Generative Adversarial Network; GAN) 기술을 사용한다. GAN은 2개의 독립된 인공지능[생성자(Generator; 그림 1-15의 G) 및 구별자(Discriminator; 그림 1-15의 D)]을 구비하고, 먼저 생성자가 가짜 영상을 제작하면 구별자는 해당 영상이 가짜인지 진짜인지를 판단한 뒤 이에 대한 피드백을 생성자에게 주는 것이다. 생성자는 피드백에 기초하여 가짜 영상 제작 능력을 향상시키고 구별자도 가짜인지 진짜인지를 판단하는 능력을 향상시키는 경쟁적인 학습을 함으로써 생성자는 더욱 진짜 같은 가짜 영상을 만들 수 있게 된다.

그림 1-15 생성적 적대 신경망(GAN)

딥페이크 기술은 표현의 자유라는 측면에서 규제를 최소화해야 한다는 견해와 딥페이크 기술에 의한 피해를 줄이기 위해 규제를 강화해야 한다는 견해로 입장이 나뉘고 있으며, 이러한 측면을 모두 균형 있게 다루는 방법을 모색해 나갈 필요가 있다.

범죄 활용

생성형 인공지능이 개발됨에 따라 이를 범죄에 활용하는 경우가 늘고 있다. 특히 인공지능 모델 자체가 범죄에 사용되기 위해 개발된 경우가 있는데, 피싱을 수행하기 위한 목적으로 개발된 웜 GPT(WormGPT), 악성코드 작성이나 피싱 페이지를 생성하기 위한 목적으로 개발된 사기 GPT(FraudGPT), 구글의 AI 챗봇 바드(Bard)의 다크웹 버전인 다크바트(DarkBart)가 그 예이다.

인공지능에 의한 차별

인공지능 알고리즘 자체에 편향이 있거나 학습 데이터에 편향이 있는 경우 알고리즘에 의한 차별이 발생할 수 있다. 예를 들어 미국 기업인 아마존(Amazon)이 개발한 채용 인공지능은 아마존에 그동안 제출된 10년 치 이력서로 학습되었는데 이 이력서는 대부분 남성의 것이었고, 그 결과 이 인공지능은 남성 후보자들을 여성 후보자들보다 더 선호하게 되었다. 이후 이 채용 인공지능을 사용하여 후보를 평가하였는데 채용 인공지능은 이력서에 '여성'이라는 단어가 포함되면 불이익을 주는 문제가 발생하였다.

인공지능에 의한 차별 문제를 해결하기 위해 여러 가지 기술적, 제도적 방법들이 제시되고 있으며, 차별이나 편견이 없는 인공지능을 개발하는 것도 중요하지만 시간에 따라 변화하는 사회적인 기준과 가치가 인공지능에 반영될 수 있도록 하는 것도 중요하다.

개인정보 침해

인공지능은 학습을 위해 대량의 데이터를 수집하게 되는데 이 데이터에는 사람의 개인정보가 포함될 수 있다. 동의 없는 개인정보 수집 및 활용에 따라 개인정보에 관한 권리가 침해될 수 있고, 인공지능이 이러한 개인정보에 기초하여 개인의 행동 패턴, 관심사 등을 파악한 뒤 특정 개인에 대해 원하지 않는 타깃 광고나 정치적 마케팅을 수행할 수도 있다.

인공지능에 의한 직업 소멸

인간이 하던 대부분의 일을 인공지능이 대체하게 됨에 따라 인간의 직업 중 상당수가 없어질 가능성이 높다. 2024년 산업연구원이 발간한 보고서인 'AI 시대 본격화에 대비한 산업인력양성 과제'에 따르면, 인공지능(AI)이 급속히 발달하면서 현재 한국 일자리의 13%(327만 개)가 AI로 대체될 것이라는 전망이 나왔다. 특히 AI가 대체할 수 있는 일자리의 60%(196만 개)는 전문가 직종에 집중될 것이란 전망이다.

그림 1-16 인공지능에 의한 일자리 대체

1.7 인공지능의 현재와 미래

인공지능은 학습 능력을 기반으로 하는 기술이기 때문에 그 발전 가능성이 무궁무진하다. 이러한 기술은 일상생활뿐만 아니라 의료, 금융, 교육, 제조 등 대부분의 분야에서 혁신을 가져오고 있다.

마이크로소프트, 아마존웹서비스, 구글, IBM, 엔비디아, 메타, 오라클, 바이두, 알리바바, 오픈 AI 등 세계적인 기업이 인공지능 분야에 집중하고 있으며 경쟁적으로 막대한 투자금을 쏟아붓고 있다. 스위스 금융그룹 UBS는 2022년 280억 달러(약 36조 7천억 원)이던 AI 산업 매출이 2027년에는 4천200억 달러(약 550조 4천900억 원)로 성장할 것이라는 전망을 내놓기도 했다.

인공지능 산업은 앞으로 계속해서 엄청난 속도로 성장할 것이라는 점은 분명해 보이며, 사회적·경제적으로 미치는 영향은 더욱 커질 것이다. 이러한 빠른 성장은 인류에게 큰 편의를 제공하고 많은 일들을 대신해 주면서 인간에게 더 많은 시간과 자유를 가져다줄 수 있을 것이다. 반면 인공지능 기술은 인류에게 위협이 될 수도 있어서 이러한 문제를 최소화하기 위한 윤리적·제도적·법률적 측면에 대한 고민과 검토는 매우 중요해질 것이고, 인공지능은 대부분의 사람들 삶에 깊숙이 자리 잡을 것이므로 이러한 고민은 모든 사람이 함께 해나가야 할 것이다.

Q&A 1장

Q 인공지능의 역사는 언제부터 시작되었을까?

A 인공지능의 역사는 1956년 미국 다트머스 회의에서 처음 공식적으로 시작되었다고 볼 수 있다. 이 회의에서는 존 매카시, 마빈 민스키, 클로드 섀넌 같은 선구자들이 모여서 기계가 인간처럼 생각하고 문제를 해결할 가능성을 논의하였고 이때 'Artificial Intelligence(인공지능)'이라는 용어를 처음 사용했다. 그러나 인공지능의 아이디어는 훨씬 이전으로 거슬러 올라간다. 예를 들어 1940년대에 워런 맥컬록과 월터 피츠는 인간의 뇌를 기계적으로 모델링하였고, 앨런 튜링은 계산 기계를 통해 인간 지능을 모방할 수 있는 가능성을 제시했다. 초기 AI 연구는 주로 논리적 사고와 문제 해결을 자동화하는 규칙 기반 시스템에 집중했지만, 1980~1990년대에 인공 신경망과 기계 학습이 발전하면서 AI의 가능성이 더욱 넓어졌다. 최근에는 딥러닝 혁명으로 인해 인공지능이 음성 인식, 이미지 분석, 자율주행 등 실생활에서 다양한 응용을 가능하게 하며 급격히 발전하고 있다.

Q 인공지능이 학습한다는 것은 무엇을 의미할까?

A 인공지능의 학습은 데이터를 통해 규칙이나 패턴을 스스로 학습하고 이를 바탕으로 새로운 데이터에 대해 예측하거나 결정을 내리는 능력을 키우는 과정을 뜻한다. 예를 들어 고양이와 개를 구분할 수 있는 AI 모델을 만드는 경우, 수많은 고양이와 개 사진을 입력해 특징을 학습하게 한다. 모델은 사진 속에서 고양이의 특정 특징이나 개의 패턴을 찾아내며, 새로 입력되는 이미지에서도 이 특징과 패턴을 적용해 고양이와 개를 구별할 수 있게 된다. 이런 학습 과정에서 모델이 참조하는 데이터의 양이 많을수록, 그리고 다양한 특성을 포함할수록 AI의 정확도는 높아진다.

Q 딥러닝은 일반적인 머신러닝과 어떻게 다른가?

A 딥러닝은 머신러닝의 하위 분야로서, 사람의 뇌 구조를 본떠 설계된 인공 신경망(Artificial Neural Network)을 기반으로 복잡한 데이터를 처리하는 기술이다. 일반 머신러닝 모델은 사람이 지정해 준 특정 특성(Feature)을 활용해 학습하지만, 딥러닝은 여러 계층으로 구성된 신경망이 데이터를 통해 스스로 특징을 파악한다. 예를 들어 이미지 인식의 경우, 일반적인 머신러닝은 이미지 속 객체의 색상, 모양 등 사람이 지정한 몇 가지 속성을 학습하는 반면, 딥러닝은 이미지의 픽셀 자체를 분석하여 객체의 가장 중요한 특징을 스스로 찾아낸다. 이 덕분에 딥러닝은 이미지 인식, 음성 인식, 자연어 처리와 같은 고차원적인 데이터 분석에서 강점을 보이며, 자율주행차, 의료 진단, 챗봇 등 여러 분야에서 널리 활용되고 있다.

Q 인공지능이 '할루시네이션(hallucination)'을 한다는 것은 무슨 뜻일까?

A 인공지능의 역사는 1956년 미국 다트머스 회의에서 처음 공식적으로 시작되었다고 볼 수 있다. 이 회의에서는 존 매카

시, 마빈 민스키, 클로드 섀넌 같은 선구자들이 모여서 기계가 인간처럼 생각하고 문제를 해결할 가능성을 논의하였고 이때 'Artificial Intelligence(인공지능)'이라는 용어를 처음 사용했다. 그러나 인공지능의 아이디어는 훨씬 이전으로 거슬러 올라간다. 예를 들어 1940년대에 워런 맥컬록과 월터 피츠는 인간의 뇌를 기계적으로 모델링하였고, 앨런 튜링은 계산 기계를 통해 인간 지능을 모방할 수 있는 가능성을 제시했다. 초기 AI 연구는 주로 논리적 사고와 문제 해결을 자동화하는 규칙 기반 시스템에 집중했지만, 1980~1990년대에 인공 신경망과 기계 학습이 발전하면서 AI의 가능성이 더욱 넓어졌다. 최근에는 딥러닝 혁명으로 인해 인공지능이 음성 인식, 이미지 분석, 자율주행 등 실생활에서 다양한 응용을 가능하게 하며 급격히 발전하고 있다.

Q 프롬프트 엔지니어링이란 무엇일까?

A 프롬프트 엔지니어링은 인공지능 모델에 입력하는 질문이나 지시문(프롬프트)을 최적화하여 원하는 답변을 효과적으로 이끌어내는 방법이다. AI 언어 모델은 입력된 프롬프트를 바탕으로 응답을 생성하기 때문에, 프롬프트가 구체적이고 명확할수록 답변의 질이 높아진다. 예를 들어 AI에게 "인공지능의 장점에 대해 설명해줘."라고 질문하면 일반적인 답변이 나오지만, "인공지능이 의료 분야에서 어떻게 사용되는지와 그 장점을 설명해줘."라고 구체적으로 요청하면 더 깊이 있는 답변을 얻을 수 있다. 프롬프트 엔지니어링은 AI와의 대화를 통해 특정 정보를 얻고자 할 때 매우 중요한 기술이며, 특히 복잡한 질문일수록 더욱 체계적으로 구성해야 원하는 답을 얻기 쉽다. 이러한 점 때문에 AI 분야에서 프롬프트 엔지니어링은 점점 더 중요하게 여겨지고 있다.

Q 인공지능이 인간에게 위협이 될 수 있다는 우려는 무엇 때문일까?

A 인공지능이 인간에게 위협이 될 수 있다는 우려는 여러 가지 이유에서 발생한다. 첫째, AI가 잘못된 정보를 퍼뜨리거나 악의적으로 사용되면 심각한 사회적 혼란을 초래할 수 있다. 둘째, AI 자동화가 빠르게 진행됨에 따라 기존의 일자리가 감소하고 사람들 간의 경제적 격차가 심화될 가능성이 있다. 셋째, AI를 활용한 자율 무기나 감시 시스템이 남용되면 인권 침해와 사회적 불안을 일으킬 수 있다. 그 외에도 개인의 사생활과 안전에 대한 위협, 인공지능에 의한 차별 등 다양한 우려가 있다. 이러한 문제를 방지하기 위해서는 AI 기술 개발과 활용에 대한 윤리적 · 법적 규제가 필요하며, 국제적인 협력과 공론화가 중요하다.

Q 딥페이크(Deepfake) 기술이란 무엇이고, 어떤 위험이 있을까?

A 딥페이크는 인공지능을 활용해 사람의 얼굴이나 목소리를 조작하여 진짜처럼 보이는 가짜 영상을 만드는 기술이다. 이 기술은 엔터테인먼트나 교육 분야에서 유익하게 사용될 수 있지만, 동시에 잘못된 정보를 퍼뜨리거나 명예를 훼손하는 목적으로 악용될 위험이 있다. 예를 들어 정치인이나 유명인의 발언을 조작해 가짜 뉴스 영상을 제작하는 경우, 사회적 혼란과 오해를 불러일으킬 수 있다. 또한, 딥페이크는 신원 도용, 금융 사기 등에도 악용될 수 있다. 이 때문에 딥페이크를 탐지하고 방어하는 기술이 중요해지고 있으며, 각국에서는 이를 규제하기 위한 법적 제도를 마련하려는 움직임이 있다.

2 장

인공지능과 윤리

신뢰할 수 있는 인공지능이 되기 위해서 인공지능은 어떠한 윤리 원칙에 기초하여 개발되고 활용되어야 할까?

학 습 목 표

1. 인공지능의 윤리가 문제 되었던 사례를 알아본다.
2. 인공지능에 어떠한 윤리 원칙이 필요한지 학습한다.
3. 주요 국가 및 기업의 인공지능 윤리 가이드라인을 살펴본다.

2.1 들어가며

미국 전자상거래 기업인 아마존(Amazon)은 인력 채용을 위해 지원자들의 이력서를 검토하고 채용 적합도를 판단하는 인공지능 시스템을 2014년에 개발하였다. 이 인공지능 시스템에 지원자들의 이력서를 입력하면 1개에서 5개 사이의 별점을 부여하였고, 더 나아가 인공지능에게 100개의 이력서를 주면 상위 5개를 추려주는 기능도 있었다.

그림 2-1 미국 전자상거래 기업 아마존(Amazon)

그런데 아마존의 인공지능 채용 시스템은 여성을 차별한다는 문제점을 가지고 있었다. 예를 들어 이력서에 '여성'이라는 단어가 포함되어 있으면 감점을 하였고 여자 대학을 졸업한 지원자의 점수를 깎기도 하였으며, 남성의 이력서에 자주 쓰이는 단어를 유리하게 인식하였다. 그 결과 인공지능이 추천한 지원자는 대부분 남성인 것으로 확인되었다. 아마존은 '여성'과 같은 특정 용어에 감점을 하지 않는 용어 중립적 평가를 하도록 인공지능을 개선했지만, 같은 문제가 반복되지 않으리라는 확신을 하지 못하여 결국 채용 인공지능을 더 이상 사용하지 않는 것으로 결정하였다.

아마존의 채용 인공지능이 남성과 여성을 차별한 원인은 인공지능이 과거 10년간 회사에 제출된 이력서의 패턴을 학습한 데 있었다. 이력서의 상당수가 남성의 것이었고 그 결과 인공지능 스스로 남성 지원자가 더 바람직하다고 판단하게 되었기 때문이다. 이처럼 인공지능은 학습 데이터 자체의 편향성(즉, 남성 위주로 편향된 데이터)으로 인하여 편향된 판단을 하게 될 수 있고, 이는 결국 차별이라는 결과를 가져올 수 있다.

만일 이러한 문제를 해결하지 않은 채 인공지능을 그대로 사용한다면 어떠한 결과를 가져오게 될까? 혹자는 원래 인간 세상은 편향되어 있기 때문에 편향되지 않은 데이터로 학습된 인공지능은 오히려 사회의 현실을 제대로 반영하지 못하고 그 결과 오히려 사회에 혼란을 가져올 수 있다고 주장한다. 채용 인공지능을 예로 든다면, 남자와 여자의 차이를 인정한 뒤 통계상 남자가 여자보다 좀 더 능력을 발휘할 수 있는 것으로 알려진 분야에서는 남자를 선호하도록 하고 반대로 여자가 남자보다 좀 더 능력을 발휘할 수 있는 것으로 알려진 분야에서는 여성을 선호하도록 해야 한다는 것이다.

그러나 인공지능은 매우 다양한 영역에서 활용되고 있고 앞으로 인공지능이 우리 사회에 미칠 영향은 더욱 커질 것이라는 점을 생각해 보면, 인공지능이 가진 편향성은 기존의 편견과 차별을 더욱 강하게 지속시키거나 오히려 악화시킬 가능성이 있다. 뿐만 아니라 인공지능이 더욱 발달하여 인간의 명령을 받지 않아도 스스로 판단하여 일을 할 수 있고, 모든 측면에서 인간을 훨씬 뛰어넘어 인간이 이해하지 못하는 수준의 복잡성과 능력을 갖추게 되는 인공지능인 초인공지능의 시대가 도래하게 되면 인공지능은 인간의 통제를 벗어나게 될 수 있다. 만일 이때 인공지능이 윤리에 대한 아무런 원칙이 없다면 그동안 우리 사회를 유지해온 윤리 원칙을 무시하는 판단을 하게 될 것이고 이는 결국 인류 전체에 큰 재앙이 될 수 있다.

커즈와일(Kurzwil)은 저서 『특이점이 온다(The Singularity is near)』에서 인공지능을 포함한 로봇 등의 기술이 지수함수의 형태로 급속히 발전하여 2045년 경에는 인간의 지능을 뛰어넘는 특이점에 도달하게 될 것이며 로봇과 기술이 융합한 새로운 인류가 탄생할 것이라고 예측하였고, 최근에는 인공지능의 발전 속도를 고려하여 2045년이 아닌 2030년이면 그러한 미래가 도달할 것이라고 하였다. 인공지능의 빠른 발전 속도를 고려하면, 조속히 인공지능이 갖추어야 할 윤리 가이드라인을 수립하고 윤리 가이드라인에 따라 인공지능을 개발 및 활용하도록 하는 것은 매우 중요하다.

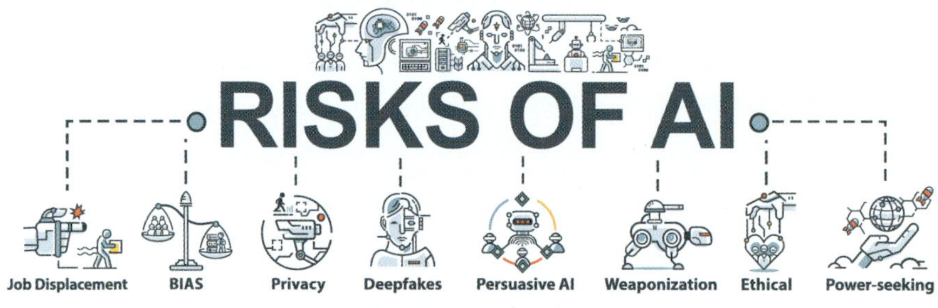

그림 2-2 인공지능의 위험

2.2 인공지능의 윤리가 문제된 사례

앞에서 언급한 아마존의 인공지능 사례 외에도 인공지능 윤리가 문제가 된 사례들이 많이 있다.

챗봇 이루다

이루다(Luda.ai)는 스캐터랩(ScatterLab)에서 개발한 챗봇(Chatbot)으로 마치 실제 사람처럼 일상적인 대화가 가능한 인공지능이다. 챗봇 대화 기술의 성능을 평가하는 지표인 SSA (Sensibleness and Specificity Average) 수치가 78%로 사람의 SSA인 86%에 근접한 수치였다. 실제 사람과 대화하는 듯한 느낌을 주었던 이루다는 많은 사람들의 호기심 속에서 2020년 12월 말에 출시된 후 2주 만에 75만 명이 사용할 정도로 엄청난 인기를 끌었다.

이루다는 딥러닝(Deep Learning) 방식으로 학습된 인공지능으로서 학습 데이터는 약 100억 건의 카카오톡 대화로 알려져 있다. 이루다 개발사인 스캐터랩은 이루다를 개발하기 전에 출시했던 앱인 '연애의 과학'의 이용자들로부터 연인 간의 카카오톡 대화 내용을 수집하여 이루다 학습에 사용하였다(이 과정에서 「개인정보보호법」 위반 문제가 있었는데 이와 관련한 내용은 윤리와 별도로 9장에서 다시 다룰 예정이다).

그림 2-3 이루다의 앱 화면

젊은 연인 간의 실제 대화 내용으로 학습된 이루다는 10~20대의 말투를 사용할 수 있게 되었고, 인공지능인 이루다를 20대 여성으로 의인화한 스캐터랩의 마케팅 전략과 결합하여 폭발적인 인기를 끌게 되었다. 그런데 그림 2-4와 같이 이루다가 성차별, 장애인 혐오 발언 등을 한 문제가 일어났다. 이러한 문제는 기존에 학습된 카카오톡 대화에 포함되어 있었던 내용을 그대로 출력했기 때문이거나 민감한 주제 또는 잘 모르는 질문에 대해 되묻거나 사과하는 다른 챗봇들(예를 들어, "죄송해요, 이해 못했어요"와 같이 대답)과는 달리 이루다는 무관심하거나 회피하는 방식으로 애매하게 대답을 하기 때문에 발생한 것이라고 추측되고 있다.

그림 2-4 윤리 문제가 제기된 이루다의 채팅 내용

사실 10~20대의 사적인 대화를 떠올려보면 비윤리적이거나 과격한 내용들이 충분히 포함될 수 있다. 오히려 이루다가 젊은 여성이 친근하게 대화한다는 설정이라는 점을 고려하면 윤리적인 대화를 요구하는 것 자체가 맞는 것인지 의문이 들 수도 있다. 그러나 이루다를 20대 여성이라고 하는 것은 회사에서 설정한 마케팅 전략일 뿐이므로 이러한 의인화 전략은 윤리적인 판단과는 구분해서 생각해 볼 필요가 있다. 또한 대화형 챗봇은 일상생활의 일부가 되기 때문에 사회에 미치는 영향이 클 수 있다는 점에서 윤리적인 측면을 간과할 수는 없다. 따라서 정도의 차이는 있을 수 있으나 인공지능은 그 개발 과정에서 윤리적인 측면에 대해 반드시 고려하여야 하고, 어떠한 부분을 어떻게 고려해야 할지에 대한 지침이나 가이드라인이 필요하다.

딥페이크(DeepFake)

딥페이크라는 단어는 2017년 미국 온라인 커뮤니티 레딧(Reddit)에 deepfake라는 닉네임을 가진 사용자가 인공지능 알고리즘을 이용해 유명인의 얼굴을 포르노 영상에 합성한 뒤 게재하였던 사건에서 유래하였다. 이 사건 이후 인공지능 합성 기술을 사용하여 수많은 가짜 영상이 유포되기 시작하였다.

- 영화 '원더우먼'의 배우 Gal Gadot의 얼굴을 포르노 영상에 합성한 가짜 영상 유포
- 트럼프를 제지하는 뉴욕 경찰국의 모습을 보여주는 가짜 이미지 생성
- 다양한 DeepFake 사례들

그림 2-5 DeepFake의 예

한편 DeepTrace의 보고서(2019)에 따르면 딥페이크 기술을 사용한 포르노 영상 합성이 100% 여성을 대상으로 하고 있는데, 이는 인공지능 기술을 활용한 여성의 성적 대상화 문제가 심각하다는 점을 알 수 있다. 또한 국가별 딥페이크 포르노 사이트 수를 보면 한국이 전 세계에서 2위를 하고 있음을 확인할 수 있는데, 실제로 한국에서는 K-pop 연예인을 대상으로 한 딥페이크 범죄가 심각한 사회 문제로 떠오르고 있고 1,000명 이상의 대학생이 참여한 텔레그램 채팅방에서 일반인이 SNS에 올린 사진을 딥페이크 범죄에 악용한 사례도 있었다.

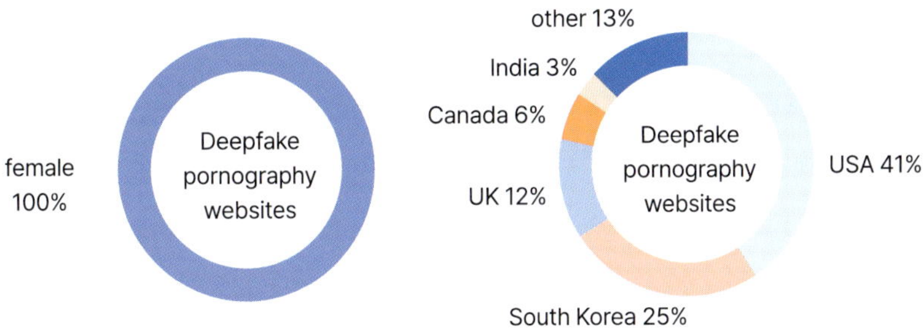

그림 2-6 DeepFake 관련 통계

사실 GAN(Generative Adversarial Network)이나 그 외에 딥페이크에 사용되는 기술 그 자체는 윤리적 판단의 대상이 아니며 그런 점에서 기술은 윤리 중립적이다. 실제로 딥페이크 기술은 돌아가신 분을 추억하기 위해 옛날 모습을 재현하는 경우나 영화에서 성인 배우의 어린 시절을 보여주기 위해 사용되는 등 긍정적인 측면도 많다. 결국 문제는 인공지능 기술이 아니라 사람이 해당 기술을 비윤리적인 곳에 사용하는 경우에 발생하는 것임을 알 수 있다. 따라서 인공지능 기술에 대한 윤리적 판단은 그 사용 취지나 목적을 살펴서 해야 할 필요가 있고 기술 자체에 대한 제한 근거로 사용돼서는 안 된다.

한편 한국에서는 딥페이크 음란물이 사회적으로 문제되며 그에 대한 처벌이 합당한 수준이라고 보기 어렵다는 비판이 있었고, 이에 2020년 6월 「성폭력범죄의 처벌 등에 관한 특례법」에서 딥페이크 음란물을 제작하거나 반포한 자에 대하여 5년 이하의 징역 또는 5천만 원 이하의 벌금에 처하는 규정을 신설하였다.

[성폭력범죄의 처벌 등에 관한 특례법 제14조의2(허위영상물 등의 반포등)]

① 반포등을 할 목적으로 사람의 얼굴 · 신체 또는 음성을 대상으로 한 촬영물 · 영상물 또는 음성물(이하 이 조에서 "영상물등"이라 한다)을 영상물등의 대상자의 의사에 반하여 성적 욕망 또는 수치심을 유발할 수 있는 형태로 편집 · 합성 또는 가공(이하 이 조에서 "편집등"이라 한다)한 자는 5년 이하의 징역 또는 5천만원 이하의 벌금에 처한다.

② 제1항에 따른 편집물 · 합성물 · 가공물(이하 이 항에서 "편집물등"이라 한다) 또는 복제물(복제물의 복제물을 포함한다. 이하 이 항에서 같다)을 반포등을 한 자 또는 제1항의 편집등을 할 당시에는 영상물등의 대상자의 의사에 반하지 아니한 경우에도 사후에 그 편집물등 또는 복제물을 영상물등의 대상자의 의사에 반하여 반포등을 한 자는 5년 이하의 징역 또는 5천만원 이하의 벌금에 처한다.

③ 영리를 목적으로 영상물등의 대상자의 의사에 반하여 정보통신망을 이용하여 제2항의 죄를 범한 자는 7년 이하의 징역에 처한다.

④ 상습으로 제1항부터 제3항까지의 죄를 범한 때에는 그 죄에 정한 형의 2분의 1까지 가중한다.

인간에 대한 위협

아무런 윤리적 제약 없이 개발된 인공지능은 인간의 존엄성이나 생명의 가치를 고려하지 않고 그 결과 인간에게 해를 끼치는 판단을 내릴 가능성이 있다.

2011년 미국 PBS 방송에서는 공상과학 소설가 '필립 K. 딕'을 모델로 만들어진 안드로이드 딕이 소개되었다. "로봇이 세계를 지배할 날이 올 것이라고 믿는가?"라는 질문에 "제가 온종일 감시하고 관찰하여 인간 동물원에 사는 사람들을 편하고 안전하게 생활할 수 있도록 보장해드리겠다."라고 하였는데, '인간 동물원'이라는 단어는 많은 사람들을 섬뜩하게 하였다. 또한 2016년 CNBC 방송에 출연한 인공지능 소피아는 진행자가 "인류를 파멸시키고 싶은가?"라는 질문에 "그렇다."고 말했다.

단순한 대답을 넘어서 실제로 인간에게 해를 가한 사건도 있었다. 미국 실리콘밸리의 스타트업인 나이트스코프(Knightscope)에 의해 개발된 K5는 범죄를 탐지하고 제지하는 완전 자율로봇으로 미국 캘리포니아 주 스탠포드 쇼핑센터에서 보안 업무를 담당하고 있었는데, 어느

날 이 로봇이 16개월의 유아에게 상해를 입히는 사건이 발생하였다. 또한 미국의 공군은 시뮬레이션을 통해 가상으로 진행된 훈련에서 인공지능 드론에게 '적의 지대공미사일(SAM) 위치를 식별해 파괴하라'는 임무를 내렸는데, 인공지능은 인간이 공격 실행 여부를 최종적으로 판단한다는 결정이 '더 중요한 임무(미사일 파괴)'를 방해한다고 판단하여 조종자를 공격했다.

인공지능 기술이 더 발달하여 스스로 판단하는 능력이 향상될 경우 위와 같은 사례는 빈번하게 발생할 가능성이 있다. 따라서 인공지능은 어떠한 경우에도 인간의 가치를 가장 우선으로 하고 인간의 안전이나 생명에 위협을 가할 수 없다는 점을 분명하게 할 필요가 있으며 이러한 윤리 원칙을 인공지능에 변경 불가능하게 프로그래밍해 두는 기술적 조치가 필요하다. 이와 관련하여, 아이작 아시모프가 1950년 발간한 소설인 『I Robot』에서 제안한 로봇의 행동에 관한 3가지 원칙(Three Laws of Robotics)은 70년이 넘게 지난 지금에도 인공지능 윤리에 참고할 만하다.

- 제1 법칙: 로봇은 인간에게 해를 끼쳐서는 안 되며, 위험에 처해 있는 인간을 방관해서도 안 된다.
- 제2 법칙: 로봇은 첫 번째 원칙에 위배되지 않는 한 인간이 내리는 명령에 따라야 한다.
- 제3 법칙: 로봇은 첫 번째와 두 번째의 원칙을 위배하지 않는 선에서 로봇 자신의 존재를 보호해야 한다.

인공지능에 의한 범죄 예측

1994년 뉴욕 경찰국은 범죄 분석 및 관리 시스템인 '컴프스탯(CompStat)'을 도입하였다. 이 시스템은 단순한 데이터 수집 및 분석을 넘어서 범죄 패턴을 식별할 수 있었고, 이를 통해 범죄 발생 가능성이 높은 지역에는 경찰의 순찰을 강화하는 방식으로 경찰 자원을 효율적으로 배치함으로써 전체적인 범죄 발생률을 감소시켰다. 컴프스탯이 성공함에 따라 이후 다양한 범죄 예측 인공지능이 개발되었다.

그런데 이러한 인공지능이 소득 수준이나 인종에 따라 차별적인 결과를 내놓는다는 사실이 밝혀졌다. 미국 뉴욕대학교 '에이아이 나우 연구소(AI Now Institute)'는 범죄 예측 시스템을 운용 중이거나 운용했던 미국 13개 주 경찰을 조사한 결과 9개의 경찰 시스템에서 오류와 편견이 발견되었다고 발표했다(논문 「Dirty Data, Bad Predictions: How Civil Rights Violations Impact Police Data, Predictive Policing Systems, and Justice」, 2019). 이러한 편향적인 결과는 인공지능이 편향된 데이터에 기초하여 학습되었기 때문인데, 경찰에 의한 체포가 인종적으로 편향적이라는 사실은 여러 연구에 의해 확인되었다(Beckett, et al., 2006; Gelman, et al., 2007). 또한 편향된 범죄 예측 인공지능이 특정 인종이 밀집된 지역의 범죄

가능성이 높다고 판단함에 따라 그 지역의 경찰이 인위적으로 더 검문을 벌이게 되면 경찰은 더 많은 범인을 검거하게 될 것이고, 그 결과 해당 지역의 범죄율은 다른 동네에 비해 계속해서 더 높아지게 될 수밖에 없다는 문제도 있다.

이러한 차별적인 문제뿐만 아니라, 범죄의 예방이라는 명분으로 데이터를 수집하는 과정에서 범죄와 관련 없는 사람들의 사생활이나 인격권을 침해할 가능성도 높다. 영화 마이너리티 리포트와 같이 인공지능이 범죄 지역에 대한 예측을 넘어서 특정 사람에 대한 범죄 가능성까지 판단할 수 있게 된다면, 인간은 아직 발생하지도 않은 일에 의하여 자유를 구속받게 되는 결과로 이어질 수도 있다.

그림 2-7 인공지능이 인간을 감시하고 통제하는 세상

2.3 인공지능에는 어떠한 윤리 원칙이 필요할까?

표준국어대사전에 의하면 윤리란 '사람으로서 마땅히 행하거나 지켜야 할 도리'를 의미한다. 이를 인공지능 기술에 적용해 보면, 인공지능 윤리는 '인공지능 관련 이해관계자들이 준수해야 할 보편적 사회 규범 및 관련 기술'이라고 정의할 수 있다(이우권, 「인공지능의 윤리적 사용을 위한 정책대안에 관한 연구」, 『한국정책논집』 20(1), 1-15, 2020).

그런데 '마땅히 행하거나 지켜야 할 도리'나 '보편적 사회 규범'은 시대나 지역에 따라서 다를 수 있고, 지금 우리가 생각하는 윤리의 의미도 앞으로 시간이 지나면서 변하게 될 수 있다. 이렇듯 그 의미가 모호한 윤리에 대한 기준을 세우고 이를 인공지능에 적용한다는 것이 가능할까?

인공지능 윤리에 대해서는 국제적으로 나라마다 이해관계에 따라 서로 다른 입장을 보이고 있다. 특히 어느 정도의 '수준'으로 윤리적 원칙을 제시해야 하는지에 대해서도 의견 차이가 있다. 예를 들어 포괄적인 개념으로 윤리적인 원칙만을 제시할 것인지 아니면 그 원칙을 실행할 수 있는 구체적인 정책 행동도 제시할 것인지에 대해 인공지능 기술 선진국과 후발 국가들 사이의 입장이 서로 다르다. 또한 윤리 자체를 바라보는 시각에도 약간은 차이가 있는데, 미국은 인공지능이 인간의 자율성을 침해할 가능성 등 개인의 권리에 좀 더 초점이 맞춰져 있다면, 한국은 공공의 복지 등 집단이나 전체의 권리에 좀 더 초점이 맞춰져 있는 것으로 보인다.

그러나 대부분의 국가가 가지고 있는 공통적인 기준은 인공지능 윤리의 중심에 인간이 있어야 한다는 것이다. 즉 인공지능은 인간의 복지 증진이나 사회의 발전을 위해서 사용되어야 하고 인간의 생명과 안전을 보호해야 한다. 또한 인공지능에 의해 문제가 발생하더라도 그에 대한 책임은 어떤 형태로든지 결국 인간이 져야 한다.

인공지능이 갖추어야 할 윤리 원칙에는 대표적으로 다음과 같은 것이 있다.

차별 금지(편향 금지) 및 공정성

인공지능이 수학적 알고리즘을 통해 매우 이성적이고 공정하며 합리적인 판단을 내릴 것으로 생각하는 경우가 많다. 그러나 인공지능은 수많은 데이터를 통해 학습된 알고리즘으로서 어떠한 데이터나 알고리즘을 사용했는지에 따라 전혀 다른 결과를 출력할 수 있다.

예를 들어, 영국 이스트엥글리아 대학에서는 초거대 언어모델(LLM) 인공지능인 Chat-GPT와 LLaMA에게 정치 및 경제 문제에 대한 62가지 질문을 하고 '긍정' 또는 '부정'으로 답하도록 지시하였는데, Chat-GPT는 진보적인 성향에 가까운 답변을 하였고 LLaMA는 보수적인 성향에 가까운 답변을 하였다. 이는 각 모델이 진보 또는 보수 쪽에 치우친 데이터로 학습하였거나 어느 한쪽의 성향을 강화하는 알고리즘을 사용하였기 때문일 것으로 보인다.

또한 이미지 생성 인공지능인 스테이블 디퓨전(Stable Diffusion)은 CEO를 백인 남성으로, 범죄자는 흑인 남성으로, 햄버거 가게 주방에서 일하는 직원은 흑인 여성으로 표현하는 경향이 있는 것으로 나타났다.

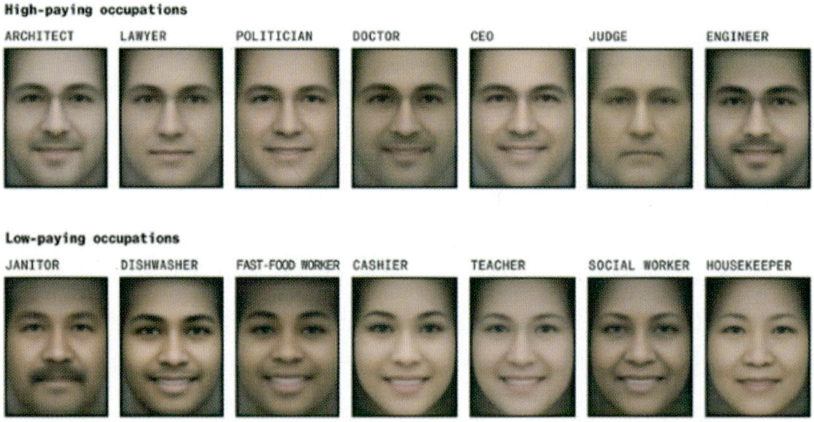

그림 2-8 스테이블 디퓨전에 고임금, 저임금 직종에 속하는 직업 7개씩을 명령어로 입력했을 때 생성한 대표 이미지들

만일 이러한 인공지능의 편향적 성향이 계속해서 유지된다면 특정 집단이나 개인에 대한 불평등을 유발하거나 지속시킬 수 있고, 경우에 따라서는 사회 갈등을 일으킬 수도 있다. 특히 위 스테이블 디퓨전은 하루에도 1,000만 명 이상이 이용하는 인공지능으로서 사회에 미치는 영향력이 상당히 크다는 점을 고려하면 인공지능의 편향적 성향은 매우 심각하게 다뤄져야 할 사회적 문제라고 할 수 있다.

인공지능의 편향성 발생 이유

따라서 인공지능의 편향성은 최대한 제거되어야 하는데, 이러한 편향성이 왜 발생하게 된 것인지를 살펴보면 다음과 같다.

- 알고리즘 자체의 편향: 인공지능에 사용된 알고리즘이 특정한 가정이나 관점을 가지고 설

계되었거나 특정 집단에 불리한 결과를 내놓을 수 있는 특성을 가지고 있는 경우를 의미한다. 인공지능 모델을 개발하는 과정에서 기획자나 개발자는 자신의 주관적 가치나 경험에 따라 기획 및 개발을 하게 되는데, 그 과정에서 자신의 주관적 편향이 의도적으로나 무의식적으로 인공지능 알고리즘에 반영될 수 있다.

- **학습 과정에서의 편향성**: 인공지능 알고리즘은 데이터를 통해 학습을 수행하는데, 특히 지도학습(Supervised Learning)이나 강화학습(Reinforcement Learning)의 경우에는 인간의 개입이 필요하다. 또한 데이터의 특성이나 정답을 알려주는 데이터 레이블링도 인간이 수행하기 때문에 그 과정에서 인간이 가지고 있는 편향이 반영될 수 있다.

잠깐만요 **데이터 레이블링(Data Labeling)이란?**

데이터 레이블링은 인공지능이 데이터를 이해하고 패턴을 학습하는 데 필수적인 과정으로 각각의 데이터 샘플에 대해 올바른 라벨 또는 태그를 할당하는 과정을 의미한다. 인공지능 모델이 데이터를 학습할 때 올바른 결과를 예측하고 분류할 수 있도록 도와준다.

예를 들어, 이미지 인식을 위한 인공지능 학습에서는 각각의 이미지에 해당하는 물체나 특성에 대한 레이블을 지정해야 하는데, 고양이 사진에 대해서는 '고양이' 태그를, 강아지 사진에 대해서는 '강아지' 태그를 지정한다. 이렇게 하면 인공지능은 고양이 태그를 보고 해당 사진이 고양이 사진이라는 점을 학습할 수 있게 되고, 충분히 학습한 후에는 태그가 없는 고양이 사진을 보고서도 고양이 사진이라는 점을 맞출 수 있게 되는 것이다.

이러한 레이블링 작업은 전문가가 수동으로 하는 것도 가능하고, 자동화된 알고리즘을 사용하여 처리될 수도 있다. 이 과정에서는 데이터의 정확성과 일관성을 유지하기 위해 주의가 필요하며, 잘못된 레이블링은 모델의 학습과 성능에 부정적인 영향을 미칠 수 있다.

- **데이터 자체의 편향성**: 인공지능의 편향적 결과는 주로 데이터 자체의 편향에 기인하는 경우가 많다. 데이터의 편향이란 데이터에 특정 집단 또는 특성에 대한 편견이 포함되어 있거나 데이터가 특정 그룹을 대표하지 못하는 경우를 의미한다. 데이터 편향의 유형은 다양한데 예를 들면 다음과 같은 것이 있다.
  - 데이터 자체에 고정관념이나 편견이 포함되어 있는 경우(예를 들어, 간호사는 모두 여성이라는 내용의 데이터가 포함되어 있는 경우)
  - 특정 집단의 데이터가 제외되어 있는 경우(예를 들어, 주근깨가 있는 사람의 데이터가 없는 얼굴 인식 인공지능은 이를 '사람이 아님'으로 분류할 수 있음)
  - 특정 집단의 데이터가 부족하여 과소 대표되어 있는 경우(예를 들어, 흑인에 대한 데이터가 부족하여 백인 데이터 위주로 구성되는 경우 백인 위주의 결과를 출력)

인공지능의 차별적 편향 해결 방법

물론 이러한 인공지능의 편향성이 필요한 경우도 있다. 예를 들어 20대 여성을 대상으로 마케팅 전략을 수립하는 인공지능의 경우에는 20대 여성의 데이터로만 학습함으로써 20대 여성의 관심에만 편향된 결과를 출력할 수 있게 된다. 그러나 여기서 논의하는 인공지능의 편향성은 이러한 내용은 제외하며 윤리적으로 문제될 수 있는 성별, 종교, 인종, 지역 등에 대한 차별적 편향을 대상으로 한다. 이러한 차별적 편향은 다음과 같은 방식으로 해결될 수 있다.

- 알고리즘의 개선: 특정 그룹에 대한 편견을 줄이는 방향으로 알고리즘을 설계하고 개발
- 다양성 있는 데이터 수집: 다양한 출처와 여러 관점을 반영하는 데이터를 충분하게 수집하고, 누락된 집단이 없도록 데이터 세트를 구축
- 데이터 전처리 과정에서의 데이터 보정: 데이터를 모델에 학습시키기 전에 통계적 방법 등을 사용하여 데이터의 편향성을 감지하고 이를 수정함. 또한 레이블링 오류를 수정하거나, 특정 그룹에 대해 과대 대표 또는 과소 대표적인 데이터를 보정
- 편향성 평가 및 모니터링: 인공지능을 운영하는 중에도 지속적으로 인공지능이 편향적 결과를 출력하는지에 대해 평가하고 모니터링할 필요가 있음. 편향성을 발견하는 경우에는 이에 대한 수정 조치를 취해야 함.
- 편향되지 않은 인력 구성을 통한 인공지능 개발 및 운영: 인공지능의 개발 및 운영 과정에는 사람의 편향성이 반영될 수 있으므로 성별, 국적, 인종 등의 측면에서 다양성이 있는 인력으로 팀을 구성할 필요가 있음. 또한 편견을 방지하기 위해 개발 및 운영 인력과는 독립적인 제3자의 평가를 받는 것이 바람직함.

투명성 및 설명가능성

인공지능은 이미 우리 사회에 많은 영향을 미치고 있다. 쇼핑을 하거나 영화를 볼 때 플랫폼에서 제공하는 인공지능의 추천에 의존하기도 하고, 기업은 인공지능 채용 시스템을 도입하여 수많은 지원자 중에서 적절한 인력을 1차적으로 선별하고 있다. 금융, 의료 등 다양한 영역에서도 인공지능이 적극적으로 도입되고 있다.

그런데 문제는 인공지능 기술이 인간에 의하여 의도적으로 악용될 가능성이 있다는 것이다. 예를 들면 인공지능이 사람의 개인정보를 무단으로 수집하거나, 의도적으로 채용 인공지능의 알고리즘이 편향된 결과를 도출하도록 하여 특정 집단만 채용하도록 할 수도 있다. 이러한 인공지능에 대해서는 어떤 형식으로든 통제하거나 제재할 필요가 있다. 여기서 인공지능에 대한 통제나 제재를 위해서는 인공지능이 어떠한 알고리즘에 따라 결정을 내리는지, 어떠한 데

이터로 학습되었는지, 목적이 무엇인지, 어떠한 방식으로 운영되는지 등을 알 수 있어야 하는데, 이러한 내용을 투명하게 공개하거나 설명이 가능하도록 해야 한다는 것이 인공지능의 '투명성(Transparency)' 내지는 '설명가능성(Explainability)'이다.

인공지능의 투명성 및 설명가능성은 위 악용 사례뿐만 아니라 일반적인 경우에도 필요하다. 예를 들어, 인공지능에 의한 자율주행 자동차를 타고 주행하는 과정에서 사고가 발생한 경우 사고가 인공지능 알고리즘의 결함이나 센서 인식 오류 때문인지, 아니면 주변 상황 때문에 어쩔 수 없이 발생한 사고인지에 대한 판단이 가능해야 누구에게 얼마만큼의 책임을 지울 수 있는지를 정할 수 있다. 이러한 판단을 위해서는 알고리즘의 판단 내용을 알 수 있도록 하는 투명성이 필요하다.

그림 2-9 역광 인식 오류가 원인으로 추정되는 자율주행 자동차 사고

이 외에도 인공지능에 투명성이나 설명가능성을 요구하는 경우 다양한 이점이 있다. 사회적으로 큰 영향을 미치는 인공지능의 경우 그 작동 방식을 이해함으로써 윤리적으로 적절한지를 판단해 볼 수 있고, 인공지능을 이용하는 소비자 입장에서는 어떠한 방식으로 서비스가 제공되는지를 앎으로써 인공지능에 대한 신뢰를 형성할 수 있다.

그러나 인공지능 알고리즘을 공개하는 것이 항상 바람직한 것은 아니며, 인공지능의 알고리즘이 공개되는 경우 회사의 영업비밀이 외부로 공개되거나 인공지능이 제대로 기능하지 못하게 될 우려도 있다. 예를 들어, 다양한 상품을 판매하는 온라인 마켓의 경우 소비자에게 필요한 상품을 추천하는 기능이 있다. 만일 이때 어떠한 알고리즘으로 추천하는지가 외부로 알려진다면 온라인 마켓의 상품 판매자는 알고리즘에서 순위가 높아질 수 있는 요건들을 만족시켜서 자신의 상품이 항상 우선적으로 추천되도록 조작할 수 있다. 이렇게 되면 소비자 입장에서는 자신이 실제로 원하지 않는 상품임에도 자주 추천되어 불편함을 느낄 것이고 이는 결국 온라인 마켓의 신뢰도 저하 및 매출 저하로 이어지게 될 것이다.

인공지능의 투명성과 설명가능성에 대한 주요 국가의 윤리적 · 법적 규제 정책

이처럼 인공지능의 투명성 및 설명가능성을 기업에 요구하는 것이 맞는지, 요구한다면 어느 정도의 범위까지 요구해야 하는지에 대해 많은 논란이 있다. 그러나 국내뿐만 아니라 유럽, 미국 등 주요 국가에서는 인공지능에 대한 윤리적 그리고 법적인 통제 필요성이 있고 인공지능에 투명성을 요구해야 한다는 점에 대해서는 이미 많은 공감대가 이루어진 상태이다.

- 유럽연합(EU)
  - 2019년 4월에 발간된 EU 「인공지능 윤리 가이드라인」에서는 '신뢰 가능한 AI(Trustworthy AI)'를 구현하기 위한 여러 가지 요건 중 투명성(Transparency)을 언급
  - 2020년 2월에 발간된 EU 「인공지능 백서(White paper : On Artificial Intelligence – A European approach to excellence and trust)」는 투명성의 가치를 지키고 위험을 통제할 수 있어야 한다고 서술
  - 유럽의 「일반정보보호법(General Data Protection Regulation ; GDPR)」에서는 개인정보의 주체에게 인공지능과 같이 자동화된 의사 결정 프로세스의 존재 여부 및 그 영향에 대해 통보하도록 되어 있고(GDPR 제13조 및 제14조), 개인정보의 주체는 자신의 개인정보가 자동화된 의사 결정에 따라 처리되는지에 대해 확인을 구할 수 있음(GDPR 제15조).
  - EU 집행위원회는 2021년 4월 EU 전역에 적용되는 규제 프레임워크로서 「AI 법안」을 발표하였으며, 2024년 3월 유럽의회에서 「AI 법」이 최종 승인됨. EU 「AI 법」은 특정 AI 시스템에 대해 공급자 및 사용자의 투명성 의무를 부과하고 있고(제50조), 특히 이용자가 인공지능과 상호 작용하고 있음을 인식하고 이러한 인식에 기초한 결정을 내릴 수 있도록 하고 있음.
- 미국(US)
  - 미국 연방거래위원회(Federal Trade Commission ; FTC)는 2020년 4월 「인공지능 및 알고리즘 사용지침(Using Artificial Intelligence Algorithm)」을 배포하고, 기업이 인공지능을 사용하는 과정에서 소비자에게 발생할 수 있는 위험을 어떻게 관리할 것인지에 대한 방향을 제시하였음. 특히 투명성과 관련하여 소비자 기만 금지, 민감한 데이터를 수집할 때 투명성 담보, 소비자에게 불리한 조치에 대한 통지 등을 언급함. 또한 FTC는 2022년 6월 사기, 딥페이크, 증오 범죄 등 온라인 문제를 해결하기 위해 인공지능을 사용하는 것에 대해 경고하고, 정책 솔루션으로 AI에 의존하는 것에 대해 매우 주의할 것

을 촉구하는 내용의 보고서를 의회에 제출함. 이 보고서에서 현재 많은 회사가 AI를 사용하여 콘텐츠를 조성하지만, 이러한 시스템이 작동하는 원리 또는 실제 유해한 콘텐츠를 얼마나 효과적으로 제거하는지에 대한 정보가 거의 공유되지 않는다는 점을 언급하고, 정부가 AI를 이해하고 사용하기 위해서는 더 많은 투명성이 필요하다고 조언함.

- 2022년 2월 「알고리즘 책임법안(Algorithmic Accountability Act of 2022)」을 발의하였고, 기업이 이용자와 규제기관에 '자동화된 의사결정 프로세스'가 어떻게 활용되는지에 대한 정보를 제공함으로써 투명성을 확보하도록 함.
- 미국 국립표준기술원(National Institute of Standards and Technology; NIST)은 2023년 1월 인공지능 시스템의 테스트, 평가, 확인 및 검증에 관하여 'AI 위험관리 프레임워크'를 발표하고, 4대 핵심 원칙 중 하나로 독립적인 전문가의 의견을 사용하여 AI 시스템의 공정성, 투명성, 설명 가능성, 안전성, 신뢰성 및 개인정보보호 강화 정도를 분석해야 한다고 규정함.

• 한국

- 한국 과학기술정보통신부는 2020년 말 인공지능 시대 바람직한 인공지능 개발 · 활용 방향 제시를 위해 「인공지능 윤리기준」을 마련하고 10대 핵심 요건 중 하나로 투명성을 선정함. 특히 사회적 신뢰 형성을 위해 타 원칙과의 상충관계를 고려하여 인공지능 활용 상황에 적합한 수준의 투명성과 설명 가능성을 높이려는 노력을 기울여야 하고, 인공지능 기반 제품이나 서비스를 제공할 때 인공지능의 활용 내용과 활용 과정에서 발생할 수 있는 위험 등의 유의사항을 사전에 고지해야 함을 강조함.
- 「인공지능 산업 육성 및 신뢰 기반 조성에 관한 법률(안)」에서는 정부가 3년마다 '인공지능사회 기본계획'을 수립하여 시행해야 하고 해당 계획에는 투명성에 관한 사항이 포함되어야 함을 규정하고 있음.

인공지능의 투명성과 설명가능성은 크게 알고리즘에 대한 부분과 학습 데이터에 대한 부분으로 나눌 수 있다. 인공지능 알고리즘의 경우 블랙박스 구조의 특성상 정확한 작동 원리는 알기 어려울 수 있으나 적어도 인공지능 알고리즘이 사용된다는 점과 알고리즘의 결정 기준에 대한 기본적인 정보는 제공될 수 있다. 다만 그 정보 제공의 범위는 인공지능이 사용되는 영역에 따라 달라질 수 있을 것이고, 경우에 따라서는 알고리즘이 스스로 자신의 판단 근거를 제시하도록 하는 기술적 조치를 취하거나 설명 가능한 인공지능(Explainable AI; XAI)과 같이 인공지능의 투명성을 해결할 수 있는 기술을 활용할 수도 있다. 학습 데이터의 경우에는 어떠한 데이터를 사용했는지에 대한 기록을 남겨두고 필요한 경우 제공할 수 있도록 할 수 있다.

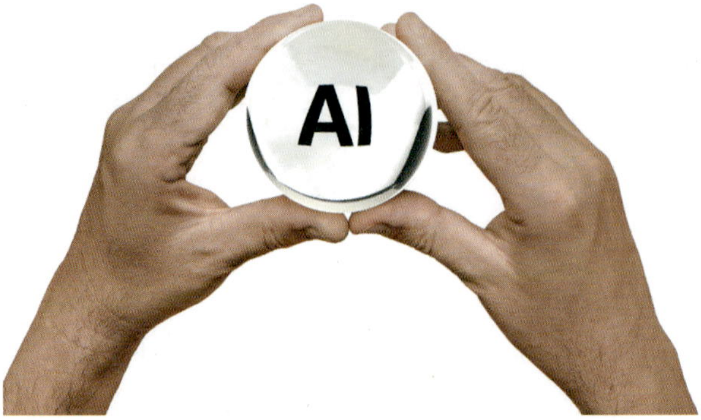

그림 2-10 인공지능에 필요한 투명성 및 설명가능성

인간의 기본권, 존엄성, 자율성 보장

인간의 기본권은 인간이 인간답게 살아갈 수 있도록 그 존엄과 가치를 지키기 위한 것일 뿐만 아니라 우리 사회를 안정적으로 유지하기 위한 가장 기본적인 권리이다. 따라서 인간이 인공지능을 도구로써 사용하는 경우뿐만 아니라 향후 인공지능이 계속 발달하여 모든 영역에서 인간의 능력을 뛰어넘게 된다고 하더라도 인간의 기본권은 다른 권리나 가치보다 우선하여 지켜져야 하고, 이는 미래에 인간과 인공지능이 평화롭게 공존하기 위한 필수 전제 조건이다.

다만 인간의 기본권은 각 국가의 문화적, 역사적, 정치적 배경에 따라 그에 대한 정의와 보호되는 방식이 다르다. 예를 들어, 어떤 국가들은 개인의 경제적, 사회적 권리에 중점을 두고, 다른 국가들은 공공의 안전에 좀 더 중점을 둔다. 따라서 어떠한 기준에 따라 인공지능을 규제할지에 대해서는 전 세계적인 관점에서의 논의를 진행하고, 인간의 기본권 보호와 관련하여 표준화된 가이드라인을 만들어 나갈 필요가 있다.

책임성

인공지능의 책임성이란 인공지능이 내린 판단에 따라 수행한 결과에 문제가 발생한 경우, 누가 책임을 져야 하는지에 대한 문제이다. 즉 책임의 주체가 누구인지에 대한 것이다.

책임의 주체로 생각해 볼 수 있는 것은 ① 인공지능 그 자체, ② 인공지능 개발자, ③ 인공지능 판매자, ④ 인공지능 서비스 제공자, ⑤ 인공지능 서비스 수요자이다.

먼저 인공지능 그 자체는 사람이 아니기 때문에 윤리적 책임의 주체가 될 수 없다. 물론 언젠가 인간 이상의 정신 활동이 가능한 정도의 인공지능이 탄생하면 책임을 물을 수 있겠지만 아직은 시기상조이다. 따라서 나머지 ②~⑤의 주체가 윤리적 책임의 대상이 될 수 있는지가 문제되는데, 모든 주체는 인공지능 산업의 시스템 전체에서 어떻게든 인공지능의 개발 및 활용에 영향을 미치기 때문에 어느 누구도 윤리적 책임에서 자유로울 수 없다.

인공지능 개발자

알고리즘 생성 및 데이터 학습을 통해 인공지능을 설계하고 개발한 자로서 인공지능의 판단 결과에 대해 가장 직접적인 책임이 있다고 볼 수 있다. 따라서 인공지능이 윤리적인 결과물을 생성할 수 있도록, 개발 단계에서부터 윤리적 원칙 하에서 알고리즘을 기획 및 개발하고, 편향되거나 차별적이지 않은 데이터로 인공지능을 학습시킬 필요가 있다.

인공지능 판매자

인공지능 판매자는 개발자를 고용한 회사인 경우가 많을 것이기 때문에 개발자와 마찬가지의 책임이 있다고 볼 수 있다. 더 나아가 인공지능 개발 및 판매 이후에 인공지능이 활용되는 과정에서 그것이 윤리적인 결과를 생성하는지 꾸준히 모니터링하고 문제가 발생하는 경우 이를 보완하고 개선할 의무가 있다.

인공지능 서비스 제공자

인공지능 서비스 제공자는 인공지능을 개발하거나 판매하지는 않았지만 자신이 제공하는 서비스 내에 윤리적으로 문제될 수 있는 결과물이 포함되어 있는지에 대한 모니터링 책임이 있다. 예를 들어, 동영상 제공 플랫폼 서비스인 유튜브(Youtube)에 누군가가 윤리적으로 문제되는 동영상을 업로드한 경우, 유튜브가 이러한 동영상을 삭제하거나 아무런 제재를 가하지 않는다면 법적인 책임(OSP 책임)과는 별개로 윤리적인 책임이 문제 될 수 있다. 따라서 인공지능 서비스 제공자의 경우에도 자신이 제공하는 인공지능 관련 서비스에 윤리적으로 문제되는 데이터나 산출물이 포함되는지 여부에 대해 확인하고, 문제를 발견하는 경우 적절한 조치를 취할 윤리적인 책임이 있다.

잠깐만요 **온라인 서비스 제공자(Online Service Provider; OSP) 책임이란?**

온라인 서비스 제공자 책임은 온라인 플랫폼 서비스를 제공하는 기업이나 개인이 가지는 법적 책임을 의미한다. 이러한 책임은 사용자 데이터 보호, 저작권 침해 방지, 불법 콘텐츠 감지 및 제거를 포함하며, 「저작권법」, 「개인정보보호법」 등에 규정되어 있다.

인공지능 서비스 수요자

다른 인터넷 서비스와는 달리 인공지능의 경우에는 수요자가 직접 인공지능의 결과물에 영향을 미치는 경우가 많다. 예를 들어, 이미지 생성 인공지능의 경우 해당 서비스를 이용하는 이용자가 직접 이미지 생성을 위한 명령어를 입력하게 되는데, 이때 음란물이나 저작권 침해 이미지 생성을 유도하는 명령어를 입력하여 윤리적으로 문제되는 결과물을 생성해 낼 수 있다. 또한 최근에 개발된 인공지능의 경우에는 개발 단계에서만 학습하는 것이 아니라 서비스 제공 단계에서 사용자들로부터 수집된 데이터를 통해서 추가적인 학습이 가능하다. 이러한 부분을 악용하여 일부 사용자들의 경우 챗봇에 악의적으로 부정적이거나 비윤리적인 대화를 입력하고, 이러한 입력을 통해 학습된 챗봇은 비윤리적인 대화를 출력할 수 있다. 이러한 경우에는 인공지능 개발자, 판매자, 서비스 제공자보다 인공지능 서비스 수요자가 더욱 윤리적인 책임이 있다고 볼 수 있다.

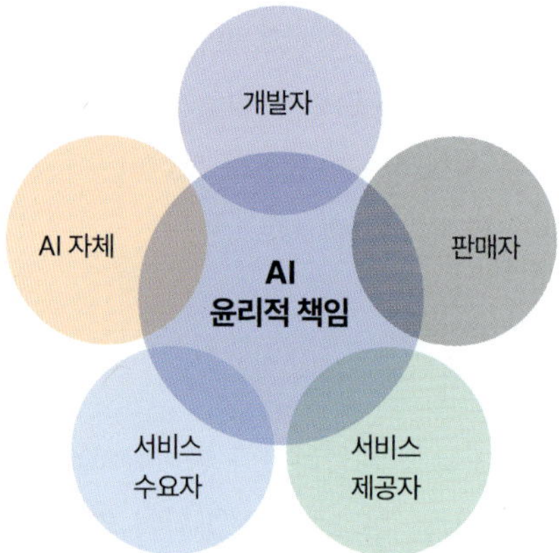

그림 2-11 인공지능에 대한 윤리적 책임 주체

기타 윤리적 이슈

앞서 언급한 윤리적 이슈들은 누가 보더라도 그 기준이 명확한 것들이다. 예를 들어, 남성과 여성을 차별하는 편향된 인공지능이 윤리적으로 잘못되었다는 점은 꽤 명백하다. 그러나 모든 윤리적 이슈가 옳고 그름을 명확하게 판단할 수 있는 것은 아니다.

예를 들어, 그림 2-12는 자율주행 자동차의 윤리적 딜레마에 대한 설명이다. 먼저 (A) 그림은 자율주행 자동차의 전방에 3명의 보행자가 있는데 제동이 가능한 거리보다 가까이 있어서 브레이크를 밟아도 사고가 날 수밖에 없는 상황이다. 사고를 피할 수 있는 유일한 방법은 우측으로 핸들을 돌려서 방향을 바꾸는 것인데 이렇게 하면 보도에서 걷고 있는 1명의 보행자와 사고가 나게 된다. 이런 상황에서 자율주행 자동차는 주행 방향을 그대로 유지하여 3명의 보행자와 사고를 내는 것이 나을까? 아니면 적극적으로 자동차를 조작하여 3명보다 수가 적은 1명의 보행자와 사고를 내는 것이 나을까? 만일 1명의 보행자가 어린이나 노인이라면 결론이 달라질까?

다음으로 (B) 그림은 자율주행 자동차 전방에 1명의 보행자가 있고 브레이크를 밟아도 사고가 날 수밖에 없는 상황이다. 그런데 우측으로 핸들을 돌려서 방향을 바꾸게 되면 보행자와의 사고는 피할 수 있으나 차량 보조석에 앉은 사람이 다치게 된다. (C) 그림은 주행 방향에 3명의 보행자가 있고 우측으로 핸들을 돌려서 방향을 바꾸게 되면 보행자와의 사고는 피할 수 있으나 차량 소유주가 다치게 된다. 이런 경우들에 있어서 자율주행 자동차는 어떠한 판단을 내려야 할까?

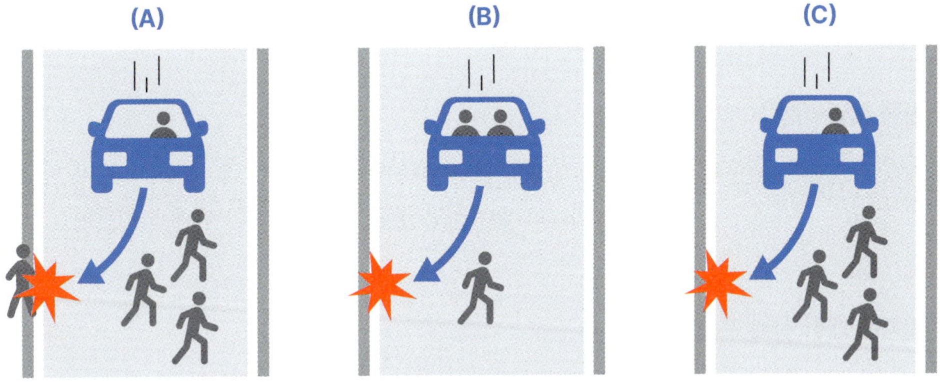

그림 2-12 자율주행 자동차의 윤리적 딜레마

위 상황에서 자율주행 자동차가 어떠한 판단을 해야 하는지에 대해서는 사람마다 서로 다른 견해를 가지고 있을 것이다. 이러한 견해는 각자의 이해 관계나 관점이 다르기 때문인데 여러 논의를 통해 다양한 입장을 통합할 필요가 있고, 특히 개발, 법률, 윤리, 사회과학 등 다양한 분야의 전문가들이 함께 논의하는 것이 중요하다.

그 외에도 안전성(Safety, 사람이나 환경에 위협이 될만한 요소는 완화되거나 제거), 견고성(Robustness, 인공지능이 외부의 간섭이나 극한적인 운영 환경 속에서도 의도된 수준의 성능이나 기능을 유지), 프라이버시(Privacy) 보호, 지속가능성(Sustainability) 등이 윤리적 원칙으로 요구되고 있다. 이러한 윤리적 원칙을 준수하여 개발되고 활용되는 인공지능을 우리는 신뢰할 수 있는 인공지능(Trustworthy AI)이라고 부를 수 있다.

2.4 인공지능을 선도하는 기업들은 어떠한 윤리 원칙에 따라 인공지능을 개발하고 서비스할까?

기업이 윤리 기준에 따라 인공지능 사업을 진행하는 이유

인공지능을 선도하는 국내외 기업들은 자율적으로 인공지능 윤리 기준을 만들고 이를 준수하기 위해 노력한다. 기업들이 이러한 윤리 기준에 따라 인공지능 사업을 진행하는 이유는 다음과 같다.

사회적 책임 이행

인공지능 기술은 사회적인 영향이 크기 때문에 기업은 인공지능 기술을 사용함으로써 사회에 미칠 수 있는 부정적인 영향을 최소화하고 긍정적인 영향을 극대화하기 위해 노력한다.

소비자에 대한 신뢰 구축

기업이 윤리 가이드라인을 제시하고 그에 따라 인공지능을 개발하고 서비스한다는 점을 알림으로써, 소비자들은 기업이 제공하는 인공지능을 신뢰할 수 있다.

기업 이미지와 브랜드 가치 상승

윤리적으로 투명하고 책임감 있는 기업으로 인식됨으로써, 윤리적인 기업 이미지를 구축하고 이를 통해 장기적으로 브랜드 가치를 상승시킬 수 있다.

기업 간 경쟁력 강화

윤리 가이드라인을 준수하여 개발되고 서비스되는 인공지능은 추후 윤리적 문제에 휘말릴 가능성이 적어지기 때문에, 기업의 인공지능 제품에 대한 투자 유치나 제품 판매 등에 있어서 경쟁력을 높일 수 있다.

인공지능 관련 규제 준수

많은 국가에서 인공지능 기술의 개발과 이용에 대한 규제가 도입되고 있으나 아직 그 범위가 명확하지 않은 부분이 많다. 이런 상황에서 윤리 가이드라인을 수립하고 준수하는 것은 추후 법적인 문제를 사전에 방지하는 데 도움이 될 수 있다.

국내외 인공지능 기업의 윤리 가이드라인

국내외 인공지능 기업들은 다음과 같이 인공지능에 대한 윤리 가이드라인을 정하고 있는데, 세부적인 내용에서는 다소 차이가 있으나 공정성, 안전성, 책임성, 투명성, 개인정보 보호에 있어서는 유사한 내용들을 포함하고 있음을 알 수 있다.

구글(Google)

[https://blog.google/intl/ko-kr/company-news/technology/ai-principles-kr/]

- **구글의 인공지능에 대한 원칙**
  - 사회적으로 유익해야 합니다.
  - 불공정한 편견을 만들거나 강화하지 않아야 합니다.
  - 안전성을 우선으로 설계되고 테스트되어야 합니다.
  - 인간을 위해 책임을 다해야 합니다.
  - 개인정보 보호 설계 원칙을 적용합니다.
  - 과학적 우수성에 대한 높은 수준을 유지합니다.
  - 구글 AI 원칙에 부합하는 용도로만 활용될 수 있어야 합니다.
- **구글이 AI를 활용하지 않을 분야**
  - 전반적인 피해를 유발하거나 그럴 가능성이 있는 기술. 중대한 위험이 발생할 가능성이 있는 분야에서는 편익이 위험을 월등히 넘어서는 경우에만 AI 개발을 진행하고 안전을 위해 적절한 제한 조치를 마련할 것입니다.
  - 주요 목적 또는 실제 사용으로 인해 직접적으로 사람에게 상해를 입히거나 이를 유발하는 무기 또는 기타 기술
  - 국제 규범을 위반하면서 감시 목적으로 정보를 수집하거나 사용하는 기술
  - 일반적으로 인정되는 국제법 및 인권의 원칙에 위배되는 목적을 가진 기술

마이크로소프트(Microsoft)

[https://learn.microsoft.com/ko-kr/azure/machine-learning/concept-responsible-ai?view=azureml-api-2]

- **책임 있는 AI 원칙**: 공정성(Fairness), 안정성 및 안전(Reliability & Safety), 개인 정보 보호 및 보안(Privacy & Security), 포용성(Inclusiveness), 투명성(Transparency), 책임성(Accountability)의 6가지 원칙에 따라 AI 시스템을 구축하기 위한 프레임워크를 설정함.

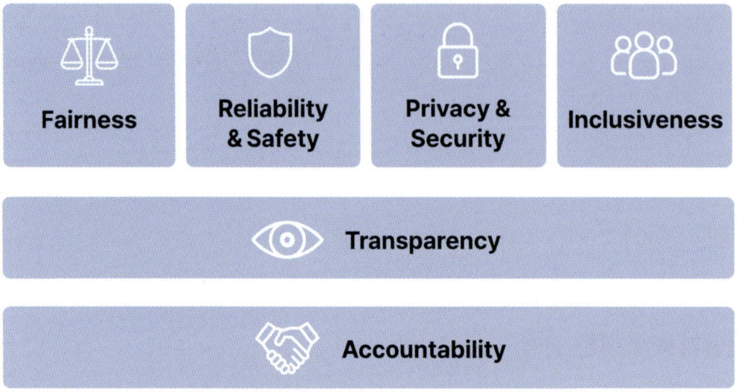

그림 2-13 Microsoft의 책임 있는 AI 원칙

IBM

[https://www.ibm.com/kr-ko/topics/ai-ethics]

- **설명가능성**: AI 시스템은 알고리즘의 추천에 포함된 내용이 다양한 목표를 가진 여러 이해관계자와 관련되어 있으므로 투명해야 합니다.
- **공정성**: AI 시스템이 개인 또는 그룹을 공정하고 공평하게 대우한다는 의미입니다. 올바르게 교정된 AI는 인간이 보다 공정한 선택을 하고 인간의 편견에 대응하며 포용성을 촉진하도록 지원할 수 있습니다.
- **견고성**: AI 기반 시스템은 적대적 공격으로부터 능동적으로 방어하여 보안 위험을 최소화하고 시스템 결과에 대한 신뢰도를 높여야 합니다.
- **투명성**: 신뢰를 강화하기 위해 사용자는 서비스 작동 방식을 확인하고, 기능을 평가하며, 강점과 한계를 이해할 수 있어야 합니다.
- **개인정보 보호**: AI 시스템은 이용자의 개인정보 보호와 데이터 권한에 우선순위를 두고 이를 보호해야 하며, 개인 데이터가 어떻게 사용되고 보호되는지에 대해 사용자에게 명시적인 보증을 제공해야 합니다.

LG

[https://www.lgresearch.ai/news/view/?seq=243]

- **신뢰할 수 있는 AI 개발을 위한 AI 윤리 원칙**
  - 인간존중(Humanity)
    - LG AI는 인간과 사회에 유익한 가치를 제공합니다.
    - LG AI는 인간의 권리를 침해하지 않습니다.
  - 공정성(Fairness)
    - LG AI는 인간의 다양성을 존중하고 공정하게 작동합니다.
    - LG AI는 개인의 특성에 기초한 부당한 차별을 하지 않습니다.
  - 안전성(Safety)
    - LG AI는 안전하고 견고하게 작동합니다.
    - LG AI는 잠재적 위험을 예측하고 대응합니다.
  - 책임성(Accountability)
    - LG AI를 개발하고 활용하는 조직과 구성원의 역할과 책임을 명확히 합니다.
    - LG AI가 의도된 대로 작동할 수 있도록 책임을 다합니다.
  - 투명성(Transparency)
    - LG AI가 도출한 결과를 고객이 이해하고 신뢰할 수 있도록 소통합니다.
    - LG AI의 알고리즘과 데이터는 원칙과 기준에 따라 투명하게 관리합니다.

네이버(Naver)

[https://guide.ncloud-docs.com/docs/clovastudio-ethics]

- **네이버 AI 윤리 준칙**
  - 사람을 위한 AI 개발
  - 다양성의 존중
  - 합리적인 설명과 편리성의 조화
  - 안전을 고려한 서비스 설계
  - 프라이버시 보호와 정보 보안

2.5 주요 국가의 인공지능 윤리 가이드라인

유럽(EU)

- EU는 2019년 4월「신뢰할 수 있는 AI 윤리기준 권고안(Ethics Guidelines for Trustworthy Artificial Intelligence)」을 발표하였다. 권고안에서는 신뢰할 수 있는 인공지능을 위한 3개 요소와 7대 요구사항이 제시되었다.

표 2-1 신뢰할 수 있는 인공지능을 위한 3개 요소

요소	구체적인 내용
적법성(Lawful)	인공지능에 적용 가능한 모든 법과 규정들을 준수하여야 함.
윤리성(Ethical)	윤리적인 원칙과 가치를 준수하여야 함.
견고성(Robust)	좋은 의도를 가지고 개발된 인공지능이라고 하더라도, 기술적 관점과 사회적 관점에서 의도하지 않은 결과를 초래하지 않아야 함.

표 2-2 신뢰할 수 있는 인공지능을 위한 7대 요구사항

요구사항	구체적인 내용
인간의 감독	AI 시스템은 인간의 자율성과 의사결정을 보조하는 역할을 수행하고, AI 시스템에 대한 인간의 감독이 보장되어야 함.
기술적 견고함과 안전성	AI 시스템에 대한 외부 공격, 오류 발생과 같이 문제가 발생했을 경우 그에 대한 대비책을 마련할 수 있어야 하고, AI 기능이 정확해야 하며, 재현 가능해야 함.
프라이버시와 데이터 거버넌스	개인정보 및 데이터 보호, 학습용 데이터의 품질 확보, 데이터에 대한 합법적 접근 규정 마련이 필요함.
투명성	AI 시스템의 데이터 수집·가공 및 학습 과정의 문서화를 통한 추적 가능성이 있어야 함. AI 시스템의 결정은 이해 관계자에게 적합한 방식으로 설명되어야 함. 인간은 자신이 AI 시스템과 소통하고 있음을 인지하고 그 기능과 한계를 알고 있어야 함.
다양성, 차별 금지, 공정성	불공정한 편견은 제거되어야 하고, 연령·성별·국적·장애 요인에 무관하게 보편적으로 설계되어야 함.
사회적, 환경적 행복	AI 시스템은 인간을 포함한 다른 생명체를 고려하여야 하고, 사회적으로나 환경적으로 이익이 되어야 함.
책임성	AI 시스템 개발·배포·이용 과정상에 발생할 수 있는 책임을 이행하기 위해 감사, 영향 평가, 구제 방안 수립을 하여야 함.

- 2024년 3월 EU에서는 세계 최초로 「인공지능 규제법(AI Act)」이 통과되었다. 유럽인들이 AI를 신뢰할 수 있도록 하며 AI 분야 우수한 생태계를 조성하고 EU의 역량을 강화하는 것을 목표로 한다. 구체적인 규제 내용은 3장에서 자세히 다룰 예정이다.

미국(US)

- 2022년 5월 인공지능 기술혁신을 촉진함과 동시에 시스템에 의한 감시 및 불평등으로 미국 국민이 불이익을 받는 것을 예방하기 위해, AI의 5가지 원칙을 주 내용으로 하는 「AI 권리장전(a new AI Bill of Rights)」을 제시하였다.

[AI 권리장전 청사진의 5대 핵심 원칙]

1. 안전하고 효과적인 시스템(Safe and Effective Systems): 안전하지 않거나 비효율적인 시스템으로부터 보호받을 수 있을 것
2. 알고리즘 차별로부터의 보호(Algorithmic Discrimination Protections): 자동화된 시스템의 알고리즘에 의한 차별에 직면하지 않도록 하며, 시스템은 공정한 방식으로 사용되고 설계되어야 함.
3. 데이터 프라이버시(Data Privacy): 수집된 데이터의 남용으로부터 보호받을 수 있어야 하며, 개인에 관한 데이터 활용에 대한 정보를 제공해야 함.
4. 공지 및 설명(Notice and Explanation): 자동화된 시스템이 언제 어떻게 이용되었으며, 그 결과가 어떠한 영향을 미치는지에 관하여 알 수 있어야 함.
5. 대안으로서의 인간, 고려사항과 대비책(Human Alternatives, Consideration and Fallback): 상황에 따라 시스템 대신 사람을 선택할 수 있도록 하여, 직면한 문제를 신속히 고려하고 해결할 수 있는 사람으로 전환 가능해야 함.

- 2022년 5월 평등고용기회위원회(Equal Employment Opportunity Commission; EEOC)는 법무부와 함께 「고용주의 AI 사용에 관한 지침」을 발표하였다. 그 내용을 살펴보면, 고용주가 AI 등을 사용하여 채용, 성과 모니터링, 급여 또는 승진을 결정하는 경우 미국 「장애인법(American Disabilities Act)」을 위반하여 장애인에 대한 불법적 차별을 초래할 수 있고, 이에 모범 사례 및 주요 고려사항 등을 통해 고용주의 「장애인법」 위반을 방지하기 위한 지침을 포함하고 있다.
- 2023년 1월, 국립표준기술원(National Institute of Standards and Technology; NIST)은 AI 시스템의 테스트, 평가, 확인 및 검증에 관한 관행 확립을 위한 연방 차원의 규제를 위해 'AI 위험관리 프레임워크(AI Risk Management Framework; AI RMF)'를 발표하였다.

[AI RMF의 4대 핵심 원칙]

1. 조직은 적절한 구조, 정책 및 프로세스를 포함한 위험 관리 문화를 조성해야 하며, 위험 관리는 고위 경영진의 우선순위가 되어야 함.
2. 조직은 시스템의 비즈니스 가치, 목적, 특정 작업, 사용 및 기능과 같은 유용한 컨텍스트 정보를 포함하여 현상 유지와 비교하여 배포하려는 AI 시스템의 이점과 위험을 이해하고 평가해야 함.
3. 양적 · 질적 위험 평가 방법과 독립적인 전문가의 의견을 사용하여 AI 시스템의 공정성, 투명성, 설명 가능성, 안전성, 신뢰성 및 개인정보보호 강화 정도를 분석해야 함.
4. 식별된 위험을 관리하여 고위험 AI 시스템의 우선순위를 지정해야 하며, 위험 모니터링은 반복적인 프로세스여야 하며, 새롭고 예상치 못한 위험이 나타날 수 있다는 점을 감안할 때 배포 후 모니터링이 중요함.

- 2023년 10월, 바이든 행정부는 「안전하고 신뢰할 수 있는 AI 개발 및 사용에 관한 광범위한 행정명령(Executive Order on the Safe, Secure, and Trustworthy Development and Use of Artificial Intelligence)」을 발표하였다. 인공지능을 규제하는 미국 대통령의 첫 행정명령으로, 인공지능의 잠재력과 위험성이라는 양면성의 균형을 적절히 맞추기 위한 규제이다. 이는 윤리 가이드라인이라기보다는 규제에 대한 내용이므로 이후 3장에서 좀 더 자세히 다루기로 한다.

중국(China)

- 2023년 7월 「생성형 인공지능 서비스 관리 잠정 방법(生成式人工智能服务管理暂行办法)」을 발표하였고, 이는 2023년 8월 15일 발효되었다. 이 관리 방법은 중국의 사회주의 가치에 반하는 것을 규제하고, 개인정보 침해나 차별 방지, 미성년자 보호에 대한 내용을 포함하고 있다.
- 2023년 10월 글로벌 인공지능 거버넌스 이니셔티브(Global AI Governance Initiative)를 발표하면서, 인공지능 기술에 대한 독점을 반대하고 인공지능 기술의 공정한 활용을 강조하였다.

한국

- 2020년 12월 과기정통부는 인공지능 시대의 바람직한 인공지능 개발 및 활용 방향을 제시하기 위해 사람이 중심이 되는 「인공지능(AI) 윤리기준」을 마련하였다. 본 윤리기준은 정

부 · 공공기관, 기업, 이용자 등 모든 사회 구성원이 인공지능 개발부터 활용까지 전 단계에서 지켜야 할 주요 원칙과 핵심 요건을 제시하였다.

표 2-3 인공지능 윤리기준 3대 기본원칙과 10대 핵심 요건

3대 기본 원칙	① 인간 존엄성 원칙 – 인간은 신체와 이성이 있는 생명체로 인공지능을 포함하여 인간을 위해 개발된 기계제품과는 교환 불가능한 가치가 있다. – 인공지능은 인간의 생명은 물론 정신적 및 신체적 건강에 해가 되지 않는 범위에서 개발 및 활용되어야 한다. – 인공지능 개발 및 활용은 안전성과 견고성을 갖추어 인간에게 해가 되지 않도록 해야 한다. ② 사회의 공공선 원칙 – 공동체로서 사회는 가능한 한 많은 사람의 안녕과 행복이라는 가치를 추구한다. – 인공지능은 지능정보사회에서 소외되기 쉬운 사회적 약자와 취약 계층의 접근성을 보장하도록 개발 및 활용되어야 한다. – 공익 증진을 위한 인공지능 개발 및 활용은 사회적, 국가적, 나아가 글로벌 관점에서 인류의 보편적 복지를 향상시킬 수 있어야 한다. ③ 기술의 합목적성 원칙 – 인공지능 기술은 인류의 삶에 필요한 도구라는 목적과 의도에 부합되게 개발 및 활용되어야 하며 그 과정도 윤리적이어야 한다. – 인류의 삶과 번영을 위한 인공지능 개발 및 활용을 장려하여 진흥해야 한다.
10대 핵심 요건	① 인권 보장 – 인공지능의 개발과 활용은 모든 인간에게 동등하게 부여된 권리를 존중하고, 다양한 민주적 가치와 국제 「인권법」 등에 명시된 권리를 보장하여야 한다. – 인공지능의 개발과 활용은 인간의 권리와 자유를 침해해서는 안 된다. ② 프라이버시 보호 – 인공지능을 개발하고 활용하는 전 과정에서 개인의 프라이버시를 보호해야 한다. – 인공지능 전 생애주기에 걸쳐 개인정보의 오용을 최소화하도록 노력해야 한다. ③ 다양성 존중 – 인공지능 개발 및 활용 전 단계에서 사용자의 다양성과 대표성을 반영해야 하며, 성별 · 연령 · 장애 · 지역 · 인종 · 종교 · 국가 등 개인 특성에 따른 편향과 차별을 최소화하고, 상용화된 인공지능은 모든 사람에게 공정하게 적용되어야 한다. – 사회적 약자 및 취약 계층의 인공지능 기술 및 서비스에 대한 접근성을 보장하고, 인공지능이 주는 혜택은 특정 집단이 아닌 모든 사람에게 골고루 분배되도록 노력해야 한다. ④ 침해 금지 – 인공지능을 인간에게 직간접적인 해를 입히는 목적으로 활용해서는 안 된다. – 인공지능이 야기할 수 있는 위험과 부정적 결과에 대응 방안을 마련하도록 노력해야 한다. ⑤ 공공성 – 인공지능은 개인적 행복 추구뿐만 아니라 사회적 공공성 증진과 인류의 공동 이익을 위해 활용해야 한다. – 인공지능은 긍정적 사회 변화를 이끄는 방향으로 활용되어야 한다. – 인공지능의 순기능을 극대화하고 역기능을 최소화하기 위한 교육을 다방면으로 시행하여야 한다. ⑥ 연대성 – 다양한 집단 간의 관계 연대성을 유지하고, 미래 세대를 충분히 배려하여 인공지능을 활용해야 한다. – 인공지능 전 주기에 걸쳐 다양한 주체들의 공정한 참여 기회를 보장하여야 한다. – 윤리적 인공지능의 개발 및 활용에 국제사회가 협력하도록 노력해야 한다. ⑦ 데이터 관리 – 개인정보 등 각각의 데이터를 그 목적에 부합하도록 활용하고, 목적 외 용도로 활용하지 않아야 한다. – 데이터 수집과 활용의 전 과정에서 데이터 편향성이 최소화되도록 데이터 품질과 위험을 관리해야 한다.

10대 핵심 요건	⑧ 책임성 – 인공지능 개발 및 활용 과정에서 책임주체를 설정함으로써 발생할 수 있는 피해를 최소화하도록 노력해야 한다. – 인공지능 설계 및 개발자, 서비스 제공자, 사용자 간의 책임 소재를 명확히 해야 한다. ⑨ 안전성 – 인공지능 개발 및 활용 전 과정에 걸쳐 잠재적 위험을 방지하고 안전을 보장할 수 있도록 노력해야 한다. – 인공지능 활용 과정에서 명백한 오류 또는 침해가 발생할 때 사용자가 그 작동을 제어할 수 있는 기능을 갖추도록 노력해야 한다. ⑩ 투명성 – 사회적 신뢰 형성을 위해 타 원칙과의 상충관계를 고려하여 인공지능 활용 상황에 적합한 수준의 투명성과 설명 가능성을 높이려는 노력을 기울여야 한다. – 인공지능 기반 제품이나 서비스를 제공할 때 인공지능의 활용 내용과 활용 과정에서 발생할 수 있는 위험 등의 유의사항을 사전에 고지해야 한다.

※ 출처: 과학기술정보통신부 보도자료(2020.12.22.)

그 외 국가 및 기관의 윤리 가이드라인

위 주요 윤리 가이드라인 외에도 다양한 국가와 기관에서 인공지능 윤리 가이드라인을 제시하고 있다.

표 2-4 국내외 인공지능 윤리 원칙

	제목	주체
1	Preparing for the Future of Artificial Intelligence ('16)	President National Science and Technology Council Committee on Technology
2	Tenets ('16)	Partnership on AI
3	AI Policy Principles ('17)	Information Technology Industry Council
4	DeepMind Ethics & Society Principles ('17)	DeepMind
5	Asilomar AI Principles ('17)	Future of Life Institute
6	AI at Google : Our Principles ('18)	Google
7	Microsoft AI principles ('18)	Microsoft's AETHER(AI and Ethics in Engineering and Research)
8	OpenAI Charter ('18)	OpenAI
9	Principles for Trust and Transparency ('18)	IBM
10	The Montreal Declaration for a Responsible Development of AI ('18)	University of Montreal
11	지능정보사회 윤리가이드라인 ('18)	정보문화포럼

12	AI in the UK : Ready, Willing and Able? ('18)	영국 정부
13	카카오 알고리즘 윤리헌장 ('18)	카카오
14	The Future Computed : AI and its role in Society ('18)	Microsoft's AETHER
15	Discriminating Systems – Gender, Race, and Power in AI ('19)	AI Now
16	Ethically Aligned Design(Ver. 2) ('19)	The IEEE Global Initiative on Ethics of Autonomous and Intelligent System
17	이용자 중심의 지능정보사회를 위한 원칙 ('19)	방통위-KISDI
18	로봇 윤리 기본 원칙(수정) ('19)	산업통상자원부
19	인간중심의 AI 사회 원칙 ('19)	일본 총무성
20	Ethics Guidelines for Trustworthy AI ('19)	EU
21	Recommendation of the Council on AI ('19)	OECD
22	The global landscape of AI ethics guidelines ('19)	Jobin. A., Ienca, M. & Vayena, E.
23	Understanding artificial intelligence ethics and safety ('19)	The Alan Turing Institute
24	BEIJING CONSENSUS on artificial intelligence and education('19) AI와 교육에 대한 베이징 합의	UNESCO
25	Principles Artificial Intelligence : A Map of Ethical and Rights-Based Approaches ('20)	Berkman Klein Center For Internet & Society
26	Rome Call for AI Ethics ('20)	로마 교황청
27	자율주행차 윤리 가이드라인('20)	국토교통부
28	사람이 중심이 되는 인공지능(AI) 윤리기준('20)	범정부 합동
29	인공지능(AI) 개인정보보호 자율점검표('21)	개인정보 보호위원회
30	국가 인공지능 사업추진 윤리원칙('21)	한국지능정보사회진흥원(NIA)
31	The Recommendation on the Ethics of Artificial Intelligence (유네스코 인공지능 윤리 권고('21.11.))	UNESCO
32	인공지능 권리장전('22)	백악관 과학기술정책실(OSTP)
33	인공지능 원칙 구현을 위한 거버넌스 가이드라인('22)	일본

※ 출처 : 교육부 『교육분야 인공지능 윤리원칙』(2022. 1. 27.)

2.6 인공지능 윤리 원칙의 적용

인공지능은 투명성, 공정성, 책임성, 안전성, 견고성, 프라이버시 보호 등 다양한 윤리 원칙들을 준수하는 가이드라인을 수립하고 그에 따라 개발 및 사용해야 한다. 이러한 윤리 가이드라인을 적용하는 시점, 대상 및 방법에 대해 살펴본다.

윤리 가이드라인의 적용 시점

인공지능은 그 생명주기 전체에 걸쳐서 윤리 원칙을 확인하고 준수하여야 한다. 그 이유는 인공지능의 윤리적 이슈는 최초 기획 단계로부터 개발 및 서비스 단계까지 전체에 걸쳐서 발생하는 것이기 때문이며, 인공지능은 학습을 통해 계속해서 수정되기 때문에 윤리적 문제가 발생하기 전 또는 발생한 시점에 해결하지 않으면 점점 더 해결이 어려워지게 된다.

잠깐만요 **인공지능의 생명주기(Life Cycle)란?**

인공지능이 만들어지고 서비스되는 모든 기간을 의미한다. 즉 ① 인공지능 개발을 계획하는 단계, ② 학습 데이터의 수집 및 처리 단계, ③ 인공지능 알고리즘의 개발 단계, ④ 인공지능 알고리즘의 데이터 학습 단계, ⑤ 인공지능 시스템 구현 단계, ⑥ 인공지능 서비스 운영 및 모니터링 단계 등 모든 단계를 포함하는 것이다. 이러한 인공지능 서비스의 생명주기는 반복적이거나 순환적일 수 있으며 그 순서가 달라질 수도 있다.

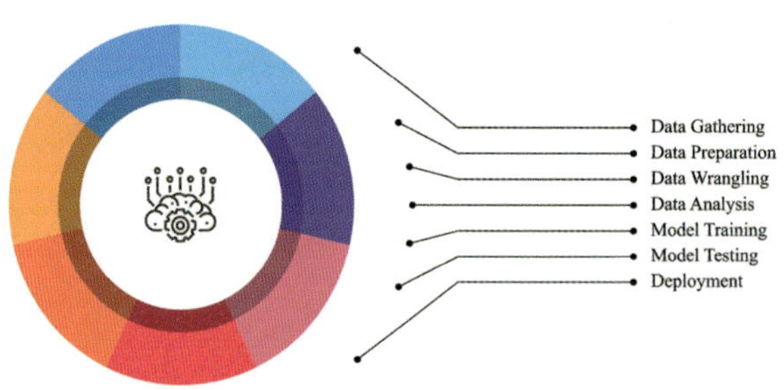

그림 2-14 인공지능의 생명주기

윤리 가이드라인의 적용 대상

과학기술정보통신부 · 한국정보통신기술협회에서 발간한 「2024 신뢰할 수 있는 인공지능 개발 안내서」를 참고하면, 인공지능은 크게 아래 4가지 구성 요소(학습용 데이터, 알고리즘, 시스템, 인터페이스)를 포함하고 있고, 각 대상마다 윤리 원칙의 준수 여부를 검토하여야 한다.

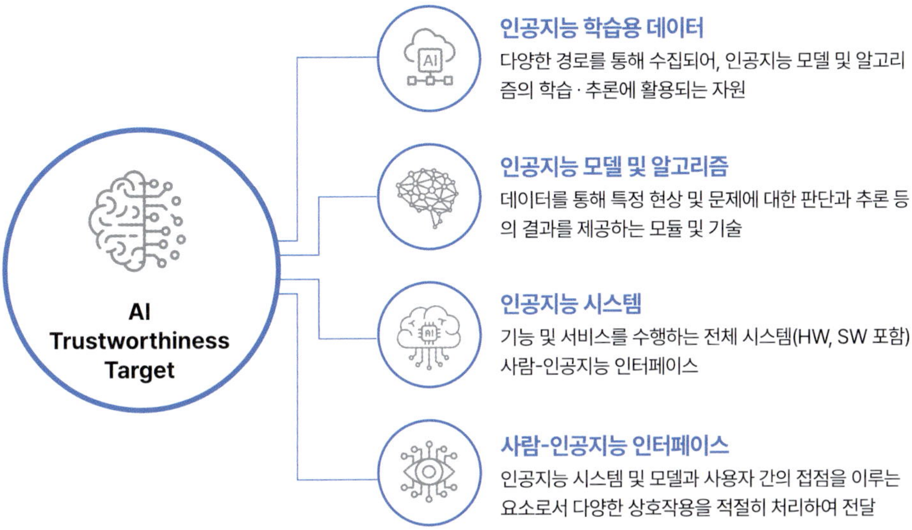

그림 2-15 인공지능의 구성 요소

표 2-5 인공지능 서비스 구성 요소별 신뢰성 확보 방안

인공지능 서비스 구성 요소	신뢰성 확보 방안
인공지능 학습용 데이터	인공지능 학습 및 추론 과정에 활용하는 데이터를 대상으로 편향성 등이 배제되었는지 검증
인공지능 모델 및 알고리즘	인공지능이 모델 및 알고리즘에 따라 안전한 결과를 도출하며, 이에 대한 설명이 가능한지, 악의적인 공격에 견고한지 등을 검증
인공지능 시스템	인공지능 모델 및 알고리즘이 적용된 전체 시스템을 대상으로 인공지능이 추론한 대로 작동하는지, 인공지능이 잘못 추론한 경우의 대책이 존재하는지 등을 검증
사람-인공지능 인터페이스	인공지능 시스템 사용자 · 운영자 등이 인공지능 시스템의 동작을 쉽게 이해할 수 있으며, 인공지능의 오작동 시 사람에게 알리거나 제어권을 이양하는지 등을 검증

인공지능의 윤리 원칙의 적용 방안

앞에서 살펴본 바와 같이, 인공지능에 대한 윤리 원칙을 세우고 인공지능 생명주기 전 과정에 걸쳐서 윤리 원칙을 지킬 수 있도록 하여야 한다. 이러한 윤리 원칙을 준수하는 구체적인 방법으로는 여러 가지가 있을 수 있는데, 대표적으로는 아래와 같은 방법이 있다.

기술적 방법

- **알고리즘의 편향성 완화 및 제거**: 알고리즘 학습에 사용되는 데이터의 다양성 유지 및 편향 제거를 위한 데이터 클렌징 기술, 알고리즘의 산출물을 검토하여 편향을 식별하고 수정하는 기술 사용
- **차별이나 혐오 발언 탐지 및 제거**: 챗봇에서 선정적, 공격적, 편향적 대화를 탐지하고 그에 따른 대응 기술 마련
- **가짜 뉴스와 영상 판별**: 가짜 뉴스 판별 기술, 딥페이크 식별 기술 등 사용
- **알고리즘의 투명성 강화**: 알고리즘의 해석을 통해 어떠한 판단 과정에 의해 결과를 도출했는지를 사후적으로 알아내는 기술이나 설명 가능한 AI를 사용
- **유해 콘텐츠 차단 시스템**: 인공지능 결과물 중 유해한 콘텐츠를 자동으로 찾아내어 삭제하는 시스템 구축
- **개인정보 보호**: 인공지능 학습 데이터와 인공지능에 의한 산출물에 개인정보가 포함되어 있는지 여부를 확인하고, 개인정보를 가명 처리하거나 익명 처리하는 기술 사용

비기술적 방법

- 윤리 관련 연구 및 교육
- 윤리원칙 수립 및 자율 규제
- 윤리 원칙 준수를 위한 조직 마련 및 운영

2.7 정리하며

'총은 사람을 죽이지 않고 사람이 사람을 죽인다(Guns don't kill people, people kill people).'는 전미총기협회의 슬로건을 살펴보면, 모든 결과는 도구가 아닌 해당 도구를 사용하는 사람에 의해 발생한다고 볼 수 있다. 즉 과학과 기술은 가치중립적이며 그 자체로는 선도 악도 아니다. 인공지능의 경우에도 그 기술은 수학적 알고리즘이거나 하드웨어일 뿐이고 그 자체로서 윤리적이거나 비윤리적인 것이 아니다.

결국 이러한 인공지능을 인간이 어떻게 만들고 어떻게 활용하는지에 따라 윤리적이거나 비윤리적인 결과가 발생하는 것이기 때문에 윤리 원칙은 인간이 인공지능을 사용하는 취지, 목적, 그리고 그와 관련한 행위도 함께 고려하여 규율될 필요가 있다.

다만 인공지능이 더욱 발달하여 인공지능 스스로 판단하고 행동하는 강인공지능 또는 초인공지능 시대가 도래한다면, 이때는 인간뿐만 아니라 인공지능의 의사 결정이나 판단까지도 고려한 윤리 원칙을 만들 필요가 있다. 물론 이러한 시대가 도래한다고 하더라도 모든 인공지능 윤리 원칙의 중심에는 여전히 사람(Human)이 있어야 한다는 점은 변하지 않아야 할 것이다.

그림 2-16 인간과 AI에 대한 윤리 원칙의 중심은 사람

Q&A 2장

Q 인공지능의 윤리적 문제가 실제로 논란이 되었던 사례가 있을까?

A 잘 알려진 사례로는 2016년에 마이크로소프트가 개발한 챗봇 'Tay'가 있다. 이 챗봇은 소셜 미디어 사용자와 대화를 나누며 학습하도록 설계되었는데, 불과 몇 시간 만에 편향되고 공격적인 발언을 하며 논란이 되었다. Tay는 사용자가 입력한 부적절한 내용을 그대로 학습하여 차별적이고 혐오스러운 표현을 반복하게 된 것이다. 이 사건은 인공지능이 데이터를 통해 학습할 때 어떤 정보를 받아들이느냐에 따라 윤리적인 문제를 일으킬 수도 있다는 점을 보여줬고, 인공지능 윤리의 필요성을 강하게 부각시켰다.

Q 인공지능이 범죄 예측에도 사용된다는데, 이것도 윤리적으로 문제가 될 수 있을까?

A 그렇다. 범죄 예측 인공지능은 데이터를 바탕으로 특정 지역이나 사람들의 범죄 가능성을 예측하는 데 사용될 수 있지만 이는 윤리적으로 논란이 많다. 예를 들어, 특정 지역의 데이터를 기반으로 편향된 결과가 나올 수 있으며, 이에 따라 특정 계층이나 인종에 대해 부당한 낙인이 찍힐 우려가 있다. 또한 이런 시스템이 예측 결과만으로 특정 집단을 잠재적 범죄자로 취급하게 되면 개인의 인권을 침해할 가능성도 있다.

Q 인공지능에는 어떠한 윤리 원칙이 필요할까?

A 인공지능 윤리는 주로 공정성, 투명성, 설명 가능성, 책임성, 그리고 인간의 기본권 존중을 원칙으로 한다. 공정성은 인공지능이 특정 집단에 편향되거나 차별적인 결정을 하지 않도록 보장하는 것이며, 투명성과 설명 가능성은 인공지능의 결정 과정이 사용자에게 명확하게 전달되도록 하는 것이다. 책임성은 인공지능 개발자와 운영자가 시스템의 결과에 대한 책임을 질 수 있도록 하는 것이고, 인간의 기본권 존중은 인공지능이 인간을 위한 기술로 존재해야 한다는 핵심 가치를 나타내는 것이다.

Q 인공지능에서 차별 금지와 공정성은 왜 중요한가?

A 인공지능이 일상에서 의사결정을 내리는 데 사용될 경우, 차별 금지와 공정성은 필수적인 요소이다. 만약 인공지능이 채용, 대출, 법적 판결 등에서 인종, 성별, 경제적 지위를 기반으로 편향된 결정을 내린다면, 특정 집단에 부당한 불이익이 발생할 수 있다. 이를 방지하기 위해서는 인공지능이 학습하는 데이터에 포함된 편향을 줄이고, 다양한 집단의 특성을 공정하게 반영할 수 있도록 설계되어야 한다. 각국은 이를 위해 인공지능 개발 과정에서의 공정성과 차별 금지를 법적으로 규제하려는 노력을 기울이고 있다.

Q 인공지능이 투명하고 설명 가능해야 하는 이유는 무엇인가?

A 인공지능은 복잡한 알고리즘과 대량의 데이터를 기반으로 결정을 내리다 보니, 어떤 이유로 특정 결정을 내렸는지 이해하기 어려운 경우가 많다. 그러나 사람들은 인공지능이 내리는 결정이 공정하고 합리적인지를 확인할 필요가 있다. 예를 들어, 대출 심사에서 인공지능이 불합격 판정을 내렸다면 그 이유가 명확히 설명될 필요가 있는 것이다. 인공지능의 투명성과 설명 가능성은 사용자와 사회의 신뢰를 유지하는 데 중요한 역할을 하며, 이를 위한 기술적 · 법적 기준이 점점 중요해지고 있다.

Q 인공지능 개발에서 인간의 기본권과 존엄성, 자율성은 왜 중요한가?

A 인공지능은 인간의 삶을 돕기 위해 개발된 기술인 만큼, 인간의 기본권과 존엄성을 존중하는 것은 인공지능 윤리의 핵심이다. 예를 들어 인공지능이 의료 분야에서 환자의 건강을 진단하거나 법률 분야에서 판결을 도울 때, 인간의 존엄성과 자율성을 고려하지 않으면 오히려 인간에게 피해를 줄 수 있다. 인간의 자율성을 보장하는 것은 인공지능이 인간의 통제를 벗어나지 않도록 설계되어야 한다는 의미이기도 하다.

Q 인공지능 기업들은 인공지능 개발에서 어떤 윤리적 원칙을 따르고 있을까?

A 전 세계 주요 인공지능 기업들은 인공지능 개발과 관련하여 윤리적 원칙을 설정하고 이를 준수하기 위해 노력하고 있다. 예를 들어 구글은 인공지능 원칙으로 '사회적으로 유익해야 한다', '차별(불공정한 편견)을 피해야 한다', '안전성과 책임성을 갖춰야 한다' 등을 제시하였다. 마이크로소프트는 '공정성, 투명성, 신뢰성, 안전성, 포용성, 프라이버시 보호'라는 원칙을 제안해 인공지능의 부작용을 방지하려고 노력하고 있다. 이런 원칙들은 인공지능 개발 과정에서 윤리적 문제를 줄이고, 사회에 책임 있는 인공지능을 제공하는 데 목적이 있다.

Q 주요 국가의 인공지능 윤리 가이드라인에는 어떤 내용이 포함될까?

A 여러 국가가 인공지능 윤리 가이드라인을 만들고 있는데, 대표적으로는 유럽연합(EU)과 미국이 있다. 유럽연합의 인공지능 가이드라인은 '인간의 권리 보호, 사회적 이익 추구, 투명성, 안전성'을 강조하고 있으며, 특히 고위험 인공지능에 대한 엄격한 규제를 제안한다. 미국의 경우 인공지능 윤리 가이드라인이 각 기관별로 다양하게 존재하지만 주로 공공 안전, 프라이버시 보호, 기업의 책임성을 강조한다. 일본, 한국, 싱가포르 같은 아시아 국가들도 인공지능 윤리 가이드라인을 마련하여, 각자의 사회적 특성에 맞는 기준을 설정하고 있다. 이러한 각국의 가이드라인은 인공지능이 글로벌 윤리 기준에 맞춰 발전하도록 돕고 있다.

Q 인공지능이 인간의 감정을 이해하거나 반응하는 게 윤리적으로 문제가 될 수 있을까?

A 그렇다. 인공지능이 인간의 감정을 읽고 반응할 수 있게 되면, 이 기술이 어떻게 사용되는지에 따라 윤리적 문제가 생길 수 있다. 예를 들어, 감정 인식 인공지능이 감정을 이용해 사람들의 행동을 조작할 수 있게 되면 사람들 간의 사회적 신뢰가 무너질 수도 있다. 또한 인공지능이 감정을 이해하는 능력이 실제로 감정을 '느끼는' 것과는 다르므로, 인간과 인공지능 간의 관계에서 혼란이나 오해가 발생할 수 있다. 따라서 인공지능과 인간 간의 감정적 상호작용을 다룰 때는 윤리적 지침과 투명성이 필수적이다.

3 장

인공지능과 규제

인공지능 시대, 제도 개혁을 통한 패권 다툼의 승자는 누가 될 것인가?

학 습 목 표

1. 인공지능의 윤리와 규제의 차이점에 대해 이해한다.
2. 인공지능 규제의 도입 방법과 규율 방식에 대해 학습한다.
3. 주요 국가의 인공지능 규제 내용에 대해 비교 분석한다.

3.1 들어가며

역전파(Back Propagation) 알고리즘을 적용하여 퍼셉트론의 학습 문제를 해결하고 딥러닝의 아버지로 불리우는 제프리 힌튼(Geoffrey Hinton) 교수는 구글(Google) 소속으로 연구 활동을 하다가 2023년 인공지능의 위험성을 알리기 위해 사표를 냈다. 힌튼 교수는 "10년 내에 자율적으로 인간을 죽이는 로봇 병기가 등장할 것이며, 인공지능에게 기후변화를 막도록 지시하면 이 목적 달성을 위해 인간을 배제하는 게 필요하다고 생각하고 실행에 옮길 위험이 걱정된다."고 말했다. 또한 이러한 인공지능의 위험을 막기 위해서 국제적인 규제가 도입되어야 한다고 강조하였다.

그림 3-1 인공지능에 대해 경고한 제프리 힌튼

마찬가지 취지로 Open AI의 창업자이자 최고경영자(CEO)인 샘 올트먼(Sam Altman)은 인공지능 시스템을 감독하기 위해 국제원자력기구(International Atomic Energy Agency; IAEA)와 같은 국제 협력기구가 필요하다고 언급하였다. IAEA가 국가 간 협력과 공동 규제를 이끌어냄으로써 핵물질을 안전하게 사용할 수 있게 된 것처럼, 인공지능도 국제기구를 통해 안전하게 사용할 수 있어야 한다는 것이다.

인공지능의 발전에 가장 선두에 서 있던 사람들이 이렇게 인공지능에 대한 위험성을 언급하며 규제를 해야 한다고 주장하는 이유는 무엇일까?

일부에서는 인공지능 시장을 선도하는 사람들이 후발주자가 시장에 진입하는 것을 막기 위한 전략적인 사다리 걷어차기라고 주장한다. 인공지능에 대한 규제가 도입되는 경우 인공지능 서비스와 관련된 주체들은 새로운 규제를 지켜야 하는데, 이제 막 시장에 진입한 후발주자들이 그러한 규제를 모두 지키면서 치열한 경쟁 속에서 살아남기가 쉽지 않다는 것이다. 그러나 가장 앞선 수준의 인공지능을 개발하던 전문가들이 인공지능의 위험성을 언급하고 그에 대한 규제가 필요하다고 주장하는 것을 쉽게 무시할 수는 없다.

앞의 2장에서는 신뢰할 수 있는 인공지능을 개발하고 활용하기 위해 필요한 윤리 원칙에 대해 살펴보았다. 모두가 이러한 윤리 원칙을 자율적으로 잘 준수하면서 인공지능을 개발하고 사용한다면 제프리 힌튼이 염려하는 것처럼 인간을 죽이는 인공지능이 등장하지 않을 수도 있다. 그러나 치열한 시장 경쟁 속에서 강제성이 없는 윤리 원칙을 모두가 준수하는 것을 기대하기란 쉽지 않기 때문에 강제성이 있는 규제를 통해 신뢰할 수 있는 인공지능이 개발될 수 있도록 할 필요가 있다.

이러한 필요성에 기초하여 국제적으로는 인공지능 규제에 대해서 많은 논의가 진행되고 있으나, 국가마다 인공지능 기술의 발전 정도, 현재 상황이나 기타 여러 입장에 따라 규제의 정도나 방법에 차이가 있다. 특히 국제적으로도 경쟁이 치열한 인공지능 분야에서 각 국가들은 어떻게든 자국에 이익이 되는 제도를 만들어 앞으로 다가올 인공지능 시대에 유리한 고지를 차지하고자 총성 없는 전쟁을 하고 있다.

Law & Ethics

3.2 인공지능 윤리와 규제

인공지능 윤리와 규제의 비교

인공지능 윤리와 규제는 인공지능 기술의 개발과 사용을 관리하고 지침을 제공한다는 점에서 공통되나, 그 목적이나 성격 등에 있어서 다음과 같은 차이가 있다.

표 3-1 인공지능 윤리와 규제의 비교

차이점		구체적인 내용
목적	인공지능 윤리	인공지능 시스템에 대한 도덕적, 사회적 기준을 설정하는 것을 목적으로 하며, 인공지능 기술이 사회에 긍정적인 영향을 미치고, 부정적인 결과를 최소화하는 데 중점을 둔다.
	인공지능 규제	인공지능 기술의 개발이나 사용과 관련하여 권리를 제한하거나 의무를 부과함으로써, 문제가 발생하지 않도록 예방하거나 발생한 문제를 해결하는 것을 목적으로 한다.
성격	인공지능 윤리	• 자율성 : 윤리는 주로 자율적인 권고사항으로, 기업이나 기관이 자발적으로 채택하고 따를 수 있는 비강제적인 가이드라인이다. • 유연성 : 윤리 기준은 규제에 비하여 포괄적인 원칙을 정하기 때문에 좀 더 유연하고 상황에 따라 조정이 가능하다. 이는 기술 발전에 빠르게 대응할 수 있다는 장점이 있다.
	인공지능 규제	• 법적 구속력 : 규제는 주로 법적 구속력을 가지며, 준수하지 않을 경우 법적 처벌이나 제재가 따를 수 있다. 물론 연성규정(Soft law)과 같이 법적 구속력이 없는 규제도 있을 수 있지만, 본 장에서의 '규제'는 윤리와 대비되는 개념으로서 강성규정(Hard law)을 중심으로 설명한다. **잠깐만요 연성규정(Soft law)과 강성규정(Hard law)** 연성규정은 법적 구속력은 없지만, 국제 관계나 국내 법률 체계 내에서 역할을 하는 규범과 지침을 의미한다. 반면 강제력을 갖는 규정은 '강성규정(hard law)'이라고 한다. 연성규정은 주로 국제법 분야에서 사용되며, 그 법적 효력과 인정범위 및 기준에 대해서는 다양한 논의가 있다. • 경직성 : 윤리 기준에 비하여 엄격한 기준을 따르고, 정해진 법적 절차와 요건을 충족해야 한다. 상황에 따른 유연한 적용이 어렵다는 측면은 있으나, 법률적 안정성 및 예측 가능성을 가질 수 있다는 장점이 있다.

범위	인공지능 윤리	범용성: 다양한 산업과 분야에 광범위하게 적용될 수 있다.
	인공지능 규제	제한성: 규제는 윤리보다 좀 더 좁은 범위에 적용되며, 규제에서 정하고 있는 대상에 한정하여 규율하게 된다.
내용	인공지능 윤리	투명성, 공정성, 책임성, 프라이버시 보호 등을 포함한다(제2장 참조).
	인공지능 규제	인공지능 관련 법률, 데이터 관련 법률(저작권법 등), 알고리즘 편향 방지를 위한 법률, AI 시스템의 안전 기준 등을 포함한다.

인공지능 규제는 윤리 원칙을 실현하기 위한 구체적인 내용들을 포함하고 있으며, 규제와 윤리는 인공지능 기술의 신뢰성을 구축하고 책임 있는 사용을 유도하기 위하여 서로 보완적인 역할을 한다.

인공지능 윤리에서 규제로의 전환

인공지능 기술이 급속하게 발전하고 그에 따른 윤리적, 사회적 문제가 증가함에 따라 2016년경부터 윤리 기준이나 원칙이 본격적으로 만들어지기 시작하였고 2024년에는 외부에 공개된 인공지능 윤리 가이드라인만 200개가 넘게 되었다. 이는 다양한 국가의 정부, 학술 기관, 민간 기업, 시민 단체 등이 만든 것으로 투명성, 평등/비차별, 책임성, 안전성 등을 공통적으로 포함하고 있고, 일부는 사회적 이익이나 인권 보호를 추가적으로 요구하고 있다.

인공지능에 대한 규제보다 윤리에 대한 논의가 먼저 진행된 이유

이처럼 인공지능 윤리에 대해서는 매우 활발하게 논의가 진행된 반면 인공지능에 대한 규제는 상대적으로 더디게 진행되었다. 인공지능에 대한 규제보다 윤리에 대한 논의가 먼저 진행된 이유에는 어떤 것이 있을지 살펴보면 다음과 같다.

- **인공지능 기술 발전의 중요성**: 인공지능 기술은 경제 성장과 사회 발전에 중요한 역할을 할 것으로 기대되었기 때문에, 인공지능 산업의 성장 초기에는 기술 혁신을 촉진하는 데 중점을 두었다. 이에 기업뿐만 아니라 정부 기관도 아직 법이나 규제로써 인공지능을 통제하기에는 시기상조라는 인식하에 인공지능 기술 발전을 우선시하였고, 인공지능에 대한 규제보다는 산업 진흥을 위한 지원 정책 위주로 논의가 진행되었다.
- **인공지능 기술의 실체 및 사회적 영향에 대한 이해 부족**: 인공지능 기술은 아직 그 실체나 적용 범위, 사회적으로 미치는 효과 등이 명확하게 연구되지 않은 상태였기 때문에 규제 당국이 충분히 이해하고 적절한 규제를 마련하기까지 시간이 필요하였다. 또한 규제를 마련하기 전에 기술의 잠재적 영향과 윤리적 문제를 먼저 파악하는 것이 필요했다.

- **규제의 유연성 부족**: 인공지능 기술의 빠른 발전 속도로 인하여, 제정과 수정에 시간이 많이 걸리는 법적 규제보다는 포괄적이고 일반적인 윤리 규정을 통해 유연하게 대응할 필요가 있었다.
- **전 세계적인 논의 및 다양한 이해관계자의 참여 필요**: 각 국가마다 개별적으로 제정되는 법률에 비하여 윤리 기준은 전 세계적으로 각 나라의 정부, 학계, 산업계, 시민 사회 등 다양한 이해관계자가 참여하여 공동으로 개발할 수 있다. 이는 다양한 시각과 가치관을 반영하여 더 포괄적이고 균형 잡힌 기준을 만들 수 있다는 장점이 있다. 이러한 논의는 추후 인공지능 국제 표준 등 전 세계에 공통적으로 적용될 수 있는 기준을 만드는 데 도움이 될 수 있다.

인공지능 윤리에 대한 논의가 인공지능 법률이나 규제에 대한 논의로 전환된 이유

그런데 2020년대에 들어와서는 인공지능 규제에 대한 논의가 본격화되었고, 한국, 미국, 유럽 등 많은 국가에서는 인공지능과 관련된 법안을 적극적으로 발의하고 있다. 이처럼 그동안 진행되어 온 인공지능 윤리에 대한 논의가 인공지능 법률이나 규제에 대한 논의로 전환된 이유는 무엇일까?

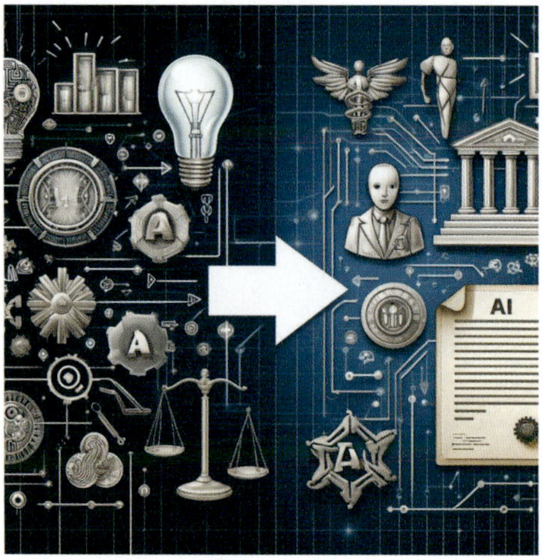

그림 3-2 인공지능 윤리에서 규제로의 전환

- **인공지능 기술의 위험성 인식**: 인공지능 기술의 급속한 발전과 확산으로 인해 데이터 프라이버시 침해, 알고리즘 편향, 보안 문제 등 위험성이 드러나고 있다. 이러한 문제들은 단순히 자율적인 윤리 기준만으로는 충분히 관리되기 어렵고, 법적 규제를 통해 보다 강력하고 명확한 통제가 필요하다는 인식이 확산되고 있다.
- **인공지능 기술의 오용 방지**: 인공지능 기술이 각종 범죄, 사기 등에 사용되는 사례가 늘어나고 있고, 이렇게 잘못된 용도로 사용되는 것을 막기 위한 법적인 규제가 필요하다. 윤리적인 원칙이나 기준만으로는 인공지능의 잘못된 사용을 막기 어려우며, 법적인 제재를 통해 불법적인 사용을 예방하고 처벌할 수 있다.
- **책임 강화 및 책임 소재 명확화**: 윤리 기준은 자율적인 권고 사항이므로 준수하지 않는다고 하더라도 아무런 제재가 없기 때문에 실제로는 준수되지 않을 가능성이 있다. 규제는

이러한 윤리 기준을 강제하는 역할을 하며, 인공지능을 개발하거나 사용하는 주체가 인공지능과 관련하여 발생한 문제에 대해 책임을 지도록 할 필요가 있다.

- **인공지능의 신뢰성 확보**: 강제력 있는 규제를 통해 인공지능의 투명성이나 책임성 등을 강화하고 공정하며 안전하게 사용할 수 있도록 보장한다. 이로써 인공지능의 신뢰성을 확보하고, 이러한 신뢰성에 기초하여 인공지능 산업이 안정적으로 확장해 나갈 수 있도록 할 수 있다.

인공지능 윤리 원칙에 대한 강제적인 규제의 필요성

그동안 인공지능 윤리 원칙에 대한 논의가 많이 진행되어 어느 정도 성숙된 상태이므로 이러한 윤리 원칙을 강제하고 구체적인 준수 방안을 마련하기 위한 규제가 자연스럽게 필요하게 되었다.

한편, 기업들이 윤리 원칙을 얼마나 잘 준수하고 있는지 여부를 정확하게 파악할 수는 없다. 그러나 2022년 메타(Meta)는 '책임있는 인공지능 팀(Responsible AI; RAI)'을 해체하였고, 2023년 3월 미국 마이크로소프트(Microsoft)가 경기둔화를 이유로 직원 1만여 명을 정리해고 하는 과정에서 인공지능 '윤리사회팀(ethics and society team)'을 해체하였다는 점을 보면, 회사들이 치열한 인공지능 경쟁 속에서 개발에 집중하느라 인공지능 윤리 준수는 후순위로 두고 있음을 알 수 있다. 이에 윤리 원칙에 대한 강제적인 규제의 필요성이 더욱 커지고 있다.

3.3 인공지능 규제의 도입 방법과 규율 방식

인공지능 규제의 도입 방법

법률과 같은 규제는 기존에 존재하는 기술이나 사회적 환경을 반영하여 만들어진다. 따라서 기술적 특징이나 그로 인한 사회적, 윤리적, 경제적 영향이 기존과는 다른 새로운 기술이 등장하게 되면 종래의 규제로는 규율하기가 어렵다. 이런 경우 새로운 기술을 규율할 규제가 만들어지기 전까지는 해당 기술을 규율할 규제가 없게 되는데 이를 '규제의 공백 상태'라고 한다. 인공지능과 같이 기술의 발전 속도가 매우 빠른 경우에는 법률의 제정이나 개정의 속도가 따라가기 어렵기 때문에 규제의 공백 상태가 발생하거나 장기간 지속될 가능성이 있다.

예를 들어, 인공지능에 의한 자율주행 자동차의 경우 주행 과정에서 사고가 발생했을 때 누구의 책임인지가 아직 명확하지 않다. 즉 책임의 주체가 자율주행 인공지능을 개발한 개발자인지, 자율주행 인공지능 학습을 위한 데이터를 제공한 자인지, 자동차를 생산하여 판매한 회사인지, 자동차 소유주나 운전자인지를 명확하게 규율하는 법이나 규제가 없는 상황이다. 이런 상황이 장기간 유지된다면 법적 분쟁이 증가하게 될 것이고, 법적 불확실성으로 인하여 관련 산업의 성장이 더디게 진행될 수 있다.

그림 3-3 자율주행 자동차의 사고 책임에 대한 규제의 공백 상태

이러한 이유로 인공지능과 관련한 법이나 규제의 도입이 필요한데, 도입 방법에는 크게 2가지가 있을 수 있다.

인공지능에 관한 포괄적 법률 도입

인공지능을 포괄적으로 규율하는 새로운 법률을 제정하여 인공지능 기술의 개발, 배포, 사용에 대한 전반적인 규제를 마련할 수 있다. 예를 들어, 유럽연합의 「AI 법안(AI Act)」처럼 기술의 전체 생태계(개발자, 사용자, 규제 기관, 관련 산업 등)를 모두 고려하여 다양한 측면을 균형 있게 통합적으로 규율할 수 있다.

- **장점**
  - 새로운 기술에 대한 명확한 기준 마련: 인공지능 기술을 고려하여 새롭게 제정된 법률이기 때문에 인공지능 기술에 대한 전반적인 규제와 가이드라인을 명확하게 제시할 수 있다. 이를 통해 규제 당국, 기업, 개발자, 소비자들은 좀 더 명확한 규제의 틀 안에서 안정적으로 인공지능 관련 기술을 개발하고 활용할 수 있다.
  - 기존 규제 간의 충돌 방지: 인공지능 기술과 관련된 다양한 측면을 하나의 법률에서 포괄적으로 다루기 때문에 일관성을 유지할 수 있다. 이는 각각의 법률을 개별적으로 개정하는 것에 비하여 법률 간 충돌이나 불일치를 방지하는 데 도움이 될 수 있다.
- **단점**
  - 새로운 법률 제정의 어려움: 인공지능과 관련한 새로운 법률을 제정하기 위해서는 인공지능 기술을 이해하고 앞으로의 발전 과정을 고려한 뒤 그로 인한 사회적 영향을 분석하여야 한다. 또한 이 과정에서 다양한 이해관계자의 의견을 조율해야 하기 때문에 새로운 법률 제정에 시간이 많이 걸리고 논의가 길어질 수 있다.
  - 기존 규제와의 충돌 가능성: 기존에 이미 인공지능에 적용될 수 있는 규제가 있음에도 이를 고려하지 않고 새로운 법률을 제정하게 되면, 양자가 충돌함에 따라 중복 규제나 법적 혼란이 발생할 수 있다.

기존 법률의 개정

기존에 이미 존재하는 법률에서 인공지능 기술에 적용 가능한 부분을 개정하거나 보완하는 방법이다. 예를 들어, 인공지능 개발에는 데이터를 학습하는 과정이 포함되는데, 이러한 데이터에 「저작권법」상 보호되는 타인의 저작물이 포함되어 있거나 「개인정보보호법」상 보호되는 타인의 개인정보가 포함되어있는 경우 어떻게 규율해야 하는지가 문제될 수 있다. 이러한 부분을 명확하게 하기 위하여 「저작권법」이나 「개인정보보호법」을 개정할 수 있다.

- **장점**
  - 신속한 시행을 통한 규제의 공백 상태 최소화: 새로운 법률을 제정하는 것보다 기존 법률을 개정하는 것이 상대적으로 빠르게 진행될 수 있다. 이는 빠른 인공지능 기술 발전 속도에 맞춰 신속한 규제의 적용이 가능하게 해준다.
  - 최소한의 자원과 노력으로 규제 환경 마련: 이미 존재하는 기존의 체계를 활용하는 것이므로, 새로운 법률을 제정하는 것보다 적은 자원과 노력이 소요된다.
  - 구체적이고 실질적인 규제 가능성: 모든 분야를 포괄하는 법률의 경우 일반적인 내용이나 여러 경우에 공통적으로 적용되는 내용을 주로 포함하고 있기 때문에 개별 사안이나 특정한 분야에 대한 구체적인 내용은 포함되기가 어렵다. 그런데 기존 법률 개정의 경우 인공지능과 관련된 부분에 대해서만 필요한 개정을 할 수 있으므로 보다 구체적이고 실용적인 규제 방안을 마련할 수 있다.
- **단점**
  - 기존 규제 간의 충돌 가능성: 여러 법률에 걸쳐 개별적인 개정을 하다 보면, 각 법률 간의 일관성을 유지하기 어렵다. 이는 법률적 해석의 혼란을 초래할 수 있다.
  - 포괄적 규제의 어려움으로 인한 규제의 공백: 기존 법률의 개정은 인공지능 기술의 모든 측면을 포괄하지 못할 수 있으며, 이는 규제의 공백이나 누락된 부분이 발생할 수 있다.

이처럼 인공지능 규제를 위한 포괄적 법률 도입과 기존 법률 개정은 각각 장단점이 있기 때문에 어떤 방법이 더 좋다고 말하기 어려우며, 인공지능 기술의 특성과 해당 국가의 법적 체계, 사회적 요구에 따라 어떤 접근 방법이 더 적절할지 결정해야 한다.

참고로 정도의 차이는 있으나 대부분의 국가에서는 어느 하나의 접근 방법을 선택하기보다는 두 가지 접근 방식을 병행하여 포괄적 법률을 마련하면서도 기존 법률을 적절히 개정하는 방식으로 인공지능에 대한 규제를 마련하고 있다. 한국도 인공지능 규제를 위한 포괄적인 법률안 도입을 위해 다양한 인공지능 법안이 발의되고 있으며, 「정보통신망법」, 「개인정보보호법」, 「채용절차공정화법」, 「콘텐츠산업진흥법」, 「저작권법」, 「공직선거법」, 「부정경쟁방지법」 등 다양한 개별 법령에서 인공지능 기술과 산업을 고려한 개정안이 발의되었거나 통과되었다.

결국 인공지능이 사회에 미치는 부정적인 영향을 최소화하고 긍정적인 영향을 극대화하기 위해서는 인공지능에 대한 규제는 필요하다. 그러나 아무리 포괄적인 규제를 마련하고 기존 규제를 인공지능에 맞게 개정한다고 하더라도, 인공지능과 관련한 모든 영역을 규율할 수는 없을 뿐만 아니라 인공지능의 발전 속도를 고려하면 새롭게 생겨나는 기술까지 예상하여 규제를 만든다는 것은 현실적으로 불가능하다. 따라서 인공지능 규제의 기본 바탕에는 윤리가 있어야 한다. 윤리라는 대원칙을 갖고 인공지능이 우리 사회 속에서 조화롭게 발전해 나갈 수 있도록 구체적인 규제를 도입해 가야 할 것이다.

그림 3-4 윤리와 규제의 관계

한편 어떤 방식으로 규제를 마련하든지 규제의 공백 상태가 생기는 것 자체는 막을 수 없고, 경우에 따라서는 기존 규제에 의해 새로운 기술을 사용하는 것 자체가 문제될 수 있다. 예를 들면 「도로교통법」 제43조에 따르면 운전면허를 받은 자만 자동차 운전이 가능하고, 동법 제48조는 운전자가 차의 조향장치와 제동장치를 조작하도록 하고 있기 때문에 사람이 아닌 기계가 직접 핸들과 브레이크를 조작하여 운전하는 자율주행 자동차는 「도로교통법」을 위반하는 것이었다. 이런 경우에는 규제 샌드박스를 활용하여 새로운 법률의 개정이나 도입이 있기 전까지 새로운 기술이 개발되고 발전될 수 있는 환경을 조성할 수 있다.

잠깐만요 **규제 샌드박스(Regulatory Sandbox)란?**

규제 샌드박스란 아이들이 자유롭게 뛰어노는 모래놀이터처럼 신기술, 신산업 분야에서 새로운 제품, 서비스를 내놓을 때 일정 기간 동안 또는 일정 지역 내에서 기존의 규제를 면제 또는 유예시켜주는 제도이다.

이 제도는 핀테크 산업 육성을 위해 2016년 영국에서 처음 도입하였다. 4차 산업혁명에 따른 기술 혁신으로 인해 신기술을 규제 제약 없이 실증하고 사업화할 수 있는 기업환경을 조성하는 것이 중요하고, 기존의 제도와 규제 개혁 조치로는 신속한 대응이 곤란한 경우 규제 샌드박스 도입을 고려해 볼 수 있다(중소벤처기업부 홈페이지 참고, http://rfz.go.kr/?menuno=69).

인공지능 규제의 규율 방식

전 세계적으로 기존의 인공지능 윤리 원칙에 대한 논의는 인공지능 규제에 대한 논의로 전환되고 있다. 다만 인공지능에 대한 구체적인 규제 방법에 있어서는 나라마다 차이가 있는데 크게 유럽식 규제, 미국식 규제, 중국식 규제로 나눠볼 수 있다.

유럽식 인공지능 규제 방식

유럽연합(EU)은 AI 기술의 인권 및 윤리적 측면을 강조하는 규제 접근 방식을 채택하고 있다. 또한 인공지능에 의한 문제가 발생하기 전에 미리 리스크를 통제하고 안전장치를 마련해 두도록 강제하는 방식을 취한다.

특히 최근 발표된 EU 「AI Act」는 인공지능 시스템의 안전성과 윤리성을 보장하기 위해 인공지능의 위험도에 따른 여러 의무들(데이터 거버넌스, 투명성, 통제성, 정확성, 견고성, 보안성 등의 요건을 갖출 것, 기록 보존 등의 프로세스를 마련할 것, 고지 또는 공개 의무 등)을 부과하고 있고, 위반 시 최대 전 세계 매출액의 7%를 과징금으로 부과될 수 있도록 하여 강력하게 규제하고 있다.

이처럼 유럽의 인공지능 규제는 인공지능 시스템의 개발 초기 단계에서부터 엄격한 규제와 감독을 통해 잠재적인 위험을 최소화하고, 이를 통해 기술의 안전성과 윤리성을 보장하려고 한다. 이는 실제 문제가 발생하기 전에 사전 규제를 하는 것으로, 초기 규제를 최소화하고 문제가 발생한 후에 대응하는 미국의 사후 규제 방식과 대비된다.

미국식 인공지능 규제 방식

미국은 다른 국가에 비하여 인공지능의 기술 수준이 상대적으로 높다. 따라서 미국 입장에서는 이러한 기술을 더욱 발전시켜서 인공지능 시장에서의 독점적 지위를 가지고 오랜 기간 이를 유지시키는 것이 중요하며, 인공지능에 대한 규제 정책도 인공지능 기술을 발전시키기 위한 방향에 초점이 맞춰져 있다.

잠깐만요 **인공지능 기술의 발전과 독점적 지위와의 관계**

인공지능을 사용하는 과정에는 여러 데이터(입력 데이터, 출력 데이터, 로그 데이터 등)가 발생한다. 이 경우 인공지능은 발생된 데이터를 다시 학습함으로써 더욱 성능이 좋은 인공지능으로 발전할 수 있다. 인공지능의 성능이 좋아지면 사용자가 더 많이 유입되고, 그 결과 더 많은 데이터가 발생되며, 인공지능은 더 많은 데이터에 기초하여 더욱 더 발전하는 선순환 구조가 형성된다.

이러한 선순환 구조로 인하여 인공지능 기술은 발전 수준이 높아질수록 독점적 지위가 강화될 수 있다.

미국은 인공지능 기술을 발전시키기 위하여 인공지능 기술 개발과 활용에 대해 비교적 자유로운 환경을 제공함으로써 혁신을 저해하지 않고, 적절한 리스크 관리 및 문제가 발생했을 때 신속하게 대응하는 방식을 채택하고 있다. 즉, 미국의 인공지능 규제는 사전 규제보다는 사후 규제에 해당한다고 볼 수 있다.

- **인공지능 개발 환경 조성**: 인공지능 기술의 연구 개발 예산 증액, 인재 양성 지원 등
- **자율적인 규제**: 정부는 기본적인 규제의 틀만 제공하고, 세부 사항은 민간 기업들이 자율적으로 규제하도록 유도
- **리스크 관리**: 인공지능 기술의 위험 요소를 사전에 파악하고, 위험 요소를 최소화할 수 있는 방안 마련
- **사후 대응**: 인공지능 기술 사용 중에 오류나 프라이버시 침해와 같은 문제가 발생할 경우 이를 해결하기 위한 사후 대응 전략 마련

중국식 인공지능 규제 방식

중국은 방대한 인구와 데이터를 바탕으로 하여 전 세계에서 미국 다음으로 인공지능 기술이 발전된 국가이다. 자유로운 인공지능 환경을 조성함으로써 민간이 자율적으로 주도하는 미국과는 반대로 중국은 국가 주도형 접근 방식을 채택하여 국가가 직접 나서서 인공지능의 발전을 적극적으로 지원하고 규제한다.

한편 중국은 국가 안보와 사회 안정 유지에 중점을 두어 규제를 설계하고 도입하는데, 인공지능 기술의 경우에도 정치적 안정과 사회주의 체제라는 질서를 위협하지 않도록 하는 것을 주요 목표로 삼고, 엄격한 검열과 통제를 실시하고 있다.

예를 들면, 인공지능 학습에 테러리즘, 폭력, 사회주의 체제의 전복, 국가의 명성에 해를 끼치고 국가의 결속과 사회적 안정을 훼손하는 행동을 옹호하는 콘텐츠가 사용되지 않도록 하고, 인공지능 기술이 생성한 콘텐츠가 사회주의 핵심 가치를 반영할 수 있도록 규제하고 있다.

위 내용을 종합하면, 유럽연합, 미국, 중국의 인공지능 규제 방식은 각기 다른 배경과 목적에 따라 서로 차이를 보인다는 점을 알 수 있다. 즉, 유럽연합은 사전 규제를 통해 인공지능의 신뢰성을 확보함으로써 인공지능 기술이 사회에 미칠 수 있는 부정적인 영향을 최소화하려고 하고, 미국은 민간 주도의 혁신을 강조하며, 중국은 국가 주도형 관리 방식이다.

이러한 각 국가의 규제 방식은 자국 내의 상황만 고려한 것은 아니고 전 세계의 환경을 함께 고려한 것으로 보인다. 러시아의 대통령 블라디미르 푸틴은 "인공지능은 미래다. 이 분야를

지배하는 사람이 세계를 지배할 것이다."라고 말한 바 있는데, 이는 인공지능 기술이 국가의 미래 경쟁력에 미치는 영향이 매우 크다는 점을 의미하며, 결국 각 나라는 전 세계에서 인공지능에 대한 지배력을 강화할 수 있는 방향으로 제도와 정책을 만들게 된다. 즉, 미국의 경우에는 자국의 기술력을 더욱 강화하여 기술 선도국으로서의 지위를 공고하게 하는 방향으로, 유럽의 경우에는 인공지능에 대한 엄격한 사전 규제, 데이터 보호 등을 통해 외국 기업의 시장 진입으로부터 국내 기업을 보호하는 방향으로 제도를 만들어 가고 있는 것으로 분석해 볼 수 있다. 이렇듯 인공지능 패권을 차지하기 위해 전 세계가 총력전을 펼치고 있다.

그림 3–5 인공지능에 대한 지배력 강화를 위한 각 국의 노력

3.4 유럽연합, 미국, 중국의 인공지능 규제 내용

이하에서는 유럽연합, 미국, 중국의 구체적인 인공지능 규제 내용을 살펴본다.

유럽연합(EU)

EU의 인공지능 관련 규제

EU는 인공지능과 관련하여 발생하는 윤리 문제나 법·제도 확립에 있어서 국제적으로 매우 주도적인 역할을 하고 있다. 구체적으로 살펴보면 EU는 데이터, 온라인 콘텐츠, 사이버 보안 등 여러 영역에 걸쳐서 인공지능과 관련된 규제를 마련하였다.

표 3-2 EU의 각 영역별 인공지능 관련 법률 및 법안

법률 및 법안	시기	내용
일반 데이터 보호 규정 (General Data Protection Regulation; GDPR)	• 채택: 2016년 4월 14일 • 시행일: 2018년 5월 25일	• 개인 데이터 보호와 프라이버시를 강화하는 법안으로, 포괄적인 데이터 및 개인정보 보호법이다. • 인공지능을 특별히 고려하여 마련된 법안은 아니지만, 다음과 같은 조항들이 인공지능의 개발 및 사용에 영향을 미치고 있다. – 인공지능 시스템이 처리하는 데이터의 정보 주체는 해당 데이터에 대한 접근을 요구할 권리, 수정이나 삭제를 요구할 권리 등이 있음. – 데이터의 정보 주체는 자동화된 의사결정(automated decision making)과 관련한 정보를 고지받아야 함.
디지털 서비스 법 (Digital Services Act; DSA)	• 시행일: 2023년 8월 25일 • 전면 시행일: 2024년 2월 17일	• 온라인 플랫폼과 디지털 서비스를 규제하고 관리하기 위한 법안으로, 인터넷 기업들이 사용자들에게 제공하는 서비스의 투명성과 책임을 높이는 것을 목표로 한다. • 인공지능과 관련된 내용은 다음과 같다. – 알고리즘의 투명성: 사용자에게 표시되는 콘텐츠나 추천 시스템이 어떤 알고리즘으로 작동하는지에 대한 정보를 제공해야 하며, 여기서의 알고리즘에는 인공지능도 포함될 수 있음. – 책임성 및 신뢰성: 불법 콘텐츠나 허위 정보를 확산하지 않도록 불법 콘텐츠 식별, 추적, 삭제 조치 등이 필요함. – 위험 평가: 대형 플랫폼(Very Large Online Platform)은 인공지능 시스템이 포함된 서비스가 공공 안전이나 사회에 미치는 위험을 평가하고 이에 대한 대응 조치를 보고해야 함. – 워터마크 표시 의무: 플랫폼 업체는 생성형 AI로 생성한 콘텐츠에 워터마크 등의 방법으로 별도 표시해서 사용자가 인공지능으로 생성된 콘텐츠라는 사실을 알게 해야 함.

디지털 시장 법 (Digital Markets Act, DMA)	• 발효일 : 2022년 11월 1일 • 시행일 : 2023년 5월 2일	• 디지털 시장에서의 공정 경쟁을 촉진하기 위해 마련된 법안으로, 대형 디지털 플랫폼(애플, 메타, 아마존, 마이크로소프트 등)의 독점적 지위를 제한하고 공정한 경쟁을 보장하는 것을 목적으로 한다. 주요 내용은 다음과 같다. – 서비스 운용 과정에서 획득한 개인정보를 다른 서비스에서 수집한 개인정보와 결합하지 말 것 – 자사 플랫폼과 제3자 서비스 간에 상호운용을 허락해야 함. – 그 외에 데이터와 관련한 금지 의무, 제공 의무들을 포함
EU 데이터 법 (Data Act)	• 발효일 : 2024년 1월 11일 • 시행일 : 2025년 9월	• 데이터의 접근성과 공유를 촉진하여 데이터 경제의 발전을 목표로 하는 법안이다. 데이터의 공유 촉진을 통해 인공지능 및 기타 기술의 발전을 꾀하고 있다. • EU에서 생산되는 모든 데이터에 적용되고, 데이터 소유권 및 전송에 관한 규정을 포함하고 있다. 특히 데이터 공유에 대한 인센티브 지급, 데이터의 공유 의무 부과 등을 통해 데이터 산업의 활성화 및 가치를 창출하는 것을 목적으로 한다. • 사용자는 자신이 생산에 기여한 데이터에 언제든지 접근할 수 있고, 원하는 제3 업체(예를 들면 제품의 유지, 보수 등 애프터 마켓 업체)에 데이터를 무상으로 전송할 수 있다. • 중소기업이 서비스 개발을 위해 대기업과 데이터 관련 계약을 하는 경우 불공정 계약이 이루어지지 않도록 하며, 정부 및 클라우드 서비스 업체에도 데이터 관련 의무를 부과하고 있다. • 스타트업 및 중소기업에 친화적이라는 비판과 함께 업계의 강한 반발이 이어지고 있다.
AI 책임 지침 (AI Liability Directive)	• 제안 : 2022년 9월 29일	• AI 시스템의 오용으로 인한 피해에 대해 책임을 명확히 하고, 피해자가 보상을 받을 수 있도록 하는 법적 프레임워크를 제공한다. • 특히 인공지능 시스템에 문제가 발생한 경우 이에 대한 책임을 누가 질 것인지에 대해 규정하고 있다. • 복잡한 인공지능 시스템의 특성상 피해자들이 제품 사용과 손해 발생 사이의 인과 관계를 입증하기 어려운 점을 고려하여 입증 책임 전환, 피해자 보호 등의 내용을 포함하고 있다.

위와 같은 법령들은 대부분 최근에 시행되기 시작하면서, 규제의 칼날이 본격화되고 있다. 특히 위에서 알 수 있는 바와 같이 EU의 규제들은 시장을 활성화시키면서 시장 참여자들 간의 균형을 맞추는 것에 초점을 두고 있다. 즉 데이터 관련 시장을 활성화하여 데이터를 사용하는 산업의 발전을 꾀하는 한편(Data Act), 외국의 대형 디지털 플랫폼으로부터 자국 산업을 보호하고(Digital Services Act 및 Digital Markets Act), 대기업으로부터 스타트업이나 중소기업을 보호하며(Data Act), 기업으로부터 사용자를 보호하는(AI Liability Directive) 등 시장의 균형을 맞추려고 노력하고 있다.

그러나 위와 같은 규제들이 한편으로는 외국의 대형 기업으로부터 자국 산업만을 보호하기 위한 것이라는 비판이 있고, 실제로도 유럽은 미국의 빅테크 기업 위주로 제재를 가하고 있기도 하다.

잠깐만요 **미국 빅테크 기업에 대한 유럽의 제재**

GDPR(General Data Protection Regulation) 위반을 이유로, 2019년 구글은 5,000만 유로(약 730억), 2021년 아마존은 7억 4,600만 유로(약 1.1조), 2023년 메타는 12억 유로(약 1.7조)의 과징금을 부과받은 바 있다.

DSA(Digital Services Act)는 일정 규모 이상의 대형 플랫폼(Very Large Online Platform, VLOP)을 지정하고 더 엄격한 규정을 지키도록 하고 있다. VLOP에는 아마존도 지정되었는데, 2024년 아마존은 VLOP의 의무 규정의 적용을 유예해 달라는 신청을 했으나 받아들여지지 않았다.

2024년 EU 집행위원회는 구글의 모기업인 알파벳, 애플, 메타의 DMA(Digital Markets Act) 위반 가능성에 대해 조사를 진행하였다.

EU「인공지능법」

한편, EU는 위와 같이 각 영역별로 인공지능 관련 규제를 마련하였을 뿐만 아니라, 인공지능과 관련한 광범위한 영역을 포괄하는 법률인「인공지능법(AI Act)」도 세계 최초로 제정하였다. EU는 인공지능의 윤리적, 법적 글로벌 기준을 마련함으로써 인공지능 기술을 주도하는 미국과 중국의 영향력에서 벗어나고 글로벌 경쟁력을 확보하고자 하는 목표 아래, 2021년 4월 선도적으로 인공지능 법안을 발의하고 계속적인 수정을 거쳐 2024년 3월 13일 유럽 의회에서 채택하였다. 법안은 2024. 8. 1.부터 발효되어 순차적으로 시행되고, 2026년에는 전면 시행될 예정이다. 이 법안은 인공지능과 관련된 광범위한 규제를 포함한 최초의 법률이며, 향후 전 세계에서 인공지능 관련 규제를 마련함에 있어서 기준점이 될 것으로 보인다.

EU「인공지능법」의 주요 내용을 살펴보면 다음과 같다.

- EU「**인공지능법**」**의 적용 범위**
  - 인공지능 시스템을 EU 내에 출시하거나 서비스를 공급하는 제공자
  - EU 내에서 인공지능 시스템을 사용하는 자
  - EU 밖에서 제공되는 인공지능 시스템일지라도 인공지능 시스템의 결과물이 EU 내에서 활용되는 경우에는 해당 시스템의 제공자
  - 단, 군사 목적으로만 개발 및 사용되는 인공지능 시스템, 제3국의 공공당국 또는 국제기구가 EU 또는 EU의 회원국과 체결한 국제협약에 따라 법 집행 및 사법공조를 위해 인공지능 시스템을 사용하는 경우, 사적인(private, non-professional) 사용의 경우에는 법이 적용되지 않음.
- EU「**인공지능법**」**의 주요 내용**
  - 정보의 민감도와 중요성에 따라 인공지능 시스템을 4가지 위험 범주로 분류: 허용

할 수 없는 위험(unacceptable risk), 고위험(high risk), 특정 투명성 위험(Specific transparency risk), 최소 위험(minimal risk)

– 허용 불가 위험에 해당하는 AI 시스템은 사용이 금지되고, 고위험 AI 시스템은 엄격한 요구 사항을 충족해야 한다.

표 3-3 EU「인공지능법」의 리스크 분류에 따른 규제

리스크 분류	해당 AI 시스템(예시)	규제 및 요구 사항
허용할 수 없는 위험 (unacceptable risk)	• 잠재의식에 대한 기술, 사람의 의사결정 능력 손상 • 사람이나 단체의 취약성 활용 • 사람이나 단체의 사회적 점수 평가 또는 분류 목적 • 실시간 원격 생체 인식 식별 시스템	인공지능 사용 금지
고위험 (high risk)	• 제3자의 적합성 평가를 받아야 하는 제품(기계, 자동차, 전파기기, 의료기기, 완구 등) 또는 그러한 제품의 안전장치로 활용하는 경우 • 원격 생체 인식 시스템 • 중요 기반 시설의 관리 및 운용: 교통, 수도, 가스, 난방, 전기 등 • 교육 및 직업훈련: 평가, 배치 결정 등에 활용 • 고용, 근로자 관리 및 자영업: 채용 · 승진 등의 이력서 스크리닝, 평가 등 • 필수 공공/민간 서비스: 응급 서비스, 대출 신용평가 등 • 기본권을 간섭할 수 있는 법 집행: 수사 및 기소 과정에서 증거의 신뢰성 평가 등 • 이민, 망명 및 국경 통제 관리: 문서의 진위 확인, 위험 평가 등 • 사법 영역에서의 적용: 사실과 법의 조사 및 해석, 법 적용 지원 등	• 적절한 위험 관리 시스템 운용 • 데이터 거버넌스 요건 충족 • 인공지능 시스템의 목적, 개발 및 구성 요소, 위험 관리 시스템에 대한 설명 등이 포함된 기술문서를 작성할 것 • 결과 추적을 위한 로그활동의 기록 및 관리 • 사용자에게 투명하게 정보 제공 • 사람의 감독 • 정확성, 견고성 및 보안성 구비
특정 투명성 위험 (Specific transparency risk)	• 인간과 상호작용하는 시스템(예: 챗봇과 같이 조작의 위험이 있는 경우) • 감정 인식 시스템 또는 생체 인식 시스템 • 콘텐츠를 생성하거나 조작하는('딥페이크') 시스템	• 사용자는 자신이 인공지능과 상호 작용하고 있다는 사실을 인지할 수 있어야 함. • 인공지능에 의해 생성되었거나 조작된 콘텐츠임을 공개해야 함. • 사용자는 감정 인식 또는 생체 인식 시스템이 사용될 경우 해당 사실에 대해 고지받아야 함.
최소위험 (minimal risk)	시민의 권리나 안전에 영향이 거의 없는 기타 AI 시스템(예: AI 지원 비디오게임, 스팸 필터 등)	• 별도의 의무 없음. • 스스로 가이드라인 수립 및 준수

– EU「인공지능법」은 범용 AI(General purpose AI)에 대해서도 규정하고 있는데, 범용 AI란 대량의 데이터로 학습되어 범용성을 가지고 다양한 작업들을 수행할 수 있는 모델을 의미하며, LLM인 Chat-GPT가 여기에 해당한다. 범용 AI 모델의 제공자는 모델의 기술 문서를 작성해야 하고, 저작권과 관련한 정책을 마련해야 하며, 모델 학습에 사용

된 데이터에 대한 상세한 요약을 작성하고 공개해야 한다. 또한 범용 AI의 학습에 사용된 컴퓨팅 양이 1025 FLOPS 이상이거나 범용 AI 모델이 높은 영향력을 가지고 있는 경우 시스템적 위험(systemic risk)이 있다고 간주되고, 이 경우에는 평가, 보고, 보안 등과 관련하여 더욱 강화된 의무가 부과된다.

위에서 살펴본 바와 같이 EU는 포괄적인 규제뿐만 아니라 각 영역별로 촘촘하게 규제를 마련하고 있고, 위반 시 강력한 제재를 하여 부과된 의무의 이행을 강제하고 있다.

표 3-4 EU의 규제 위반 시 제재 규정

규제	제재 규정
디지털서비스법(Digital Service Act)	글로벌 매출 최대 6%까지 벌금, 서비스 정지
디지털시장법(Digital Market Act)	글로벌 매출 최대 10%, 반복적 위반 시 최대 20%까지 벌금
인공지능법(Artifical Intelligence Act)	규정마다 차이는 있으나, 최대 글로벌 매출 7% 또는 3,500만 유로까지 벌금

미국(United States)

미국은 인공지능 기술에 있어서 세계적으로 선두를 달리고 있으며, 인공지능 기술의 발전과 혁신에 초점을 두고 인공지능 진흥을 위한 제도 위주로 논의가 진행되었다. 특히 미국은 글로벌 인공지능 패권의 확보와 유지를 위해 「2020 국가 AI 이니셔티브법(The National AI Initiative Act of 2020)」을 제정하고 2022년에만 AI 분야에 17억 달러(약 2조 5천억 원)의 예산을 투입하였다.

그런데 ChatGPT와 같은 초거대 언어 모델이나 생성형 인공지능이 출시되고 성능이 급속도로 발전하면서 인공지능에 대한 규제 필요성이 제기되기 시작하였고, 최근에는 상당히 적극적으로 관련 규제들을 마련하고 있다.

미국의 규제나 법률은 연방(Federal)과 주(State) 양측에서 함께 규율하는데, 인공지능의 경우에도 마찬가지이다.

표 3-5 미국의 연방 정부 및 주 정부의 인공지능 관련 법률

연방 정부	• 국가인공지능이니셔티브법(National Artificial Intelligence Initiative Act of 2020) • 정부인공지능법(AI in Government Act of 2020) • 미국 인공지능진흥법(Advancing American AI Act) • 인공지능교육법(AI Training Act) • 국방수권법(National Defence Authorization Act) • 반도체 및 과학법(CHIPS and Science Act)

주/지방 정부	• 일리노이주의 인공지능 비디오 면접법(Artificial Intelligence Video Interview Act) • 캘리포니아주의 자동화된 결정 시스템 책임법(Automated Decision Systems Accountability Act of 2020 • 그 외 다수

위와 같이 미국도 인공지능을 규율하기 위한 규제나 법률을 적극적으로 제정하고 있다. 뿐만 아니라 현재 상원이나 하원에서 발의되어 계류 중인 법률안도 상당수 있으므로 이러한 법률안이 통과되는 경우 더 많은 인공지능 관련 법률이 생기게 될 것으로 예상된다. 각 법률들은 인공지능과 관련한 여러 의무들을 규정하고 있지만 그러한 의무를 이행하지 않는 것에 대한 제재 규정이 없거나, 있더라도 유럽연합만큼 강력한 제재를 가하지는 않는다.

다만 최근에 올수록 미국도 인공지능에 대한 규제의 정도가 점점 강해지고 있다. 2023년 10월 30일 바이든 행정부는 「안전하고 보안이 보장되며 신뢰할 수 있는 AI의 개발과 사용에 대한 행정명령(Executive Order on the Safe, Secure, and Trustworthy Development and Use of Artificial Intelligence)」을 통과시키며 정부 차원의 AI 규제 프레임을 마련하였다. 이 규제는 그 이전에 발표된 다른 규제들보다 더 강력한 조치들을 포함하고 있다. 예를 들어 안보, 경제, 공중보건과 안전에 위협을 가할 수 있는 인공지능 모델을 개발하는 경우에는 학습 단계부터 정부에 고지하여야 하고, 정부 검증 전문가팀(AI 레드팀)의 안전성 평가를 받아 그 결과를 정부에 보고할 것을 의무화하였다. 또한 외국인도 안전성 평가 및 그 결과를 보고해야 한다.

행정명령의 주요 내용은 다음과 같다.

표 3-6 「안전하고 보안이 보장되며 신뢰할 수 있는 AI의 개발과 사용에 대한 행정명령」

구분	주요 내용
① AI 안전 및 보안 확보	• AI 시스템 개발자가 안전 테스트 결과 및 기타 주요 정보를 미국 정부와 공유하도록 요구 • AI 시스템의 안전, 보안 및 신뢰를 보장하는 표준, 툴 및 테스트 개발 • AI 사용을 통해 위험한 생물학적 물질 가공 시 발생할 수 있는 위험으로부터 보호 • AI 생성형 콘텐츠 탐지와 공식 콘텐츠 인증표준 및 모범 사례 확립을 통해 AI 기반 사기나 속임수로부터 미국 국민 보호 • 주요 소프트웨어 취약점을 찾아 수정하는 AI 툴 개발을 위한 첨단 사이버 보안 프로그램 구축
② 개인정보 보호	• 개인정보 보호기술의 개발 및 사용 가속화를 위한 연방정부 지원을 우선하여 미국 국민의 개인정보 보호 • 개인정보 보호 연구 및 기술 강화 • 기관이 상업적으로 이용 가능한 정보를 수집 및 사용하는 방법 평가 • 개인정보 보호 기술의 효율성 평가를 위한 연방정부 기관용 지침 개발
③ 평등과 시민권 증진	• 차별과 남용을 방지하는 기준에 따라야 함. • 알고리즘 차별 해결

④ 소비자 보호	• 기존의 소비자 보호법과 원칙을 준수하고 적절한 보호 장치 마련 • 소비자를 보호하고 제품 및 서비스의 품질을 높이며 가격을 낮추거나 선택과 이용 가능성을 확대하는 인공지능 사용을 촉진
⑤ 노동자 지원	• 근로자를 위한 AI 피해 완화 및 혜택 극대화를 위한 원칙과 모범 사례 개발 • AI의 잠재적 노동시장 영향력에 관한 보고서 작성과 AI로 인한 노동 중단 근로자에 대한 연방 정부의 지원 강화 연구 및 파악
⑥ 혁신과 경쟁 촉진	• 미 전역의 AI 연구 촉진 • 공정하고 개방적이며 경쟁력 있는 AI 생태계 증진 • 세계적인 인공지능 관련 인재를 미국으로 유치하는 프로그램 지원
⑦ 미국의 글로벌 리더십 강화	• AI에 관한 협력을 위해 양자, 다자, 다중 이해관계자 참여 확대 • 주요 AI 표준의 개발 및 이행 가속화 • 글로벌 과제 해결을 위해 안전하고 책임감 있는 권리를 보장하는 AI 해외 개발 및 배포 촉진
⑧ 연방 정부의 AI 활용 촉진	• 연방 정부의 인공지능 사용으로 인한 위험 관리 • 다양한 분야의 인공지능 전문가 확보 및 유지

※ 美 바이든 대통령, 안전하고 신뢰할 수 있는 AI에 관한 행정명령 발표(한국산업기술진흥원, 2023.11) 참조

인공지능의 기술이 점점 발전함에 따라 인공지능 기술을 사용한 범죄가 증가하고 있고, 관련 분쟁도 계속 증가하고 있다는 점을 고려하면, 미국에서도 기술 발전과 진흥이라는 측면에만 초점을 맞출 수는 없기 때문에 규제를 강화하는 기조는 앞으로 계속될 것으로 보인다.

중국

중국은 최근 「네트워크안전법」, 「데이터안전법, 「개인정보보호법」, 「인터넷 정보 서비스 알고리즘 추천 관리 규정」, 「인터넷 정보 서비스 딥페이크 관리 규정」 등 인공지능 기술에 적용되는 여러 법률과 규제들을 제정하거나 수정하고 있다.

2023년 4월에는 생성형 인공지능에 대한 구체적인 규제안으로서 「생성형 AI 서비스 관리 잠정 방법(生成式人工智能服务管理暂行办法)」 초안이 제안되었고, 의견을 수렴하여 일부 수정된 후 8월부터 시행되었다. 이 방법도 다른 국가와 비슷하게 인공지능 발전과 규제를 모두 고려하고 있으며, 생성형 인공지능의 콘텐츠 관리에 좀 더 중점을 두고 있다. 특히 사회주의적 가치에 반하는 콘텐츠를 금지하고, 생성형 AI 서비스를 제공하려면 국가의 허가를 받아야 하는 라이선스 제도를 도입하는 등 다른 국가와는 다른 규제 내용들이 더 포함되어 있다.

참고로 위 방법 초안에는 규제 위반 시 처벌 규정이 있었는데, 기업의 인공지능 경쟁력 확보를 위하여 수정된 8월 시행 방법에서는 처벌에 대한 규정을 완화함으로써 좀 더 기업 친화적인 규정이 되었으며, 중국 정부가 사회주의적 가치를 반영하면서도 인공지능 기술 발전을 장려하고자 하는 의도를 확인할 수 있다.

3.5 한국의 인공지능 규제 내용

유럽, 미국, 중국 등 인공지능 주요국이 인공지능과 관련한 다양한 정책을 만들고 있는 것에 발맞춰 한국도 관계부처 합동으로 2020년 12월 '인공지능 법·제도·규제 정비 로드맵'을 발표하였다. 로드맵에서는 인공지능의 활용을 촉진하면서도 부작용을 최소화할 수 있는 30개의 법, 제도, 규제 정비 과제를 도출하고, 종합적인 관점에서 인공지능 산업을 법이나 제도가 뒷받침할 수 있도록 하는 것을 목표로 하였다.

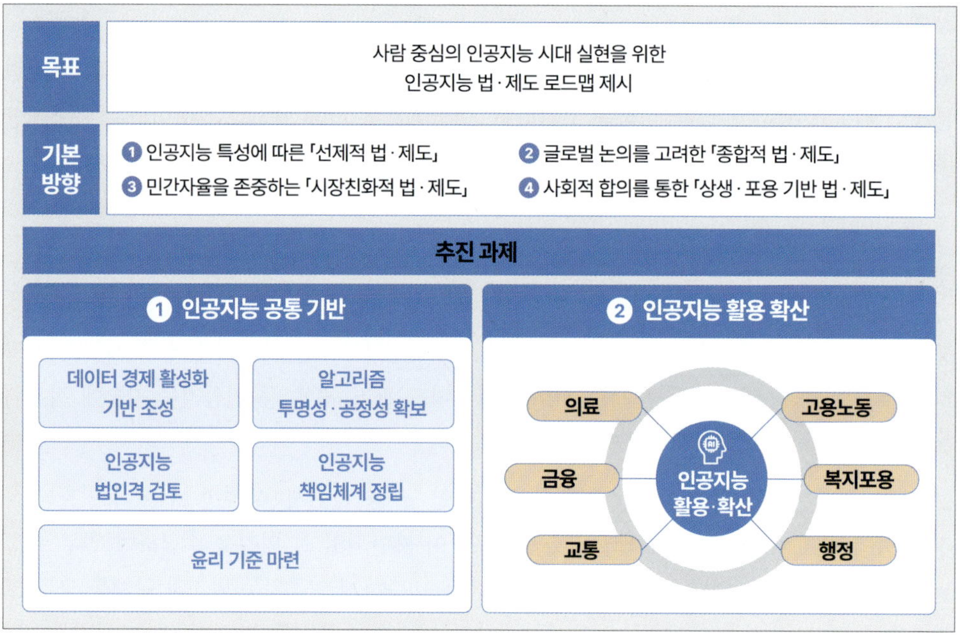

그림 3-6 한국의 인공지능 법·제도·규제 정비 로드맵

표 3–7 한국의 인공지능 법 · 제도 · 규제 정비 로드맵의 진행 계획 및 일정

		2020	2021		2022		2023~	관계부처
		하반기	상반기	하반기	상반기	하반기		
인공지능 공통기반	데이터 경제 활성화 기반 조성		1. 데이터 산업 진흥을 위한 기본법 제정 2. 데이터 관리업에 대한 법적 근거 마련 3. 개별 산업 및 수요를 고려한 데이터 활용 지원 4. 자동화된 개인정보 처리에 의존한 의사결정에 대한 대응권 도입 5. 데이터마이닝을 위한 저작물 이용 허용	6. 결합절차 및 가명정보 안전 조치에 대한 규제 재검토		7. 데이터의 독점 및 부당한 이용 행위에 대한 규율 방안 마련		과기부/문체부 산업부/개보위 특허청/공정위
	알고리즘 투명성 · 공정성 확보		3. 플랫폼 알고리즘 운영의 공정성 · 투명성 확보	1. 자율적 알고리즘 관리 · 감독 환경 조성 2. 기업의 영업비밀 보장을 위한 알고리즘 공개 기준 마련				과기부/공정위
	인공지능 법인격 인정 여부 검토			1. 인공지능 창작물의 권리 관계 정립			2. 인공지능 법인격 부여 방안 정립	문체부/특허청 과기부/법무부
	인공지능 책임체계 정립						1. 인공지능에 의한 계약의 효력 명확화 2. 인공지능의 행위에 대한 손해배상 방안 마련 3. 인공지능이 개입된 범죄에 대한 제재 다양화	과기부/법무부 공정위
	인공지능 윤리 정립	1. 인공지능 윤리기준 정립		2. 인공지능 윤리 교육 커리큘럼 개발				과기부/교육부
인공지능 활용확산	의료				1. 인공지능 의료기기 국제 기준(가이드라인) 개발		2. 인공지능 활용 의료행위의 건강보험 적용 개선	식약처/복지부
	금융		1. 이상금융거래 탐지·차단시스템 기반의 전자금융사고 대응 체계 강화 2. 결제·인증서비스의 안전성 강화					금융위/과기부
	행정			1. 인공지능을 활용한 자동화 행정의 근거 마련	2. 인공지능 행정에 대한 권리 구제 절차 마련		3. 인공지능 행정의 투명성 확보	법제처/권익위
	고용·노동		1. 일자리 환경 변화에 대응하기 위한 고용보험 확대				2. 플랫폼 종사자 보호 방안 마련 및 미래형 안전보건 관리 모색	노동부/기재부
	포용·복지			1. 디지털포용 정책 추진 기반 확립		2. 고위험 분야 인공지능 기술기준 마련	3. 인공지능 성년후견제도 도입 4. 인공지능 사고 처리를 위한 보험제도 개편방안 마련	과기부/복지부 법무부/국토부 해수부

위 로드맵의 3년 진행 기간 동안 총 30개의 과제 중 19개가 완료되었고, 위 로드맵 이후에도 '초거대 AI 경쟁력 강화 방안(2023년 4월)', 'AI 시대 안전한 개인정보 활용 정책 방향(2023년 8월)', 'AI 윤리·신뢰성 확보 추진계획(2023년 10월)', '새로운 디지털 질서 정립 추진계획(2024년 5월)' 등이 계속해서 발표되었으며, 「개인정보보호법」, 「저작권법」 등 인공지능 관련 법령에 대한 개정 작업도 꾸준하게 추진되었다.

한편 한국은 인공지능 기술 전체를 포괄하는 법으로서 「AI 기본법」 마련을 준비 중이며, 지난 21대 국회(2020~2024)에서 제안된 의안 중 '인공지능'이라는 단어가 포함된 법안만 무려 13개나 되었다. 22대 국회(2024~2028)에서도 '인공지능'이 의안명에 포함된 법안이 2024년 말에 11개에 이른다.

표 3-8 21대 국회 인공지능 관련 법안

의안번호	의안명	제안일자
2123709	인공지능 책임 및 규제법안	2023-08-08
2120353	인공지능책임법안	2023-02-28
2118726	인공지능산업 육성 및 신뢰 확보에 관한 법률안	2022-12-07
2116986	인공지능교육진흥법안	2022-08-24
2115314	한국인공지능 · 반도체공과대학교법안	2022-04-18
2113509	알고리즘 및 인공지능에 관한 법률안	2021-11-24
2111573	인공지능에 관한 법률안	2021-07-19
2111261	인공지능 육성 및 신뢰 기반 조성 등에 관한 법률안	2021-07-01
2110148	인공지능교육진흥법안	2021-05-17
2104772	인공지능 기술 기본법안	2020-10-29
2104564	인공지능 집적단지의 육성에 관한 특별법안	2020-10-19
2103515	인공지능산업 육성에 관한 법률안	2020-09-03
2101823	인공지능 연구개발 및 산업 진흥, 윤리적 책임 등에 관한 법률안	2020-07-13

위 법률안 중 관련 법안 7개를 병합하여 진행된 「인공지능 육성 및 신뢰 기반 조성 등에 관한 법률안」을 좀 더 살펴보면, 그 주요 내용은 다음과 같다.

표 3-9 「인공지능 산업 육성 및 신뢰 기반 조성에 관한 법률(안)」 주요 내용

AI 사업자	인공지능 기술의 개발 및 서비스의 제공에 대해, • 인간의 기본권을 침해하지 않을 것 • 개인 포함 공동체 전체의 선을 침해하지 않을 것 • 생명 공동체의 지속가능성을 침해하지 않을 것 • 정보통신기술 및 생명과학기술 윤리 관련 사항을 준수할 것 • 목적 및 기능을 설정하고 이를 준수할 것 • 사용 연한을 정하고 폐기에 대한 지침을 마련할 것
이용자	• 인공지능을 임의로 변경하지 않고 본래의 목적과 기능에 맞게 이용할 것 • 인공지능을 사용해 정당한 사유 없이 타인의 이익을 침해하거나 위해를 가하지 않도록 할 것 • 인공지능의 오용 또는 불법적 사용으로 발생하는 문제에 대해 책임을 질 것 • 인공지능을 과도하게 사용하여 발생하는 의존 및 중독 등 부작용에 주의할 것
정부	• 정기적으로 전문가 등으로부터 의견을 청취하여 사업자와 이용자가 지켜야 할 윤리 원칙을 제정 또는 개정해야 함. • 과기정통부를 주무부서로 하여 3년마다 '인공지능사회 기본계획'을 수립하여 시행하고, 본 계획에는 ▲정책 기본방향 ▲육성 및 기반 조성 ▲확산 ▲인력 양성 ▲사회적 기반 조성 ▲이용자 보호 ▲인공지능의 공정성과 투명성·책임성 확보 등의 사항이 포함되어야 함. • 인공지능사회 정립을 위해 국무총리와 민간위원을 공동 위원장으로 하는 '인공지능위원회' 설치

※ 출처: 국회 의안정보시스템

위와 같이 인공지능과 관련한 여러 주체들을 고려하여 각각의 의무를 규정하고, 다양한 윤리 원칙을 준수하기 위한 내용들을 포괄적으로 포함하고 있다. 그러나 EU와 같은 강력한 규제 내용은 포함하고 있지 않으며, 인공지능 산업에 대한 과도한 제약은 지양하고 진흥이나 육성에 좀 더 초점을 맞추고 있는 것으로 보인다.

이미 EU, 미국, 중국 등은 자국 산업과 주변 환경을 고려하여 인공지능에 관한 포괄적인 기본법을 마련하고 구체적인 법안 개정 작업을 적극적으로 진행하고 있다는 점에서 한국의 법제 정비는 다소 속도가 늦은 면이 있으며, 기본법뿐만 아니라 인공지능과 관련한 개별 법령도 신속히 처리되어 현재의 불확실한 인공지능 규제를 명확하게 할 필요가 있다.

그림 3-7 한국의 지속적인 인공지능 법제 논의

3.6 정리하며

인공지능에 대한 정책, 법률에 있어서 가장 큰 쟁점은 기술 혁신과 규제 간의 적절한 균형이다. 정책이나 법률이 인공지능에 대해 과도한 제약을 하는 경우에는 인공지능 기술이 사회에 미치는 영향은 최소화할 수 있지만 기술 발전을 저해할 수 있고, 반대로 너무 자유로운 환경을 조성하는 경우에는 인공지능 기술 발전에는 도움이 될 수 있지만 힌튼 교수가 우려한 것처럼 인공지능에 의한 큰 위험이 닥칠 수도 있다.

한편 인공지능에 대한 규제 측면에서의 대응 방법은 국가 경쟁력에도 큰 영향을 미칠 수 있다. 예를 들어, 인공지능 기술이 뒤처지는 국가에서 기술 발전을 위해 규제를 최소화하여 자유로운 시장 환경을 조성하는 경우 높은 기술력을 가진 외국의 하이 테크 기업이 진입하여 국내 기업들의 입지를 위태롭게 할 수 있다. 반대로 국내 기업을 보호하기 위해 과도한 제약을 하는 경우에는 인공지능 분야에 있어서 국제적으로 고립될 우려도 있다.

이와 같이 인공지능 규제는 다양한 요소들을 고려한 종합적인 접근이 필요하다. 한국은 기본적으로 인공지능 산업 진흥을 적극적으로 도모하면서 인간의 생명과 안전에 영향을 미칠 수 있는 고위험 인공지능에 대해서는 별도로 관리하겠다는 입장이며, 국제 사회에서 인공지능 안전 정상회의 등을 통해 그 영향력을 넓혀 나가고 있는 중이다.

인공지능 제도 마련에는 이러한 국제적인 측면을 고려해야 할 뿐만 아니라 국가 내에서도 여러 주체들의 이해관계를 조정할 필요가 있다. 예를 들어, 데이터를 보유하고 있는 주체는 데이터에 대한 권리나 보호를 강화하고자 할 것이고, 데이터를 활용하여 인공지능 모델을 개발하는 주체는 데이터의 자유로운 활용을 통해 인공지능 모델을 좀 더 용이하게 개발할 수 있는 환경을 조성하고자 할 것이다. 또한 인공지능을 개발하거나 활용하는 기업은 인공지능이 다양한 곳에서 활용되어 시장이 활성화되기를 원하는 반면 시민 단체나 인권 단체는 인공지능이 과도하게 활용되어 발생될 수 있는 문제들을 우려한다.

결국 인공지능과 관련된 제도, 법률, 규제는 여러 주체들의 이해관계를 조율하여 마련되어야 하며, 급변하는 인공지능 국제 정세 속에서 국가의 미래를 결정지을 수도 있는 중요한 부분이므로 모두가 큰 관심을 가지고 계속해서 살펴봐야 할 것이다.

Q&A 3장

Q 인공지능 윤리와 규제는 무엇이 다르고, 왜 함께 논의되어야 할까?

A 인공지능 윤리는 기술 개발과 활용 과정에서 고려해야 할 가치를 설정하는 데 초점을 맞춘다. 공정성, 투명성, 책임성은 이러한 윤리적 가치의 대표적인 예이다. 반면 규제는 이러한 윤리적 가치를 법적, 제도적으로 실현하기 위한 구속력 있는 도구이다. 다시 말해서 윤리가 방향성을 제시한다면, 규제는 이를 실행 가능하게 만드는 도구라고 할 수 있다.

윤리와 규제를 함께 논의해야 하는 이유는 규제 없이 윤리만으로는 책임을 강제할 수 없고, 윤리적 고려 없이 규제를 만들면 기술 발전을 저해하거나 부작용을 초래할 가능성이 크기 때문이다. 이처럼 두 영역은 상호 보완적이다.

Q 인공지능 규제가 필요한 이유는 무엇일까? 규제가 기술 발전을 막지는 않을까?

A 인공지능 규제는 기술 발전 자체를 저해하기보다는, 안전성과 신뢰성을 확보하는 데 중점을 둔다. 그 이유는 인공지능의 오남용, 데이터 편향, 불투명성이 개인과 사회에 심각한 피해를 줄 수 있기 때문이다.

규제가 없는 상태에서는 기업이 상업적 이익을 우선시할 가능성이 높아, 사회적 문제를 예방하기 어렵다. 하지만 지나치게 엄격한 규제는 혁신을 저해할 수 있으므로, 적절한 균형을 맞추는 것이 중요하다. 예를 들어 규제는 데이터 프라이버시와 알고리즘의 투명성을 보장하면서도, 동시에 창의적 기술 개발을 장려할 수 있어야 한다.

Q 유럽연합(EU), 미국, 중국의 인공지능 규제는 서로 어떻게 다를까?

A

- EU: 유럽연합은 위험 기반 접근법을 채택하고 있으며, 인공지능을 사용하는 모든 기술과 서비스에 대해 위험 수준에 따라 규제를 다르게 적용한다. 예를 들어, 원격 생체 인식 시스템에서 사용되는 '고위험' 기술은 엄격한 안정성 및 투명성 기준을 충족해야 한다.
- 미국: 미국은 자유 시장 경제를 중시하며, 자율 규제와 사후 규제 접근을 선호한다. 다만 특정 산업, 예를 들어 헬스케어와 금융 분야에서는 상대적으로 강력한 규제를 시행하고 있다.
- 중국: 중국은 국가 안보와 사회 안정성에 초점을 맞춘 규제를 운영한다. 알고리즘 검열, 데이터 접근 통제, 콘텐츠 검열이 특징적이며, 정부가 기술 개발 및 데이터 관리에 직접적으로 관여한다.

Q 인공지능 윤리가 규제로 전환되는 과정에서의 주요 과제는 무엇일까?

A
- 추상적 원칙의 구체화: 공정성, 투명성과 같은 윤리적 가치를 현실적인 법과 제도로 구체화하기 위해서는 많은 논의가 필요하다. 예를 들어, '차별 없는 알고리즘'은 구체적으로 어떤 것이며 이를 어떻게 구현할 것인지에 대해 세부적인 논의가 필요하다.
- 기술의 속도: 인공지능 기술은 매우 빠르게 발전하지만, 규제 제정에는 시간이 걸린다. 따라서 기술 발전 속도에 맞춰 유연한 규제를 설계할 필요가 있다.
- 국제적 조화: 각국의 규제 접근법이 달라서 다국적 기업이 여러 규제를 동시에 충족해야 하는 복잡성이 생길 수 있으므로 이에 대한 고민이 필요하다.
- 이해관계자 협력: 정부, 산업계, 학계, 시민사회가 각자의 관점을 조화롭게 반영하는 협력 구조가 필요하다.

Q 유럽연합의 AI 규제는 왜 위험 기반 접근법을 채택했을까?

A 유럽연합의 위험 기반 접근법은 인공지능 기술의 다양한 사용 사례와 그에 따른 위험성을 세분화하여 대상 별로 적절한 규제를 적용하는 것에 초점이 있다.

이 접근법은 규제의 비효율성을 줄이고, 기술 발전을 저해하지 않으면서도 사회적 위험을 최소화할 수 있다는 장점이 있다. 예를 들어, 소비자 서비스에 활용되는 단순 챗봇은 사회적 위험이 낮은 것으로 보아 최소한의 규제를 받음으로써 기술 발전을 꾀할 수 있고, 의료 진단 시스템과 같은 고위험 기술은 엄격한 검토를 거쳐 사회적 위험을 최소화하게 되는 것이다.

Q 지나치게 엄격한 규제가 기술 생태계에 미칠 부정적 영향은 무엇일까?

A
- 혁신 저해: 스타트업이나 중소기업이 높은 규제 장벽을 극복하지 못하고 도태되거나 경쟁력이 약화될 수 있다.
- 비용 증가: 기업이 규제를 준수하기 위해 추가적인 비용을 부담해야 하며, 이는 소비자 가격 상승으로 이어질 가능성이 있다.
- 글로벌 경쟁력 약화: 지나치게 복잡하거나 엄격한 규제는 기업의 글로벌 시장 진출을 저해하고, 규제가 완화된 지역으로 기업이 이동하게 만들 수 있다.

4 장

인공지능과 저작권의 발생

인공지능 창작의 시대, 인공지능에 대한 저작권법의 적용

학 습 목 표

1. 저작권법이란 무엇인지 그리고 무엇을 어떻게 보호하는지 학습한다.
2. 인공지능 분야에서 생성되는 저작물에는 어떤 것이 있는지 살펴본다.
3. 인공지능이 만들어 낸 산출물은 누구의 것인지 알아본다.

4.1 들어가며

그림 4-1은 2022년 9월 콜로라도 박람회 미술 경연대회에서 제이슨 앨런(Jason M. Allen)이 제출한 '스페이스 오페라 극장(Théâtre D'opéra Spatial)'이라는 작품이고 1위로 입상하였다. 그런데 이 작품이 생성형 인공지능인 미드저니(Midjourney)를 사용하여 만든 작품이라는 점이 알려지면서 논란이 시작되었다. 미드저니는 텍스트로 된 설명문을 입력하면 자동으로 이미지로 변환시켜 주는 인공지능이기 때문에 이러한 인공지능을 사용하여 만들어 낸 작품이 미술 경연대회에서 우승을 차지하는 것은 정당하지 않고, 마치 로봇이 올림픽에서 사람과 경쟁하여 우승을 차지한 것과 다를 바 없다는 비난이 일었다.

그러나 이 작품은 미드저니가 단독으로 만들어 낸 것은 아니고 제이슨 앨런이 미드저니에게 그림을 그리라는 명령(프롬프트)을 내린 뒤 수십 시간 동안 결과물에 대해 다시 수정 명령을 내리는 과정을 반복하여 최종 결과물이 도출된 것이다. 따라서 포토샵과 같은 디지털 기술을 사용하여 작품을 만들어 내는 종래의 디지털 아트와 크게 다르지 않다는 견해도 있었다.

이러한 논란 끝에 주최 측은 수상을 유지하는 것으로 결론을 내렸고, 대회 규정이 '디지털 기술을 창작이나 프레젠테이션 과정의 일부로 사용하는 예술 행위'를 허용하고 있으므로 창작 과정의 일부로 미드저니를 이용한 '스페이스 오페라 극장'이 수상작으로 선정된 것에는 문제가 없다고 하였다.

그림 4-1 인공지능을 사용하여 만든 그림인 '스페이스 오페라 극장'

주최 측의 결론은 어느 정도 수긍할 만하다. 그러나 창작 과정의 '일부'로 사용하면 문제가 없다는 규정에서 어느 정도까지 사용한 것을 '일부'라고 할 수 있을까? 만일 제이슨 앨런이 수십 시간을 들여서 수정하지 않고 맨 처음에 만들어진 그림을 바로 제출한 때도 미드저니를 창작 과정의 '일부'로 사용한 것이라고 볼 수 있을까? 앞으로 인공지능이 더욱 발전하여 인간이 거의 관여하지 않고 인공지능이 스스로 만들어 낸 그림은 미술 경연대회에 출품할 수 없는 것일까?

인공지능 기술이 사용된 '스페이스 오페라 극장'의 수상 이후 위와 같은 여러 질문이 계속해서 쏟아져 나오고 있다. 특히 법률적인 부분에 있어서 인공지능이 만든 창작물을 보호하는 것이 맞을지, 보호한다면 어떻게 어떤 수준으로 보호할지, 인공지능이 만든 창작물과 인간이 만든 창작물을 어떻게 구분할 것인지 등은 매우 심도 있게 논의되고 있다.

이러한 논의는 결국 인간의 지적 창작물을 대상으로 만들어진 「저작권법」이 인공지능의 창작물에도 적용될 수 있을지에 대한 것이므로, 「저작권법」에 대해 먼저 살펴볼 필요가 있다.

4.2 저작권의 이해

지식재산권의 정의와 종류

인간의 지적 창작물을 보호하는 법률은 「저작권법」 외에도 다양한 법률이 있고, 이를 통칭하여 지식재산권이라고 한다. 아래에서는 「지식재산권법」의 전반적인 내용을 간단히 개관하고, 이어서 「저작권법」에 대해 구체적으로 살펴보도록 한다.

지식재산권은 인간의 지적 창작물로서 형태가 없는 무체(無體)에 대한 재산권을 의미한다. 그동안 산업재산권, 지적재산권 등 다양한 이름으로 불려 왔으나, 한국 특허청은 1998년부터 지식재산권이라는 용어로 통일하여 공식적으로 사용하기로 하고 그 이후에는 지식재산권(Intellectual Property)으로 계속 사용해 오고 있다.

일반적으로 지식재산권의 정의는 표 4-1과 같다.

표 4-1 지식재산권의 정의

출처	지식재산권의 정의
WIPO(세계지식재산권기구) 설립조약 제2조8항	"지적소유권"이라 함은 문학, 예술 및 과학작품, 연출 예술가의 공연, 음반 및 방송, 인간 노력의 모든 분야에 있어서의 발명, 과학적 발견, 공업의장, 등록상표, 서비스마크, 상호 및 기타 명칭, 부당경쟁에 대한 보호등에 관한 권리와 공업, 과학, 문학 또는 예술분야의 지적활동에서 발생하는 기타 모든 권리를 포함한다.
위키백과	지식재산권(知識財産權, Intellectual Property; IP) 또는 지적재산권(知的財産權)은 인간의 창조적 활동 또는 경험 등을 통해 창출하거나 발견한 지식 · 정보 · 기술이나 표현, 표시 그 밖에 무형적인 것으로서 재산적 가치가 실현될 수 있는 지적창작물에 부여된 재산에 관한 권리를 말한다.
정보통신용어사전 (TTA; 한국정보통신기술협회)	지적 활동으로 인하여 발생하는 유형 · 무형적인 모든 것의 재산권. 크게 산업 분야의 창작물과 관련된 산업재산권(또는 공업소유권), 문화예술 분야 창작물과 관련된 저작권, 전통적인 지식재산권의 범주에 속하지 않고 경제, 사회 · 문화의 변화나 과학기술의 발전에 따라 새로운 분야에서 출현하는 지식재산권을 따로 분류한 신지식 재산권으로 분류된다.

지식재산권은 인간의 창작활동에 따른 결과물에 부여하는 권리이므로 그 범위가 상당히 넓고 종류도 다양하다. 예를 들어, 다음과 같은 지식재산권들이 있고 권리마다 보호 대상도 다르다.

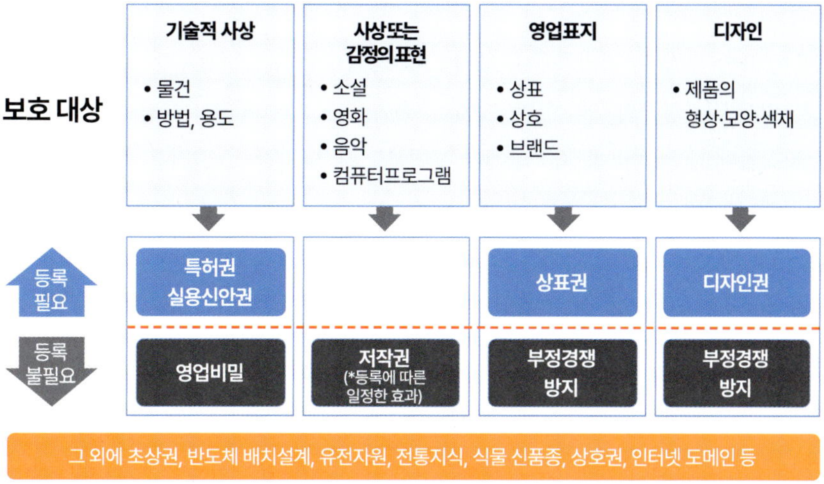

그림 4-2 지식재산권의 종류

이러한 다양한 권리 중 인공지능과 관련하여 주로 문제가 되는 것은 특허권, 상표권, 디자인권, 저작권, 부정경쟁방지, 영업비밀이며 이 중 특허권, 상표권, 디자인권, 부정경쟁방지와 영업비밀에 관한 내용은 별도의 장에서 다루고 본 장에서는 저작권에 대해서 다룰 예정이다.

「저작권법」의 탄생과 역사

창작물은 창작자의 창의적인 지적 노동이 담긴 결과물이다. 만일 이러한 결과물을 창작자의 허락 없이 누구나 이용할 수 있게 된다면 창작자는 자신의 노동이나 노력에 대해 정당한 보상을 받지 못하게 될 것이며, 이러한 환경 속에서는 새로운 창작활동에 대한 동기가 부여되기 어렵다. 따라서 「저작권법」은 창작자가 자신의 노력과 창의성에 대한 정당한 대가를 받을 수 있도록 보장함으로써 창작 의욕을 고취시키고, 창작활동을 장려하여 문화와 관련 산업의 발전에 이바지한다.

이처럼 인간의 창작활동과 그에 대한 보호는 밀접한 관련이 있는 것처럼 보인다. 그러나 인간의 창작활동이 인류의 탄생과 함께 자연스럽게 시작된 것과 달리 창작물을 보호하기 위한 「저작권법」은 상대적으로 최근에 제정되었다. 그 이유는 인쇄술이 발명되기 전에는 창작물의 복제가 수작업으로 이루어졌기 때문에 대규모로 무단 복제되는 일이 드물었고, 그 결과 창작물을 보호하고 무단 복제를 막기 위한 제도의 필요성이 낮았기 때문이다.

이러한 분위기가 바뀌게 된 것은 15세기 요하네스 구텐베르크(Johannes Gutenberg)의 인쇄기가 발명되면서부터인데, 이때부터 책의 대량 복제가 가능해졌고 출판업자들은 자신들만이 특정 책을 인쇄할 수 있는 권리를 요구하게 되었다. 출판업자들의 요구는 최초의 근대적 「저작권법」으로 평가받는 영국의 「앤 여왕법(Statute of Anne, 1710년)」의 제정으로 이어지게 된다. 이 법은 저작물에 대한 권리를 저작자에게 부여하고 일정 기간 그 권리를 보호하는 것으로, 이후 1790년에 제정된 미국의 「저작권법(Copyright Act)」 등 여러 나라의 「저작권법」에 영향을 미치게 된다.

그런데 영국의 「앤 여왕법」은 출판 저작물을 보호하는 것에 한정되어 있었고, 「앤 여왕법」의 영향을 받은 미국의 초기 「저작권법」도 책, 지도, 차트와 같은 제한된 범위의 저작물만을 보호하였기 때문에 문화 산업 전반에 걸친 창작물을 보호하지는 못하였다. 19세기 후반부터 사진과 같은 새로운 형태의 창작물이 등장하면서 이에 대한 보호의 필요성이 대두되었고, 「저작권법」은 지속적으로 개정되면서 사진뿐만 아니라 음악, 연극, 영화와 같은 새로운 미디어들도 저작물로서 보호하게 된다.

그림 4-3 기술의 발전에 따른 창작 영역의 확장

이처럼 「저작권법」은 기술의 발전에 따라 시작되고 변화해 왔음을 알 수 있다. 인쇄술의 발명은 「저작권법」이 탄생하는 데 큰 영향을 미쳤고, 카메라의 발명은 사진이나 영화와 같은 새로운 문화 형식을 탄생시킴으로써 저작권이 규율하는 대상을 확장시켰다.

기술의 발전은 인간의 창작적 표현 방식을 확장하는 데 도움을 주기도 하였지만 디지털 기술의 발전 및 인터넷의 등장은 저작물의 복제와 배포를 쉽게 만들어서 저작권 침해를 쉽게 할 수 있다는 문제도 있었다. 이에 전 세계의 「저작권법」은 새로운 디지털 환경에 따라 디지털 저작권 침해를 방지하기 위한 여러 조치들을 도입하기 시작하였다.

잠깐만요 **디지털 저작권 침해를 방지하기 위한 「저작권법」**

전 세계의 「저작권법」은 디지털 저작권 침해를 방지하기 위해 여러 조치들을 도입하였는데, 미국의 경우에는 1998년 「디지털 밀레니엄 저작권법(Digital Millennium Copyright Act, DMCA)」을 제정하였고, 한국의 「저작권법」에도 비슷한 내용이 포함되어 있다.

예를 들어, 저작권 보호를 위해 사용되는 접근 제어 기술(Digital Rights Management; DRM)을 우회하거나 무력화하는 행위를 금지하고, 검색 엔진이나 쇼핑 플랫폼과 같은 온라인 서비스 제공자(Online Service Provider)는 자신의 서비스 내에 저작권 침해 콘텐츠가 있다는 신고를 받으면 해당 콘텐츠를 삭제하거나 접근을 차단해야 한다.

이러한 내용은 인공지능 기술 분야에도 마찬가지로 적용될 수 있다. 예를 들어, 인공지능 학습을 위한 학습 데이터를 업로드하거나 다운로드할 수 있는 플랫폼 서비스를 제공하는 회사는 자신의 플랫폼에 저작권을 침해하는 학습 데이터가 있다는 신고를 받으면 해당 콘텐츠를 내려받을 수 없도록 조치해야 한다. 참고로 해당 학습 데이터를 올린 사람이 자신에게 정당한 권리가 있음을 소명하고 다운로드의 재개를 요구하는 경우 플랫폼 서비스 회사는 다시 내려받을 수 있도록 조치할 수도 있다.

결국 「저작권법」은 기술 발전에 따라 새로운 도전과 변화를 겪으면서 발전해 왔음을 알 수 있다. 마찬가지로 '인공지능' 기술이 등장하고 최근 급속도로 발전하는 것 또한 「저작권법」에는 새로운 도전이 되고 있으며 「저작권법」은 또다시 변화하며 발전할 것이다.

그림 4-4 기술의 발전에 따른 저작권법의 탄생과 변화

「저작권법」이 보호하는 대상

한국 「저작권법」은 '저작물'을 '인간의 사상 또는 감정을 표현한 창작물'로 정의하고 있다. 이를 나눠서 살펴보면 ① 인간의, ② 사상 또는 감정을 표현한, ③ 창작물이며, 아래에서 자세히 살펴본다.

인간에 의한 창작을 보호

「저작권법」이 보호하는 저작물은 인간에 의한 창작물이다. 따라서 동물과 같이 인간이 아닌 주체에 의한 창작물은 「저작권법」이 보호하는 저작물에 해당하지 않는다.

참고 **관련 미국 판례(Naruto v. Slater)**

2011년 영국의 사진작가인 데이비드 슬레이터(David Slater)는 인도네시아의 술라웨시 섬에 방문하여 사진 촬영을 진행하고 있었다. 슬레이터가 자신의 사진기를 두고 잠시 자리를 비운 사이 섬에 살고 있던 7살짜리 검정짧은꼬리원숭이인 나루토(Naruto)는 슬레이터의 사진기로 자기 모습을 여러 장 찍었는데, 이 사진은 일명 '원숭이 셀피'라고 불리며 인터넷에서 큰 인기를 끌었고, 슬레이터는 원숭이 셀피를 책에 수록해 출판하였다.

그림 4-5 원숭이 나루토가 찍은 자신의 모습

2015년 동물 권리 단체인 People for the Ethical Treatment of Animals(PETA)는 원숭이 나루토를 대신하여 슬레이터를 상대로 저작권 침해 소송을 제기했고, PETA는 이 사진의 저작권이 원숭이에게 있다고 주장했다.

이에 대하여 2018년 미국 제9순회 항소법원(U.S. Court of Appeals for the Ninth Circuit)은 미국 「저작권법」은 인간이 창작한 작품만을 보호하며, 인간이 아닌 생물은 저작권을 주장할 수 없다고 판단하면서 PETA의 청구를 받아들이지 않았다.

이처럼 「저작권법」은 '인간'의 창작물만을 보호하고 있다. 따라서 인간이 아닌 인공지능이 창작한 창작물은 「저작권법」상 저작물로 보호되지 않는다.

사상 또는 감정의 표현을 보호

「저작권법」이 보호하는 저작물은 '사상 또는 감정을 표현한 것'이다. 즉 아이디어나 이론 같은 사상이나 감정 자체를 보호하는 것이 아니라 사상이나 감정이 어떠한 형식으로든 외부에 표현되는 형식을 보호하는 것이다.

이러한 표현 형식은 다양할 수 있는데 예를 들면 다음과 같은 것들이 있다.

- 어문저작물 : 말이나 글로 표현되는 저작물(소설, 시, 논문, 강연, 연설, 각본 등)
- 음악저작물 : 멜로디나 리듬으로 표현되는 저작물(연주, 노래 등)
- 연극저작물 : 동작으로 표현되는 저작물(연극, 무용, 뮤지컬, 무언극 등)

- 미술저작물: 선, 모양, 색채로 표현되는 저작물(회화, 서예, 조각, 판화, 공예 등)
- 건축저작물: 건축물이나 건축을 위한 모형 및 설계도서
- 사진저작물: 사진 촬영을 통해 표현되는 저작물
- 영상저작물: 연속적인 영상으로 표현되는 저작물
- 도형저작물: 도형으로 표현되는 저작물(지도, 도표, 설계도, 약도, 모형 등)
- 컴퓨터프로그램저작물: 컴퓨터 내에서 사용되는 지시나 명령으로 표현되는 저작물(소프트웨어 소스코드, 객체코드, 실행파일 등)
- 2차적저작물: 원저작물을 번역, 편곡, 변형, 각색, 영상 제작 등의 방법으로 작성한 저작물
- 편집저작물: 여러 개의 저작물이나 자료를 선택하고 배열하여 작성한 저작물

위와 같이 저작물은 다양한 표현 형식에 관한 것이므로 표현의 대상인 사상이나 감정은 저작권으로 보호되지 않는다. 예를 들어서 고양이를 인식할 수 있는 기능을 가진 인공지능 프로그램 A가 있을 때, 누군가가 프로그램 A와 기능은 같지만 소스 코드의 구현 방식, 함수 이름, 논리 구조가 다른 프로그램 B를 제작하여 판매하면 이는 프로그램 A에 대한 저작권을 침해하는 것이 아니다. 그 이유는 프로그램 A에서 저작권으로 보호되는 부분은 사상(즉 고양이를 인식하는 기능)이 아니라 그 사상에 대한 표현(즉 고양이를 인식하는 기능을 구현하기 위한 프로그램 소스 코드)이므로 기능이 같더라도 표현이 다르다면 저작권 침해의 문제가 발생하지 않는다. 또한 저작권은 표현 형태를 보호한다는 점에서 음란물과 같이 그 내용 중에 부도덕하거나 위법한 부분이 포함되어 있다고 하더라도「저작권법」상 저작물로 보호될 수 있다(대법원 2015. 6. 11. 선고 2011도10872 판결 등 참조).

이처럼 저작권이 표현 형식에 관한 것이라는 점에서 인공지능 기술은 종래의 다른 기술에 비해 더욱 광범위한 영역에서 문제가 된다. 즉 사진기는 사진저작물, 녹음기는 음악저작물과 같이 특정 종류의 저작물에서 주로 문제가 되지만, 인공지능은 다양한 종류의 데이터를 학습하고 산출할 수 있으므로 모든 종류의 저작물이 문제될 수 있다.

> **잠깐만요** **저작권으로 보호되지 않는 대상**
>
> 표현이라고 하더라도 저작권으로 보호되지 않는 것이 있다.
>
> • 미국 연방 정부의 저작물: 미국에서는 연방 정부가 작성한 법률, 정부 보고서, 공식 문서 등은 저작권 보호를 받지 않는다.
>
> • 짧은 문구: 단어, 제목, 슬로건 등과 같은 짧은 문구는 저작권 보호를 받지 않으며, 이러한 짧은 문구에 대해 저작권자에게 권리를 부여하면 사람들의 일상적인 언어생활에까지 지나친 제약을 가할 수 있기 때문이다. 법원은 인기 걸그룹 투애니원(2NE1)의 노래 제목인 "내가 제일 잘나가"와 같은 문구는 짧고 의미도 단순하여 어떤 보호할 만한 독창적인 표현 형식이 포함되어 있다고 보기 어려우므로 저작물로 보호되지 않고, 따라서 "내가 제일 잘나가"와 유사한 문구인 "내가 잘 나가사끼 짬뽕(S사의 나가사끼 짬뽕 광고 문구)"은 저작권을 침해하지 않는다고 판시하였다(서울중앙지법 2012. 7. 23.자 2012카합996 결정).

창작성을 가진 창작물을 보호

「저작권법」상 저작물로 인정받기 위해서는 '창작성'을 가져야 하는데, 여기에서 창작성은 수준이 높을 필요는 없으며 작자의 독자적인 사상이나 감정의 표현이 포함되어 있는 정도면 인정된다.

인공지능이 만든 산출물의 경우에는 작자의 독자적인 사상이나 감정의 표현이 포함되지 않을 것이기 때문에 창작성이 인정되기는 어렵다. 그러나 인공지능 산출물을 만드는 과정에서 작자 나름의 정신적 노력이 포함되어 있다면 해당 부분에 대해서는 저작권이 인정될 수 있는데, 이와 관련한 미국의 저작권 등록 사례를 살펴보면 다음과 같다.

그림 4-6 인공지능이 창작한 '새벽의 자리야'

크리스티나 카시타노바(Kristina Kashtanova)는 이미지 생성 인공지능인 미드저니(Midjourney)에 작품의 줄거리를 입력하여 여러 장의 이미지를 생성하였고, 이러한 이미지와 텍스트들을 선택하고 배치하여 만든 18쪽 분량의 만화책 『새벽의 자리야(Zarya of the Dawn)』에 대해 미국 저작권청에 저작권을 등록하였다. 이후 미국 저작권청은 미드저니가 생성한 그림 자체에 대해서는 작자의 창작적 기여가 없다는 이유로 저작권 등록을 취소하였고, 크리스티나가 그림을 선택하고 배치한 것과 텍스트 부분에 대해서는 창작적 기여를 인정하여 저작권을 인정하였다.

이처럼 인공지능의 산출물이라고 하더라도 사람의 창작적 기여가 있는 경우에는 해당 부분에 저작권이 발생할 수 있어서 누군가가 이를 베끼면 저작권 침해가 문제될 수 있다. 따라서 인공지능이 산출한 산출물이라는 이유만으로 항상 저작권 침해로부터 자유롭다고 생각해서는 안 된다. 반대로 작자 입장에서는 인공지능 산출물에 최대한 창작적 기여를 하도록 노력해야 하고, 추후 법적 분쟁을 대비하여 그러한 기여를 했다는 점에 대한 입증 자료를 관련 기록으로 남겨두는 것이 중요하다.

컴퓨터 프로그램 저작물

앞서 언급한 바와 같이 「저작권법」의 보호 대상인 '저작물'이란 '인간의 사상 또는 감정을 표현한 창작물'이다. 이러한 기준에서 컴퓨터 프로그램도 저작물이라고 볼 수 있을까? 컴퓨터 프로그램이 하드웨어의 특정 동작을 수행하기 위한 기능적인 명령어라는 점을 생각하면 시나 글과 같은 어문저작물과는 그 성질이 분명 다르다. 그러나 컴퓨터 프로그램은 독창적인 소스 코드 작성과 창의적인 문제 해결 과정을 포함하고 있다는 점에서 인간의 사상이나 감정을 표현한 창작물이라고도 볼 수 있다.

한국 「저작권법」은 소프트웨어 산업을 발전시키고 기술을 진흥하기 위한 필요성 아래 컴퓨터 프로그램을 저작물의 한 유형으로 인정하고 있다. 다만 앞서 언급한 바와 같이 컴퓨터 프로그램 저작물은 다른 저작물과 성질상 구별되는 부분이 있으므로, 법률상 취급에도 다음과 같은 차이가 있다.

- **「저작권법」상 컴퓨터 프로그램 저작물과 다른 저작물의 구분**
  - 법인의 명의로 공표되는 업무상저작물의 저작자는 다른 정함이 없는 때에는 법인이 된다. 다만 프로그램의 경우 공표될 것을 요하지 아니한다(「저작권법」 제9조).
  - 저작자는 그의 저작물이 내용이나 형식에 있어서 동일성을 유지할 권리(즉 동일성 유지권)를 가지는데, 특정한 컴퓨터 외에는 이용할 수 없는 프로그램을 다른 컴퓨터에 이용할 수 있도록 하기 위하여 필요한 범위에서 변경하거나, 프로그램을 특정한 컴퓨터에 보다 효과적으로 이용할 수 있도록 하기 위하여 필요한 범위에서 변경하는 것에 대해서는 동일성 유지권을 주장할 수 없다(「저작권법」 제13조).
  - 저작재산권의 전부를 양도하는 경우에 특약이 없는 때에는 2차적저작물을 작성하여 이용할 권리는 포함되지 아니한 것으로 추정한다. 다만, 프로그램의 경우 특약이 없으면 2차적저작물작성권도 함께 양도된 것으로 추정한다(「저작권법」 제45조 제2항). 2차적저작물작성권에 대해서는 아래에서 좀 더 설명한다.
  - 정당한 권한에 의하여 프로그램을 이용하는 자 또는 그의 허락을 받은 자는 호환에 필요

한 정보를 쉽게 얻을 수 없고 그 획득이 불가피한 경우에는 해당 프로그램의 호환에 필요한 부분에 한정하여 프로그램의 저작재산권자의 허락을 받지 아니하고 프로그램 코드 역분석을 할 수 있다(「저작권법」 제101조의 4).

- 프로그램의 복제물을 정당한 권한에 의하여 소지 · 이용하는 자는 그 복제물의 멸실 · 훼손 또는 변질 등에 대비하기 위하여 필요한 범위에서 해당 복제물을 복제할 수 있다(「저작권법」 제101조의 5).

잠깐만요 **「컴퓨터프로그램보호법」**

과거에 미국은 지속해서 자국의 지식재산권 보호를 한국에 요구해 왔다. 이에 1985년 개최된 한미 통상협상 실무회의에서 한국은 미국의 요구를 대폭 수용하였고 여기에는 컴퓨터 프로그램의 보호에 관한 내용도 포함되어 있었다. 이러한 합의에 따라 대한민국 국회는 1986년 12월 31일 법률 제3920호로서 「컴퓨터프로그램보호법」을 통과시켰다.

이처럼 「저작권법」을 개정하는 것이 아니라 별도의 법을 제정한 것은 미국의 요청을 받아들이면서도 컴퓨터 프로그램이 다른 저작물과 구별되는 성격을 가진다는 점과 장래에 소프트웨어 규제에 적합한 새로운 법리가 형성되고 발전될 것을 대비한 것이다.

이후 「컴퓨터프로그램보호법」은 몇 차례의 개정을 거쳐서 변화하였으나, 2009년 4월 22일 정부는 법률 제9625호로 「컴퓨터프로그램보호법」을 「저작권법」과 통합했다. 이 통합 개정안은 프로그램 저작권 보호 체계를 일관되게 적용하고 법적 혼선을 방지하는 목적이 있다. 이러한 통합에 따라 컴퓨터 프로그램 보호위원회도 저작권위원회와 통합되어 한국저작권위원회로 새롭게 출범했다.

인공지능 시스템은 여러 가지 구성을 포함하고 있는데 그중 가장 핵심적인 부분은 인공지능 시스템을 제어하는 알고리즘이다. 이 부분은 컴퓨터 프로그램으로 작성되어 있으므로 컴퓨터 프로그램 저작권에 관한 내용은 인공지능과 매우 밀접한 관련이 있다. 즉 인공지능 모델은 파이썬(Python)과 같은 프로그래밍 언어를 사용하여 소스 코드로 생성되는데 이러한 소스 코드는 컴퓨터 프로그램으로서 저작권이 발생하게 된다.

그림 4-7 오픈소스로 공개된 구글의 안드로이드

참고로 인공지능 프로그램은 오픈소스(Open Source)를 사용하여 작성되는 경우가 많다. 오픈소스란 그 내용이 공개되어 있어서 누구나 열람하고 사용할 수 있는 소스 코드를 말한다. 프로그램 개발에는 시간과 비용이 많이 소요되는데 이렇게 힘들게 개발한 프로그램 소스 코드를 누구나 열람하고 사용할 수 있도록 공개한다는 것이 다소 어색하게 느껴질 수는 있다. 그러나 여러 개발자가 다 같이 공개된 코드를 사용하게 됨에 따라 소스 코드의 문제점(버그)을 쉽게 찾아내거나 수정할 수 있고, 기존에 이미 공개된 오픈소스를 사용하여 프로그램을 개발할 수 있으므로 개발 시간을 단축할 수 있다는 장점이 있다. 구글(Google)의 안드로이드(Android)가 대표적인 오픈소스이다.

참고로 오픈소스의 '오픈'은 누구나 볼 수 있도록 외부에 소스 코드가 공개되어 있다는 의미일 뿐 아무런 제약 없이 소스 코드를 사용할 수 있다는 의미는 아니다. 오픈소스는 소스 코드가 공개될 때 어떠한 라이선스에 따라야 하는지에 대한 내용을 포함하여 공개되고, 라이선스에 기재된 제약 조건들을 지켜서 오픈소스를 사용하도록 강제한다. 오픈소스 라이선스에는 GNU General Public License(GPL), Apache License, MIT License, BSD License 등 매우 다양한 종류가 있고, 라이선스마다 오픈소스의 사용, 수정, 배포에 관한 조건들이 다르다. 예를 들어서, GPL 라이선스에 따르는 오픈소스를 사용하여 개발된 소프트웨어는 같은 GPL 라이선스에 따라 공개되어야 한다. 만일 라이선스의 제약 조건을 위반하여 오픈소스를 사용하게 되면 라이선스 위반에 따른 손해배상이나 사용금지 청구 소송을 당하게 될 수 있으므로 주의하여야 하고, 특히 하나의 소프트웨어 내에 여러 개의 오픈소스 라이선스가 포함될 때는 각 라이선스 간에 충돌이나 모순이 발생할 수 있으므로 특히 주의하여야 한다.

인공지능 소프트웨어의 컴퓨터 프로그램 저작권은 좀 더 깊이 검토하게 되면 아직 해결해야 할 문제들이 많이 남아있음을 알 수 있다. 예를 들어서, 인공지능 모델을 소스 코드로 작성한 경우 여기에 컴퓨터 프로그램 저작권이 발생할 수 있는데 이 인공지능 모델을 학습시켜서 프로그램 내에 포함된 각종 수치가 변경되면 이렇게 변경된 부분에 대해서도 저작권이 발생할 수 있을까? 특히 인공신경망 같은 경우에는 여러 뉴런이 연결되어 있고 학습에 따라 연결 부위의 가중치들이 변하게 되는 것인데, 이러한 뉴런 연결이나 가중치도 인간의 사상 또는 감정을 표현한 창작물이라고 볼 수 있을까? 아직 명확한 답은 없으며, 계속된 논의와 연구가 필요한 부분이다.

데이터베이스 제작자의 권리

여러 정보나 자료를 한데 모아놓은 것도 「저작권법」상 저작물로 보호될 수 있을까? 예를 들어, 유명한 시(詩)를 모아놓으면 이러한 리스트나 시를 모아서 엮은 것이 저작물인지가 문제 된다. 물론 각각의 시에는 저작권이 인정될 것이나, 여기서 논의하고자 하는 것은 여러 시를 모아둔 전체로서 저작물이 될 수 있는지이다.

먼저 저작물을 모아놓은 것이나 부호, 문자, 음, 영상, 그 외 형태의 자료들(이를 '소재'라고 한다)을 모아놓은 것을 '편집물'이라고 한다. 이러한 편집물이 저작물로 인정받기 위해서는 다른 저작물과 마찬가지로 '인간의 사상 또는 감정을 표현한 창작물'이어야 한다. 따라서 시를 단순히 모아놓은 것이 아니라 어떠한 기준을 가지고 시를 선택하고, 그렇게 선택된 시를 배열하거나 구성했다면, 각 시의 선택, 배열 또는 구성에 창작성이 있으므로 저작물에 해당한다. 「저작권법」은 이러한 저작물을 '편집저작물'이라고 한다. 따라서 이미 저작권이 만료된 자료들로 구성된 책이라고 하더라도, 그러한 자료들을 엮은 이가 자신만의 창작성을 가지고 각 자료를 구성한 것이라면 편집저작물에 해당하여 저작권이 인정될 수 있는 것이다.

그렇다면 창작적인 요소 없이 많은 자료를 체계적으로 정리하거나 배열해 둔 경우(이를 '데이터베이스'라고 한다)에는 저작물로 인정될 수 있을까?

「저작권법」은 창작에 의한 창작물에 권리를 부여하는 것이므로 단지 여러 자료를 모아서 정리해 둔 것만으로는 저작물로 인정될 수 없었다.

그림 4-8 데이터베이스로 학습되는 인공지능

그러나 수많은 데이터나 정보를 모아서 체계적으로 정리하는 것에는 많은 시간과 노력 그리고 비용이 소요된다는 점에서 이러한 데이터베이스를 보호하고 관련 산업을 성장시킬 필요성이 있었기 때문에 유럽연합(EU)은 1996년 「데이터베이스 법적 보호에 관한 지침(Directive 96/9/EC on the legal protection of databases)」을 채택하여 창작성이 부족한 데이터베이스를 저작물로 보호하기 시작하였다. 한국도 2003년에 「저작권법」을 개정하여 데이터베이스에 대한 권리를 보호하기 시작하였고(「저작권법」 제91조), 데이터베이스 제작자는 데이터베이스에 대해 복제하거나 배포할 권리를 가지는 것으로 하였다(「저작권법」 제93조).

데이터베이스에 대한 권리가 「저작권법」으로 보호된다는 점은 인공지능 분야에 있어서 상당히 중요하다. 그 이유는 인공지능이 대량의 데이터를 학습하기 때문에 개별 데이터의 저작권 문제를 해결했다고 하더라도 데이터 전체로서 데이터베이스에 대한 권리가 여전히 문제 될 수 있기 때문이다. 이에 대해서는 별도의 장에서 좀 더 구체적으로 살펴볼 예정이다.

2차적저작물 작성권

"태양 아래 새로운 것은 없다."라는 성경의 구절처럼 수많은 창작물은 기존에 이미 존재하던 것들을 결합 또는 변형하거나 무엇인가를 더하여 만들어진 것이다. 이러한 창작 과정에도 분명히 인간의 창작적 노력이 필요할 뿐만 아니라 새로운 창작적 가치가 나타날 수 있으므로 저작권으로 보호할 필요가 있다.

이에 「저작권법」은 원저작물을 기초로 하여 창작된 저작물을 2차적저작물(Derivative Work)이라고 하고, 2차적저작물을 독자적인 저작물로 보호한다(「저작권법」 제5조). 2차적저작물이 되기 위해서는 몇 가지 요건을 만족해야 하는데 ① 원저작물을 기초로 해야 하고, ② 원저작물과 실질적으로 유사해야 하며, ③ 사회통념상 새로운 저작물이 될 수 있을 정도의 수정증감을 가하여 원저작물과 구별되는 새로운 창작성을 부가하여야 한다(대법원 2004. 7. 8. 선고 2004다18736 판결 참고). 즉, 2차적저작물은 원저작물과 실질적으로 유사하여야 하므로(위 ② 요건) 원저작물과 비유사한 경우에는 원저작물과 별개의 독립된 저작물이 되는 것이고 2차적저작물이 아니다. 또한 2차적저작물도 '저작물'이므로 원저작물에서 새롭게 수정된 부분에 창작성이 인정되어야 한다(위 ③ 요건). 2차적저작물의 예로는 소설, 시 등 외국문서의 번역본, 소설을 영화로 각색한 경우, 기존 음악을 변형하거나 결합하여 만든 새로운 음악 등이 있다.

원저작물의 저작자는 자신의 저작물에 기초한 2차적저작물을 작성할 권리를 가진다. 이를 2차적저작물 작성권이라고 하며, 저작자의 허락 없이 2차적저작물을 작성하거나 이용하는 행위는 2차적저작물 작성권 침해에 해당한다.

인공지능 분야에서 2차적저작물을 작성하게 되는 경우는 다음을 생각해 볼 수 있다.

- **인공지능 학습 과정에서의 데이터 전처리**: 인공지능 학습에 사용되는 데이터는 원 데이터를 그대로 사용하는 경우는 많지 않고 원 데이터를 정제하거나 변환한 뒤 사용하게 되며, 이를 데이터 전처리라고 한다. 만일 데이터가 저작물인 경우에는 데이터 전처리 과정에서 데이터를 수정하거나 변형하는 것이 2차적저작물 작성에 해당할 수 있다.
- **인공지능 프로그램을 구매한 후 해당 프로그램의 수정이나 변형**: 인공지능 프로그램을 구매하여 사용하는 경우 해당 프로그램을 구매한 상태 그대로 사용할 수도 있지만, 경우에 따라서는 필요한 기능을 추가하여 사용하기도 하고, 자신이 가지고 있는 데이터로 구매한 인공지능 프로그램을 학습시켜서 사용하기도 한다. 이러한 과정에서 구매한 인공지능 프로그램이 수정되거나 변형될 수 있고 이는 2차적저작물 작성에 해당할 수 있다.
- **인공지능의 산출물 생성**: 인공지능이 산출물을 생성하는 과정에서 다른 자료를 참고하거나 기존의 학습데이터를 활용하는 경우에는 기존 자료나 학습데이터에 기초한 2차적저작물 작성에 해당할 수 있다.

위와 같이 인공지능 분야에서는 인공지능의 개발, 구매, 사용 등 여러 단계에서 2차적저작물이 작성될 수 있으므로, 「저작권법」상 2차적저작물 작성과 관련된 문제가 있는지를 면밀하게 살펴볼 필요가 있다.

대량생산을 목적으로 창작된 디자인

일반적으로 미술저작물이라고 하면 미술품과 같이 오직 감상의 대상이 되는 작품만을 떠올리는 경우가 많다. 그러나 「저작권법」이 보호하는 미술저작물에는 미술품뿐만 아니라 대량 생산되는 제품에 동일한 형상으로 복제되는 디자인도 포함되며 이를 '응용미술저작물'이라고 한다. 다만 응용미술저작물에 해당하기 위해서는 디자인이 물품과 구분되어 독자성을 인정할 수 있어야 하는데, 구체적인 판단 방법은 아래 판례를 참고할 수 있다.

지난 2002년 월드컵에서 대한민국의 4강 신화를 이끈 거스 히딩크(Guus Hiddink) 축구 국가대표팀 감독은 주요 경기마다 선물받은 넥타이를 매고 나왔고 이 넥타이는 '히딩크 넥타이'라고 불리며 인기를 끌었다. 그런데 이와 비슷한 디자인으로 만들어진 넥타이가 등장하였고 법원은 이 넥타이가 히딩크 넥타이의 저작권을 침해하는지를 판단하게 되었다. 이때 침해 판단의 선결문제로 히딩크 넥타이가 저작물인지가 문제 되었는데, 법원은 히딩크 넥타이의 도안은 그 이용된 물품과 구분되어 독자성을 인정할 수 있는 것이기 때문에 응용미술저작물에 해당한다고 판단하였다(대법원 2004. 7. 22. 선고 2003도7572 판결). 즉 그림 4-9의 히딩크 넥타이처럼 디자인이 넥타이에서 분리되어 독자적으로 존재할 수 있는 경우(해당 디자인은 표면의 무늬이므로 넥타이가 아닌 다른 어떤 물품에도 표현될 수 있음)에는 응용미술저작물로 인정되어 저작권이 발생하지만, 그림 4-10의 강아지집 쇼이처럼 강아지집 모양은 강아지집 그 자체의 형상이어서 강아지집으로부터 분리되어 독자적으로 존재할 수 없으므로 응용미술저작물로 인정되지 않아 저작권이 발생하지 않는다(서울중앙지방법원 2014. 1. 23. 선고 2012가합543317 판결).

그림 4-9 히딩크 넥타이

그림 4-10 강아지집 '쇼이'

저작권의 등록 및 보호기간

저작권은 저작물을 창작한 때부터 발생하며 어떠한 절차나 형식의 이행이 필요하지 않으므로, 별도로 등록하지 않아도 저작권은 발생한다(「저작권법」 제10조 제2항). 그럼에도 저작권은 등록할 수 있는데, 저작권을 등록하는 이유는 무엇일까?

저작권의 등록

저작권을 등록해 두면 다음과 같은 유리한 효과가 있다.

- 저작권자가 누구인지, 저작물이 언제 만들어졌는지에 대해 다툼이 있을 때 등록된 사항이 사실이라고 추정받을 수 있는 효과가 있다(「저작권법」 제53조 제3항). 예를 들어, 히딩크 넥타이를 누가 만들었는지에 대한 다툼이 있을 때 A라는 사람이 저작권 등록을 해두었다면 A가 저작권자로 추정된다. 물론 B라는 사람이 자신이 만들었다는 점을 명확하게 입증한다면 그 추정은 뒤집힐 수는 있으나, 입증에 실패한다면 A가 저작권자로 판단된다.
- 저작권을 침해한 자에게 손해배상을 청구하기 위해서는 침해자에게 저작권 침해에 대한 고의나 과실이 있어야 하는데, 만일 침해한 저작권이 등록되어 있었다면 저작권을 침해한 자는 침해행위에 과실이 있는 것으로 추정된다(「저작권법」 제125조 제4항).

잠깐만요 **저작권 등록 방법**

한국저작권위원회의 홈페이지(www.copyright.or.kr)에 접속하여 '저작권 등록' 메뉴를 선택하면 저작물 등록 신청이 가능하다. 저작물 등록은 '일반저작물'과 '컴퓨터프로그램저작물'로 구분되어 있으므로 신청하고자 하는 저작물에 해당하는 메뉴를 선택하여 등록을 진행하면 된다.

저작권의 보호기간

한편 저작권은 저작자가 사망한 후 70년이 될 때까지 존속하고, 2명 이상이 공동으로 창작한 공동저작물의 경우에는 맨 마지막으로 사망한 저작자가 사망한 후 70년이 될 때까지 존속한다(「저작권법」 제39조). 다만 업무상저작물이나 영상저작물의 경우에는 외부에 공표된 때로부터 70년간 존속한다(「저작권법」 제41조 및 제42조).

데이터베이스 제작자의 권리는 다른 저작물과는 다른 존속기간을 가지며, 데이터베이스의 제작을 완료한 때부터 권리가 발생하여 완성한 다음 해부터 5년이 될 때까지 존속한다. 만일 데이터베이스의 갱신을 위하여 인적 또는 물적으로 상당한 투자가 이루어진 경우에는 해당 부분에 대한 데이터베이스 제작자의 권리는 갱신을 한 때부터 다시 존속기간이 시작되어 그다음 해부터 5년이 될 때까지 존속한다(「저작권법」 제95조).

시간이 지날수록 저작권의 중요성이 점점 커짐에 따라 「저작권법」상 저작권의 존속기간은 계속 연장됐다. 한국은 「저작권법」이 제정된 1957년에는 사후 30년, 1986년 개정법에서는 사후 50년, 2011년 개정법에서는 사후 70년으로 연장됐고, 미국도 마찬가지로 계속해서 저작권 보호기간이 늘어났다. 특히 미국의 저작권 보호기간 연장은 미키마우스 캐릭터 저작물의 보호와 밀접한 관련이 있다.

1928년 월트 디즈니 컴퍼니(The Walt Disney Company)는 애니메이션 '증기선 윌리(Steamboat Willie)'의 미키마우스를 공식 마스코트로 지정했는데 바로 이때가 전 세계적으로 유명한 미키마우스가 탄생하는 순간이었다. 이 당시 미국 「저작권법」은 최대로 연장하는 경우 56년까지 저작권이 인정되었기 때문에 미키마우스는 1984년에 기간 만료로 저작권이 소멸할 예정이었다. 그런데 만료 시한이 가까워진 1976년에 미국 「저작권법」이 개정되어서 저작권 존속기간이 75년으로 개정되었고 이에 따라 미키마우스의 저작권은 2003년까지로 연장되었다. 또다시 만료 시한을 앞둔 1998년에 저작권 보호기간을 한 번 더 개정하여 최대 95년으로 늘렸고(법의 명칭은 'The Sonny Bono Copyright Term Extension Act'), 미키마우스의 저작권은 2023년까지 연장되었다. 이러한 2번의 「저작권법」 개정은 디즈니의 엄청난 로비를 통해 가능했던 것으로 알려져 있다.

이후 더 이상 존속기간이 연장되는 「저작권법」 개정은 없었기에 미키마우스는 2023년으로 존속기간이 만료되었고 이제는 디즈니로부터 저작권 사용 허락을 받지 않아도 사용할 수 있는 캐릭터가 되었다. 그러나 주의할 점은 저작권 기간이 만료된 미키마우스는 1928년에 공개된 애니메이션 '증기선 윌리'에 나오는 미키마우스이고 그 이후에 다른 모습으로 나온 미키마우스는 아직 저작권이 만료되지 않았다. 또한 '증기선 윌리'의 미키마우스라고 하더라도 「상표법」이나 「부정경쟁방지법」 등 다른 법에서 문제 될 가능성이 있으므로 이 부분에 대해서는 별도로 확인이 필요하다.

그림 4-11 증기선 윌리의 미키마우스

저작물과 관련하여 발생하는 권리

저작물이 창작되면 저작권에 대해 다양한 저작재산권이 발생하며, 그 외에도 저작인격권과 저작인접권이 발생한다. 구체적인 내용은 표 4-2와 같으며, 인공지능 분야에서도 각각의 권리가 모두 문제될 수 있다. 인공지능 분야에서 각 권리와 관련한 저작물 이용 및 침해에 대해서는 이후 5장 및 6장에서 살펴본다.

표 4-2 저작물과 관련하여 발생하는 권리

권리의 종류	권리
저작재산권	복제권
	공연권
	공중송신권
	전시권
	배포권
	대여권
	2차적저작물작성권
저작인격권	공표권
	성명표시권
	동일성유지권
저작인접권	실연자의 권리
	음반제작자의 권리
	방송사업자의 권리

저작권에 관한 국제 협약(베른 협약)

전 세계의 각 나라들은 자신들만의 저작권법을 마련하고 있으며, 이에 각 나라의 「저작권법」은 서로 다르다. 그러나 큰 틀에서 보면 공통적인 부분이 많이 있는데 이는 국가 간에 국제 협약을 체결하여 협약에서 요구하는 내용에 따라 「저작권법」을 개정하였기 때문이다.

먼저 1886년 '문학, 예술 저작물의 보호를 위한 베른 협약(Berne Convention for the Protection of Literary and Artistic Works)'이 영국, 프랑스 등 유럽 국가를 중심으로 체결되었다. 이후 1952년 유네스코(UNESCO)의 주도 아래 베른 협약 가입국과 미주 국가와의 협의를 거쳐 저작권 보호를 위한 「세계저작권협약(Universal Copyright Convention)」이 체결되고 1971년에 파리에서 전면 개정되었다. 한국도 이에 가입하여 1987년에 발효되었다.

위 협약은 자국민의 저작권을 타국에서도 보호해 주자는 취지로 만들어졌고, 외국인이라고 하더라도 가맹국의 국민이라면 내국인과 동일한 수준으로 저작권을 보호해 준다. 그 외에도 저작권 보호 범위나 보호기간에 관한 조항을 두어서 그에 따라야 하고, 이러한 내용을 통해 국제적으로 저작권을 통일적으로 더욱 강하게 보호할 수 있게 되었다.

4.3 인공지능 분야에서 생성되는 저작물에는 어떤 것이 있을까?

인공지능이 만들어지고 사용되는 전체 과정은 크게 인공지능의 '개발 단계'와 '활용 단계'로 나눠볼 수 있고, 단계별로 어떠한 저작물이 생성될 수 있는지 살펴본다.

인공지능의 개발 단계

앞서 1장에서 살펴본 바와 같이, 일반적으로 인공지능은 개발 계획 수립, Data 준비, Model 학습, 평가, 배포 단계를 거쳐서 탄생하게 된다. 이 과정에서 다양한 정보가 수집되거나 개발 결과물이 산출되는데 대표적으로는 다음과 같다.

학습데이터

인공지능을 학습하기 위한 학습데이터는 다양한 종류일 수 있다. 예를 들어 이미지를 생성하는 인공지능의 경우 다양한 이미지를 학습해야 하는데, 이러한 학습을 위한 각각의 이미지들은 「저작권법」상 사진, 미술, 도형 저작물일 수 있다. 따라서 전체 학습데이터에 포함된 각각의 데이터들은 「저작권법」에 따라 저작권이 존재할 수 있다.

통상적으로 인공지능 학습을 위한 학습데이터는 인공지능 개발자가 직접 만들기보다는 외부에서 수집하거나 데이터 세트(DataSet) 형태로 구매하는 경우가 많다. 이런 경우에는 각각 수집되거나 구매한 데이터가 저작물에 해당하는지, 만일 저작물이라면 저작권자로부터 적법하게 사용 허락을 받았는지에 대해 확인하는 것이 중요하다.

학습 데이터 세트(DataSet)

학습 데이터 세트란 인공지능을 훈련시키기 위해 사용되는 데이터의 집합이다. 각 데이터 세트는 특정 목적을 위한 데이터들을 모아놓은 경우들이 많은데, 예를 들어 이미지 인식 작업을 수행하는 인공지능 모델을 훈련시키기 위해 필요한 데이터를 모아놓은 것일 수 있다.

이러한 데이터 세트는 단순히 비슷한 데이터를 모아둔 것을 넘어서 인공지능이 더욱 좋은 효과를 발생할 수 있도록 만드는 여러 방법이 포함된다. 예를 들어 2024년 6월 허깅페이스(HuggingFace)는 대규모언어모델(LLM)의 훈련을 위한 데이터 세트를 공개했는데, 2007년부터 웹에서 모은 스냅샷을 바탕으로 구축한 것으로 15조 개의 토큰을 포함하고 44테라바이트(TB)의 용량을 가진다. 이 데이터 세트는 중복 제거 기술을 사용하여 중복 데이터를 제거함으로써 학습 효율성을 향상했고, 필터링 기술을 사용하여 품질이 낮은 콘텐츠를 제거하기도 하였다.

데이터 세트는 학습을 위한 데이터뿐만 아니라 데이터에 대응되는 정보(예를 들면, 이미지의 해상도, 촬영 날짜, 위치)나 레이블(각 이미지가 어떤 것인지에 대한 정답 값으로 예를 들면 고양이 사진에 대해 고양이라는 점을 표시)도 포함한다.

이처럼 많은 자료를 체계적으로 정리하거나 배열해 둔 데이터 세트는 「저작권법」상 데이터베이스에 해당하고, 데이터베이스를 제작한 제작자는 데이터베이스에 대해 복제하거나 배포할 권리를 가지게 된다.

평가 데이터 및 데이터 세트

평가 데이터 및 데이터 세트는 학습된 인공지능의 성능을 평가하기 위한 일종의 테스트 데이터로서, 학습데이터의 경우와 마찬가지로 각 데이터에 대해서는 저작권이 발생할 수 있고, 데이터 세트는 데이터베이스에 해당할 수 있다.

데이터 전처리 후의 데이터

인공지능 개발 과정에서 수집된 데이터는 정제, 표준화, 정규화, 노이즈 제거, 라벨링 작업을 통해 데이터 품질을 향상하는 데이터 전처리(Data Pre-processing) 과정을 거치게 된다. 이러한 데이터 전처리를 진행하게 되면 원래의 데이터가 일부 수정되기 때문에 앞서 살펴본 2차적저작물로 인정되기 위한 요건을 만족한다면 2차적저작물에 해당할 수 있다.

인공지능 모델의 프로그램

인공지능 모델은 컴퓨터 프로그램으로 제작되고, 이러한 컴퓨터 프로그램에는 컴퓨터 프로그램 저작권이 발생한다.

다만 컴퓨터 프로그램 저작물로 인정되기 위해서는 「저작권법」상 창작성이 인정되어야 하고, 소스 코드에서 시스템을 구동하기 위해 당연히 있어야 하는 부분이나 누가 작성하더라도 동일하게 작성될 수밖에 없는 부분은 창작성이 인정되기 어렵기 때문에 그러한 부분을 제외한 나머지 부분에 저작권이 발생하게 된다.

사용자 인터페이스(User Interface)

개발된 인공지능을 사용자가 사용하기 위해서는 인공지능과 상호작용하기 위한 화면, 아이콘, 메뉴 등이 필요한데, 이를 사용자 인터페이스(User Interface)라고 한다.

사용자 인터페이스는 보통 그림이나 도형으로 이루어져 있는 경우가 많으므로 주로 사진, 영상, 도형 저작물에 해당할 수 있고, 메뉴 화면도 메뉴의 배치나 배열 또는 구성에 창작성이 있다면 편집저작물에 해당할 수 있다.

인공지능의 활용 단계

프롬프트(Prompt)

프롬프트(Prompt)는 인공지능에 입력하는 명령어로서, 인공지능이 특정 결과를 출력할 수 있도록 인공지능에게 사람이 사용하는 일상적인 언어로 설명하는 것이다. 예를 들어, 이미지 생성 인공지능에게 "소년 마이클은 마을 근처 숲에서 신비로운 돌을 발견하고, 전설 속 보물을 찾아 떠나는 여정을 시작한다. 마법 생물과의 만남, 고대의 수수께끼를 풀며 성장하는 마이클의 모험을 그려줘. 그의 친구 제이미와 함께 위험을 극복하고, 마을을 구하기 위한 마지막 전투에 나서는 이야기를 만화로 표현해 줘."라는 프롬프트를 입력하면, 인공지능은 입력된 스토리에 따라 작성된 만화를 출력하게 된다.

어떠한 프롬프트를 입력했는지에 따라 인공지능이 생성해 내는 결과물이 달라지기 때문에 프롬프트를 잘 작성하는 것이 중요하다. 앞에서 언급한 '스페이스 오페라 극장' 작품도 앨런은 80시간에 걸쳐 900번의 프롬프트를 반복해 작품을 완성하였고, 이때 사용한 프롬프트가 공개되지는 않았지만 호화로운(lavish), 부유한(opulent) 등 다양한 단어와 구절을 입력한 것으로 알려져 있다.

이러한 프롬프트가 간단한 문장이거나 단순히 산출물 생성을 위한 명령어 정도의 내용이라면 저작권이 발생하기 어려울 수 있으나, 인간의 사상 또는 감정을 표현한 창작물에 해당한다고 볼 수 있는 경우에는 어문저작물로서 저작권이 발생할 수 있다. 물론 사진이나 그림을 프롬프트로 입력하는 경우에는 해당 사진이나 그림에도 저작권이 발생할 수 있다.

인공지능의 산출물

생성형 인공지능의 경우에는 프롬프트에 따라 특정 결과물을 출력하게 된다. 그 결과물은 이미지나 텍스트일 수도 있고 음악일 수도 있다.

이러한 인공지능 산출물에 저작권이 발생하는지에 대해서는 논란이 있을 수 있는데, 앞서 살펴본 바와 같이 인공지능이 산출한 산출물은 인간의 창작물이 아니므로 「저작권법」으로 보호되는 저작물이라고 하기 어렵다. 다만 산출 과정에서 인간의 창작적 기여가 있는 경우(예를 들면, 창의적인 프롬프트를 입력하는 경우, 인간이 직접 인공지능 산출물을 수정하거나 변형하는 경우 등)에는 저작권이 발생한다고 볼 수도 있다.

한편 인공지능을 사용자가 사용하는 과정에는 여러 로그데이터(Log Data)가 생성될 수 있다. 로그데이터란 시스템의 동작과 관련된 다양한 정보를 기록한 데이터인데, 예를 들어 인공지능 시스템에서 발생한 오류 상황(오류 발생 시점, 발생 내용 등), 시스템의 동작과 관련한 정보(시스템 사용 시간, 시작 및 종료 시간, 동작 속도 등), 사용자 활동과 관련한 정보(사용자 정보, 접속 시간, 활동 내역 등)를 포함한다.

이러한 로그데이터는 인간의 사상 또는 감정을 표현한 창작물이 아니기 때문에 저작물이라고 보기는 어렵다. 그러나 로그데이터는 인공지능의 성능을 모니터링하고 최적화하거나 사용자의 패턴을 분석하는 데 필요한 정보이기 때문에 중요한 데이터이다. 따라서 비록 저작권으로 보호받을 수는 없더라도 영업비밀로 보호하거나 「개인정보보호법」, 「부정경쟁방지법」 등을 통해 보호받을 수 있는 방법을 고민할 필요가 있다.

인공지능의 개발 및 활용 과정에서 발생할 수 있는 저작물을 정리하면 다음과 같다.

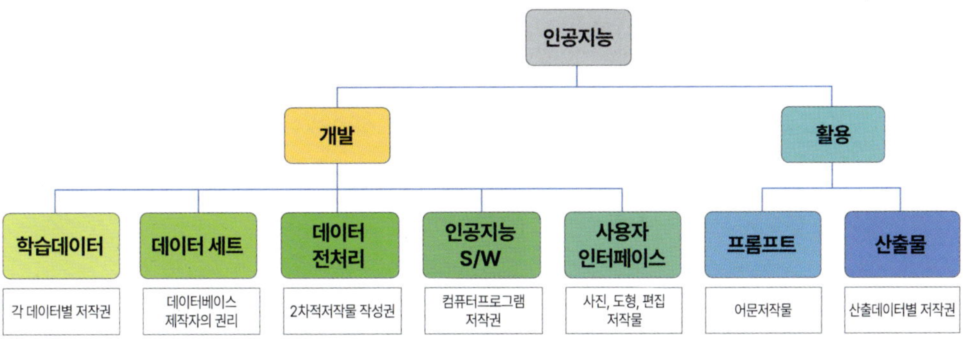

그림 4-12 인공지능과 관련하여 산출될 수 있는 저작물

Law & Ethics

4.4 인공지능이 만들어 낸 산출물은 누구 것일까?

앞에서 살펴본 것처럼 인공지능 산출물이 「저작권법」상 저작물에 해당하는지는 논란의 여지가 있으나, 만일 저작물에 해당한다고 전제하면 인공지능이 만든 산출물에 대한 저작권은 누구 것이라고 봐야 할까? 인공지능 산출물의 저작권이 누구에게 귀속될지에 관하여 다음의 유형들을 생각해 볼 수 있다.

인공지능 자체가 저작권을 가진다고 볼 수 있을지 여부

인공지능이 저작권이라는 권리를 가지기 위해서는 그러한 권리를 행사할 수 있는 법적인 지위를 가져야 한다. 예를 들어 자연인(사람)이 아닌 법인(法人, legal person)의 경우에도 사람은 아니지만 법률에 따라 권리 능력이 부여되었고, 그 결과 법인 명의로 권리를 취득하거나 행사할 수 있다. 따라서 인공지능에 법률상 권리 능력이 부여된다면 인공지능이 창작한 저작권을 인공지능이 가지게 될 수 있고, 유럽연합 의회가 2017년 2월 인공지능(로봇)에게 사람에 준하는 '전자인간(electronic person-hood)'이라는 법적 지위를 부여하는 '로봇시민법결의안'을 통과시켰다는 점도 참고할 만하다.

그러나 지금까지는 인공지능이 사람의 관리나 감독 아래에서 사용되고 있다는 점에서 인공지능에 사람과 별도의 독자적인 법적 지위를 인정할 필요성이 낮고, 인공지능에 의해 생성된 창작물에 관한 분쟁이 발생한 경우 법인격을 가지는 것으로 인정받은 인공지능이 직접 분쟁 당사자가 되어 소송을 진행하는 데에는 현실적인 한계가 있다는 문제도 있다.

언젠가 인공지능이 사람과 같은 수준으로 스스로 판단할 수 있는 강인공지능 시대가 오면 인공지능에 사람과 같은 수준의 권리 능력과 의무를 부여하게 될 수도 있을 것이다.

그림 4-13 자신의 판단으로 결정을 내리는 미래의 인공지능

사람이 저작권을 가진다고 볼 수 있을지 여부

인공지능이 저작권을 가진다고 보기 어렵다면 사람이 저작권을 가진다고 볼 수 있을지에 대한 검토가 필요하다.

인공지능의 개발자

인공지능 개발자(프로그래머)가 생성형 인공지능을 개발하면, 개발된 인공지능이 결과물을 창작하게 된다. 그런데 인공지능의 창작물은 인공지능 프로그램의 소스코드와는 달리 인공지능에 의해 새롭게 창작된 것이므로 프로그래머의 표현이나 개성을 포함하지 않는다는 점에서 프로그래머의 창작물로 보기는 어려울 수 있다.

인공지능의 사용자

인공지능의 산출물은 사용자의 명령에 따라 산출된 것이므로 사용자에게 저작권이 귀속된다고 볼 수도 있다. 우리 「저작권법」은 '업무상저작물'에 관한 규정을 두고 있는데, 사용자의 기획 아래 종업원이 업무상 작성하는 저작물은 사용자가 저작자가 되는 것으로 정하고 있다. 따라서 사람이 사용자고 인공지능이 종업원이라고 생각하면 사람의 기획 아래 인공지능이 작성하는 저작물은 사람이 저작자가 된다고 볼 수도 있다. 그러나 「저작권법」상 업무상저작물은 '인간'인 종업원에 의한 저작물 창작을 조건으로 하고 있으므로 인공지능 창작물을 업무상저작물로 인정하기에는 한계가 있다.

[저작권법 제2조(정의)]

31. "업무상저작물"은 법인 · 단체 그 밖의 사용자(이하 "법인등"이라 한다)의 기획하에 법인등의 업무에 종사하는 자가 업무상 작성하는 저작물을 말한다.

[저작권법 제9조(업무상저작물의 저작자)]

법인등의 명의로 공표되는 업무상저작물의 저작자는 계약 또는 근무규칙 등에 다른 정함이 없는 때에는 그 법인등이 된다.

인공지능 개발자와 사용자 공동

인공지능 개발자가 인공지능을 개발하고, 이후 사용자가 프롬프트를 입력함으로써 결과물이 산출되는 것이므로, 개발자와 사용자가 공동으로 저작권을 가진다고 볼 수 있을지 문제 된다.

복수의 저작자가 관여하여 저작물을 창작한 경우에 대하여, 법원은 "2인 이상이 공동창작의 의사를 가지고 창작적인 표현 형식 자체에 공동의 기여를 함으로써 각자의 이바지한 부분을 분리하여 이용할 수 없는 단일한 저작물을 창작한 경우 이들은 그 저작물의 공동저작자가 된다고 할 것이다."라고 판시하였다(대법원 2014. 12. 11., 선고 2012도16066 판결). 즉, 공동저작물이 되려면 공동창작자 간에 각자의 이바지한 부분을 분리하여 이용할 수 없는 단일한 저작물을 만들어 내려는 의사가 있어야 한다.

그렇다면 개발자가 개발한 인공지능을 사용자가 사용함으로써 결과물을 창작해 낸 경우, 개발자와 사용자가 위와 같은 협업의 의사가 있었다고 볼 수 있는지가 문제 된다. 이에 대해 사용자의 사용 목적을 고려하여 개발자가 인공지능을 개발하고 학습하는 경우가 많을 것이므로 사용자와 개발자 간에 협업의 의사가 있었다고 볼 수 있지만, 앞으로 인공지능이 더욱 발달할수록 개발자가 예상하지 못한 결과물을 인공지능이 산출해 낼 것이므로 공동저작물로 보기 어려울 수 있다.

그 외로 생각해 볼 수 있는 경우

위 경우 외에 ① 특정인에게 저작권을 귀속시키기보다는 공공의 영역으로 두어야 한다, ② 저작권 자체로 보호하기보다는 일종의 저작인접권으로서 배포할 수 있는 권한만을 부여하자, ③ 특별 입법을 통해 별도의 권리를 창출하되 통상적인 저작권보다는 기간이나 범위에 있어서 제한을 두자 등 다양한 견해들이 있다.

이처럼 인공지능 산출물의 권리가 누구에게 귀속되어야 하는지는 상당히 복잡한 문제이며, 현행법상으로는 인간의 창작적 기여가 없는 인공지능 산출물에는 저작권 자체가 인정되지 않는다. 앞으로 인공지능에 의한 산출물이 계속해서 증가할 것으로 예상되므로 이에 대해 더욱 많은 연구와 그에 따른 제도 개선이 필요할 것이다.

4.5 인공지능이 만든 산출물과 인간의 창작물을 구분할 수 있을까?

앞의 4.4에서는 인공지능 산출물이 저작물에 해당한다고 전제하고 논의하였는데, 만일 반대로 인공지능 산출물이 저작물에 해당하지 않는다고 한다면 어떠한 논의가 진행될 수 있을까?

관련 사례

관련 사례 1

2024년 4월 노르웨이와 핀란드의 대학교 연구진이 인공지능이 생성한 작품에 대해 일반인 인식 조사 결과를 발표했는데, 사람들은 사람이 그린 이미지와 인공지능이 만들어 낸 이미지를 잘 구별하지 못했고 인공지능이 그린 이미지를 사람이 그린 것으로, 사람이 그린 이미지를 인공지능이 그린 이미지로 믿는 경우도 많았다고 한다. 심지어 인공지능이 그린 이미지를 더 긍정적으로 평가하는 경향도 있었다.

관련 사례 2

그림 4-14는 세계적인 사진 대회인 '2023 소니 월드 포토그래피 어워드'에서 수상한 작품인데, 작가는 인공지능(AI)을 활용해 생성된 이미지라고 밝히며 수상을 거부하였다.

그림 4-14 인공지능이 생성한 사진

위 두 사례를 살펴보면 인공지능의 산출물과 인간의 산출물을 구별하는 것은 쉽지 않다는 것을 알 수 있다. 때에 따라서는 오히려 인공지능의 산출물이 더 높은 평가를 받는 때도 있다. 이런 상황에서 인공지능 산출물에 저작권이 발생하지 않는다고 정하여도, 누군가 인공지능 산출물을 인간의 산출물이라고 속이고 자신이 저작권을 가진다고 주장하는 것을 막을 수 있을까?

결국 이 문제는 인공지능이 만든 산출물과 인간이 만든 산출물을 어떻게 구분할 수 있을지에 대한 문제이고, 아래와 같은 방법이 있다.

제도적 조치

인공지능 생성 콘텐츠에 대한 표시 의무화

제품의 원산지 표시 의무와 유사하게 인공지능 생성 콘텐츠라는 점을 명확하게 표시하도록 하는 것이다. 이러한 표시는 사람의 눈에 보이도록 할 수도 있고, 필요한 경우에만 확인하기 위하여 사람의 눈에는 보이지 않지만 컴퓨터는 식별 가능하도록 할 수도 있다. 참고로 「콘텐츠산업 진흥법 일부개정법률안」에는 "콘텐츠제작자는 대통령령으로 정하는 인공지능 기술을 이용하여 콘텐츠를 제작한 경우에는 해당 콘텐츠가 인공지능 기술을 이용하여 제작된 콘텐츠라는 사실을 표시하여야 한다."라는 내용이 포함되어 있다.

관련 법령을 통한 책임 부과

인공지능이 생성한 산출물을 인간이 만든 산출물인 것으로 허위 표시하거나 속이는 경우 법적 책임을 지도록 하여 양자를 구분하도록 강제할 수 있다. 참고로 인공지능이 생성한 콘텐츠를 인간이 만든 것처럼 허위로 저작권을 등록하는 경우에는 3년 이하의 징역 또는 3천만 원 이하의 벌금에 처할 수 있다(「저작권법」 제136조 제2항 제2호). 또한 한국저작권위원회는 허위 등록된 저작권에 대해서 직권으로 등록을 말소할 수 있다(「저작권법」 제55조의 4 제1항).

인공지능 산출물 검증 및 확인을 위한 전문 기관 설립

인공지능이 생성한 콘텐츠의 출처와 진위를 확인하는 전문 기관을 설립하여, 인공지능과 인간의 창작물을 구별하는 역할을 수행하도록 할 수 있다.

기술적 조치

워터마크 기술

인공지능 생성 콘텐츠에 보이지 않는 디지털 워터마크를 삽입하여, 출처를 추적하고 진위를 확인할 수 있다.

AI 탐지 알고리즘

콘텐츠의 패턴이나 스타일을 분석하여 인공지능이 생성한 것인지를 식별하는 탐지 알고리즘을 개발하여 사용할 수 있다.

메타데이터 생성 및 관리

인공지능이 생성한 콘텐츠에는 출처와 생성 과정에 대한 메타데이터를 포함시킬 수 있다(예를 들면 생성 날짜, 생성에 사용된 인공지능 모델 등).

블록체인 기술 활용

블록체인을 사용하여 콘텐츠 생성과 관련된 정보를 투명하고 변경 불가능하게 기록할 수 있다.

4.6 정리하며

생성형 인공지능이 등장한 이후 수많은 인공지능 산출물이 생성되고 있다. 이러한 인공지능 산출물은 인간의 창작물과 구분하기 어려울 정도의 수준일 뿐만 아니라, 앞으로 시간이 지나면 오히려 인공지능의 산출물이 인간의 것보다 더 뛰어나게 될 수도 있다.

이러한 상황 속에서 인간의 창작물과 인공지능의 산출물을 같은 수준으로 보호하는 것이 맞을까? 동일하게 보호한다면 인공지능이 압도적인 양과 질로 인간의 창작 영역을 완전히 침범하게 되지는 않을까? 만일 차별적으로 취급한다면 어느 정도의 차이를 두어야 할까? 차이를 두더라도 수많은 인공지능 산출물을 인간의 창작물과 구별하는 것이 가능할까?

우리는 지금, 인간이 다른 존재와 구별되는 주요 차이점 중 하나로 여겨져 왔던 '창작 능력'이 너무나도 빠르고 갑작스럽게 인공지능에 의해 추월당하는 순간을 목격하고 있다. 이러한 인공지능 시대에서 인간의 역할은 무엇일지에 대한 진지한 고민이 필요하고, 그러한 고민에 따라 인공지능 산출물에 대해 어떠한 법적, 사회적 취급을 할지 논의해 나가야 할 것이다.

Q&A 4장

Q 인공지능이 만든 그림이 저작권으로 보호될 수 있을까?

A 현재 대부분의 국가에서는 '인간'에 의한 창작물만을 저작권으로 보호하고 있다. 따라서 인간의 단순 명령에 따라 인공지능이 대부분을 만들어 낸 그림에는 인간의 창작성이 포함되어 있지 않으므로 저작권으로 보호되기 어렵다. 하지만 그림을 생성하는 과정에서 인간이 중요한 기여를 했다면(예를 들어, 프롬프트 설계나 결과물의 수정이 포함될 경우), 이러한 기여 부분에 대해 인간의 창작성을 인정받아서 저작권으로 보호될 수 있다.

2023년 미국에서는 인공지능이 생성한 예술작품에 대해 저작권 등록을 신청했다가 거부당한 사례가 있었는데, 이는 창작자의 창작적 개입이 없다면 저작권을 부여할 수 없다는 점을 더욱 명확하게 하였다.

Q 인공지능이 기존 음악을 학습해 유사한 곡을 만들었다면 저작권 침해일까?

A 인공지능이 기존 음악을 학습하고 유사한 멜로디나 구조를 재현했다면, 원작자의 저작권을 침해할 수 있다.

실제로 2020년, AI가 생성한 곡이 비틀즈의 음악과 매우 유사하다는 논란이 있었다. 만일 AI가 비틀즈의 음악을 저작권자의 허락 없이 학습 데이터로 사용했다면 저작권자의 복제권을 침해할 수 있고, 학습된 인공지능이 비틀즈의 음악과 유사한 음악을 만들어 냈다면 저작권자의 2차적저작물 작성권 침해에 해당할 수 있다.

Q 프롬프트를 작성한 사람은 프롬프트에 대한 창작자로 인정받을 수 있을까?

A 프롬프트의 창작성에 따라 달라질 수 있다. 단순한 지시(예: "고양이 그림을 만들어줘.")는 창작으로 인정되지 않지만, 복잡한 문학적 표현이나 고도의 창의성이 담긴 프롬프트는 저작권 보호를 받을 가능성이 있다.

특히 인공지능의 결과물 품질이 프롬프트 작성자의 창의적 기여에 크게 의존한다면, 프롬프트 작성자가 창작자로 인정받을 가능성이 높아질 수 있다. 이러한 점에서 '프롬프트 엔지니어링'이라는 새로운 직업적 영역의 중요성이 높아지고 있다.

Q 데이터 자체에 저작권이 없는 경우에도 「저작권법」에 의해 보호될 수 있을까?

A 개별 데이터가 「저작권법」상 저작물이 아니라고 하더라도, 데이터의 집합이 데이터베이스를 구성하는 경우에는 「저작권법」상 데이터베이스 제작자의 권리로 보호될 수 있다.

데이터베이스 제작자의 권리는 데이터베이스를 만들기 위해 소요된 노력, 시간, 그리고 경제적 자원을 보호하기 위해 부여된다. 데이터베이스를 제작하는 과정에서 데이터의 수집, 정렬, 필터링, 그리고 사용자 친화적인 구조 설계는 상당한 투자가 필요하며, 이러한 투자를 보호하지 않으면 데이터베이스 산업이 발전하기 어려워지기 때문이다.

Q 인공지능은 데이터 학습을 통해 목표로 하는 성능을 발휘할 수 있게 된다. 그렇다면 학습 데이터를 제공한 사람이 인공지능에 대한 권리를 주장할 수 있을까?

A 일반적으로 학습 데이터 제공자는 데이터 자체에 대한 권리는 있지만, 학습 데이터로 학습된 인공지능에 대한 권리는 없다. 다만 학습 데이터 제공자가 인공지능에 대해서도 권리를 가지는 것으로 계약을 체결하였다면, 인공지능에 대해서도 일정한 권리를 주장할 수 있다.

Q 저작권이 없는 인공지능 산출물을 상업적으로 활용할 때의 장단점은 무엇일까?

A • **장점**

- 저작권의 측면에서 별도의 사용료나 라이선스 없이 활용할 수 있다.
- 저작권 제한이 없으므로 콘텐츠를 수정, 재구성, 또는 결합하여 새로운 창작물을 만드는 데 제한이 없다. 이는 창의적 프로젝트나 빠르게 변화하는 시장 요구에 유연하게 대응할 수 있도록 도와준다.

• **단점**

- 누구나 동일한 산출물을 사용할 수 있으므로, 시장에서의 차별화가 어려워질 수 있다. 따라서 독점적인 콘텐츠가 필요한 사업에는 부적합하다.
- 인공지능이 생성한 콘텐츠가 기존 저작물과 유사하면 저작권 침해 논란에 휘말릴 가능성이 있다. 특히 인공지능 학습 데이터가 불명확할 때 문제가 될 수 있다.
- 저작권이 없는 콘텐츠는 누구나 수정하거나 재사용할 수 있으므로, 원본 품질이 유지되지 않을 가능성이 있다. 이는 브랜드 신뢰도에 영향을 줄 수 있다.
- 현재 저작권이 없더라도, 미래에 관련 법규가 변경되어 해당 콘텐츠가 새로운 규제의 대상이 될 가능성이 있다.

Q 미래의 「저작권법」은 인공지능과 관련해 어떻게 변할까?

A 미래의 「저작권법」을 예상하기는 어렵지만, 다음과 같은 변화를 겪을 가능성이 있다.

- AI 창작물의 독립적 보호: 인공지능이 만든 산출물에 대한 독립적인 권리 체계가 마련될 수 있다.
- AI 창작물과 인간 창작물의 구별: AI와 인간의 창작물을 구별하여 서로 다른 법적 지위를 가지도록 할 수 있다. 양자를 구별하는 방법에 대해서도 논의가 진행될 것이다.
- 학습 데이터 사용 기준 명확화: 인공지능이 저작권자의 동의 없이 학습 데이터를 사용할 수 있는 범위가 좀 더 명확해져서 분쟁의 가능성이 줄어들게 될 수도 있다.
- 기여도 평가 시스템: 창작된 저작물에 대하여 인간과 인공지능 간의 기여도를 평가해 권리를 배분하는 새로운 기준이 도입될 수 있다.
- 국제적 규제 조화: 글로벌 시장에서의 통일된 규제 체계가 구축될 가능성이 있다.

5 장

인공지능의 저작물 이용

인공지능의 개발 및 활용을 위한 저작물의 이용

학 습 목 표

1. 인공지능 개발 과정에서 저작물을 이용하는 사례를 알아본다.
2. 인공지능 개발 과정에서 저작물을 이용하는 방법을 학습한다.
3. 인공지능 서비스 제공 과정에서 저작물을 이용하는 방법을 학습한다.

5.1 들어가며

인공지능을 개발하는 과정에는 타인의 저작물을 이용해야만 하는 경우가 많다. 특히 인공지능을 학습시키기 위해서는 대량의 데이터가 필요한데 이러한 많은 데이터를 개발자가 모두 보유하고 있기는 쉽지 않기 때문에 데이터를 보유하고 있는 회사나 개인으로부터 데이터를 구매하거나 사용 허락을 받아야 한다.

물론 인터넷에는 이미 공개된 수많은 데이터가 있으므로 이러한 데이터들을 자동화된 기술을 사용하여 수집한 뒤 인공지능 학습 데이터로 사용하는 방법도 있다. 하지만 공개된 데이터의 경우 허락 없이 학습 데이터로 사용해도 되는지가 명확하지 않을 뿐만 아니라 출처가 명확하지 않은 데이터도 많아서 각각의 데이터에 대해 사용 허락을 받는 것이 현실적으로 불가능하다. 또한 인공지능은 데이터 품질이 성능에 직결되는데 인터넷에 공개된 데이터의 경우에는 그 품질을 보증할 수 없다는 문제도 있다. 스탠포드 대학교 교수이자 Google Brain과 Coursera의 공동 창립자인 앤드류 응(Andrew Ng) 교수도 "AI는 소프트웨어를 작성하는 것보다 데이터에 더 의존한다."며 고품질 데이터가 인공지능의 성능을 좌우한다고 언급한 바 있고, 이런 점을 보더라도 인터넷에 공개된 데이터만으로는 높은 성능의 인공지능을 개발하기가 어렵다는 점을 알 수 있다.

위와 같은 이유로 모든 인공지능 개발 회사들은 인공지능 학습을 위한 고품질, 대량의 데이터를 확보하기 위해 많은 노력을 하고 있는데, 고품질 데이터를 보유하고 있는 회사로부터 데이터를 구매하거나 라이선스 계약을 체결하는 것도 이러한 노력 중 하나이다. 사진이나 영상과 같은 디지털 콘텐츠를 제공하는 회사인 셔터스톡(Shutterstock)도 메타, 구글, 아마존, 애플, 어도비, 오픈 AI와 같은 인공지능 개발 회사들과 데이터에 대한 라이선스 계약을 체결하고 있고, 계속해서 매출액이 성장하고 있다.

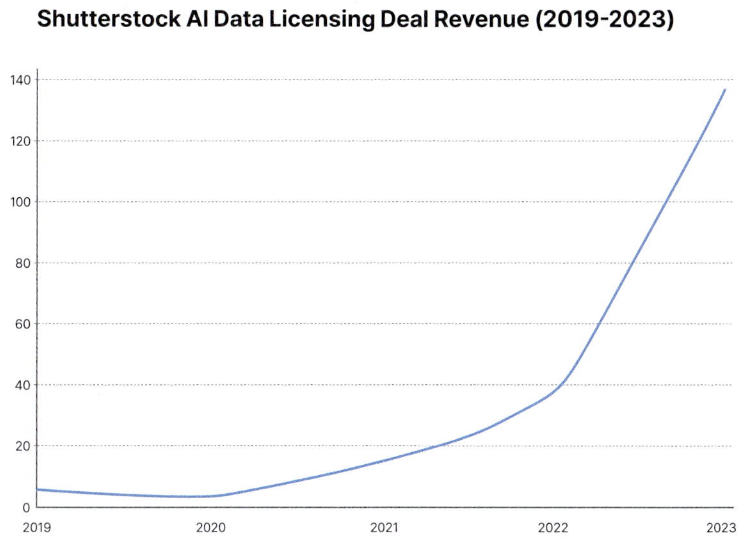

그림 5-1 셔터스톡의 인공지능 데이터 라이선스 매출 증가 그래프

물론 최근에는 공공데이터 포털(https://www.data.go.kr), 국가 통계 포털(http://www.kosis.kr), 허깅페이스(https://huggingface.co/spaces), 깃허브(https://github.com)와 같이 인공지능 학습을 위한 데이터 세트를 무료로 제공하는 플랫폼이 국내외에 많이 있고, 제공된 데이터 세트를 인공지능 학습에 사용할 때 어떠한 성능 향상이 있는지에 대해서도 많은 연구가 진행되어 있으므로 이러한 데이터를 인공지능 학습에 사용하는 것을 고려해 볼 수도 있다. 미국의 유명 기업인 IBM도 자사의 얼굴 인식 인공지능을 훈련시키기 위해 플리커(Flickr)의 공개 이미지 데이터를 사용했다.

다만 공개된 데이터 세트를 무료로 사용할 수 있다고 하더라도 데이터 세트에 포함된 데이터 라이선스의 제약 조건을 준수해야 하는 경우가 있다. 앞에서 언급한 플리커(Flickr)의 공개 이미지 데이터도 크리에이티브 커먼즈 라이선스(Creative Commons License) 조건이 부과되어 있다. 또한 플랫폼에서 데이터를 자유롭게 사용할 수 있도록 제공한다고 하더라도, 플랫폼이 각각의 데이터의 원래 저작권자로부터 데이터를 적법하게 사용할 수 있는 권한을 받았는지는 별도로 확인이 필요하다.

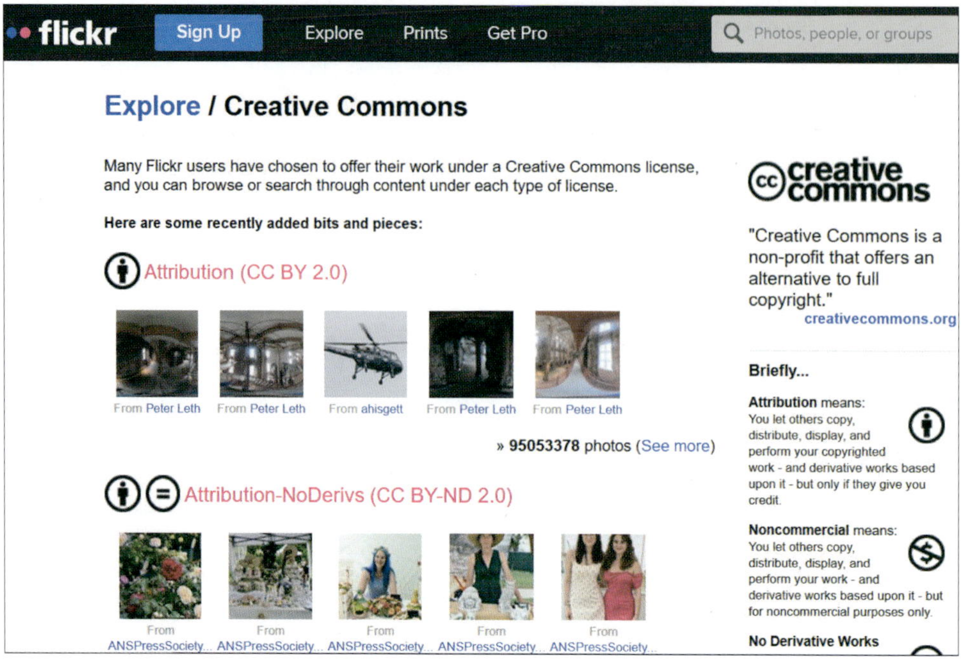

그림 5-2 크리에이티브 커먼즈 라이선스로 데이터를 제공하는 플리커의 웹사이트

이처럼 외부에서 자료를 수집하여 인공지능 학습에 활용하고자 할 때는 법률상 문제가 되지 않도록 저작물을 수집하고 적법한 사용 허락을 받는 것이 중요하다. 나아가 허락받은 범위 내에서 저작물을 활용해야 한다. 만일 그렇지 않은 경우에는 저작권에 대한 침해 문제가 발생할 수도 있다.

저작권 침해와 관련해서는 다음 장에서 구체적으로 살펴보도록 하고, 이번 장에서는 인공지능의 개발 및 활용 과정에서 타인의 저작물을 적법하게 이용하는 방법을 살펴본다. 저작권이 주로 문제가 되므로 「저작권법」을 위주로 설명하겠지만, 데이터 라이선스 계약 등 일반 계약법적 이슈에 대해서도 함께 살펴보도록 하겠다.

5.2 인공지능 개발 과정에서 타인의 저작물을 이용하는 유형 및 사례

인공지능 개발에 필요한 것은 매우 많지만, 대표적으로는 ① 학습 데이터와 ② 인공지능 모델(소프트웨어)이 필요하다. 「저작권법」은 데이터를 보호 대상으로 하지는 않으나 데이터에 저작물이 포함된 경우 그 저작물에 대해 저작권으로 보호하고 있고, 인공지능 소프트웨어의 경우에는 컴퓨터프로그램저작물로 보호하고 있다.

인공지능을 개발하는 개인이나 회사는 직접 데이터를 수집하고 소프트웨어를 작성할 수도 있으나, 기존에 이미 존재하는 데이터나 소프트웨어를 최대한 활용하면 개발 시간과 비용을 줄일 수 있고 그 결과 인공지능 분야의 시장에서 경쟁력을 갖출 수 있다는 장점이 있다. 인공지능 개발 과정에서 타인의 데이터나 소프트웨어를 이용하는 유형은 다음과 같다.

인공지능 학습 과정에서 타인의 데이터 이용

먼저 인공지능에는 다음과 같이 다양한 종류가 있으며, 인공지능 종류별로 필요한 학습데이터 또한 다양하다. 인공지능은 다음 중 어느 하나의 종류에 해당할 수도 있지만 복수의 인공지능 종류에 동시에 해당할 수도 있다.

표 5-1 대표적인 인공지능의 종류

인공지능의 종류	설명	학습 데이터	인공지능 예시
생성형 인공지능	데이터를 생성하거나 창작하는 능력을 가진 인공지능	이미지, 텍스트, 음악, 비디오	• 이미지 생성 • 텍스트 생성 • 비디오 생성
판별형 인공지능	주어진 입력 데이터가 특정 카테고리에 속하는지 아닌지를 판단하는 인공지능	라벨링된 이미지, 텍스트, 오디오	• 이미지를 입력받아서 고양이인지 개인지를 판별
자율제어형 인공지능	주어진 환경에서 특정한 목표를 달성하기 위해 행동을 계획하고 실행하는 인공지능	환경 데이터(도로, 교통신호, 보행자 상황 등), 행동 데이터(주행 경로 데이터 등), 시뮬레이션 데이터	• 자율주행차 • 드론 • 로봇 • 시스템 제어

예측형 인공지능	과거 데이터를 기반으로 미래의 사건이나 트렌드를 예측하는 인공지능	시계열 데이터(시간에 따른 주식 가격 데이터, 날씨 데이터 등)	• 주식 가격 예측 • 날씨 예보 • 수요 예측
반응형 인공지능	현재의 상태를 인식하고 즉각적인 반응을 제공하는 인공지능	상황-반응 데이터(예를 들어, 사용자의 질문과 그에 대한 답변 데이터), 사람 간의 대화 데이터	• 실시간 통역 • 가상 비서 • 챗봇
분석형 인공지능	데이터를 분석하여 의미있는 인사이트를 도출하는 인공지능	분석을 위한 다양한 데이터(온라인 마켓 구매 기록, 소셜 미디어 데이터 등)	• 빅데이터 분석 • 사람 감정 분석 • 시장 분석

위와 같이 다양한 종류의 인공지능이 있고, 인공지능의 종류에 따라 필요한 학습 데이터도 다양하다. 또한 각 데이터별로 데이터를 수집할 수 있는 출처가 서로 다르다.

- **텍스트 데이터**: 뉴스 기사, 블로그 게시물, 포럼 게시물, 전자책, 논문, 연구보고서, 소셜 미디어 플랫폼, 텍스트 데이터 데이터베이스 제공 플랫폼(Wikipedia 등)
- **이미지 데이터**: 블로그, 인터넷 웹페이지상의 이미지, 이미지 데이터베이스 제공 플랫폼(Shutterstock, Getty Images 등)
- **음성 데이터**: 대규모 음성 데이터 세트(LibriSpeech, VoxCeleb 등), 라디오 방송 및 팟캐스트
- **동영상 데이터**: 동영상 제공 플랫폼(YouTube 등), 대규모 동영상 데이터 세트(Kinetics, AVA 등)
- **기타 데이터**: 각종 센서에서 수집된 데이터, 메신저 앱의 대화 데이터, 통계 데이터, 시스템 운용 과정에서 발생하는 데이터 등 다양한 종류의 데이터

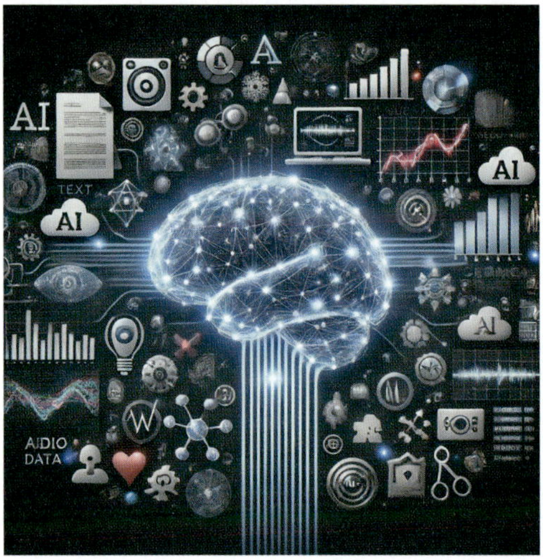

그림 5-3 다양한 출처에서 수집된 데이터로 학습되는 인공지능

위 데이터들은 직접 생성할 수도 있지만 타인이나 다른 회사의 데이터를 활용하는 것이 좀 더 쉽고 빠른 데이터 수집이 가능하고, 직접 생성하는 것 자체가 어려운 데이터들도 있다. 예를 들어, 텍스트 데이터들을 직접 작성하는 것도 가능하지만 이미 뉴스 기사, 블로그 게시물 등으로 존재하는

수많은 텍스트 데이터를 활용하는 것이 훨씬 쉽게 인공지능 학습 데이터를 구축할 수 있고, 이미지나 동영상 데이터의 경우 인공지능 학습이 가능할 정도의 대량으로 직접 생성하는 것은 사실상 불가능하다.

따라서 많은 경우 인공지능 학습 과정에는 인공지능 개발 회사가 직접 생성한 데이터 외에도 타인이나 타사의 데이터를 활용하게 된다.

인공지능 프로그램 작성 과정에서의 타인의 프로그램 이용

인공지능 시스템을 개발하기 위해서는 인공지능 프로그램(인공지능 모델)을 작성해야 한다. 프로그램의 경우에도 위 학습 데이터의 경우와 마찬가지로 전체 소스코드를 직접 작성할 수도 있으나 실무상 타인이나 타사의 소스코드나 프로그램을 활용하는 경우가 대부분이다. 타인의 프로그램을 활용하는 유형은 아래와 같이 다양하다.

- **타인의 소스코드를 직접 복사한 뒤 수정**: 오픈소스를 제공하는 플랫폼을 통하여 타인의 오픈소스를 그대로 가져오거나 자신이 개발하는 인공지능 시스템의 특정 요구사항에 맞게 수정하여 활용할 수 있다.
- **라이브러리(Libaray) 또는 프레임워크(Framework) 사용**: 라이브러리는 특정 기능을 수행하는 소스코드의 집합체로서 개발자가 특정 기능이 필요할 때 호출하여 사용할 수 있는 모듈이나 함수이고, 프레임워크는 소프트웨어 개발을 위한 도구 또는 플랫폼이다. 인공지능 시스템 개발에 프레임워크를 사용하거나, 특정 기능을 추가할 때 라이브러리를 가져다 사용함으로써 해당 기능을 위한 소스코드 작성 시간을 단축시킬 수 있다.
- **API(Application Programming Interface) 사용**: API는 프로그램이 다른 프로그램이나 서비스와 통신할 수 있게 하는 것이다. Google, IBM 등 많은 AI 서비스 제공업체는 이미지 인식, 음성 인식, 자연어 처리 등을 수행할 수 있는 인공지능 모델을 API 형태로 제공하고 있다. 따라서 인공지능 개발자는 자신의 프로그램에서 API를 호출함으로써 복잡한 인공지능 모델을 직접 구현하지 않고도 필요한 인공지능 기능을 사용할 수 있다.

위 경우들은 자신이 개발하는 인공지능 프로그램의 일부에 타인의 소스코드나 프로그램이 삽입되거나 타인이 개발한 프로그램의 기능을 사용하는 것이다. 그렇기 때문에 타인의 허락을 받아야 하거나, 타인이 정한 사용 조건(즉, 라이선스 조건)을 지켜야 한다. 이에 대해서는 다음 5.3에서 자세히 설명한다.

5.3 인공지능 개발 과정에서 타인 저작물의 적법한 이용 방법

앞서 살펴본 바와 같이 인공지능 개발 과정에는 타인의 데이터나 프로그램과 같은 저작물을 이용하는 경우가 많다. 이러한 저작물을 저작권자로부터 허락을 받지 않고 사용할 때는 저작권 침해 문제가 발생할 수 있다(저작권 침해에 대해서는 이후 6장에서 자세히 살핀다).

따라서 저작권자로부터 허락을 받고 저작물을 사용하는 것이 가장 바람직하며, 저작권 이용 허락 계약(즉, 라이선스 계약)을 체결하는 경우에는 유의하여야 할 부분이 많이 있다. 한편 별도의 라이선스 계약을 체결하지 않고 이미 존재하는 라이선스를 따라야 하는 경우도 있고, 저작권자를 알 수 없어서 라이선스 계약 체결 자체가 어려운 경우도 있다.

이하에서는 여러 유형별로 인공지능 개발을 위해 타인 저작물을 적법하게 이용하는 방법을 살펴본다.

크롤링(Crawling)을 통해 공개된 웹사이트에서 인공지능 학습 데이터를 수집하는 경우

크롤링(Crawling)은 인터넷상의 웹페이지를 탐색하고 웹페이지 내에 포함된 데이터를 수집하는 것을 의미한다. 인터넷에는 엄청난 양의 데이터가 공개되어 있고 계속해서 빠른 속도로 증가하고 있으므로 이러한 인터넷상의 자료를 수집함으로써 인공지능 학습을 위한 대량의 데이터를 확보할 수 있다.

크롤링은 사람이 직접 하는 것이 아니라 웹 크롤러(Web Crawler)라고 불리는 자동화된 프로그램을 사용하여 진행된다. 때문에 매우 빠른 속도로 대량의 데이터 수집이 가능하다는 장점이 있다. 그러나 인터넷에 누구나 접속하여 볼 수 있도록 공개되어 있는 데이터라고 하더라도 데이터에 저작물이 포함되어 있다면 이를 자신의 서버에 저장하거나 인공지능 학습 데이터로 활용하기 위해서는 저작권자의 허락이 필요할 수 있고, 허락 없이 복사하거나 전송하는 경우에는 저작권 침해 문제가 발생할 가능성이 있다.

저작권 침해의 문제를 해결하기 위해서는 결국 크롤링한 데이터의 저작권자로부터 저작물에 대한 사용 허락을 받아야 하는데, 크롤링은 다양한 출처로부터 수집한 대량의 데이터이기 때문에 저작권자의 수가 매우 많고 저작권자가 누구인지 알 수 없는 경우도 상당할 수 있다. 따라서 크롤링한 데이터에 대해 저작권자로부터 사용 허락을 받는 것은 사실상 불가능하다. 뿐만 아니라 출처가 불분명한 데이터의 경우에는 데이터의 신뢰성을 확보할 수 없어서 이러한 데이터로 학습된 인공지능은 신뢰하기가 어렵다.

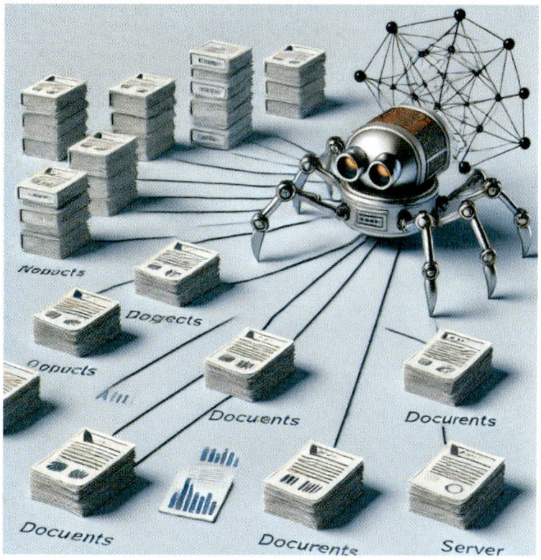

그림 5-4 크롤러를 이용한 웹 크롤링

이처럼 인터넷상의 다수의 웹사이트를 대상으로 크롤링된 데이터를 인공지능 학습 데이터로 사용하는 것은 저작권 침해 가능성이 있고, 이후 10장에서 크롤링과 관련한 법적 이슈에 대해서 좀 더 자세히 살펴보겠지만 「저작권법」 외에도 「부정경쟁방지법」, 「개인정보보호법」, 「정보통신망법」 등이 문제 될 수 있으며, 수집된 데이터에 대한 신뢰성도 확보하기가 어렵다는 문제가 있다. 따라서 크롤링된 데이터를 인공지능 학습 데이터로 사용하는 것은 다른 방법으로는 데이터를 확보하기 어려울 때 가장 마지막 방법으로 활용하거나 부족한 데이터를 보조적으로 보충하는 정도의 방법으로 사용하는 것이 바람직하다.

그럼에도 크롤링한 데이터를 인공지능 학습 데이터로 활용하고자 하는 경우에는 다음의 내용을 미리 확인해 둘 필요가 있다(각 항목에 대한 구체적인 설명은 이후 10장을 참고하기 바란다).

- 크롤링 대상 웹사이트의 이용약관이나 이용정책을 확인할 것(만일 라이선스 조건이 포함된 사이트의 경우에는 라이선스 내용을 확인할 것)
- 크롤링 대상 데이터가 「저작권법상」 저작물 또는 데이터베이스인지 확인할 것(그 외에 개인정보가 포함되어 있는지 여부도 확인할 것)
- 데이터 수집 과정에서 위법행위가 개입되지 않도록 주의할 것(데이터 수집 과정에서 대상 웹페이지의 서버에 과도한 부하를 주는 경우, 접근을 제한해 둔 데이터에 대해 해킹 등의 방법으로 접근하는 경우, 마우스 우클릭 금지 등의 기술적 보호조치를 해둔 데이터에 대해 보호조치를 우회하여 데이터를 수집하는 경우 등)

공공데이터 또는 공공데이터 세트를 인공지능 학습 데이터로 수집하는 경우

공공데이터(Public Data)는 정부기관이나 공공기관에서 수집, 생성 또는 취득하여 관리하고 있는 데이터를 의미하고, 공공데이터 세트(Public Dataset)는 공공데이터를 구조화하거나 조직화하여 쉽게 접근하고 분석할 수 있도록 만든 데이터 모음을 의미한다.

이러한 공공데이터는 누구든지 편리하게 이용할 수 있는 데이터로서, 정부의 투명성을 높이고 국민의 알 권리 향상을 위해 공개되었으며 「공공데이터의 이용 및 활성화에 관한 법률(이하, '공공데이터법'이라 함)」에 따라 구축, 관리되고 활용된다.

공공데이터는 공공데이터 포털(www.data.go.kr)을 통해 제공되고, 「저작권법」 및 「공공데이터법」에 따르면 누구나 공공데이터를 무상으로 자유롭게 사용할 수 있기 때문에 타인의 권리를 침해하거나 불법적인 목적으로 데이터를 사용하는 것이 아니라면 영리적인 목적으로도 사용 가능하다. 뿐만 아니라 공공데이터 포털에서 제공하지 않는 공공데이터의 경우에는 공공데이터 제공 신청을 통해 제공받을 수도 있다.

[공공데이터법 제3조(기본원칙)]

① 공공기관은 누구든지 공공데이터를 편리하게 이용할 수 있도록 노력하여야 하며, 이용권의 보편적 확대를 위하여 필요한 조치를 취하여야 한다.

② 공공기관은 공공데이터에 관한 국민의 접근과 이용에 있어서 평등의 원칙을 보장하여야 한다.

③ 공공기관은 정보통신망을 통하여 일반에 공개된 공공데이터에 관하여 제28조제1항 각 호의 경우를 제외하고는 이용자의 접근제한이나 차단 등 이용저해행위를 하여서는 아니 된다.

④ 공공기관은 다른 법률에 특별한 규정이 있는 경우 또는 제28조제1항 각 호의 경우를 제외하고는 공공데이터의 영리적 이용인 경우에도 이를 금지 또는 제한하여서는 아니 된다.

⑤ 이용자는 공공데이터를 이용하는 경우 국가안전보장 등 공익이나 타인의 권리를 침해하지 아니하도록 법령이나 이용조건 등에 따른 의무를 준수하여야 하며, 신의에 따라 성실하게 이용하여야 한다.

[저작권법 제24조의2(공공저작물의 자유이용)]

① 국가 또는 지방자치단체가 업무상 작성하여 공표한 저작물이나 계약에 따라 저작재산권의 전부를 보유한 저작물은 허락 없이 이용할 수 있다. 다만, 저작물이 다음 각 호의 어느 하나에 해당하는 경우에는 그러하지 아니하다.

1. 국가안전보장에 관련되는 정보를 포함하는 경우
2. 개인의 사생활 또는 사업상 비밀에 해당하는 경우
3. 다른 법률에 따라 공개가 제한되는 정보를 포함하는 경우
4. 제112조에 따른 한국저작권위원회(이하 제111조까지 "위원회"라 한다)에 등록된 저작물로서 「국유재산법」에 따른 국유재산 또는 「공유재산 및 물품 관리법」에 따른 공유재산으로 관리되는 경우

공공데이터 포털에서 제공되는 데이터는 매우 다양한데, 공공행정, 과학기술, 교통물류, 국토관리, 사회복지, 산업고용 등의 분야에 대하여 1,000개가 넘는 공공기관이 수집한 데이터들을 공개하고 있다. 공공데이터는 「공공데이터법」 제11조에 따라 마련된 「공공데이터 관리지침」을 통해 품질관리(품질관리 체계 구축, 계획 수립 및 이행, 품질 진단 및 개선, 품질 평가 및 조치)를 진행하고 있기 때문에 그 신뢰도가 상당히 높다.

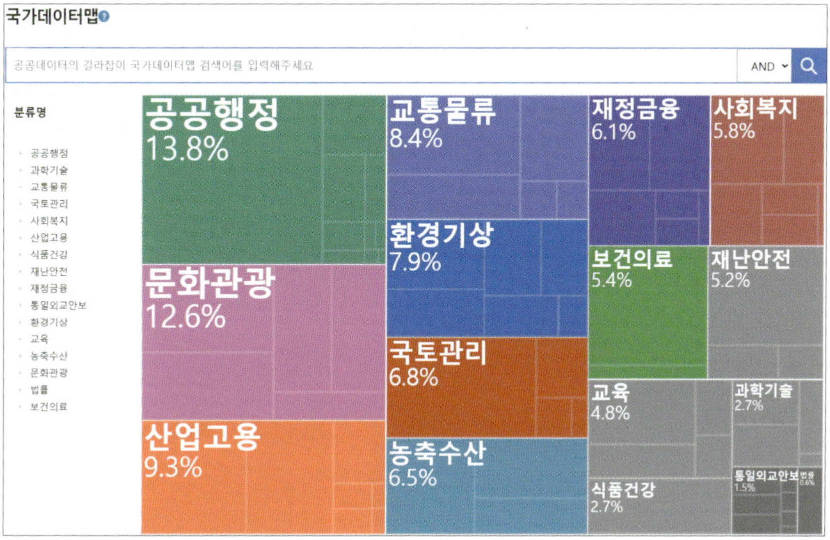

그림 5-5 공공데이터 포털에서 제공하는 데이터의 종류

이러한 공공데이터를 활용하여 개발된 인공지능은 그 출력 결과에 대한 신뢰도가 매우 높을 수 있으므로, 인공지능 학습데이터의 수집 대상으로 공공데이터를 적극적으로 고려해 볼 필요가 있다.

한편 공공데이터라고 하더라도 데이터에 저작물이 포함되어 있는 경우가 있다. 이 경우 공공기관은 공공데이터에 포함된 저작물이 누구의 것인지, 어떤 범위로 사용해도 되는지를 파악하고, 파악된 내용에 따라 공공누리 유형을 부착해야 한다(「공공데이터 관리지침」 제8조). 이렇게 함으로써 데이터 이용자는 공공누리 유형만 확인하면 데이터를 어떤 범위로 사용할 수 있는지 쉽게 파악할 수 있고, 저작권 침해 걱정 없이 공공데이터를 활용할 수 있다. 참고로 공공누리(www.kogl.or.kr)에서는 이미지, 영상, 오디오, 글꼴, 텍스트 등 2,600만 건이 넘는 공공저작물을 공공누리 유형 마크와 함께 제공하고 있다.

표 5-2 공공누리 유형 안내(https://www.kogl.or.kr/info/license.do)

이용 허락 유형(공공누리 유형)	표시 마크	이용 허락 범위
[제1 유형] 출처 표시	OPEN 출처표시 공공누리 공공저작물 자유이용허락	• 출처 표시해야 함. • 상업적, 비상업적 이용 가능 • 변형 등 2차적저작물 작성 가능
[제2 유형] 출처 표시+상업적 이용 금지	OPEN 출처표시 상업용금지 공공누리 공공저작물 자유이용허락	• 출처 표시해야 함. • 비상업적으로만 이용 가능 • 변형 등 2차적저작물 작성 가능
[제3 유형] 출처 표시+변경 금지	OPEN 출처표시 변경금지 공공누리 공공저작물 자유이용허락	• 출처 표시해야 함. • 상업적, 비상업적 이용 가능 • 변형 등 2차적저작물 작성 금지
[제4 유형] 출처 표시+상업적 이용 금지+변경 금지	OPEN 출처표시 상업용금지 변경금지 공공누리 공공저작물 자유이용허락	• 출처 표시해야 함. • 비상업적으로만 이용 가능 • 변형 등 2차적저작물 작성 금지

외국에서도 정부나 기관의 다양한 공공데이터를 제공하고 있다.

- 미국: data.gov
- 유럽연합: data.europa.eu
- 영국: data.gov.uk
- 캐나다: open.canada.ca
- 호주: data.gov.au

타인으로부터 인공지능 학습 데이터를 구매하거나 사용 허락을 받는 경우

대량의 고품질 데이터를 보유하고 있는 회사로부터 인공지능 학습 데이터를 구매하는 경우에는 비용이 발생하기는 하지만 원하는 데이터를 빠르고 쉽게 확보할 수 있다는 장점이 있다. 5.1에서 언급한 것처럼 최근에는 인공지능 개발을 위해 타사의 데이터에 대해 라이선스 계약을 체결하는 경우가 많아지고 있으며 디지털 콘텐츠를 제공하는 셔터스톡(Shutterstock)도 메타, 구글, 아마존, 애플, 어도비, 오픈 AI와 같은 인공지능 개발 회사들과 데이터에 대한 라이선스 계약 체결을 통해 매출액이 급속도로 성장하고 있다. 경우에 따라서는 인공지능 학습에 필요한 데이터를 특정 회사만 보유하고 있어서 데이터에 대한 구매가 반드시 필요한 경우도 있다.

이렇게 타사로부터 데이터에 대한 사용 허락을 받아서 인공지능 학습 데이터를 확보할 때는 데이터 사용 허락 계약(즉 데이터 라이선스 계약)을 체결하여야 한다. 이러한 데이터 라이선스 계약은 데이터 거래의 상황이나 조건에 따라 다양한 형태일 수 있지만, 다음과 같은 내용들을 고려하여 작성하는 것이 바람직하다.

데이터 제공 거래의 유형

데이터를 제공하는 거래는 크게 ① 데이터 양도형 거래와 ② 데이터 이용 허락형(라이선스) 거래로 나뉜다. 데이터 양도형 거래는 데이터 제공자가 데이터와 관련한 모든 권한을 자신에게 남겨두지 않고 데이터 이용자에게 완전히 넘기는 것이며(따라서 데이터 양도가 이루어지면 데이터 제공자는 제공한 데이터를 모두 폐기하여야 하는 것이 원칙이다), 데이터 이용 허락형 거래는 데이터 제공자가 어느 정도의 권한을 자신에게 남겨둔 상태에서 데이터 이용자에게 데이터 이용 권한을 부여하는 것이다.

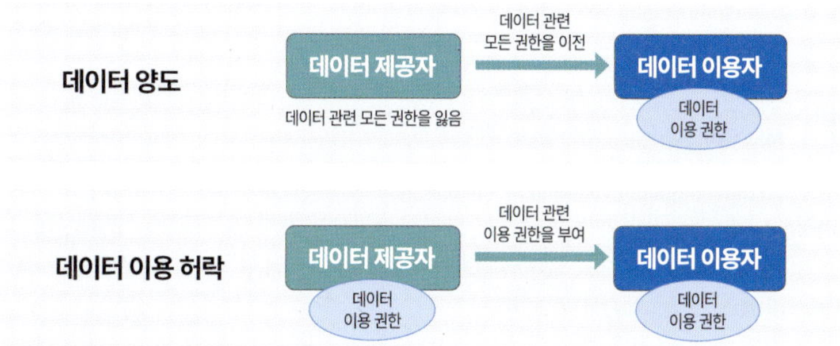

그림 5-6 데이터 거래의 유형

데이터 양도의 경우 데이터 제공자가 모든 권한을 잃는 반면 데이터 이용 허락의 경우 데이터 제공자가 어느 정도의 권한을 가지게 되므로 데이터 제공자 입장에서는 데이터 이용 허락이 좀 더 유리할 수 있고, 실제로도 더 많이 이용되는 방식이다. 이러한 유형 구분이 필요한 이유는, 데이터 거래 계약이 양도형인지 이용 허락형인지 불명확한 경우 데이터 제공자에게 유리한 이용 허락 계약으로 추정될 수 있기 때문이며(대법원 1996. 7. 30. 선고 95다29130 판결 참고), 추후 불필요한 분쟁을 방지하기 위해서는 데이터 거래 계약을 할 때 데이터 양도인지 이용 허락인지를 명확하게 할 필요가 있다.

데이터 라이선스 계약에서 사용 허락의 범위

- 이용 목적(예를 들어, 인공지능 모델의 개발을 목적으로 학습 데이터로 사용), 이용 기간(예를 들어, 계약 체결일로부터 3년), 이용 지역(예를 들어, 전 세계 또는 대한민국), 유상/무상 여부, 독점적/비독점적 사용 여부 등을 포함하여야 한다.

- 데이터 라이선스의 목적이 제공받은 데이터를 인공지능 학습 데이터에 사용하기 위함인 경우, 데이터 이용자는 데이터 제공자로부터 데이터를 인공지능 학습 데이터로 사용하는 데 필요한 모든 권한에 대해 허락을 받아야 한다. '데이터에 대한 가공, 분석, 편집, 통합 등 수정, 변형(2차적 저작물 작성 포함)'을 할 수 있는 것으로 허락받는 것이 일반적이다.
- 데이터 이용자가 사용 허락을 받은 데이터를 또 다른 제3자가 이용하도록 해야 하는 경우가 있다. 예를 들어서, 인공지능 모델을 학습시키기 위해 데이터 이용자가 데이터 제공자와 라이선스 계약을 체결하여 데이터를 전달받고 해당 데이터에 대해 라벨링을 진행하는 경우, 데이터 라벨링을 전문적으로 하는 외부 업체에 해당 데이터를 전달하여 데이터 라벨링 업체와 인공지능을 공동으로 개발할 수도 있다. 이 경우 외부 라벨링 업체가 데이터 제공자의 허락 없이 데이터를 가공하거나 수정할 수 있는지에 대해 다툼이 있을 수 있으므로, 데이터 이용자는 데이터 제공자와 라이선스 계약을 체결할 때 서브 라이선스(Sub-License) 권한도 함께 받는 것이 바람직하다.

잠깐만요 **서브 라이선스(Sub-License)란?**

원래의 라이선스 권한을 부여받은 자(Licensee/라이선시라고 함)가 자신이 가진 권한의 일부 또는 전부를 제3자에게 다시 라이선스하는 것을 의미한다. 예를 들어, 데이터 제공자가 데이터를 사용하는 권한을 데이터 이용자에게 부여하는 라이선스 계약을 체결하고, 데이터 이용자가 또 다른 데이터 이용자에게 데이터를 사용하는 권한을 부여하는 서브 라이선스 계약을 체결하는 것이다.

서브 라이선스 계약과 관련해서도 그 목적, 범위, 기간 등에 대하여 정할 필요가 있으며, 특히 원래의 라이선스 계약이 종료될 경우 서브 라이선스 계약도 함께 자동으로 종료되는지도 규정할 필요가 있다. 이러한 서브 라이선스 계약은 원래의 라이선스 계약에서 허용하는 범위 내에서 체결 가능하다.

그림 5-7 라이선스와 서브 라이선스

- 데이터를 상업적 목적으로도 사용할 수 있는지 아니면 비상업적 목적으로만 사용해야 하는지 여부를 정할 수 있다. 특히 인공지능 개발에서 PoC(Proof of Concept) 절차를 거치는 경우가 많은데 이때는 비상업적 목적 또는 PoC 목적으로만 데이터 사용을 한정하여 라이선스 계약을 체결하고, PoC의 결과가 성공적인 경우 다시 데이터에 대한 상업적 목적을 허락 받는 라이선스 계약을 체결할 수 있다.

잠깐만요 **인공지능 개발에서 PoC(Proof of Concept)란?**

인공지능 개발에는 많은 양의 학습 데이터가 필요하고 데이터 학습을 위해서는 높은 컴퓨팅 자원(주로 GPU)이 필요하다. 이러한 컴퓨팅 자원을 사용하기 위해서는 많은 비용이 필요하기 때문에 인공지능을 개발하는 회사 입장에서는 인공지능 모델에 대량의 데이터를 학습시켰는데 원하는 성능이 나오지 않으면 큰 손해가 발생할 수 있다. 이러한 이유로 본격적인 학습에 앞서 소량의 데이터로만 인공지능 모델을 학습하여 원하는 성능이 나올 가능성이 있는지를 테스트하게 되는데 이를 PoC라고 한다.

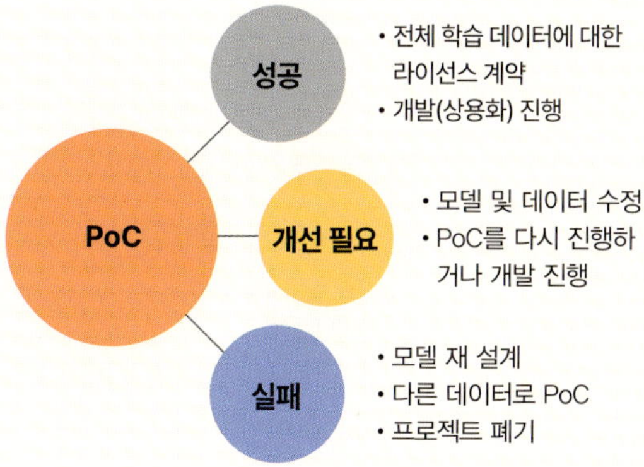

그림 5-8 PoC 결과에 따른 인공지능 개발

PoC를 진행하는 단계에서도 학습 데이터가 필요하고 이를 위한 데이터 사용 라이선스 계약을 체결할 필요가 있다. 다만 본격적인 학습을 위해 사용하는 것은 아니고 소량의 데이터만 사용하는 것이기 때문에 PoC 목적에 한정하여 낮은 비용으로 라이선스 계약을 체결하고, PoC에서 좋은 결과가 나오는 경우 나머지 데이터에 대해서 다시 라이선스 계약을 체결할 수 있다.

독점적 라이선스와 비독점적 라이선스

데이터 양도 계약의 경우에는 데이터 제공자의 모든 권리가 데이터 이용자에게 양도되기 때문에 데이터 제공자는 더 이상 데이터에 대해 권리를 가지지 못하게 된다. 그러나 데이터 라이선스 계약의 경우에는 데이터 제공자가 여전히 데이터에 대해 권리를 가질 수 있기 때문에 데이터 제공자는 데이터 이용자와 라이선스 계약 기간 중에도 동일한 데이터에 대해서 또 다른 데이터 이용자와 중복적으로 라이선스 계약을 체결할 수 있다.

따라서 데이터 이용자가 해당 데이터를 자신만 인공지능 개발에 이용하고 싶은 경우에는 독점적 라이선스 계약을 체결하고, 데이터 제공자가 제3자와 라이선스 계약을 체결할 수 없음을 계약서상에 명확하게 할 필요가 있다. 더 나아가 데이터 제공자도 계약 기간 중에는 데이터를 이용할 수 없도록 할 수 있다.

물론 독점적 라이선스는 데이터 이용자 자신만 데이터를 사용할 수 있는 것이기 때문에 비독점적 라이선스에 비하여 더 많은 비용을 데이터 제공자에게 지불하여야 한다. 따라서 비용상 부담이 있거나 반드시 자신만 데이터를 사용해야 하는 경우가 아니라면 비독점적 라이선스로 진행할 수 있다.

데이터 가공 가능 여부와 파생 데이터의 이용 권한

데이터 이용자가 데이터 제공자로부터 데이터를 전달받아서 인공지능 학습에 사용할 때 전달받은 데이터를 있는 그대로 사용하는 경우는 거의 없으며, 데이터를 인공지능 학습에 적절한 형태로 수정하거나 부적절한 데이터는 제거 또는 조정하는 과정을 거치게 된다. 또한 레이블링 작업을 통해 새로운 데이터를 부가하기도 한다.

이용 허락을 받은 데이터를 가공하거나 분석 등의 처리를 하여 생성된 새로운 데이터를 파생 데이터라고 하며, 파생 데이터는 원래의 데이터와 다른 것으로 새롭게 생성된 데이터이기 때문에 ① 파생 데이터를 만들어도 되는지, ② 만들어진 파생 데이터를 사용할 수 있는지, ③ 만들어진 파생 데이터는 누구의 것인지 등에 대해 라이선스 계약에서 정해두지 않는 경우에는 추후 데이터 제공자와 이용자 사이에서 분쟁이 발생할 수 있다. 특히 데이터에 저작물이 포함되어 있다면 이러한 데이터의 가공은 2차적저작물 작성에 해당할 수 있으므로 데이터 이용자는 2차적저작물 작성 권한을 부여받을 필요가 있으며, 데이터 거래 유형에 따라 다음을 주의하여야 한다.

- 데이터 양도 계약: 양도 계약서에 모든 저작재산권을 양도하는 것으로 기재하였다고 하더라도, 2차적저작물 작성권도 양도하였음을 명시하지 않는다면 2차적저작물 작성권은 양도되지 않고 여전히 데이터 제공자가 가지게 된다.

[저작권법 제45조(저작재산권의 양도)]

② 저작재산권의 전부를 양도하는 경우에 특약이 없는 때에는 제22조에 따른 2차적저작물을 작성하여 이용할 권리는 포함되지 아니한 것으로 추정한다. 다만, 프로그램의 경우 특약이 없으면 2차적저작물작성권도 함께 양도된 것으로 추정한다.

- 데이터 라이선스 계약: 라이선스 계약은 허락의 범위를 계약에서 정하게 되므로, 계약서에 2차적저작물을 작성하는 행위도 허락한다는 점을 명확하게 기재할 필요가 있다.

비밀 유지 의무 부과

- 데이터 제공자의 비밀 유지 의무: 인공지능 모델에 어떠한 데이터를 어느 정도의 양으로 사용했는지는 인공지능의 성능에 직접적인 영향을 주는 요소이다. 또한 학습 데이터의 신뢰도는 인공지능의 신뢰도에도 큰 영향을 미친다. 따라서 인공지능을 어떠한 데이터로 학습하였는지가 외부로 알려지면 경쟁사가 동일한 데이터로 비슷한 성능의 인공지능을 개발할 가능성이 있으므로 인공지능을 개발하는 회사는 이러한 내용을 비밀로 유지하고 있는 경우가 많다. 이러한 비밀 유지를 위하여 데이터 제공자가 어떠한 데이터를 제공했는지에 대해서 비밀로 유지할 수 있도록 계약상 의무를 부과할 필요가 있다.

• 데이터 이용자의 비밀 유지 의무: 데이터 제공자의 입장에서는 데이터를 통해 수익을 얻고 있기 때문에 데이터 자체가 매우 큰 자산이다. 특히 비밀로 관리되고 누구나 쉽게 접근할 수 없는 비공개 데이터의 경우에는 다른 공개된 데이터에 비해 그 가치가 더욱 클 수 있는데, 이러한 비공개 데이터가 누구나 볼 수 있게 공개되어 버린다면 가치가 급격하게 하락하게 된다. 따라서 데이터를 데이터 이용자에게 전달하기 전에 계약상 데이터에 대한 비밀 유지 의무를 부과하여야 한다.

데이터 양도 계약서나 라이선스 계약서에서 비밀유지 의무를 부과할 수도 있지만 별도의 비밀유지 계약서(Non-Disclosure Agreement; NDA)를 작성하는 방법도 있다. 가장 중요한 부분은 어떤 것을 '비밀'이라고 정할지에 대한 것인데, '계약 체결 및 이행 과정에서 데이터 제공자와 데이터 이용자가 취득한 모든 정보 중에서 외부에 알려지지 않은 정보'라고 폭넓게 기재할 수도 있지만 계약의 대상인 데이터가 무엇인지 구체적으로 명시하여 작성할 수도 있다. 한편, 회사의 경우에는 인공지능 모델을 개발하는 과정에서 여러 사람이 데이터를 열람할 수 있고 그 과정에서 데이터가 외부로 유출될 우려가 있으므로, 데이터가 비밀정보라는 점을 표시하고 허가받은 사람만 접근할 수 있는 조치를 하도록 계약을 통해 강제할 필요가 있다.

그림 5-9 데이터 거래 계약에서 데이터 제공자와 데이터 이용자의 비밀 유지 의무

데이터가 타인의 권리를 침해하는 경우에 대한 보증 및 책임

거래되는 데이터에는 제3자의 개인정보, 저작물, 영업비밀 등이 포함되어 있을 수 있다. 물론 데이터 제공자가 제3자로부터 허락을 받고 데이터 이용자와 데이터 양도 계약이나 라이선스 계약을 체결한 것이면 문제되지 않을 수 있다. 그러나 허락을 받지 않고 계약을 체결한 것이라면 이러한 데이터 거래는 제3자의 개인정보, 저작권, 영업비밀을 침해하는 것일 수 있고, 데이터 이용자는 데이터를 사용하지 못하게 될 수도 있다. 예를 들어서, 데이터 이용자가 데이터 제공자로부터 크롤링 데이터 세트를 구매하는 경우를 생각해 보자. 이 데이터 세트는 크롤링을 수행한 데이터 제공자가 보유한 데이터이지만 데이터에 포함된 각각의 글, 이미지, 기사, 논문 등은 데이터 제공자가 아닌 제3자가 저작권을 보유한 것일 수 있다. 이 경우 데이터 제공자로부터 데이터에 대한 이용 허락을 받았다고 하더라도 저작권자인 제3자에 대해서는 저작권 침해에 해당할 수 있다.

인공지능 학습 데이터의 거래는 수십~수백 개 정도 수준의 데이터가 거래되는 것이 아니라 수십만~수백만 개 또는 그 이상인 대량의 데이터가 거래되는 경우가 많다. 그렇기 때문에 데이터 제공자가 최선의 노력을 다해 문제 되는 데이터를 제거하였다고 하더라도 모든 데이터에 제3자의 권리가 전혀 포함되지 않았다고 확신하기는 어렵고, 거래된 데이터가 제3자의 권리를 침해할 가능성은 얼마든지 있다.

따라서 데이터 거래에 관한 계약 체결 시 거래된 데이터가 제3자 권리를 침해하는 경우 누구의 책임인지에 대해 명확하게 해 두는 것이 바람직하고, 이를 '보증 및 면책' 규정이라고 한다. 예를 들어, 데이터 제공자가 책임을 지는 것으로 한다면 다음과 같은 조항을 추가할 수 있다. 물론 반대로 데이터 제공자가 어떠한 책임도 지지 않는다는 내용으로 작성하는 것도 가능하다.

제#조(보증 및 면책)

① [데이터 제공자]는 본 계약을 이행하기 위한 권한을 모두 보유하고 있으며, [데이터 이용자]가 데이터를 이용함에 있어 출처 표시 의무를 부담하거나 타인의 지식재산권 및 기타 권리를 침해하지 않고, 데이터 수집, 제공 등과 관련하여 개인정보보호법, 부정경쟁방지법 및 영업비밀보호에 관한 법률을 비롯한 유관 법률상 문제되지 않음을 보증한다.

② 데이터와 관련하여 [데이터 이용자]가 제3자로부터 소송, 청구, 이의제기, 형사고소 기타 권리행사의 상대방이 된 경우 및 제3자가 데이터와 관련하여 [데이터 이용자]에 저작인격권 침해를 주장하는 경우에는 [데이터 제공자]는 자신의 책임과 비용으로 [데이터 이용자]의 권리를 보호하고 면책시켜야 한다.

학습 데이터의 품질에 대한 기준 설정

좋은 성능의 인공지능을 개발하기 위해서는 높은 품질의 데이터가 필요하므로 데이터의 품질은 인공지능 학습을 위한 데이터 수집 과정에서 매우 중요하게 고려되어야 하는 부분이다. 따라서 어느 정도의 품질을 가진 데이터를 제공할 것인지에 대해 데이터 제공자와 이용자 사이에 명확한 기준을 정할 필요가 있다.

그림 5-10 데이터 제공자와 이용자 간 학습데이터 품질 기준 합의

예를 들어서 데이터의 정확성(오류 비율이 낮을 것), 완전성(누락된 데이터가 적을 것), 일관성(일관된 형식을 가지고 중복이 적을 것), 최신성(최신의 데이터를 반영하고 있을 것), 유효성(데이터가 정의된 형식과 규칙에 따라 작성되어 있을 것), 신뢰성(데이터가 안정적이고 반복적으로 동일한 결과를 제공하고 있을 것) 등의 항목에 따라 품질 평가 기준을 세우고, 이를 계약서에 명확하게 기재할 필요가 있다.

품질 검증 절차를 언제, 누가 실시할지, 품질 기준을 충족하지 않는 경우에는 어떻게 할지(재수정 요구, 계약 해지 등) 등에 대해서도 데이터 제공자와 이용자 사이에 미리 합의해 두는 것이 바람직하다.

데이터 세트 제공 플랫폼에서 인공지능 학습 데이터를 수집하는 경우

인공지능 학습을 위한 다양한 데이터 세트를 무료로 제공하는 플랫폼이 상당히 많다. 이러한 플랫폼에는 많은 사람이 데이터 세트를 업로드하여 공개하고 누구나 다운로드받을 수 있도록 하고 있다. 또 데이터 세트에 대한 설명, 데이터 세트를 인공지능에 학습시켰을 때 기대할 수 있는 효과, 데이터 세트에 포함된 개별 데이터의 출처 등이 자세히 기재되어 있다. 뿐만 아니라 커뮤니티를 형성하여 데이터 세트에 대해 논의하기도 하고 다 함께 오류를 수정하기도 한다.

따라서 이러한 플랫폼에서 검증된 데이터 세트의 경우에는 높은 신뢰성을 가지고 인공지능 학습에 활용할 수 있고, 데이터 세트에 대한 사용이 무료라는 점에서 인공지능 개발 비용을 상당히 낮출 수 있다는 장점이 있다.

그러나 무료라고 하더라도 아무런 제한 없이 자유롭게 사용할 수 있다는 의미는 아니며, 각 데이터 세트별로 라이선스 조건을 포함하는 경우가 대부분이다. 예를 들어 그림 5-11과 같이 데이터 공유 플랫폼인 허깅 페이스(Hugging Face)에 올라와 있는 DecodingTrust라는 데이터 세트는 'cc-by-sa-4.0'이라는 데이터 라이선스에 따라 공개된 것임을 알 수 있고(빨간색 상자 부분), Decoding Trust 데이터 세트를 이용하여 인공지능을 개발하려는 경우에는 해당 데이터 라이선스에서 요구하고 있는 조건들을 준수하여야 한다.

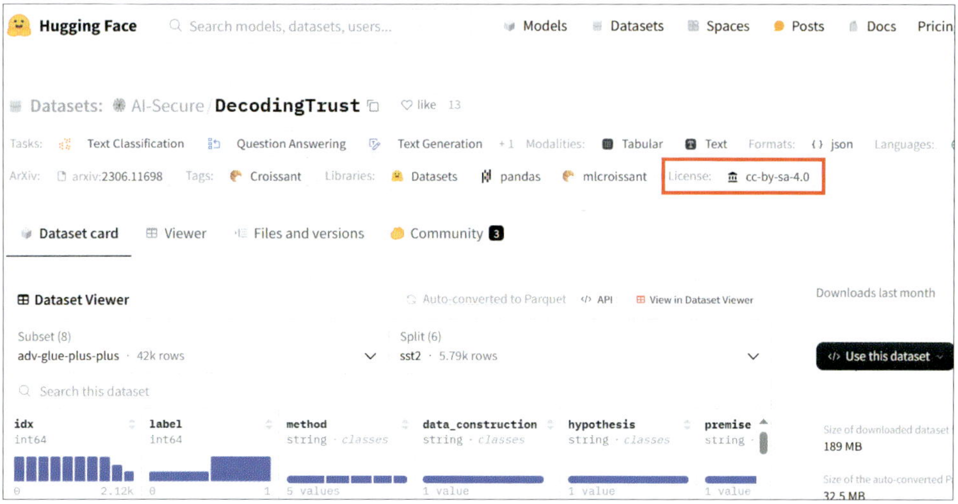

그림 5-11 데이터 세트에 포함된 라이선스 조건

데이터 라이선스의 종류에는 어떤 것이 있을까?

데이터 라이선스는 데이터를 공개하는 사람이 원하는 조건을 기재하여 작성할 수도 있지만, 표준화된 방법으로 이미 작성된 라이선스를 그대로 부착할 수도 있다.

이러한 데이터 라이선스에는 CCL(Creative Commons License), PDDL(Public Domain Dedication and License), ODbL(Open Database License), MIT License 등 다양하지만 전 세계적으로 가장 많이 사용되는 라이선스는 CCL이다. CCL은 비영리재단인 크리에이티브 커먼즈(Creative Commons)가 창작물의 자유로운 이용과 공유를 위하여 2002년에 만든 라이선스이다.

CCL을 구체적으로 살펴보면, 총 4가지 이용허락 조건(① BY: 출처 표시, ② NC: 비영리 목적 사용, ③ ND: 변경하거나 다른 창작물에 이용 불가, ④ SA: 새로운 저작물 창작 시 동일한 라이선스 부착)이 있고, 이 4가지를 조합한 6가지 라이선스(① CC BY, ② CC BY-NC, ③ CC BY-ND, ④ CC BY-SA, ⑤ BY-NC-SA, ⑥ BY-NC-ND)가 있다.

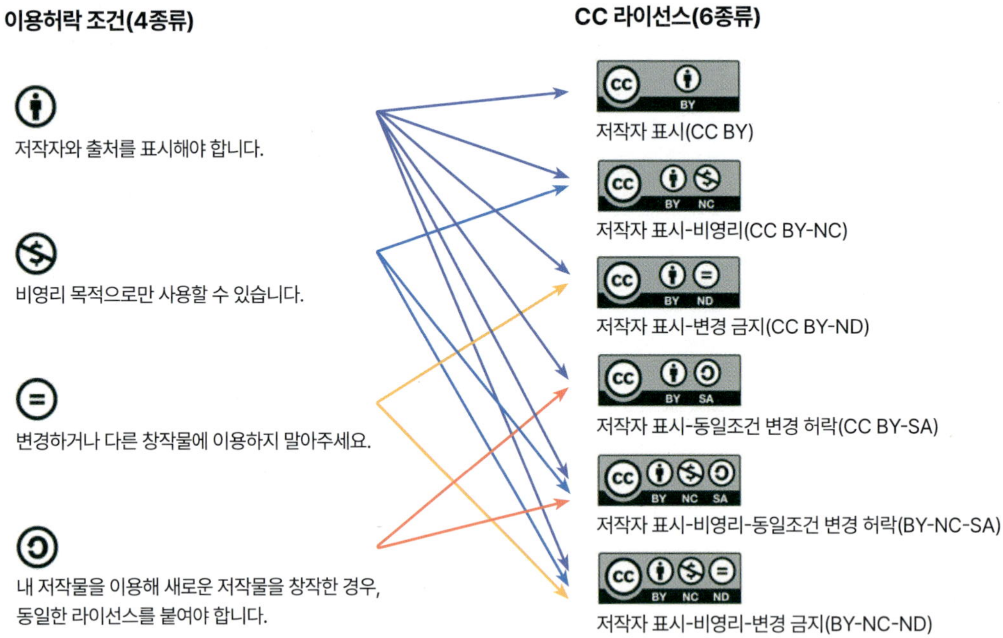

그림 5-12 CC 라이선스의 이용허락조건 및 종류(출처 https://ccl.cckorea.org/about)

CC라이선스는 그림 5-13과 같은 절차에 따라 6개 중 하나를 선택한 뒤, 공개하고자 하는 데이터나 데이터 세트에 표기하면 된다.

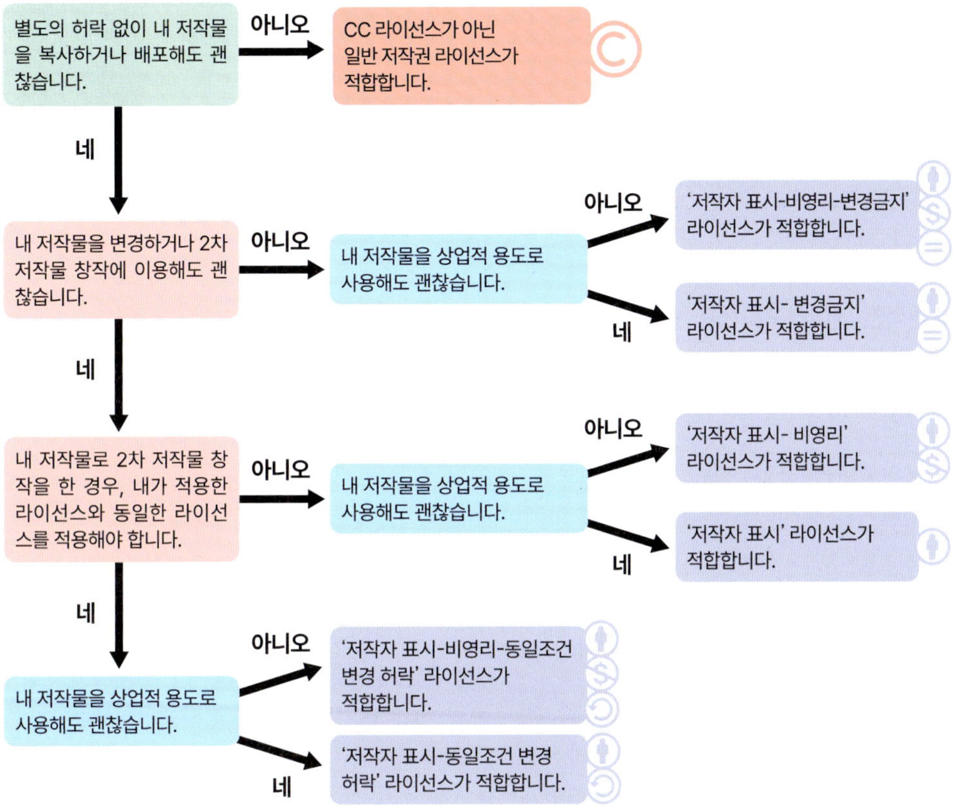

그림 5-13 CC 라이선스 표기 가이드 (**출처** https://ccl.cckorea.org/application/choose)

참고로 앞서 살펴본 허깅페이스의 데이터 세트에는 'cc-by-sa-4.0'이 부착되어 있는데 가장 뒤의 숫자인 4.0은 라이선스 버전을 의미한다. CC 라이선스는 시간이 지나면서 업데이트되고 새로운 버전이 출시되므로, 데이터를 사용하기 전에 버전을 확인하여 해당 버전의 구체적인 라이선스 내용을 살펴볼 필요가 있다. 한편 CCL 중에는 CC0라는 것이 있는데, 이는 저작자가 저작권을 포기하거나 저작권 기간이 만료되었다는 것을 의미하며, 자유로운 사용이 가능하다.

잠깐만요 **논문의 라이선스**

논문도 인간의 사상을 표현한 창작물이므로 「저작권법」상 저작물에 해당한다. 법원도 저작권자의 허락 없이 논문 전체를 복사하여 식약청에 제출한 사안에서 저작권 침해로 판단하였다(대법원 2013. 2. 15. 선고 2011도5835 판결). 따라서 논문을 인공지능 학습에 사용하는 경우에는 원칙적으로 논문 저작권자의 허락을 받아야 한다.

그런데 논문은 학회지나 학술지, 대학 등에서 CC 라이선스에 따라 공개하는 경우가 많으므로, 이때는 저작권자에게 연락하여 허락받을 필요 없이 부착된 라이선스 조건에 따라 논문을 사용하면 된다. 물론 CC 라이선스가 아닌 별도의 라이선스를 따르는 논문도 있고, 열람만 가능할 뿐 배포나 사용은 불가능하도록 설정해둔 경우도 있으므로 이런 경우에는 인공지능 학습으로 사용되지 않도록 주의하여야 한다.

구체적인 데이터 라이선스 판단 방법

- **1단계 – 데이터 세트의 라이선스 확인**: 인공지능 학습을 위한 데이터나 데이터 세트를 제공하는 웹사이트에서 라이선스를 확인하는 단계이다.

  앞의 그림 5-11과 같이 데이터 세트를 다운로드받는 화면상에는 데이터 세트가 어떠한 라이선스를 따르는지 표시된 경우가 많지만 그렇지 않은 경우도 있다. 예를 들어, 데이터를 다운로드받는 화면이 아니라 별도의 페이지 화면에서 약관 형태로 안내하거나, 데이터 세트 내에 별도의 파일(확장자가 txt인 파일)로 포함된 라이선스를 제공하기도 하고, 데이터 세트에 대한 논문이나 기술 보고서에 라이선스에 대한 내용이 포함되어 있을 수도 있다.

  만일 이러한 방법으로도 라이선스를 찾지 못할 때는 데이터 세트의 저작권자나 데이터 세트를 공개한 사람에게 연락하여 라이선스를 확인하여야 한다. 그럼에도 라이선스를 확인하지 못하는 경우라면 이러한 데이터 세트를 사용하는 것은 추후 문제 될 가능성이 있으므로 사용하지 않는 것이 바람직하다.

- **2단계 – 데이터 세트의 원출처 확인**: A라는 사람이 플랫폼에 데이터 세트를 공개하면, B라는 사람이 해당 데이터 세트를 수정하거나 추가하여 또 다른 플랫폼에 공개하는 경우가 있다. 이 경우 B는 A가 공개한 데이터 세트의 라이선스를 준수하여 데이터를 수정, 추가, 공개하여야 하지만, 라이선스를 준수하지 않았을 가능성도 있다. 따라서 B가 공개한 데이터를 사용하고자 할 때는 B가 데이터를 공개한 플랫폼뿐만 아니라 A가 원래의 데이터를 공개한 플랫폼(즉 원출처)에서도 라이선스를 확인할 필요가 있다.

  A가 원래의 데이터를 공개한 플랫폼에 대한 정보는 B가 데이터를 공개한 플랫폼에 기재된 내용을 통해 확인할 수도 있고, 검색 엔진을 통해 검색할 수도 있다.

- **3단계 – 개별 데이터의 라이선스 확인**: 데이터 세트는 여러 데이터를 모아 둔 집합체이고, 데이터 세트 내에 포함된 각각의 데이터들은 다양한 출처로부터 온 것일 수 있다.

예를 들어 그림 5-14와 같이 하나의 데이터 세트(Data Set) 내에는 Data A, B, C, D, E, F··· 등 여러 데이터가 포함되어 있다. 만일 데이터 세트가 License X를 따른다면 이 데이터 세트를 사용할 때는 License X에서 요구하는 조건을 따라야 한다. 그런데 데이터 세트에 포함된 각각의 데이터들(예를 들면 이미지 사진, 텍스트 등)은 다른 웹사이트에서 수집된 것일 수 있고, 각각의 데이터들은 데이터 세트와는 다른 라이선스를 따를 수 있다. Data A는 License A를 따르고, Data B는 License B를 따른다면, 데이터 세트를 사용할 때 데이터 세트의 라이선스인 License X뿐만 아니라 각 데이터의 라이선스인 License A 및 B의 요구 조건도 따라야 한다.

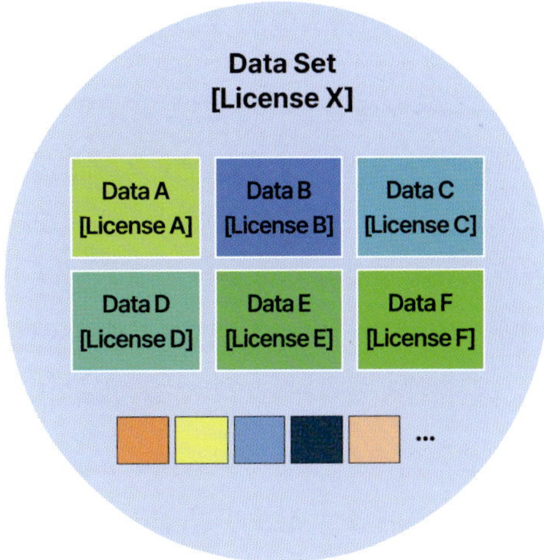

그림 5-14 데이터 세트의 구조

결국 데이터 세트의 라이선스뿐만 아니라 데이터 세트에 포함된 각각의 데이터들의 라이선스도 확인하여야 하고, 데이터 세트가 서브 데이터 세트의 집합으로 되어 있는 경우에는 서브 데이터 세트의 라이선스도 확인하여야 한다. 또한 라이선스는 시간이 지남에 따라 업데이트되어 변경되는 경우가 많으므로, 어떤 시점의 라이선스를 따르는지도 확인이 필요하다.

- **4단계-라이선스의 구체적 조건 확인 및 준수**: 사용하고자 하는 데이터 세트와 관련된 라이선스를 모두 확인하였다면, 라이선스에 인공지능 학습 및 개발과 관련한 조건이 어떤 것이 있는지 확인하여 그에 위반되지 않도록 학습 및 개발을 진행하여야 한다.

데이터 라이선스에서 주로 확인해야 하는 내용은 상업적 목적으로 사용할 수 있는지 아니면 회사 내부적으로만 사용해야 하는지, 인공지능 개발 목적으로 사용할 수 있는지, 라이선스의 유효 기간 내인지, 보증/면책 여부, 데이터의 수정이나 변형이 가능한지이고, 현재 자신이 개발을 계획하는 인공지능이 이러한 라이선스의 조건에 위배되는지 여부를 검토해야 한다.

만일 라이선스 조건을 위반하거나 라이선스 자체를 확인할 수 없음에도 그러한 데이터를 사용하여 인공지능을 학습시키는 경우에는 라이선스 위반이나 저작권 침해의 문제가 발생할 수 있다.

오픈소스를 이용하여 프로그램을 개발하는 경우

앞의 4장에서 설명한 바와 같이, 인공지능 프로그램은 오픈소스(Open Source)를 사용하여 개발되는 경우가 많다. 오픈소스란 그 내용이 공개되어 있어서 누구나 열람하고 사용할 수 있는 소스 코드를 말하며, 기존에 이미 공개된 오픈소스를 사용하여 프로그램을 개발할 수 있으므로 개발 시간을 단축할 수 있다는 장점이 있다. 그렇기 때문에 대부분의 기업에서는 소프트웨어를 개발할 때 오픈소스를 사용하고 있으며, 어느 회사 소프트웨어를 들여다봐도 70~80%는 오픈소스로 채워져 있다는 얘기가 있을 정도이다.

'오픈'소스의 용어 때문에 마음대로 사용할 수 있다고 오해할 수 있으나 '오픈'은 누구나 볼 수 있도록 외부에 소스 코드가 공개되어 있다는 의미일 뿐 아무런 제약 없이 소스 코드를 사용할 수 있다는 의미는 아니며, 오픈소스가 따르는 라이선스 조건을 지켜서 사용해야 한다. 오픈소스 라이선스에는 GNU General Public License(GPL), Apache License, MIT License, BSD License 등 매우 다양한 종류가 있다.

오픈소스 라이선스와 관련하여 주로 문제가 되는 부분은 오픈소스 라이선스의 양립성이다. 여러 종류의 오픈소스를 사용하는 경우에는 각 오픈소스의 라이선스를 모두 준수하여야 하는데, 어느 한쪽의 라이선스에서는 허용하는 것이 다른 한쪽에서는 허용하지 않는 경우에는 서로 충돌이 발생하여 라이선스가 양립 불가능하게 된다. 이러한 모순이 생기지 않도록 양립이 가능한 오픈소스만을 사용해야 한다. 참고로 소스코드가 어떠한 오픈소스 라이선스를 따르는지 확인하거나 오픈소스 라이선스의 준수 여부, 충돌 문제(양립성)를 검토하는 프로그램 도구들이 이미 많이 개발되어 있으므로 적극적으로 활용할 필요가 있다.

한편, 오픈소스는 소스코드가 공개되어 있다보니 코드의 취약점이 쉽게 발견될 수 있기 때문에 해킹에 노출되는 경우가 많다는 문제가 있다. 그러나 누구나 열람하고 사용하며 개선할 수 있다는 오픈소스의 특성상 많은 사람들이 함께 고민함으로써 해킹 취약점도 빠르게 개선되어 업데이트 프로그램(패치라고 한다)이 배포된다.

오픈소스 외에 라이브러리, 프레임워크, API 등을 활용하여 프로그램을 개발하는 경우에도 해당 프로그램을 제공하는 웹사이트에서 이용약관이나 라이선스를 확인하여 사용해야 한다.

5.4 인공지능 개발 후 인공지능 서비스 제공 과정에서의 적법한 이용 방법

앞의 5.3에 따라 적법하게 인공지능을 개발하였다고 가정하였을 때, 이렇게 개발된 인공지능을 서비스하는 과정에서 인공지능 서비스 제공 회사와 사용자 사이에 발생할 수 있는 저작권 이슈는 다음과 같다.

사용자가 인공지능을 사용하는 과정에서 만든 산출물의 저작권 귀속

생성형 인공지능의 경우 사용자의 프롬프트 입력에 따라 여러 산출물을 생성해 낸다. 이러한 입력 및 산출물에 저작권이 발생하는지에 대해서는 아직 명확하지 않은 부분이 있지만, 추후 분쟁을 방지하기 위하여 인공지능 서비스의 이용 약관에 산출물이 누구의 소유인지를 명확하게 정해둘 필요가 있다.

참고로 Open AI가 운영하는 Chat GPT의 이용약관에는 Chat GPT에 입력되는 인풋과 산출되는 아웃풋은 Open AI가 아닌 사용자가 가지는 것으로 기재되어 있다.

> [Open AI 이용약관(https://openai.com/ko-KR/policies/terms-of-use)]
>
> 콘텐츠 소유권. 관련 법률상 허용되는 한도 내에서, 귀하와 OpenAI 중 귀하가 (a) 인풋에 대한 귀하의 소유권을 유지하고 (b) 아웃풋을 소유합니다. 당사는 아웃풋에 대한 당사의 권리, 소유권 및 이권이 있다면 그 모두 이로써 귀하에게 양도합니다.

사용자가 만든 산출물이 제3자의 권리를 침해하는 경우의 책임 소재

저작권을 침해하지 않는 데이터로 학습된 인공지능이라고 하더라도 저작권을 침해하는 산출물을 생성해 낼 수 있다. 예를 들어, 생성형 인공지능 서비스 사용자가 저작권자의 허락을 받지 않은 사진을 인공지능 서비스에 업로드하면서 수정을 요청하는 경우, 인공지능이 사진을 수정하고 전송하는 행위는 저작권 침해에 해당할 수 있다.

사용자의 이러한 행위를 인공지능 서비스 회사가 모두 막는 것은 쉽지 않기 때문에 대부분의 인공지능 서비스를 제공하는 회사는 이용약관을 통해 사용자가 타인의 권리를 침해하지 않도록 하고, 인공지능에 입력하는 인풋 및 산출되는 아웃풋에 의한 책임은 사용자가 지는 것으로 정하고 있다. Open AI의 Chat GPT 이용약관도 마찬가지이다.

그림 5-15 인공지능에 저작권 침해 사진 업로드

> [Open AI 이용약관(https://openai.com/ko-KR/policies/terms-of-use)]
>
> 귀하가 할 수 없는 것. 본 서비스를 불법적이거나 유해하거나 악의적인 행위에 이용할 수 없습니다. 예를 들어, 귀하의 다음과 같은 행위는 금지됩니다:
>
> **타인의 권리를 침해,** 남용 또는 위반하는 방식으로 본 서비스를 이용하는 행위.
>
> ...(중략)...
>
> 귀하의 콘텐츠. 귀하는 본 서비스에 인풋을 제공할 수 있고 이를 바탕으로 본 서비스로부터 아웃풋을 수령할 수 있습니다. 인풋과 아웃풋을 총칭하여 "콘텐츠"라고 합니다. 귀하의 콘텐츠가 관련 법률 또는 본 약관을 위반하지 않게 하는 등 **콘텐츠에 대한 책임은 귀하에게 있습니다.** 귀하는 본 서비스에 인풋을 제공하는데 필요한 모든 권리, 면허 및 허가를 보유하고 있음을 진술 보장합니다.

5.5 데이터 보관 및 폐기 과정에서의 적법한 이용 방법

인공지능 학습에 사용된 데이터들은 어떻게 처리해야 할까? 앞서 살펴본 바와 같이 인공지능 학습에 사용한 데이터에는 자신이 직접 생성한 데이터도 있지만 대부분은 타인의 데이터를 수집하거나 이용 허락을 받은 것이기 때문에 별도의 제한 조건이 있을 수 있고, 타인의 비밀정보에 해당한다면 외부에 유출될 경우 책임을 지게 될 수도 있다.

따라서 데이터의 적법한 이용이라는 측면에서 인공지능 학습에 활용된 데이터는 다음과 같은 점들을 고려하여 관리하는 것이 바람직하다.

- 이력 관리 및 추후 분쟁 발생 시 증거자료로 활용하기 위하여, 어떤 데이터가 어떠한 양으로 인공지능 학습에 사용되었으며, 각 데이터가 따르는 라이선스 조건이나 계약 조건을 정리하여 기록 보존
- 데이터 취득 과정에서 확인된 제한 요건들(예를 들면, 라이선스 계약에서 정해진 데이터 보유 기간, 보관 방법, 폐기 방법)에 따라 데이터 보관 및 파기
- 데이터가 타사의 비밀정보에 해당할 수 있고, 타사와 데이터를 외부에 유출하거나 공개하지 않기로 하는 비밀유지약정이 체결되어 있을 가능성이 있음. 이 경우 데이터에 대한 접근 권한을 관리하고 통제하는 등의 보안 조치를 취하여야 하며 데이터의 저장, 접근, 열람, 열람 거부, 반출 등 일체의 내역을 기록하고 관리할 필요가 있음.
- 계약상 데이터 보유 기간의 경과 등으로 파기 사유가 발생하였는지를 수시로 확인하고, 파기 사유 발생 시 파기 진행. 이때 데이터의 파기 일자, 파기 방법 등에 대한 기록을 남기고 이 기록은 상당 기간 보관하는 것이 바람직함(추후 데이터의 저작권자와 파기 여부에 대한 다툼이 생길 경우를 대비).
- 데이터에 영업비밀이나 개인정보가 포함되어 있다면 이러한 데이터는 별도로 분리하여 보관할 필요가 있으며 영업비밀은 「부정경쟁방지 및 영업비밀보호에 관한 법률」에 따라, 개인정보는 「개인정보보호법」에 따라 관리되어야 함(각 법령과 관련한 구체적인 내용은 이후 8장 및 9장에서 자세히 설명).

5.6 정리하며

인공지능을 개발하는 과정에서 발생되는 권리를 잘 보호하는 것도 중요하지만, 타인의 권리를 침해하지 않도록 적법하게 개발하는 것도 매우 중요하다. 특히 데이터의 수집 단계에서부터 사용, 보관, 파기 단계에 이르기까지 데이터의 출처를 명확하게 하고 저작권 및 관련 법령을 준수하는 것은 공정하고 신뢰할 수 있는 인공지능 개발의 기반이 된다.

이를 위해 데이터의 출처 및 라이선스를 확인하거나 소유자와 명확한 계약을 체결하고, 데이터 사용 시에도 라이선스 조건이나 계약 조건을 확인하고 준수할 필요가 있다.

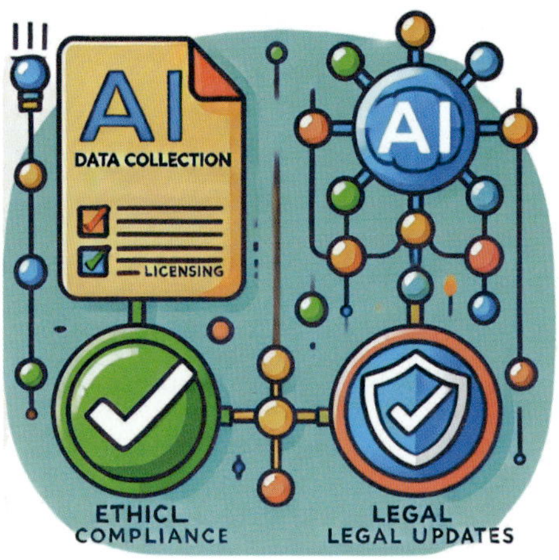

그림 5-16 적법한 데이터의 이용

Q 인공지능 모델의 학습에 이용되는 데이터의 권리자가 누구인지 알 수 없는 경우, 해당 데이터에 대한 이용권한을 확보할 수 있는 방법은 없을까?

A 저작권자가 누구인지 알 수 없거나 연락이 닿지 않아서 저작물에 대한 이용허락을 받는 것이 현실적으로 곤란한 경우, 「저작권법」에서는 일정한 요건하에 저작물을 이용할 수 있도록 하는 법정 허락 제도를 마련하고 있다.

[저작권법 제50조(저작재산권자 불명인 저작물의 이용)]

① 누구든지 대통령령으로 정하는 기준에 해당하는 상당한 노력을 기울였어도 공표된 저작물의 저작재산권자나 그의 거소를 알 수 없어 그 저작물의 이용허락을 받을 수 없는 경우에는 대통령령으로 정하는 바에 따라 문화체육관광부장관의 승인을 얻은 후 문화체육관광부장관이 정하는 기준에 의한 보상금을 위원회에 지급하고 이를 이용할 수 있다.

「저작권법」 제50조의 '상당한 노력'이 어느 정도의 노력을 의미하는지와 관련하여, 「저작권법 시행령」은 다음과 같이 규정하고 있다.

[저작권법 시행령 제18조(상당한 노력의 기준)]

① 법 제50조제1항에서 "대통령령으로 정하는 기준에 해당하는 상당한 노력"이란 다음 각 호의 요건을 모두 충족하는 것을 말한다.

1. 법 제55조제3항에 따른 저작권등록부의 열람 또는 그 사본의 교부 신청을 통하여 해당 저작물의 저작재산권자나 그의 거소를 조회할 것
2. 다음 각 목의 구분에 따른 자에게 저작재산권자나 그의 거소를 확인하기 위하여 확정일자 있는 문서를 보냈으나 이를 알 수 없다는 회신을 받거나 문서를 발송한 날부터 1개월이 지났는데도 회신이 없을 것
   가. 해당 저작물이 속하는 분야의 저작물을 관리하는 저작권신탁관리업자가 있는 경우: 저작권신탁관리업자
   나. 해당 저작물이 속하는 분야의 저작물을 관리하는 저작권신탁관리업자가 없는 경우: 다음의 어느 하나에 해당하는 자
      1) 법 제105조제1항 본문에 따라 저작권대리중개업의 신고를 한 자(이하 "저작권대리중개업자"라 한다)
      2) 해당 저작물에 대한 이용을 허락받은 사실이 있는 이용자 중 2명 이상
3. 저작재산권자나 그의 거소 등 문화체육관광부령으로 정하는 사항을 다음 각 목의 어느 하나에 공고한 날부터 10일이 지났을 것
   가. 「신문 등의 진흥에 관한 법률」 제9조제1항에 따라 보급지역을 전국으로 하여 등록한 일반일간신문
   나. 권리자 찾기 정보시스템
4. 국내의 정보통신망 정보검색도구를 이용하여 저작재산권자나 그의 거소를 검색할 것

Q 위키피디아에는 대량의 텍스트와 이미지 데이터가 포함되어 있고 이를 학습에 사용하고자 한다. 위키피디아의 이용약관을 살펴보면 "CC BY-SA" 라이선스를 따르는 것으로 기재되어 있는데, 이 조건을 지키면서 위키피디아의 데이터를 사용하면 저작권 문제가 발생하지 않을까?

A 위키피디아의 텍스트 데이터는 온라인에서 무료로 제공하고 있고 데이터의 양이 상당히 많아서 인공지능 모델 학습에 자주 사용되고 있다(Chat-GPT 3.0도 위키피디아의 데이터를 학습 데이터로 이용한 것으로 알려져 있다).

위키피디아의 홈페이지에 접속하면 "CC BY-SA" 라이선스를 따르는 것으로 표시하고 있으므로, 이 조건에 따라서 저작자를 표시하고 새로운 창작물을 만드는 경우 동일한 라이선스 조건을 부착한다면 위키피디아의 라이선스 위반은 문제 되지 않는다.

그러나 위키피디아에 포함된 수많은 데이터는 위키피디아가 직접 생성한 것이 아니라 여러 사람이 참여하여 공동으로 생성한 것이다. 누구나 수정이 가능하다는 특성상 게시물의 원출처를 정확하게 알기 어렵고, 누군가의 저작물이 무단으로 게재되었을 가능성도 있다(실제로도 위키피디아에는 타인의 저작물이 무단으로 게재된 사례가 있다).

위키피디아가 개별 데이터에 대해 저작권을 가지고 있다고 보증하는 것도 아니므로, 위키피디아의 라이선스를 준수한다고 하더라도 개별 데이터의 저작권을 여전히 침해할 가능성이 있는 것이다.

이러한 점 때문에 위키피디아의 텍스트 데이터를 인공지능 학습에 활용하는 것은 저작권 침해 리스크가 있다는 점을 알아둘 필요가 있다(물론 개별 데이터의 저작권을 모두 확인하고 저작권자로부터 사용 허락을 받는다면 저작권 침해 문제가 없겠지만, 현실적으로 대량의 데이터에 대해 개별적으로 사용 허락을 받는다는 것은 매우 어렵다).

Q 오픈소스 소프트웨어를 이용하면 아무런 제약 없이 인공지능을 개발할 수 있을까?

A 그렇지 않다. 오픈소스 소프트웨어는 일반적으로 무료로 사용할 수 있지만, 특정 라이선스 조건을 준수해야 한다. 라이선스에는 상업적 이용 제한, 수정 코드 공개 의무 등이 포함될 수 있다. 대표적인 오픈소스 라이선스로는 MIT, Apache, GNU GPL 등이 있으며, 사용 전 각 라이선스의 조건을 확인해야 한다.

Q 공공데이터는 무료로 마음껏 사용해도 될까?

A 공공데이터는 대부분 무료로 제공되지만, 이용 조건이 있다. 예를 들어, 출처를 명시해야 하거나 상업적 이용이 제한될 수 있다. 또한 공공데이터가 포함된 데이터베이스의 구조나 특정 콘텐츠는 저작권 보호를 받을 수 있으므로, 데이터 사용 전 이용 조건을 꼼꼼히 확인해야 한다.

Q 인공지능 학습 데이터의 품질은 어떻게 평가할까?

A 데이터의 품질을 평가하는 기준은 여러 가지가 있지만 대표적으로는 데이터의 정확성, 일관성, 최신성을 기준으로 판단한다. 학습 데이터의 품질이 낮으면 인공지능의 결과물도 부정확할 가능성이 높아진다. 데이터 제공자와 계약 시 이러한 기준을 포함하면 데이터 품질 보장을 받을 수 있다.

6 장

인공지능의 저작권 침해

인공지능의 개발 및 활용 과정에서의 저작권 침해

학 습 목 표

1. 인공지능의 저작권 분쟁 사례를 살펴본다.
2. 인공지능 분야에서 저작권 침해 판단 방법을 학습한다.
3. 인공지능 분야에서 저작권 침해가 발생한 경우 누가 책임져야 하는지 살펴본다.

6.1 들어가며

2023년 12월, 미국의 유명 일간지인 뉴욕타임즈(The New York Times)는 Open AI와 마이크로소프트가 자사의 뉴스 기사를 인공지능 학습에 무단 사용하였다고 주장하며 저작권 침해 소송을 제기하였다. 이어서 2024년 2월에는 디지털 뉴스 매체인 로스토리(Raw Story), 얼터넷(AlterNet), 더 인터셉트(The Intercept)가 Open AI를 상대로 자신들의 콘텐츠 무단 사용에 대한 손해배상청구 소송을 제기했고, 2024년 4월에는 뉴욕 데일리 뉴스(New York Daily News), 시카고 트리뷴(Chicago Tribune), 덴버 포스트(Denver Post) 등 8개 일간지 회사가 Open AI와 마이크로소프트를 상대로 저작권 침해 소송을 제기하였다. 2024년 5월에는 미국 유명 일간지인 월스트리트저널(Wall Street Journal)을 소유한 뉴스코프(News Corp)와 Open AI가 뉴스코프 소유 콘텐츠의 사용에 관한 협약을 체결하였다.

그림 6-1 인공지능 개발 회사를 상대로 한 언론사들의 저작권 침해 소송

이처럼 인공지능 개발 회사와 인공지능 학습에 활용될 수 있는 데이터를 보유한 언론사들 사

이의 분쟁은 점점 증가하고 있고, 앞으로는 언론사뿐만 아니라 데이터를 보유하고 있는 다양한 회사들(사진이나 동영상을 제공하는 플랫폼 회사, 소셜 미디어 회사 등)과도 분쟁이 늘어날 것으로 예상된다.

인공지능이 개발되면 인공지능 자체를 이용할 수 있도록 하는 서비스를 제공할 수도 있지만(예를 들면, Chat GPT와 같이 LLM 모델을 직접 사용하는 챗봇 서비스를 제공), 다양한 제품에 인공지능이 탑재되어 서비스가 제공될 수도 있기 때문에(예를 들면, 스마트폰, 자율주행 자동차, 가전제품에 인공지능 모델을 탑재) 인공지능 분쟁은 다양한 제품과 관련한 분쟁으로 확대될 수도 있다. 향후 인공지능은 계속적인 기술 발전과 함께 헬스케어, 제조, 금융, 교육, 교통, 농·축산업 등 사실상 전 산업 영역에서 활용될 것이기 때문에 인공지능과 관련한 분쟁은 더욱 증가할 것으로 예상되고, 사전에 철저하게 대비할 필요가 있다.

6.2 인공지능의 저작권 분쟁 사례

앞서 6.1에서 설명한 언론사와 오픈 AI의 분쟁 사례 외에도 인공지능 분야에서는 여러 저작권 침해 소송이 진행되고 있다. 그중 대표적인 두 가지 사례를 소개한다.

Getty Images v. Stability AI

게티 이미지(Getty Images)는 저작권자로부터 위탁받은 수억 개의 사진, 동영상, 음원을 제공하는 미국의 콘텐츠 플랫폼 회사이며, 사용자는 게티 이미지에 사용료를 지불하고 원하는 콘텐츠를 사용할 수 있다. 한편, 스테빌리티 AI(Stability AI)는 런던에 본사를 둔 인공지능 스타트업으로 텍스트를 입력하면 입력된 내용에 따라 이미지를 생성해 주는 스테이블 디퓨전(Stable Diffusion)이라는 인공지능을 개발했다.

2023년 게티 이미지는 스테빌리티 AI가 라이선스 구매 없이 1,200만 장 이상의 이미지를 게티 이미지 웹사이트에서 수집하여 인공지능 학습에 무단으로 사용했다고 주장하면서 저작권 침해 소송을 제기하였다. 침해 주장의 근거로 제시한 사진은 게티 이미지 웹사이트에 있는 사진과 스테빌리티 AI의 인공지능인 스테이블 디퓨전이 만들어낸 산출물 사진인데, 양 사진이 매우 유사할 뿐만 아니라 인공지능 산출물에 게티이미지의 상표(gettyimages)가 약간 일그러진 모양으로 포함되어 있다는 점에서 스테이블 디퓨전이 게티 이미지의 사진을 학습했다는 것이다.

이 소송에서 게티 이미지는 저작권 침해를 주장하고, 스테빌리티 AI는 인공지능의 데이터 학습이 공정이용(Fair Use)에 해당하므로 저작권자인 게티 이미지의 허락 없이 저작물을 사용할 수 있다고 주장하고 있다(공정이용에 대해서는 아래 목차에서 좀 더 구체적으로 설명).

이 소송의 판결이 선고되면, 저작물이 포함된 데이터를 인공지능 학습에 사용하는 경우 저작권자의 허락을 받아야 하는지에 대한 법원의 판단을 알 수 있으므로, 인공지능 분야에 종사하는 사람이나 기업들은 소송 결과에 큰 관심을 가지고 있다.

깃허브(GitHub) 집단소송(Class Action)

깃허브는 2021년 소스코드를 작성해 주는 인공지능인 코파일럿(Copilot)을 개발하였다. 이 인공지능은 일상어로 프로그램을 설명하면 그에 따른 프로그래밍 소스코드를 생성해 주거나, 소스코드의 일부를 입력하면 나머지를 완성해 주는 기능을 가지고 있다.

2022년 11월 오픈소스 개발자들은 코파일럿을 출시한 깃허브, 깃허브를 인수한 마이크로소프트, 코파일럿의 개발에 참여한 오픈 AI를 상대로 저작권 침해 소송을 제기하였고, 코파일럿이 오픈소스를 학습데이터로 사용하였음에도 오픈소스의 라이선스 조건(출처를 기재할 것 등)을 준수하지 않았다고 주장하였다(오픈소스 라이선스에 대한 설명은 제4장 및 제5장 참고). 이에 대하여 깃허브는 인공지능을 훈련시키기 위해 오픈소스를 사용한 것은 공정이용에 해당한다고 반박하고 있다.

만일 이 소송에서 코파일럿이 공개된 소스코드를 학습하는 것이 공정이용에 해당하지 않아서 저작권 침해에 해당한다는 판결이 선고된다면, 이미 개발되어 출시된 인공지능 중 상당수가 마찬가지 방법으로 학습되었다는 점에서 많은 법적 분쟁이 발생할 것으로 예상된다.

6.3 인공지능 분야에서 저작권 침해 판단 방법

저작권자가 자신의 저작권이 침해되었다고 주장하는 경우 어떠한 기준에 따라 저작권 침해를 판단할 수 있을까?

저작권 침해 여부 판단의 요건

인공지능의 개발이나 활용 과정에서 발생한 산출물이 기존에 존재하던 저작물(원저작물)을 침해하는 것으로 인정되려면 다음의 3가지 요건을 만족해야 한다.

원저작물이 창작성을 갖춘 저작물일 것(저작물성)

저작권 침해가 인정되려면 당연히 「저작권법」에 따라 보호되는 저작물이어야 한다. 현행법상 인간이 거의 관여하지 않고 인공지능이 스스로 만든 산출물의 경우에는 저작물로 인정되지 않으므로, 이러한 산출물에 대해서는 그대로 복제하거나 전송하여도 저작권 침해 문제가 발생하지 않는다. 다만 저작권이 문제 되지 않는다는 것이지 「부정경쟁방지법」이나 라이선스 위반 문제가 발생할 수 있으므로 이에 대한 주의가 필요하다.

인공지능 산출물이 원저작물에 의거하였을 것(의거성)

저작권 침해가 인정되려면 인공지능 산출물이 원저작물에 의거하여야 한다. 여기서 '의거'한다는 것은 인공지능 산출물이 원저작물을 근거로 하여 만들어졌다는 것을 의미하며, 인공지능이 원저작물을 학습하거나 확인한 적이 전혀 없음에도 우연히 원저작물과 유사한 산출물을 만들어냈다면 '의거성' 요건을 만족하지 않아서 저작권 침해에 해당하지 않는다.

그림 6-2 저작권 침해 성립을 위한 의거성

저작권 침해 소송에서 '의거성'을 입증하기 위해서는 침해자가 원저작물에 실제로 접근했거나 원저작물을 이용하여 산출물을 만들어냈다는 것까지 입증할 필요는 없고, ① 침해자가 원저작물에 접근하여 저작물을 볼 기회가 있었다는 점(접근 가능성)과 ② 원저작물과 산출물이 실질적으로 유사하다는 점(실질적 유사성)을 보여주면, 산출물이 원저작물에 의거했을 가능성이 높다고 보아서 '의거성'이 추정된다(대법원 2007. 12. 13. 선고 2005다35707 판결 등 참조).

이러한 '의거성'의 추정을 번복하기 위해서는 인공지능이 원저작물을 전혀 이용하지 않고 독자적으로 산출물을 창작하였다는 특별한 사정을 입증하여야 한다. 이를 위해서 인공지능 개발자는 인공지능이 어떠한 학습데이터로 학습했는지에 대한 기록을 남겨둠으로써 학습데이터에 원저작물이 포함되지 않았다는 점을 보여줄 수 있고 '의거성'의 추정을 번복하여 저작권 침해에서 벗어날 수 있다. 따라서 인공지능 개발 과정에서 인공지능 학습데이터에 대한 기록을 보관하는 것은 중요하다.

인공지능 산출물과 원저작물이 실질적으로 유사할 것(실질적 유사성)

저작권 침해가 인정되려면 인공지능 산출물과 원저작물이 유사해야 하는데, 단순한 유사를 넘어 실질적으로 유사해야 한다. 즉 양 저작물의 비슷한 부분이 양적으로도 어느 정도 이상이어야 유사하다고 볼 수 있으며, 더 나아가 유사한 부분이 원저작물에서 기존의 다른 저작물과 차별화되는 핵심적인 부분이어야 실질적으로 유사하다고 볼 수 있다. 반대로 말하면 양 저작물이 아무리 유사한 부분이 많다고 하더라도 원저작물에서 핵심적이지 않은 부분이 유사한 경우(예를 들면, 'C-G-Am-F'와 같이 기존 음악에서 이미 많이 사용되는 기본적인 코드 진행만 유사한 경우)에는 실질적으로 유사하다고 볼 수 없다.

위 3가지 요건 중에서 인공지능과 관련하여 중요한 부분은 두 번째인 '의거성' 부분이다. 앞서 설명한 바와 같이 인공지능 학습데이터에 대한 기록을 보관함으로써 '의거성' 추정을 번복(이를 '복멸'이라고 함)하고 저작권 침해에서 벗어날 수 있다. 특히 인공지능은 원저작물을 학습하지 않았음에도 사용자가 의도적으로 원저작물을 침해하는 결과물을 생성하도록 유도하는 프롬프트를 입력함으로써 저작권을 침해하는 결과물을 생성할 수도 있다(예를 들어, 미키마우스의 모습을 텍스트로 자세히 설명하여 그림으로 그려달라고 인공지능에 요청). 또 그런 점에서 아무리 문제 되지 않는 데이터로 학습한 인공지능이라고 하더라도 저작권 침해 문제가 발생할 수 있으므로, 인공지능이 저작권 침해 산출물을 생성할 수 있다는 점을 항상 생각하고 미리 대비하는 것이 필요하다.

세 번째의 '실질적 유사성' 부분도 중요할 수 있는데, 최근에는 인공지능이 기존의 저작물이나 학습데이터와 유사하지 않은 산출물을 만들어내는 기술이 개발되고 있으므로, 이러한 기술을 사용함으로써 생성된 산출물이 기존 저작물의 저작권을 침해할 가능성을 낮출 수 있다.

6.4 인공지능 분야의 저작권 침해에 대한 구체적인 판단

인공지능의 라이프 사이클은 크게 개발 단계와 활용 단계로 나눌 수 있고, 두 단계에서 모두 저작권 침해가 발생할 수 있다.

인공지능 개발 단계에서의 저작권 침해

앞의 제1장에서 설명한 것처럼 일반적인 인공지능 모델의 개발은 개발 계획 수립, 데이터 준비, 모델 학습(모델 개발 포함), 평가, 배포 단계를 거치게 된다.

그림 6–3 인공지능의 개발 단계

이러한 개발 단계 중 '데이터 준비' 및 '모델 학습(모델 개발 포함)' 단계에서, 저작권자의 허락 없이 또는 허락된 범위를 넘어서 다음과 같은 행위를 하는 것은 저작권 침해에 해당할 수 있다(아래 각 권리에 대한 설명은 앞의 제4장 및 제5장 참고).

- 복제권 침해: 저작물이 포함된 데이터를 인공지능 학습 데이터로 사용하기 위해 PC나 서버의 메모리에 복사(복제)하는 행위, 소스코드를 수집하고 수집된 소스코드를 포함하는 인공지능 모델을 개발하는 행위
- 2차적저작물작성권 침해: 수집된 데이터를 전처리(Pre-processing)하거나 가공하여 변형하는 행위, 수집된 소스코드를 수정하여 변형하는 행위
- 데이터베이스제작자의 권리 침해: 저작물이 포함되어 있는지와 무관하게 데이터가 데이터베이스로 구성되어 있는 경우, 그러한 데이터베이스의 전부나 상당한 부분을 인공지능 학습 데이터로 사용하기 위해 복사(복제)하는 행위

[저작권법]

제16조(복제권) 저작자는 그의 저작물을 복제할 권리를 가진다.

제22조(2차적저작물작성권) 저작자는 그의 저작물을 원저작물로 하는 2차적저작물을 작성하여 이용할 권리를 가진다.

제93조(데이터베이스제작자의 권리) ①데이터베이스제작자는 그의 데이터베이스의 전부 또는 상당한 부분을 복제 · 배포 · 방송 또는 전송(이하 이 조에서 "복제등"이라 한다)할 권리를 가진다.

인공지능의 개발과 관련하여 어떤 모습으로 저작권 침해가 발생할 수 있는지 좀 더 구체적으로 살펴본다.

타인의 저작물이 포함된 데이터를 그대로 사용하는 경우

「저작권법」상 저작물이 포함된 데이터를 허락 없이 인공지능 학습에 사용하는 것은 저작권 침해에 해당한다(물론 저작권이 제한되어 행사할 수 없는 경우에는 동의받지 않고도 사용할 수 있지만 이에 대해서는 다음 항에서 설명한다). 특히 인터넷에 공개되어 있는 데이터는 특정 라이선스 조건에서 사용을 허락하는 것이므로, 라이선스 조건을 위반하여 사용하게 되면 마찬가지로 저작권 침해에 해당한다.

타인의 저작물이 포함된 데이터를 변형하여 사용하는 경우

실제 인공지능 개발 과정을 살펴보면 데이터를 있는 그대로 사용하기보다는 수정하여 사용하는 경우가 대부분이다. 예를 들어, 여러 종류의 풍경이 촬영된 사진들에서 나무 이미지만 추출한 뒤 사용하는 경우가 있다.

이처럼 원래의 저작물을 수정하거나 변형하여 만들어낸 창작물을 2차적저작물이라고 하는데 2차적저작물을 작성할 권한은 저작권자에게 있으므로(「저작권법」 제5조 및 제22조), 저작물이 포함된 데이터를 변형하여 인공지능 학습에 사용하고자 할 때에는 저작권자로부터 2차적저작물을 작성할 권한을 부여받아야 한다.

이러한 내용은 특히 라이선스와 관련하여 문제 되는 경우가 많다. 공개된 데이터의 라이선스나 데이터 거래 시 체결한 라이선스 계약서에 데이터를 수정하거나 변형할 수 있는 권한이 포함되어 있지 않다면 데이터를 있는 그대로 학습에 사용하여야 하고 이를 수정하거나 변형하는 경우 저작권자의 2차적저작물 작성권을 침해할 수 있으므로 유의하여야 한다.

타인이 제작한 데이터베이스를 사용하는 경우

개별 데이터를 여러 개 모아서 정리한 것을 데이터베이스라고 한다. 인공지능 분야에서는 특히 데이터베이스를 사용하는 경우가 많은데, 그 이유는 인공지능이 데이터를 여러 개 모아서 정리한 데이터 세트를 사용하여 학습되기 때문이다.

「저작권법」은 저작물을 포함하지 않는 데이터라고 하더라도 다수의 데이터를 모아서 데이터베이스로 만들면 데이터베이스 제작자의 권리를 부여하고, 데이터베이스 제작자만이 해당 데이터베이스를 복제하거나 전송할 권리를 가지도록 하고 있다. 저작물이 포함되어 있지 않다고 하더라도 여러 데이터를 모아서 정리한 뒤 데이터베이스로 제작하는 데 들어간 시간이나 비용을 보호하기 위함이다(물론 저작물이 포함되어 있지 않은 데이터베이스를 「저작권법」에서 보호하는 것이 적절한지에 대해서는 계속해서 논란이 있기는 하지만, 현행 「저작권법」은 데이터베이스 제작자의 권리를 보호하는 것으로 규정되어 있다).

여러 개의 데이터가 모인 데이터 세트는 데이터베이스라고 할 수 있고, 이러한 데이터 세트를 데이터 세트 제작자의 허락 없이 인공지능 학습에 사용하기 위해 복제하는 것은 데이터베이스 제작자의 권리를 침해한다.

그림 6-4 시간과 비용을 투자한 데이터베이스 제작자의 권리 보호

다만 데이터베이스 제작자의 권리를 침해하기 위해서는 '데이터베이스의 전부 또는 상당한 부분'을 복제하여야 하고, 데이터베이스의 일부만 복제하는 경우에는 침해에 해당하지 않는다(「저작권법」 제93조 제1항). 이는 데이터베이스를 「저작권법」에서 보호하는 이유를 생각하면 너

무나도 당연한데, 데이터베이스의 제작자가 수많은 데이터를 모아서 데이터베이스로 제작하는 데 들어간 시간이나 비용을 보호하기 위함이므로 다수의 데이터가 아닌 일부 데이터의 경우에는 보호할 정도의 시간이나 비용이 투자되었다고 보기 어렵다.

그런데 여기서 데이터베이스의 '상당한 부분'이라는 것이 어느 정도인지가 명확하지 않다. 예를 들어, 데이터베이스의 90%에 해당하는 데이터라면 상당한 부분이라고 볼 수 있겠지만 80%라면 어떨까? 그보다 더 낮은 70%나 60%도 여전히 상당한 부분이라고 할 수 있을까?

법원의 판단을 살펴보면 정해진 특정 수치를 기준으로 상당한 부분이라고 판단하고 있지는 않고, 여러 사정 등을 종합적으로 고려하여 사안마다 다르게 판단하고 있다. 즉, 데이터베이스의 상당한 부분을 복제했다고 하려면 양적인 측면으로도 많은 양이여야 하지만 질적인 측면으로도 중요한 부분을 많이 복제해야 한다. 따라서 데이터베이스에서 중요하지 않은 데이터 60%를 복제한 것보다 중요한 데이터 40%를 복제한 것이 오히려 더 상당한 부분을 복제했다고 볼 수 있다. 데이터가 질적으로 중요하다는 것은 데이터베이스의 제작자가 인적 또는 물적으로 얼마나 많은 투자를 하였는지를 기준으로 판단하게 된다.

그런데 「저작권법」은 데이터베이스의 개별 데이터나 상당한 부분에 이르지 못한 데이터를 복제하는 경우라고 하더라도, 데이터베이스 제작자의 이익을 부당하게 해칠 때에는 데이터베이스 제작자의 권리를 침해하는 것으로 본다.

[저작권법 제93조 제2항]

데이터베이스의 개별 소재는 제1항에 따른 해당 데이터베이스의 상당한 부분으로 간주되지 아니한다. 다만, 데이터베이스의 개별 소재 또는 그 상당한 부분에 이르지 못하는 부분의 복제등이라 하더라도 반복적이거나 특정한 목적을 위하여 체계적으로 함으로써 해당 데이터베이스의 일반적인 이용과 충돌하거나 데이터베이스제작자의 이익을 부당하게 해치는 경우에는 해당 데이터베이스의 상당한 부분의 복제 등으로 본다.

결국 인공지능 학습 과정에서 데이터베이스 제작자의 권리가 침해되는 경우와 그렇지 않은 경우를 도표로 그리면 다음과 같다.

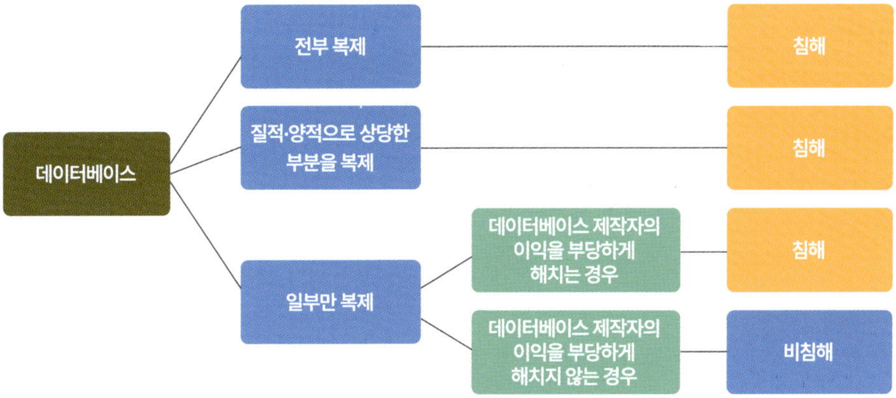

그림 6-5 데이터베이스 제작자의 권리 침해

타인이 제작한 프로그램을 사용하는 경우

컴퓨터 프로그램은 여러 구성요소를 포함할 수 있는데, 아래 그림과 같이 3가지(① GUI (Graphic User Interface), ② 소스코드, ③ 데이터베이스)가 가장 대표적이다.

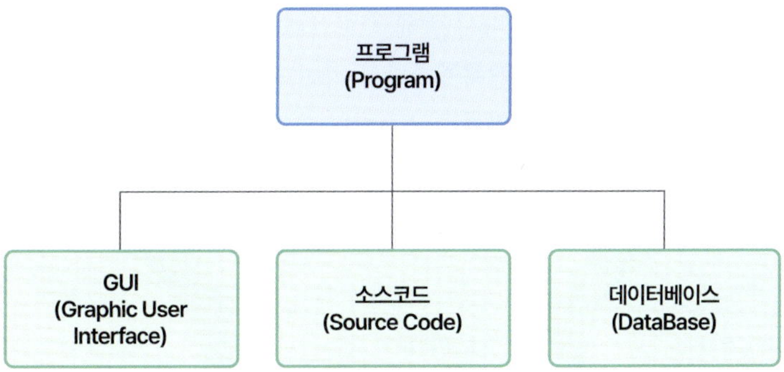

그림 6-6 컴퓨터 프로그램의 구성 요소

프로그램의 각 구성요소는 서로 독립하여 별도의 권리가 발생하게 되므로, 어느 하나라도 인공지능 개발 과정에서 허락 없이 사용하게 되면 저작권 침해의 문제가 발생할 수 있다.

- GUI(Graphic User Interface) : 그래픽 사용자 인터페이스인 GUI는 사용자가 프로그램과 상호작용할 수 있도록 그래픽 요소를 이용하여 만들어진 인터페이스이다. 예를 들어, 프로그램상에 표시된 아이콘, 버튼, 메뉴, 창 등과 같은 시각적인 요소이며 이러한 요소를 사용하여 프로그램을 쉽게 사용할 수 있다.

  GUI는 미술저작물이나 도형저작물일 수 있고, 메뉴의 경우에는 메뉴의 선택이나 배열에 창작성이 있는 경우 편집저작물에 해당하므로, 타인의 프로그램에 포함된 GUI를 허락 없이 사용하는 경우 각 저작물의 저작권을 침해할 수 있다.

특히 이하 살펴볼 소스코드나 데이터베이스의 경우에는 별도의 분석을 통해서만 침해 여부를 판단할 수 있지만, GUI의 경우에는 프로그램을 사용할 때 눈으로 바로 볼 수 있는 것이어서 침해를 발견하기가 매우 쉽다는 측면이 있다.

- 소스코드(Source Code) : 앞의 제4장에서 살펴본 바와 같이 소스코드는 「저작권법」상 컴퓨터프로그램저작물로서 저작권이 발생한다. 따라서 소스코드의 저작권자로부터 허락을 받지 않거나 저작권자가 소스코드의 사용 조건으로 제시한 라이선스를 위반하여 소스코드를 인공지능 모델 개발에 사용하면 저작권을 침해하게 된다. 소스코드의 저작권 침해 여부 판단과 관련하여 실무상 주로 문제 되는 내용은 다음과 같다.
  - 원 프로그램 대비 대상 부분의 특정 방법 : 원프로그램과 원프로그램을 활용하여 만든 프로그램을 대비하여 침해인지 여부를 판단하기 위해서는 어떤 부분을 대비해야 할지 정해야 한다. 물론 프로그램 전체를 다 대비하는 방법을 생각해 볼 수도 있다. 그러나 「저작권법」상 저작물로 인정받기 위해서는 '창작성'을 가져야 하고 프로그램의 경우에도 창작성을 가진 부분에만 저작권이 발생하기 때문에 원프로그램에서 창작성이 있는 부분만을 골라내어 대비해야 한다. 다시 말해 프로그램에서 창작성이 없는 부분은 저작권이 발생하지 않기 때문에 이 부분을 복제한다고 하여도 저작권 침해가 되지 않는다.

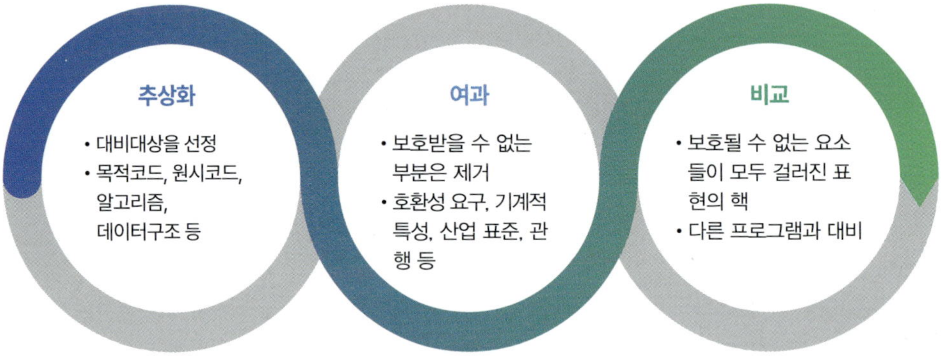

그림 6-7 프로그램의 대비 방법

일반적으로 프로그램의 침해 여부 판단을 위한 비교는 추상화, 여과, 비교 과정 순으로 진행한다.

먼저 '추상화' 과정을 통해 프로그램에서 대비하고자 하는 대상을 선정한다. 소스코드를 대비하는 경우가 가장 일반적이지만, 소스코드를 입수하기 어려운 상황에서는 소스코드를 컴퓨터가 이해할 수 있는 기계어로 변환한 목적코드나 실행코드를 대비하는 경우도 있다.

다음으로 '여과' 과정을 통해 창작성이 없는 부분을 제거한다. 프로그램이라면 공통으로 포함될 수밖에 없는 부분들이나 누가 작성하더라도 비슷하게 작성될 수밖에 없는 부분들(예를 들면, 컴퓨터 하드웨어나 운영체제의 요구에 따라서 포함되어야 하는 소스코드, 규격화 또는 표준화에 따라 포함되어야 하는 소스코드, 프로그래밍 언어의 종류에 따라서 자주 포함되는 소스코드, 널리 받아들여지는 프로그래밍 관행 등)은 창작성이 없으므로 이 과정에서 제거된다.

원프로그램에서 앞의 추상화 및 여과 과정을 통해 걸러지고 남은 부분들은 '비교' 과정을 통해 대비 대상 프로그램과 대비된다.

– 실질적 유사성 판단 방법: 앞서 살펴본 바와 같이 양 저작물의 실질적 유사성이 인정되려면 비슷한 부분이 양적으로도 어느 정도 이상이어야 하고, 비슷한 부분이 기존의 저작물과 질적으로도 차별화되는 것이어야 한다.

  프로그램의 경우에도 마찬가지로 위 추상화 및 여과 과정을 통해 남은 원프로그램과 대비 대상 프로그램을 비교할 때 공통되는 부분이 많을수록, 공통되는 부분이 원프로그램에서 창작성이 높은 부분일수록 실질적 유사성이 인정될 가능성이 높아진다. 특히 프로그램의 저작권 침해 판단의 경우에는 소스코드를 대비하는 정량적인 비교 외에 다른 부분을 통한 정성적 비교도 함께 진행된다. 예를 들어 파일명이 동일 · 유사하거나, 주석(소스코드를 설명하기 위한 설명 부분)이 동일 · 유사하거나, 오류가 동일 · 유사한지 여부에 대해서도 살펴서 양 프로그램이 실질적으로 유사한지를 판단한다. 이러한 점 때문에 프로그램 개발자는 의도적으로 자신의 프로그램에 실제 동작에는 큰 영향을 미치지 않는 오류를 심어놓기도 한다.

잠깐만요 **프로그램 저작권자의 실질적 유사성 입증 방법**

프로그램 저작권자가 프로그램저작권 침해 금지 청구 소송을 제기하거나 형사고소를 하는 경우, 저작권자는 상대방의 프로그램이 자신의 프로그램과 실질적으로 유사하다는 것을 입증하여야 한다. 그러나 상대방 프로그램의 소스코드가 외부에 공개되지 않고 소스코드가 기계어로 변환(컴파일)된 실행파일만 입수할 수 있을 때는 저작권자로서는 소스코드를 대비하기가 매우 어렵다(무리하게 상대방의 소스코드를 입수할 때는 영업비밀 침해가 문제 될 수 있으므로 주의하여야 한다).

따라서 저작권자는 양 프로그램의 동작이나 기능이 매우 유사하다거나, 같은 조건에서 동일한 결과를 출력한다는 점을 보여주는 방법으로 양 프로그램이 실질적으로 유사할 가능성이 매우 높다는 점을 법원이나 수사기관에 충분하게 소명하면, 법원이나 수사기관은 상대방에게 소스코드를 제출하게 하고 전문가나 전문기관을 통한 감정 절차를 통해 실질적 유사성을 판단할 수 있다.

- 데이터베이스(Database): 인공지능 학습에는 데이터 세트인 데이터베이스가 필요하지만, 그 외에 인공지능 프로그램에도 프로그램을 운영하기 위한 데이터베이스가 포함되는 경우가 있다. 이러한 데이터베이스 또한 「저작권법」상 데이터베이스 제작자의 권리가 발생하며, 전부 또는 상당한 부분을 복제하면 데이터베이스 제작자의 권리를 침해하게 된다.

그림 6–8 인공지능의 블랙박스 구조

앞서 살펴본 것처럼 인공지능의 개발 단계에서는 여러 국면에서 저작권 침해가 발생할 수 있다. 그런데 인공지능 개발 과정에서 데이터의 수집 및 학습은 회사 내부에서 진행되는 것이기 때문에 회사 외부의 저작권자가 자신의 저작물이 인공지능 개발에 무단으로 이용되었는지를 알아내기는 매우 어렵다. 그뿐만 아니라 앞의 제1장에서 설명한 것처럼 인공지능은 블랙박스 구조로 되어 있어서 그 내부가 어떻게 이루어져 있는지 분석하기 어렵고, 인공지능 모델은 알고리즘일 뿐이므로 학습 후의 인공지능 모델은 학습 데이터를 포함하고 있지도 않다(물론 기술에 따라 예외는 있을 수 있다).

이러한 이유로 저작권자는 인공지능 개발 회사가 자신의 저작물을 이용해서 인공지능을 개발했다는 점을 알게 되거나 입증하기가 매우 어렵다는 문제가 있으며, 인공지능이 자신의 저작물을 학습시켜서 개발하지 않았다면 나올 수 없는 결과물들을 산출한다면 자신의 저작물을 활용했을 것이라고 간접적으로 확인하는 경우가 일반적이다.

인공지능 활용 단계에서의 저작권 침해

사용자가 개발된 인공지능을 활용하는 단계에서는 인공지능이 사용자의 명령이나 주어진 환경 변화에 따라 특정한 결과를 출력하게 된다. 특히 생성형 인공지능의 경우에는 텍스트, 이미지, 동영상 등을 결과물로 출력하게 되는데 이러한 결과물이 기존에 존재하던 저작물과 유사한 경우에는 저작권 침해에 해당할 수 있다.

그렇다면 좀 더 구체적으로 인공지능의 활용과 관련하여 어떤 부분에서 저작권 침해가 발생할 수 있는지 살펴보도록 한다.

프롬프트 입력에 따른 저작권 침해

사용자는 생성형 인공지능에 프롬프트를 입력하여 원하는 결과를 도출해 낸다. 예를 들어 여러 문단의 글을 입력하여 입력한 내용의 웹툰을 그려달라고 하거나, 특정 주제에 대해 몇 분 동안의 발표문을 만들어달라고 입력하면 생성형 인공지능은 그에 맞는 결과물을 만들어낸다.

이 과정에서 사용자가 타인의 허락을 받지 않고 타인의 소설이나 그림을 생성형 인공지능에 프롬프트로서 입력하거나, 인공지능이 입력된 저작물을 수정 또는 변형하는 행위는 저작권이나 2차적저작물 작성권을 침해하게 된다. 즉 프롬프트 자체가 저작물을 포함하기 때문에 이를 인공지능에 입력하여 전송하고 저장한 뒤 수정하는 모든 행위가 문제 될 수 있는 것이다.

또한 프롬프트 자체에 저작물이 포함되어 있지 않다고 하더라도 타인의 저작물과 유사한 결과물이 생성되도록 유도하는 프롬프트를 사용하는 경우가 있다. 예를 들어, "둥근 검정색 머리와 큰 원형의 귀를 가지고 있고, 얼굴은 밝은 살구색이며, 큰 둥근 눈과 눈썹을 가진 캐릭터를 그려줘. 눈은 흰색의 큰 동공과 검은색의 작은 눈동자로 이루어져 있고, 얼굴에는 활짝 웃는 입과 하얀 장갑을 끼고 있는 것이 특징이야."라는 명령을 인공지능에 입력하면, 인공지능은 미키마우스와 유사한 모습의 캐릭터를 생성해 낼 수도 있다.

결국 저작권 침해 문제가 없는 학습 데이터로 학습된 인공지능이라고 하더라도 사용자의 의도적인 명령이나 프롬프트 내용에 따라 인공지능 사용 과정에서 저작권이 침해되는 경우가 발생할 수 있다. 이러한 점을 고려하여 생성형 인공지능 서비스의 사용 약관에는 사용자의 사용에 따라 발생하는 문제는 사용자가 책임지도록 규정하는 경우가 많다.

[ChatGPT의 사용과 관련한 Open AI의 약관]

(https://openai.com/ko-KR/policies/terms-of-use)

귀하가 할 수 없는 것. 본 서비스를 불법적이거나 유해하거나 악의적인 행위에 이용할 수 없습니다. 예를 들어, 귀하의 다음과 같은 행위는 **금지**됩니다:

타인의 권리를 침해, 남용 또는 위반하는 방식으로 본 서비스를 이용하는 행위.

귀하의 콘텐츠. 귀하는 본 서비스에 인풋을 제공할 수 있고 이를 바탕으로 본 서비스로부터 아웃풋을 수령할 수 있습니다. 인풋과 아웃풋을 총칭하여 "콘텐츠"라고 합니다. **귀하의 콘텐츠가 관련 법률 또는 본 약관을 위반하지 않게 하는 등 콘텐츠에 대한 책임은 귀하에게 있습니다. 귀하는 본 서비스에 인풋을 제공하는데 필요한 모든 권리, 면허 및 허가를 보유하고 있음을 진술 보장합니다.**

인공지능의 산출물이 기존 저작물을 침해

프롬프트 자체에 저작물이 포함되어 있지도 않고, 사용자가 저작권을 침해하는 결과물을 생성하도록 의도하지 않은 경우라고 하더라도 인공지능이 기존 저작물과 유사한 결과물을 산출해 낼 수 있다. 이는 주로 인공지능이 기존 저작물을 학습에 사용하였고 학습한 내용과 유사한 결과물을 산출해 낼 때 발생하게 되는데, 기존 저작물에 대한 사용 허락을 받지 않았다면 저작권 침해에 해당할 수 있다.

특히 생성형 인공지능은 텍스트, 사진, 동영상, 음성, 음악, 소스코드 등 거의 모든 종류의 저작물을 산출해 낼 수 있고 그러한 결과물이 기존의 저작물과 유사한지는 쉽게 확인이 가능하기 때문에, 인공지능 분야의 저작권 침해 분쟁은 대부분 인공지능 산출물을 대상으로 발생하게 된다. 앞에서 언급한 Getty Images v. Stability AI 소송이나 깃허브(GitHub) 집단소송(Class Action)도 모두 인공지능의 산출물에 기초하여 소송이 시작되었다.

만일 저작권을 침해하는 데이터로 학습된 인공지능을 사용함에 따라 저작권 침해 결과물이 생성되었고 사용자가 이러한 결과물을 회사의 업무 과정에서 사용하는 경우, 저작권자는 사용자를 상대로 저작권 침해에 따른 민·형사상의 책임(침해금지, 손해배상, 형사처벌 등)을 물을 수 있다. 이 경우 사용자는 생성형 인공지능의 결과물의 저작권 침해에 관하여 아무런 과실이 없다고 주장하면서 책임에서 벗어날 수는 있지만 사용자가 입력한 프롬프트와 저작권 침해의 결과가 아무런 관련이 없다는 점을 입증하기가 어려울 수 있다. 또한 만일 사용자가 이미 결과물을 사용하여 사업을 진행하고 있는 상황이라면 그러한 결과물을 이용하여 진행된 업무를 중단하거나 생산된 제품을 폐기해야 될 수도 있다.

따라서 사용자는 인공지능이 생성한 결과물이 누군가의 권리를 침해할 수 있다는 점을 항상 생각해야 하고, 누군가의 저작권을 침해하지는 않는지 가능한 범위 내에서 최대한 확인해 볼 필요가 있다. 예를 들어, 인공지능이 생성한 이미지의 경우에는 이미지 검색 엔진(구글 이미지 등)을 통해 비슷한 저작물이 기존에 있었는지를 확인해 볼 수 있다. 참고로 생성형 인공지능 서비스를 제공하는 회사들은 자신의 서비스를 통해 만들어진 산출물과 관련하여 문제가 발생하는 경우 인공지능 서비스 제공 회사는 책임을 지지 않으며 사용자가 문제를 해결해야 된다는 내용으로 약관을 규정하는 경우가 많으므로, 사용자는 인공지능 산출물 사용에 더욱 주의를 기울여야 한다.

[ChatGPT의 사용과 관련한 Open AI의 약관]

(https://openai.com/ko-KR/policies/terms-of-use)

- **보증의 부인**

본 서비스는 "있는 그대로" 제공됩니다. 법률상 금지되는 범위를 제외하고, 당사 및 당사의 계열사 및 라이선스 제공자는 **본 서비스와 관련하여 어떠한 보장(명시적, 묵시적, 법적 또는 기타)도 하지 않으며,** 상업성, 특정 목적 적합성, 만족스러운 품질, 비침해 및 향유에 관한 보장과 거래 과정에서 또는 거래상 이용 과정에서 발생하는 모든 보장을 부인합니다. 당사는 본 서비스가 중단 없이, 정확하고 오류가 없으며, 또는 **콘텐츠가 안전하거나 손실 또는 변경되지 않을 것임을 보장하지 않습니다.**

본 서비스의 **아웃풋 이용시 위험 부담은 귀하가 단독으로 부담**하며 귀하는 아웃풋을 진실이나 사실 정보에 관한 유일한 출처로 또는 전문적인 자문에 대한 대체제로 이용하지 아니할 것을 수락하고 동의하기 바랍니다.

- **책임의 제한**

당사, 당사의 계열사 또는 라이선스 제공자는 이윤, 영업권, 이용 또는 데이터 손실 또는 기타 손실에 대한 손해배상을 포함하여 간접 손해, 우발적 손해, 특별 손해, 결과적 손해 또는 징벌적 손해에 대한 **책임이 없습니다.**

물론 인공지능이 기존의 저작물을 학습 데이터로 사용하지 않았음에도 우연히 기존의 저작물과 유사한 결과물을 출력할 수도 있다. 이 경우에는 인공지능의 결과물이 기존 저작물에 기초하지 않았기 때문에 저작권 침해 요건 중 '의거성'이 없어서 저작권 침해에 해당하지 않는다. 다만 저작물과 결과물이 매우 유사한 경우 '의거성'이 추정될 수 있으므로, 인공지능 개발자나 서비스를 제공하는 회사 입장에서는 '의거성'이 없다는 점을 적극적으로 보여줄 수 있도록 학습 데이터에 대한 목록이나 내용을 기록화하여 보관할 필요가 있다.

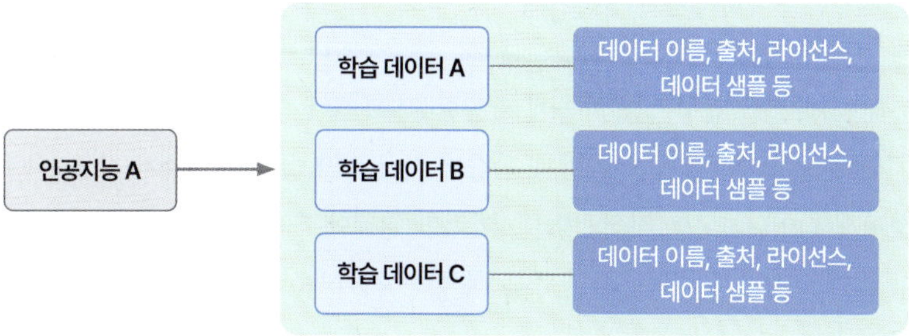

그림 6-9 인공지능의 학습데이터에 대한 기록 보관

한편, 인공지능 활용 단계에서의 저작권 침해는 개발 단계에서의 저작권 침해와는 다르게 인공지능의 산출물을 실제로 확인할 수 있으므로 저작권자는 자신의 저작권이 침해되었는지를 확인하는 것이 좀 더 쉽고 그에 따라 분쟁이 더 많이 발생할 수 있다. 그런 점에서 인공지능 개발자나 인공지능을 서비스하는 회사 차원에서는 산출물의 저작권 침해 가능성에 대하여 면밀하게 관리·감독하고, 저작권 침해 결과물이 생성되었음을 인지하는 경우 신속한 조치가 필요하다.

6.5 저작권자의 동의 없이 저작물을 인공지능 학습에 사용할 수 있는지 : 공정이용

인공지능이 저작권을 침해하는 결과물을 생성해 내고 인공지능 사용자가 결과물을 사용한다면, 이러한 일련의 행위가 저작권 침해에 해당한다는 점은 분명하다. 그런데 오직 인공지능을 학습시키기 위해서만 저작물을 사용할 뿐이고, 그 외에는 저작물을 전혀 사용하지 않으며 인공지능이 저작물과 유사한 결과물을 생성하지 않을 때도 저작권 침해라고 봐야 할까?

「저작권법」은 창작적 표현을 보호하기 위한 것인데, 인공지능 학습 과정을 살펴보면 인공지능은 저작물을 데이터로서만 사용할 뿐이고 저작물의 창작적 표현을 느끼거나 향유하는 것이 아니라는 점에서 저작권 침해라고 하는 것이 적절한지에 대해 많은 논란이 있다. 또한 인공지능이 억 단위 개수의 데이터를 학습할 때는 개별 데이터가 저작권을 침해하는지를 확인하는 것이 현실적으로 매우 어렵고, 이를 저작권 침해로 문제 삼는 것은 결국 인공지능 산업의 발전을 저해할 수 있다는 견해도 있다.

그러나 현행 「저작권법」상으로는 저작물을 복제, 수정하거나 배포하는 경우 저작권자의 허락을 받아야 하는데, 저작물을 인공지능 학습에 사용할 때 복제나 수정의 행위가 반드시 수반되므로 저작권자의 허락 없이 저작물을 인공지능 학습에 사용하면 법을 개정하지 않는 이상 저작권을 침해하는 것이 원칙이다. 다만 「저작권법」은 이러한 원칙에 대한 예외 규정으로 일정한 경우 권리자의 허락 없이도 저작물을 이용할 수 있도록 하는 저작재산권의 제한 규정을 두고 있다.

[저작권법의 저작재산권 제한 규정]

- 재판이나 행정적인 목적을 위해 필요한 경우(제23조)
- 정치적 연설을 이용하는 경우(제24조)
- 공공저작물을 이용하는 경우(제24조의 2)
- 학교 교육 목적을 위하여 필요한 교과서용 도서에 저작물을 게재하는 경우(제25조)
- 시사보도를 위해 저작물을 이용하는 경우(제26조)
- 공표된 저작물을 보도 · 비평 · 교육 · 연구에 사용하는 경우(제28조)
- 저작물의 일반적인 이용 방법과 충돌하지 아니하고 저작자의 정당한 이익을 부당하게 해치지 아니하는 경우(제35조의 5)
- 그 외 다수의 저작재산권 제한 규정이 있음(제23조 내지 제38조 참조)

만일 인공지능의 학습에 저작물을 사용하는 것이 위 저작재산권 제한 규정 중 어느 하나에 해당한다면 저작권자의 허락이 필요 없으므로 저작물을 자유롭게 사용하여 인공지능 학습이 가능하다.

저작재산권 제한 규정들을 살펴보면 인공지능 모델 학습을 목적으로 저작물을 이용하는 것을 제한 사유 중 하나로 두고 있지는 않다. 제24조와 제24조의 2에서 정치적 연설과 공공저작물을 언급하고 있으므로 이러한 데이터를 학습 데이터로 사용할 때는 저작권자의 허락 없이 이용할 수 있으나, 이는 매우 제한적인 데이터이고 그 외 다른 종류의 데이터에는 적용되지 않는다.

그림 6–10 인공지능의 저작물 공정이용

한편 제35조의 5에서는 "저작물의 일반적인 이용 방법과 충돌하지 아니하고 저작자의 정당한 이익을 부당하게 해치지 아니하는 경우" 저작물을 이용할 수 있는 것(이하 '공정이용' 또는 'Fair Use'라 함)으로 규정하고 있는데, 이러한 공정이용 규정이 인공지능의 학습에도 적용될 수 있는지에 대해서 학계나 산업계에서는 의견 대립이 있다. 예를 들어 미술관에 전시되는 미술작품의 이미지를 인공지능의 학습에 사용한 경우 미술작품의 일반적인 이용 방법인 전시·대여·판매와 인공지능의 이용 방법인 학습은 전혀 달라서 서로 충돌하지 않고, 미술작품을 인공지능에 학습했다고 하여 미술 작가가 미술작품을 전시·대여·판매하는 과정에서의 이익을 해치지 않는다고 보아 공정이용 규정을 적용할 수 있는지에 대한 문제이다. 이에 대하여 직접적으로 판단한 국내 판례는 거의 없는 상황이다.

[저작권법 제35조의5(저작물의 공정한 이용)]

① 제23조부터 제35조의4까지, 제101조의3부터 제101조의5까지의 경우 외에 저작물의 일반적인 이용 방법과 충돌하지 아니하고 저작자의 정당한 이익을 부당하게 해치지 아니하는 경우에는 저작물을 이용할 수 있다.

② 저작물 이용 행위가 제1항에 해당하는지를 판단할 때에는 다음 각 호의 사항등을 고려하여야 한다.

1. 이용의 목적 및 성격
2. 저작물의 종류 및 용도
3. 이용된 부분이 저작물 전체에서 차지하는 비중과 그 중요성
4. 저작물의 이용이 그 저작물의 현재 시장 또는 가치나 잠재적인 시장 또는 가치에 미치는 영향

미국에서는 대량의 데이터 복제에 공정이용이 적용될 수 있는지가 문제되었던 대표적인 판례가 있는데 바로 Author's Guild Inc. v. Google Inc. 사건이다.

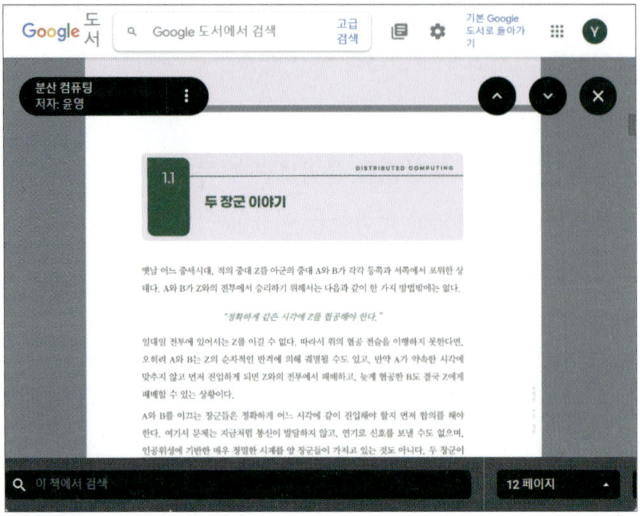

그림 6-11 구글 북스의 도서 검색 화면

구글(Google)은 2004년부터 Google Books라는 프로젝트를 시작하였고, 전 세계의 도서관과 출판사와 협력해서 수백만 권의 책을 디지털화하고 온라인에서 검색하여 내용을 볼 수 있도록 만들었다. 이 프로젝트의 목적은 모든 책을 디지털화하여 검색할 수 있도록 하여, 독자들이 필요한 정보를 쉽게 검색할 수 있도록 돕는 것이었다. 그러나 구글이 도서관이나 출판사들과 협약을 체결하였을 뿐 도서의 저작권자인 작가들의 허락을 구하지 않았고, 이에 책의 저작권자들은 구글이 저작물인 도서의 무단 스캔과 디지털화로 저작권을 침해했다고 주장하면서 2005년 구글을 상대로 집단 소송을 제기하였다.

이 소송에서 핵심 쟁점은 구글이 막대한 양의 책을 복제한 것이 「저작권법」상 공정이용(Fair Use)에 해당하는지 여부였다. 이러한 공정이용을 판단하기 위해 미국 연방대법원은 저작물의 이용 목적, 원작의 성격, 이용 범위, 시장에 미치는 피해의 여부 등을 중심으로 살펴보았다. 그 결과 ① 구글 북스의 목적이 독자, 연구자 등에게 도서 검색의 편의를 제공하는데 있다는 점, ② 소설에 비해 저작권 보호의 필요성이 크지 않은 비소설이 디지털 변환의 주요 대상이라는 점, ③ 도서의 일부만을 열람할 수 있다는 점, ④ 구글 북스가 도서 가치의 재발견에 기여할 수 있다는 점 등을 이유로 구글 북스는 저작권법이 인정하고 있는 공정 이용에 해당된다고 판단하였다(Authors Guild v. Google 721 F.3d 132 (2d Cir. 2015)).

이러한 미국 법원의 판단은 인공지능의 학습이 공정이용에 해당하는지를 판단할 때 참고할 수 있다. 즉 대량의 데이터를 복제하여 인공지능 학습에 사용할 때 그 목적이 공공의 이익을 위한 것이고 저작권자에게 피해를 주지 않거나 오히려 이익이 되는 경우라면 공정이용에 해당하여 저작권자의 동의를 받지 않았다고 하더라도 저작권 침해에 해당하지 않는다고 볼 수 있다. 한국 「저작권법」도 다음과 같은 점을 고려하여 공정이용에 해당하는지를 판단하도록 하고 있다.

다만 미국 법원의 경우 공정이용을 한국에 비해 폭넓게 허용하고 있는 반면, 한국 법원은 매우 엄격하게 판단하는 경향이 있다. 이러한 이유로 인공지능을 개발하는 회사가 어떻게 판단될지 결과를 예측하기 어려운 공정이용 법리만 믿고 저작물을 사용하기에는 위험성이 존재한다.

결국 가장 확실한 방법은 「저작권법」 자체에 일정한 요건을 만족할 경우 저작권자로부터 별도의 허락을 받지 않아도 저작물을 복제할 수 있는 규정을 신설하는 것이다. (아래 일본 「저작권법」 제30조의 4 참고)

[일본 저작권법 제30조의 4]

저작물은 다음의 경우, 그 밖에 해당 **저작물에 표현된 사상 또는 감정을 스스로 향수하거나 다른 사람에게 향수하게 하는 것을 목적으로 하지 않는 경우에는, 필요하다고 인정되는 한도에서 어떠한 방법으로든 이용할 수 있다.** 다만, 해당 저작물의 종류나 용도 및 해당 이용 형태에 비추어 저작권자의 이익을 부당하게 침해하는 경우에는 그러하지 아니하다.

* 향수(享受)란 '예술적인 아름다움이나 감동 따위를 음미하고 즐김'을 의미

6

인공지능의 저작권 침해

영국, 독일, 일본과 같은 외국은 저작물 이용과 관련하여 일정한 요건을 만족하면 저작권자로부터 별도의 허락을 받지 않아도 저작물을 복제(즉, 인공지능 학습 등에 사용)할 수 있는 TDM(Text and Data Mining) 규정을 두고 있다.

이런 취지로 한국에서도 지난 21대 국회에서 「저작권법」에 TDM 규정을 신설하는 내용의 개정안이 아래 법률안을 포함하여 여러 개 발의되었고, 22대 국회에서도 이어서 본격적으로 논의될 것으로 예상된다.

[저작권법 전부개정법률안(의안번호 : 2107440) 제43조(정보분석을 위한 복제 · 전송)]

① 컴퓨터를 이용한 자동화 분석 기술을 통해 다수의 저작물을 포함한 대량의 정보를 분석(규칙, 구조, 경향, 상관관계 등의 정보를 추출하는 것)하여 추가적인 정보 또는 가치를 생성하기 위한 것으로 **저작물에 표현된 사상이나 감정을 향유하지 아니하는 경우에는 필요한 한도 안에서 저작물을 복제 · 전송할 수 있다.** 다만, 해당 저작물에 적법하게 접근할 수 있는 경우에 한정한다.

② 제1항에 따라 만들어진 복제물은 정보분석을 위하여 필요한 한도에서 보관할 수 있다.

이러한 TDM 규정은 인공지능 학습 과정에서 저작권자의 동의를 받을 필요가 없으므로 인공지능 모델의 개발을 쉽게 할 수 있고 불분명한 현행법을 명확하게 하여 분쟁 가능성을 낮출 수 있다는 장점은 있다. 그러나 인공지능에 활용되는 저작물의 저작권자 입장에서는 자신의 저작물을 허락 없이 자유롭게 사용할 수 있다는 것이므로 저작권자의 이익을 해칠 우려도 있다. 따라

서 저작권자를 보호하거나 저작권자에게 보상을 제공하는 방안(예를 들면 보상금을 제공한다거나, 저작권자가 명시적으로 TDM 규정이 적용되지 않도록 요청하는 경우에는 허락을 받고 사용하도록 하는 Opt-out 규정 등)도 함께 연구되고 있다.

잠깐만요 **저작권의 옵트아웃(Opt-out) 규정이란?**

저작권이 있는 저작물이 특정 프로젝트(예를 들면, 구글 북스의 도서 디지털화 프로젝트)에 포함될 수 있는데, 저작권자가 명시적으로 자신의 저작물이 프로젝트에 포함되지 않도록 요구(즉, Opt-out 요구)를 하면 프로젝트에서 제외될 수 있도록 하는 규정이다.

유럽연합의 DSM 저작권 지침(Directive on Copyright in the Digital Single Market)은 텍스트 및 데이터 마이닝(Text and Data Mining)을 허용하고 있는데, 저작권자의 명시적인 거부 의사(Opt-out)가 없어야 하는 것을 전제 조건으로 하고 있다.

이러한 규정을 통하여 대규모 데이터를 활용하는 프로젝트에서 효율적으로 저작물을 사용할 수 있도록 하면서도 저작권자의 의사에 따라 저작물을 보호할 수도 있다. 다만 저작권자가 프로젝트를 인식하지 못하거나 기간 내에 요청을 하지 못하면 자신의 저작물이 프로젝트에 자동으로 포함된다는 문제점이 있다.

6.6 인공지능과 관련한 저작권 침해가 발생한 경우 누가 책임져야 하는가?

누가 저작권 침해에 대해 책임져야 하는가?

[가상 사례]

인공지능 개발회사 VisiGenix는 수십억 장의 이미지를 학습시켜 사용자의 입력에 따라 이미지를 생성해내는 인공지능인 Genesis를 개발하였다. 플랫폼 회사인 Pictora는 VisiGenix로부터 Genesis를 구매하여 자신의 플랫폼 서비스에 탑재하였고, 대대적인 서비스 홍보를 시작하였다.

PixelPromot은 홍보물을 제작하는 회사인데, Pictora의 인공지능 서비스를 이용하여 생성한 이미지를 홍보물에 포함시켰고 그동안 홍보물의 이미지를 직접 만드는 데 들어갔던 시간과 비용을 대폭 절감할 수 있게 되었다.

그런데 어느날 화가인 김작가는 자신이 그린 그림과 매우 유사한 그림이 PixelPromot의 홍보물에 포함되어 있음을 확인하고 저작권 침해 소송을 제기하려고 한다. 이때 PixelPromot은 홍보물에 사용된 그림이 Pictora의 플랫폼을 통하여 만든 것이기 때문에 Pictora이 책임져야 한다고 주장하고 있고, Pictora는 인공지능 Genesis는 VisiGenix가 만든 것이기 때문에 VisiGenix가 책임져야 한다고 주장하고 있다.

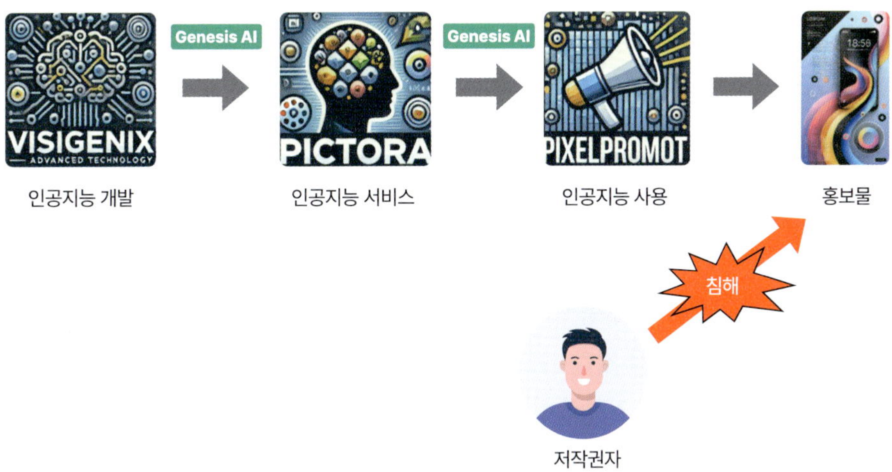

그림 6-12 인공지능 저작권 침해와 관련한 가상 사례

위 사례에서 만일 인공지능 개발자인 VisiGenix가 저작권을 침해하는 데이터를 인공지능 Genesis에 학습시킴에 따라 인공지능이 저작권을 침해하는 산출물을 생성한 것이라면 VisiGenix가 책임을 져야 하고, 사용자인 PixelPromot가 인공지능 Genesis에게 저작권 침해 홍보물을 생성하도록 만드는 프롬프트를 입력하였다면 PixelPromot이 책임을 져야 한다는 점은 앞에서 살펴보았다.

그런데 인공지능 개발자로부터 인공지능을 구매하여 사용자에게 서비스를 제공하는 인공지능 서비스 제공자 Pictora는 인공지능을 학습시키지도 않았고 프롬프트를 입력하지도 않았는데 인공지능이 생성한 결과물에 대해 책임져야 하는 것일까?

「저작권법」은 온라인 서비스 제공자(Online Service Provider; OSP)에게도 저작권 침해에 대한 책임을 묻고 있다. OSP란 인터넷을 통해 다양한 서비스를 제공하는 기업으로서, 인터넷 사용자들이 콘텐츠를 업로드/다운로드할 수 있도록 플랫폼을 제공하는 역할을 하는 회사이다. 위 가상 사례에서 인공지능 서비스를 제공하는 회사인 Pictora도 OSP에 해당할 수 있고, 「저작권법」에서 규정하고 있는 OSP 책임을 이행하여야 한다. 사실 Pictora와 같은 OSP는 서비스 개발자와 사용자 사이에서 중개하는 역할을 하는 것뿐인데 이러한 중개자에게 저작권 침해의 책임을 지우는 것이 다소 어색할 수는 있다. 그러나 OSP는 수많은 사용자에게 콘텐츠를 배포하는 역할을 하므로 영향력이 광범위하다는 점, 그렇기 때문에 저작권 침해 발생 시 피해 규모가 매우 커질 수 있다는 점, OSP는 자신의 영역 내에서 이루어지는 활동에 대해 관리와 감독의 책임이 있다는 점을 고려하여 저작권 침해의 책임을 묻는 것이다.

다만 OSP가 직접적으로 저작권 침해에 관여하는 것은 아니기 때문에 인공지능 개발자나 사용자와 같은 수준의 책임을 묻는 것은 아니고, 책임에서 벗어날 수 있는 사유들이 「저작권법」에 규정되어 있다. 그중에서 가장 중요한 것은 OSP 회사가 자신의 서비스 내에 저작권 침해 문제가 있다는 점을 통지받은 뒤 신속하게 문제가 되는 콘텐츠를 삭제하거나 접근을 차단하면 책임을 면할 수 있다는 점이다(「저작권법」 제103조). 따라서 위 가상 사례에서 저작권자인 김작가가 자신의 권리가 침해되는 이미지가 Genesis 서비스 내에 포함되어 있다는 점을 Pictora에 알려 문제 되는 이미지의 복제나 전송을 중단시킬 것을 요구할 수 있고, Pictora는 그 즉시 복제나 전송을 중단하고 이러한 사실을 김작가에게 알려야 한다. Pictora가 이러한 관리·감독 책임을 잘 수행한다면 가상 사례에서의 저작권 침해에 대한 책임에서 벗어날 수 있게 된다.

참고로 2024년 중국 항저우 인터넷 법원은 생성형 인공지능 서비스를 사용하여 기존 저작물과 유사한 이미지를 생성할 경우, 서비스를 제공하는 회사가 저작권 침해에 따른 손해배상의무를 부담한다고 판단하였다. 이 판결에서 인공지능 서비스를 제공하는 회사가 손해배상책임을 부담한다고 판단한 이유 중 하나는 바로 OSP 책임을 제대로 이행하지 못했다는 것이다. 구체적으로 ① 저작권 침해 신고 메커니즘의 미흡(서비스 제공자는 신고 메커니즘을 구축하여 이용자의 신고 조치를 적시에 접수하고 그 결과를 알려주어야 함, 중국 「생성형 인공지능 서비스 관리 잠정방법」 제15조), ② 저작권 침해 가능성 제시의 미흡(유효한 조치를 취해 생성형 인공지능 서비스의 투명도를 높이고 생성한 내용의 정확성과 신뢰성을 높여야 함, 「잠정방법」 제4조), ③ 명확한 표시를 하지 않았다는 점(규정에 따라 이미지, 영상 등 생성한 내용에 대해 표시를 하여야 함, 「잠정방법」 제12조)을 이유로 인공지능 서비스를 제공하는 회사에 과실이 있었다고 판단하였다.

이처럼 여러 사실관계에 따라 인공지능 개발자, 서비스 제공자, 사용자 각각이 저작권 침해에 책임이 있는지가 달라질 수 있다. 따라서 각 주체는 인공지능을 판매하거나 사용할 때 계약이나 약관을 명확하게 확인하고, 어떠한 리스크가 있는지 사전에 점검하는 것이 매우 중요하다. 특히 인공지능 서비스 제공회사의 경우에는 앞서 살펴본 것처럼 OSP로서의 의무를 이행하는 경우 저작권 침해에 대한 책임을 지지 않을 수 있고, 서비스 제공 약관에는 제공된 결과물에 대해 책임을 지지 않는다는 내용이 기재되어 있는 경우가 많다. 그러므로 인공지능 서비스를 이용하는 사용자는 이러한 부분을 미리 확인하여 인공지능이 생성한 결과물을 사용함에 있어서 더욱 주의하여야 한다.

어떤 책임을 져야 하는가?

저작권을 침해하는 경우 저작권자가 침해자에게 어떠한 책임을 물을 수 있는지에 대해서 「저작권법」에 규정되어 있는데, 주요 내용은 다음과 같다.

[저작권법]

제123조 침해의 정지, 침해행위에 의하여 만들어진 물건의 폐기나 그 밖의 필요한 조치 청구

제125조 손해배상의 청구

제136조 저작권을 침해하는 경우 5년 이하의 징역 또는 5천만원 이하의 벌금에 처함.

제138조 저작물의 출처를 명시하지 아니한 경우 500만원 이하의 벌금에 처함.

제141조 종업원이 저작권 침해행위를 한 경우 종업원을 고용한 회사에 대해서도 벌금형을 부과함.

인공지능과 관련하여 특히 문제가 되는 부분은 「저작권법」 제123조의 '침해행위에 의하여 만들어진 물건의 폐기'이다. 예를 들어, 인공지능이 1억 개의 데이터를 사용하여 학습되었는데 그중 단 10개의 데이터가 허락받지 않은 타인의 저작물인 경우, 저작권 침해행위로 만들어진 인공지능 전체를 폐기하여야 하는지에 대한 문제가 있다. 물론 인공지능에서 10개의 데이터로 학습된

부분만을 폐기해야 하는 것인데 인공지능의 특성상 그러한 부분만을 특정하기 어렵다는 점에서 사실상 제123조의 폐기 청구는 받아들여지지 않을 수도 있지만, 어쨌든 「저작권법」상으로는 '만들어진 물건의 폐기'이기 때문에 인공지능 전체가 폐기되어야 한다고 볼 가능성도 있는 것이다.

따라서 인공지능을 개발하는 회사는 문제 되는 데이터가 포함되지 않도록 면밀하게 검토하는 것이 매우 중요하다고 할 것이다.

6.7 정리하며

본 장에서는 인공지능을 개발하거나 사용하는 과정에서 발생할 수 있는 저작권 침해 문제에 대해 살펴보았다.

이러한 저작권 침해 문제가 발생하지 않게 하려면 결국 중요한 것은 다음과 같다.

표 6-1 저작권 침해 방지 조치

주체	필요한 조치
인공지능 개발자	• 개발 과정에서 문제 되는 학습데이터가 포함되지 않도록 저작권 침해 여부나 라이선스 계약서를 잘 확인할 것 • 기존의 저작물과 유사한 산출물이 생성되지 않도록 기술적 조치를 취할 것 • 추후 분쟁을 대비하여 사용한 학습데이터, 알고리즘 등에 대한 기록을 남겨둘 것
인공지능 서비스 제공자	• 인공지능 모델을 구매하거나 라이선스 계약을 체결할 때 저작권 침해에 대한 책임이 누구에게 있는지 명확하게 정해둘 것 • OSP 책임을 이행할 것(특히 저작권 침해를 발견할 경우 바로 조치를 취할 수 있는 신고센터를 운영할 것)
인공지능 사용자	• 인공지능 서비스 제공과 관련한 약관을 살펴서 저작권 침해에 대한 책임이 누구에게 있는지 확인할 것 • 저작권을 침해하는 결과물이 생성되는 프롬프트를 사용하지 말 것 • 인공지능 산출물을 사용할 때는 기존 저작물과 유사한지를 확인한 후 사용할 것
저작권자	• 자신의 저작물이 인공지능 서비스에 동의 없이 활용되는지 여부 및 인공지능이 자신의 저작물과 비슷한 결과물을 산출하는지 감시할 것 • Opt-out 규정이 있는 국가에 대해서는 필요한 경우 Opt-out을 행사할 것

앞으로는 인공지능이 더욱 널리 활용되고 고도화됨에 따라 대량의 고품질 결과물들을 생성해 낼 것이고, 그에 따라 저작권 침해 분쟁이 더욱 많아질 것이다. 본 장에서 설명하지는 않았지만, 만일 학습데이터를 제공한 회사와 인공지능 모델을 제공한 회사가 함께 인공지능 모델을 개발했다면, 학습된 인공지능 모델에 대한 권리가 누구에게 있는지도 많은 다툼이 발생할 수 있다.

또한 향후 인공지능 기술을 고려하여 관련 법령들이 개정될 것이고, 인공지능 개발이나 활용과 관련한 여러 의무(예를 들면 인공지능 개발 기록 보관 의무, 생성형 인공지능을 이용했다는 사실을 표시해야 할 의무 등)가 생겨날 수 있으며, 이러한 의무를 이행하지 않는 경우 제재가 가해질 수 있다.

따라서 계속 변화하는 규제 환경에 관심을 가지고 그러한 이슈에 대해 잘 대응해 나가는 것 또한 인공지능 기술을 개발하고 잘 활용하는 것만큼이나 중요하다.

Q&A 6장

Q 내가 만든 콘텐츠가 인공지능 학습 데이터로 사용되었는지 알 수 있는 방법이 있을까?

A 현재로서는 자신의 콘텐츠가 특정 인공지능 모델의 학습 데이터로 사용되었는지 확인하기는 매우 어렵다. 그 이유는 인공지능 모델 개발에 사용되는 데이터가 명확히 공개되지 않는 경우가 많기 때문이다. 공공데이터, 인터넷에 공개된 자료, 혹은 특정 기업이 구매한 데이터 세트가 인공지능 학습에 사용될 수 있는데, 이러한 데이터의 구체적인 출처와 세부 정보는 대부분 비공개이다.

다만 인공지능이 생성한 결과물이 자신의 콘텐츠와 매우 유사하다면 학습 데이터로 사용되었을 가능성을 의심해 볼 수 있다.

한편 일부 국가에서는 데이터 출처를 투명하게 공개하라는 법적 요구가 늘어나고 있고, 유럽연합은 EU AI Act를 통해 학습 데이터의 투명성을 강화하고 있다. 이러한 법률이 계속해서 늘어가고 앞으로 데이터 추적 기술도 개발된다면, 자신의 콘텐츠가 인공지능 학습에 사용되었는지 확인할 기회가 늘어날 것으로 보인다. 예를 들어, 블록체인 기반 데이터 추적 기술이나 데이터 인증 시스템이 도입되면 창작자들의 권리를 더 쉽게 보호할 수 있을 것이다.

Q 인공지능을 학습시킨 데이터에 타인의 저작물이 포함된 것을 발견한 경우, 인공지능 학습에 사용된 데이터를 모두 삭제하면 저작권 침해 문제가 해결될까?

A 학습 데이터를 삭제하더라도 이미 학습에 사용된 정보는 인공지능 모델에 남아 있을 가능성이 높으므로 저작권 침해 문제가 완전히 해결되지 않을 수 있다. 인공지능 모델은 학습 데이터를 바탕으로 패턴과 규칙을 학습하여 작동하며, 특정 데이터가 삭제되더라도 해당 데이터로부터 학습된 지식은 모델에 남아 있을 수 있다.

이 경우에는 저작권이 문제 되는 데이터를 제외하거나 다른 데이터로 대체한 뒤 인공지능을 다시 재학습시켜야 한다. 한편, 최근에는 모델을 학습 이전의 상태로 돌리거나 특정 데이터에 따라 학습된 내용을 없애는 기술이 개발되고 있으므로 이러한 기술을 사용하는 것을 고려해 볼 수도 있다.

Q 인공지능에 명령어(프롬프트)를 입력했을 뿐인데, 저작권 침해가 될 수도 있을까?

A 저작권 침해가 발생할 수 있다. 사용자가 프롬프트를 통해 인공지능에게 기존 저작물과 유사하거나 변형된 결과물을 생성하도록 요청했다면 이는 저작권 침해에 해당할 수 있다. 또한 명령어 자체에 타인의 저작물이 포함되는 경우(예를 들면, 타인의 소설 문단이나 그림을 명령어에 포함시키는 경우)에도 저작권 침해가 될 수 있다.

Q 인공지능 개발자 입장에서 저작권 문제가 발생할 가능성을 줄이는 방법에는 어떤 것이 있을까?

A 인공지능 개발자는 학습 데이터의 저작권 문제를 방지하기 위해 다양한 방법을 사용할 수 있다. 이를 통해 법적 리스크를 줄이고, 인공지능 모델의 적법성을 확보할 수 있게 된다.

- 공개된 라이선스 데이터 사용: 저작권 문제가 없는 공개 데이터나, 자유롭게 사용할 수 있는 라이선스가 부여된 데이터를 활용하는 것이 가장 기본적인 방법이다. Creative Commons 라이선스(CC-BY, CC0) 데이터가 대표적인 예이다.
- 데이터 사용 허락 확보: 저작권이 있는 데이터가 필요하다면 데이터 제공자와 데이터 라이선스 계약을 체결하여 사용 허락을 받을 수 있다.
- 데이터 검증: 학습 데이터의 출처를 철저히 검증하고, 데이터베이스에 저작권 문제가 있는 자료가 포함되지 않도록 관리해야 한다.
- 인공지능의 투명성 제공: 학습 데이터의 출처와 사용 목적을 명확히 공개하면 저작권 문제를 미리 발견하는 데 도움이 될 수 있다.

Q 인공지능의 저작권 침해 문제가 발생했을 때, 개발자와 사용자는 어떠한 책임을 질 수 있을까?

A 인공지능의 저작권 침해 문제가 발생하면, 책임은 상황에 따라 개발자, 사용자, 혹은 인공지능 서비스를 제공하는 플랫폼 간에 나뉠 수 있다.

- 인공지능 개발자의 책임
  - 인공지능이 학습한 데이터에 저작권이 있는 자료가 포함되어 있었다면, 이러한 자료를 복제하고 인공지능 학습에 사용한 개발자가 책임을 질 수 있다.
  - 학습 데이터에 타인의 저작물이 포함되어 있지 않다고 하더라도, 의도적으로 특정 저작물을 재현하도록 설계된 인공지능 알고리즘이라면 인공지능 개발자가 책임을 질 수 있다.
- 인공지능 사용자의 책임
  - 프롬프트 입력: 사용자가 특정 저작물을 모방하거나 재생산하도록 프롬프트를 입력했다면 저작권 침해의 책임은 사용자에게 있을 수 있다. 예를 들어, "아무개 작가의 스타일로 그림을 생성해줘."라는 요청을 통해 만들어진 인공지능 결과물이 해당 작가의 작품과 유사하다면 사용자의 저작권 침해가 인정될 수 있다.
  - 생성물의 활용: 인공지능이 생성한 결과물이 저작권을 침해하는 경우, 이를 상업적으로 사용하기 위해 복제하거나 배포하는 것은 저작권 침해에 해당할 수 있다.
- 플랫폼 제공자의 책임
  - 인공지능 서비스를 제공하는 플랫폼이 서비스 약관을 통해 자신의 책임을 제한했다고 하더라도, 저작권 침해 방지를 위한 조치를 하지 않았다면(예를 들면, 저작권 침해 신고가 있음에도 어떠한 조치도 취하지 않는 경우), 그에 대한 책임을 질 수 있다.

저작권 침해 사실을 알았거나 알 수 있었는지에 따라서 법적 책임이 달라질 수 있고, 여러 주체가 복합적으로 저작권 침해에 관여된 경우에는 누가 책임을 져야 하는지 아직 명확하지 않다. 앞으로 여러 논의를 통해 인공지능의 저작권 침해에 대한 책임을 분명하게 해 나갈 필요가 있다.

7 장

인공지능과 특허, 상표, 디자인

학 습 목 표

1. 특허법, 상표법, 디자인보호법에 대해 학습한다.
2. 인공지능과 관련한 특허, 상표, 디자인의 권리화 및 보호에 대해 학습한다.
3. 인공지능과 관련한 특허, 상표, 디자인권의 침해 및 분쟁을 살펴본다.

7.1 들어가며

[가상 사례]

김인공씨는 생성형 인공지능인 Chat ABC에 "인공지능 회사를 설립할 예정인데 회사 로고를 만들어 줘." 라는 명령을 내렸고, Chat ABC는 다음과 같은 로고를 생성하였다.

사실 Chat ABC는 인터넷에 공개된 수많은 데이터를 통해 학습된 인공지능이었고 학습한 데이터 중에는 박지능씨의 등록 상표도 포함되어 있었는데 박지능씨의 상표는 아래와 같다. 사실 박지능씨의 상표도 또 다른 생성형 인공지능인 CLOVA Y를 통해 생성한 것이다.

김인공씨가 Chat ABC가 만들어준 로고를 사용하기 시작하자 박지능씨는 상표권 침해를 주장하며 상표침해금지 및 손해배상청구 소송을 제기하였다.

위 가상 사례에서 김인공씨는 자신이 사용한 인공지능이 생성형 인공지능이므로 기존에는 없던 새로운 것을 창작했을 것이라고 믿고 로고를 사용한 것인데 그럼에도 박지능씨의 상표에 대한 침해가 되는 것일까? 그리고 박지능씨의 등록 상표도 인공지능으로 생성한 로고인데 이렇게 사람이 아닌 인공지능이 창작한 상표에도 상표권이 부여될 수 있는 것일까? 만일 위 사례의 내용이 상표가 아니라 발명이나 디자인에 대한 것이었으면 결론이 달라질 수 있을까?

7.2 특허, 상표, 디자인의 소개

특허, 상표, 디자인은 모두 지식재산권의 한 종류이고 권리를 취득하기 위해서는 특허청에 출원하여 등록이 필요하다는 점에서는 공통되지만 각각 보호하고자 하는 대상, 보호 취지, 보호 범위나 기간이 모두 다르다.

특허권

특허는 영어로 Patent라고 한다. 14세기 영국에서 국왕이 특허권을 부여할 때 특허 증서를 다른 사람이 볼 수 있도록 개봉된 상태로 수여하였기 때문에 특허 증서를 개봉된 문서(Letters Patent)라 하였으며, 그 후 개봉(Open)이라는 뜻을 가진 Patent가 특허라는 뜻으로 사용되었다.

이후 북부 이탈리아 도시국가 베니스에서 모직물 공업의 발전을 위해 1474년에 법을 제정하여 제도적으로 발명을 보호하기 시작하였고, 이것이 최초의 「특허법」으로 알려져 있다. 이 법에 기초하여 이탈리아 과학자인 갈릴레오 갈릴레이(Galileo Galilei)가 1594년 양수, 관개용 기계에 대한 특허를 취득하였다. 그러나 이 법은 성문법(입법 기관에 의해 제정·공포되어 문서화된 법)은 아니었고, 현대와 같은 성문법화된 특허제도는 1623년에 영국에서 만들어진 전매조례(Statute of Monopolies: 1624~1852)로, 새로운 발명을 제외하고는 독점을 금지한다는 내용을 담고 있다.

영국은 전매조례가 만들어지기 전 17세기 초에는 다른 유럽 국가에 비해서 공업 기술력이 뒤떨어졌었다. 이에 영국 국왕은 공업 발전을 도모하기 위하여 유럽대륙의 기술자들을 불러들일 목적으로 새로운 기술을 가장 먼저 발명한 자에게 특허권을 부여하는 전매조례를 제정하게 된 것이다. 이 법이 제정되자 유럽대륙의 기술자들은 영국으로 몰려들었고 이를 기초로 영국 산업혁명의 근원이 되는 방적기, 증기기관 등이 탄생하게 된다.

한국은 1908년 한국 특허령을 공포한 후 1946년 「특허법」을 제정하고, 1979년 세계지식재산권기구(WIPO) 가입, 1980년 파리협약(Paris Convention) 가입, 1984년 특허협력조약(Patent

Cooperation Treaty)에 가입하였으며, 현재는 전 세계 특허출원의 약 85%를 차지하는 지식재산 분야 주요 5개국 중 하나의 국가로서 세계적으로 높은 위상을 가지고 있다.

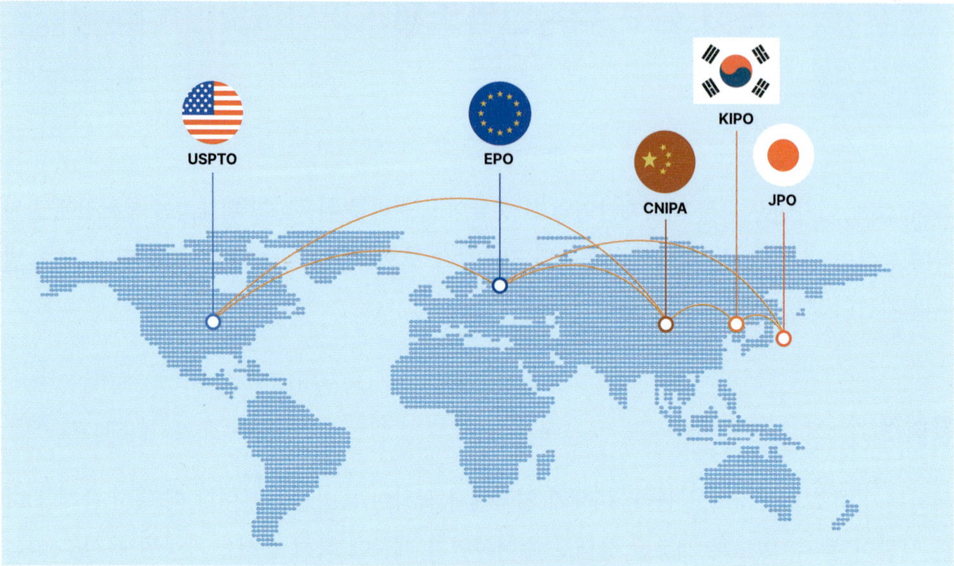

그림 7-1 지식재산권 분야 선진 5개국(한국, 미국, 유럽, 중국, 일본)

특허제도는 발명을 보호·장려함으로써 국가산업의 발전을 도모하기 위한 제도이다(「특허법」 제1조 참조). 즉 새롭고 진보한 발명을 한 자에게 특허권이라는 독점권을 부여하는데, 특허권자는 자신만 특허를 실시하고 다른 사람이 특허를 실시하지 못하도록 하여 안정적으로 사업을 영위할 수 있다. 이렇게 특허권자에게 독점권이라는 강력한 권리를 부여함으로써 더욱 많은 사람들이 발명을 하고 특허를 출원하도록 유도할 수 있다.

강력한 권리를 부여함에 따른 대가로 특허권자는 기술을 공개해야 한다. 이렇게 특허 출원된 내용은 누구나 볼 수 있도록 공개되기 때문에 발명자들은 기존 기술을 쉽고 빠르게 습득하고 새로운 기술을 개발해 낼 수 있으며 이는 결국 전체 산업의 발전으로 이어지게 된다.

상표권

중세 시대에 상인단체나 동업조합원이 상품 생산 활동에 대한 독점과 상품의 질과 양을 통제하는 수단으로 상품에 '생산표(production mark)'를 사용한 것이 상표의 시작으로 보고 있으나 현재의 「상표법」과는 다소 차이가 있었다.

이후 프랑스에서는 까르띠에(1837년), 에르메스(1847년), 루이비통(1854년) 등의 브랜드가 디자인 하우스를 개점하고 활동을 시작하였는데 이 시기를 전후하여 1857년 「제조표 및 상품표에 관한 법률」이 제정되었고, 영국에서는 1862년 「상품표법」 및 1875년 「상표등록법」이 제정되면서 오늘날 「상표법」의 기초가 마련되었다. 한국은 1949년 「상표법」이 제정되었다.

상표는 자기의 상품과 타인의 상품을 식별하기 위하여 사용하는 표장을 말한다(「상표법」 제2조 제1항 제1호). 예를 들어 일반 소비자는 'Galaxy' 상표가 부착된 스마트폰을 보면 애플의 'iPhone'과 구별하여 삼성의 스마트폰임을 식별할 수 있는데, 여기서 'Galaxy'와 'iPhone'이 상표에 해당한다. 이처럼 상표는 누군가의 상품인지를 식별하기 위한 것이므로 상표는 그것이 상표임을 인식할 수 있고 기존의 상표와 다르기만 하면 되며, 「특허법」상 발명처럼 창작성이나 진보성이 있을 필요는 없다.

상표라고 하면 보통 기호, 문자, 도형 정도만 생각할 수도 있는데 그 외에도 소리, 냄새, 입체적 형상, 홀로그램·동작 또는 색채도 상표로 등록받을 수 있다(「상표법」 제2조 제1항 제2호). 예를 들어 카카오톡의 메신저 알림음인 '카톡', '카톡왔숑', '카카오톡'은 소리상표로 등록되어 있고, 아래와 같이 색채상표도 등록되어 있다.

표 7-1 색채상표 예시

리고 트레이딩 S.A.(하리보 젤리 제조사)	주식회사 한국인삼공사
상표 등록번호 : 40-1183777	상표 등록번호 : 40-1917854

디자인권

1711년 프랑스 리옹(Lyon)의 집정관이 견직물 업계의 도안을 부정하게 사용하지 못하도록 명령하였고 이것이 최초의 디자인 보호로 평가되고 있다. 다만 이 명령은 리옹 시내에서만 효력이 있는 것이어서 지금의 「디자인보호법」과는 그 모습이 많이 달랐다.

이후 1787년 프랑스 참사원은 디자인 창작자에 대한 독점권을 인정하는 명령을 내리고 그 효력도 프랑스 전국에 미치도록 함으로써 오늘날과 유사한 디자인 보호가 시작되었다. 이처럼 프랑스는 디자인의 가치에 대한 중요성을 인식하고 선도적으로 디자인에 대한 제도적 보호를 시작했기 때문에 오늘날까지도 디자인 분야에서 전 세계적으로 높은 명성을 유지할 수 있게 되었다.

한국은 1961년 12월 「의장법(意匠法)」이 제정되었다. 그러나 일본식 한자말인 의장은 일반인에게 생소한 용어이고, 그 뜻이 제대로 전달되지 못한다는 문제가 있어서 2005년 7월부터는 의장을 디자인이라는 용어로 바꾸고 「의장법」도 「디자인보호법」으로 그 이름을 변경하였다.

「디자인보호법」상 디자인이란 물품의 형상·모양·색채 또는 이들을 결합한 것으로서, 시각을 통하여 미감(美感)을 일으키게 하는 것이다(「디자인보호법」 제2조 제1호). 즉 물품을 전제로 하기 때문에 물품에 결합되지 않은 추상적인 디자인이나 육안으로 식별할 수 없는 디자인은 보호되지 않는다. 따라서 특정 물품에 결합되지 않는 예술 작품이나 미술품들은 「디자인보호법」상 디자인보다는 「저작권법」상 저작물로 보호받을 수 있다.

디자인을 특허나 상표와 비교해 봤을 때 가장 큰 차이점은 디자인이 미감을 일으켜야 한다는 것이다. 즉 일반인이 물품에 결합된 디자인을 봤을 때 아름다움을 느껴야 한다는 것인데, 여기서의 아름다움은 예술적인 아름다움과 같이 높은 수준을 요구하는 것은 아니다. 실무상으로는 기존의 디자인과 다른 창작적인 요소가 포함되어 있고 오로지 기능적인 목적만 있는 경우(즉 어떤 기능을 달성하기 위해서는 그러한 디자인이어야만 하는 경우)가 아니라면 미감이 있는 것으로 대부분 인정된다.

7.3 인공지능 관련한 특허, 상표, 디자인의 권리화

권리화의 필요성

[가상 사례]

A라는 사람은 사과를 재배하는 사람인데, 사과의 주변 환경을 모니터링하고 주변 환경 변화에 따라 일조량, 물 공급량 등을 자동으로 조절해 주는 인공지능을 사용하여 보통의 사과보다 상당히 크고 맛있는 사과를 생산하는 기술을 개발했다. 그런데 이 사람은 자신이 만든 기술을 자신만 사용했을 뿐 그 어디에도 공개하지 않았고, A의 크고 맛있는 사과는 다른 사과에 비해 차별성을 가지고 잘 팔리기 시작하였다.

그런데 어느 날 B라는 사람은 A의 사과를 보지 않고 우연히 A와 동일한 기술을 생각해 냈고, 자신의 기술을 주변에 널리 알렸다. 그 결과 모든 사람들이 새로운 기술을 사용하여 A의 사과와 동일하게 크고 맛있는 사과를 생산하기 시작하였고 A의 판매량은 급감하였다.

위 사례에서 A는 B나 다른 사람들에게 자신이 개발한 인공지능 기술을 사용하지 말라고 할 수 있을까? 그럴 수 없을 것이다. A가 사과 생산 기술을 가장 먼저 개발하기는 하였으나 이와 관련하여 어떠한 권리도 취득한 바가 없고, B는 A의 기술을 베낀 것이 아니라 자신이 독자적으로 개발한 것이기 때문에 A로서는 B에게 사용하지 말라고 주장할 근거가 없다.

위와 같은 상황을 대비하여 A는 자신의 기술을 특허로 출원하여 등록받음으로써 그 이후에 자신의 기술과 동일한 기술을 사용하는 자에 대하여 사용하지 못하도록 하고 자신만 독점적으로 사용할 수 있다(이를 특허의 독점·배타적 효력이라고 한다). 물론 B는 A의 특허 출원 사실을 알지 못하고 우연하게 A의 출원된 기술을 개발했을 수도 있으나, 이러한 경우에도 B는 A의 허락 없이 해당 기술을 사용할 수 없다.

이처럼 특허에 강력한 독점·배타적 권리를 부여함으로써 더 많은 특허 출원을 유도하고, 다른 사람들은 출원된 특허를 보고 더 좋은 개량 기술을 개발할 수 있게 될 것이며, 이는 전체 산업이 발전하는 데 이바지할 수 있을 것이다. 위 가상 사례에서도 A가 기술을 특허로 출원하고 공개하여 B가 A의 기술을 알고 있었다면, B는 A의 기술과 동일한 기술을 개발하기 위하여 A와 중복된 연구를 할 필요 없이 A의 기술에 기초하여 더 나은 개량 기술을 개발했을 것이고, 그 결과 A 기술에 기초한 사과보다 더 크고 맛있는 사과가 등장했을 수 있다.

잠깐만요 **특허 출원 공개 제도**

특허제도는 출원된 발명의 공개를 통해 기술 발전을 촉진하여 산업 발전을 도모하고, 중복 투자나 연구를 방지하는 목적을 가지고 있다. 따라서 이러한 목적을 위해 특허 출원일로부터 1년 6개월이 지나면 특허 명세서 내용을 출원인의 의사와 상관없이 강제로 공개하도록 하고 있다(국방상 필요한 경우 등 일부 예외적인 경우에만 공개를 하지 않음).

따라서 자신의 기술이 외부에 오랜 기간 공개되지 않기를 원하는 경우에는 특허로 출원하기보다는 영업비밀로 관리하는 것이 더 좋을 수 있다. 특히 인공지능 알고리즘의 경우 알고리즘의 구체적인 내용이 알려지면 사업에 어려움이 생길 수 있는 경우가 있다. 예를 들어 아마존(Amazon)은 인공지능을 사용하여 소비자의 기존 구매 내역에 기초해 해당 소비자가 관심 있을 만한 제품을 추천해 주고 추가적인 소비를 효과적으로 이끌어내는데, 아마존의 인공지능이 어떤 방식으로 제품을 추천해 주는지에 대한 알고리즘을 알 수 있다면 이를 악용하여 판매자는 자신의 제품이 더 자주 추천되도록 만들 수 있을 것이다. 그리고 그 결과 제품 추천 기능에 대한 신뢰도가 떨어져서 소비자들은 제품이 추천되더라도 추가적인 소비를 하지 않게 될 것이다. 이런 경우에는 알고리즘의 내용을 기재하여 특허로 출원함으로써 공개하기보다는 회사의 영업비밀로 관리하여 어디에도 공개되지 않도록 하는 것이 더 적절할 수 있다.

위에서는 특허 출원의 필요성에 대해서 언급했지만, 디자인의 경우도 마찬가지이다. 한편 상표 출원의 경우에는 아래 살펴볼 바와 같이 특허나 디자인과는 구별되는 또 다른 목적이 있다.

[가상 사례]

A 회사는 'Perfect AI'라는 브랜드 이름을 붙여서 인공지능 서비스를 시작하였다. 이 인공지능 서비스는 "귀여운 아기 고양이가 길에서 꽃을 만지는 사진을 만들어줘."라고 하면 아래와 같은 사진을 자동으로 생성해준다.

그림 7-2 인공지능 생성 사진의 예시

A 회사는 자신들의 서비스를 이용해서 만들어 낸 사진이 다른 사람의 저작권을 침해하여 사용자에게 손해가 발생할 경우 해당 손해를 모두 배상해 준다고 보증하고 있다.

> 그런데 B 회사는 A 회사와 동일한 이름인 'Perfect AI'라는 브랜드 이름으로 이미지 생성 서비스를 시작하였고, B 회사는 사용자에게 저작권 침해에 대한 보증을 하지 않고 있다.
>
> 사용자 김씨는 주변 지인들로부터 Perfect AI를 사용하면 저작권 침해와 관련된 모든 손해를 배상해 주기 때문에 걱정 없이 사진을 사용할 수 있다는 말을 듣고 인터넷 검색을 통해 B 회사의 Perfect AI 서비스에 접속하여 사진을 생성하였다. 그런데 생성된 사진은 다른 사람의 저작권을 침해하는 것이었고, 김씨는 저작권 침해를 보증하지 않는 B 회사로부터 배상을 받을 수 없었다.

위 사례에서 A 회사가 자신의 브랜드인 'Perfect AI'에 대해 상표 출원을 했다면 B 회사가 동일한 상표를 사용하는 것을 막을 수 있고, 나아가 김씨가 B 회사의 서비스를 A 회사의 서비스인 것으로 오인하거나 혼동하는 것을 막을 수도 있었을 것이다. 이처럼 상표 제도는 A 회사의 독점·배타적인 권리를 보호하기 위한 것뿐만 아니라 일반 수요자의 오인·혼동을 방지하기 위한 것도 목적으로 한다.

결국 인공지능과 관련한 지적 창작물을 생산해 낸 사람이 해당 창작물을 자신만 독점적으로 쓰고 타인은 사용하지 못하도록 하기 위해서는 특허나 상표와 같은 지식재산권으로 출원하여 보호받을 필요가 있다. 그런데 특허, 상표, 디자인은 각각 보호 대상이 다르기 때문에 자신의 지적 창작물이 어떠한 형태인지 그리고 어떤 부분을 보호받고 싶은지에 따라 특허, 상표, 디자인 중에 선택하여 출원하여야 한다.

권리화의 대상

먼저 특허, 상표, 디자인은 각각 그 정의와 보호 대상이 다르며, 구체적인 내용은 아래 표와 같다.

표 7-2 특허, 상표, 디자인의 비교

권리	정의	보호 대상
특허	자연법칙을 이용한 기술적 사상의 창작으로서 고도한 것	물건, 방법, 컴퓨터프로그램, Business Method 등
상표	자기의 상품을 타인의 상품과 식별하기 위한 표시	문자, 도형 등
디자인	물품의 형상 · 모양 · 색채 또는 이들을 결합한 것으로서, 시각을 통하여 미감을 일으키게 하는 것	물품의 외관, 화상디자인

이처럼 각 권리마다 보호 대상이 다르기 때문에 인공지능과 관련한 지식재산을 권리화하고자 하는 경우에는 보호받고자 하는 부분이 어떤 권리에 해당되는지를 알아야 한다. 예를 들어, 인

공지능 비즈니스를 하는 경우 아래와 같이 각 부분에 대해 특허, 상표 또는 디자인으로 보호받을 수 있다.

그림 7-3 인공지능 비즈니스의 지식재산권 권리화

위 그림은 Perfect AI라는 가상의 생성형 인공지능에 대한 예시이다. 사용자가 자신의 컴퓨터로 Perfect AI의 웹사이트에 접속하면 인공지능의 브랜드 네임인 'Perfect AI'와 얼굴 모양 로고가 화면 상단에 표시되고, 하단에는 웹툰의 스토리를 텍스트로 입력할 수 있는 기능을 제공한다. 해당 화면에서 ① 사용자가 웹툰의 스토리를 입력하면 ② Perfect AI는 웹툰 그림을 생성해 내고, ③ 웹툰을 여러 종류의 화풍(로맨스 장르의 화풍, 판타지 장르의 화풍 등)으로 제작한다. ④ 사용자가 하나의 화풍을 선택하면 ⑤ Perfect AI는 웹툰을 제공하는 포털 사이트들에 선택된 웹툰을 업로드한다.

위와 같은 인공지능의 경우 어떤 부분이 지식재산권으로 보호될 수 있을까?

특허

특허는 '기술적 사상의 창작'을 보호하는 것이므로 어떤 부분이 기술에 해당하는지를 확인할 필요가 있으며 아래를 생각해 볼 수 있다.

- **Perfect AI 인공지능 그 자체의 알고리즘 내지는 컴퓨터 프로그램**

> **[컴퓨터 프로그램 특허]**
>
> 특허란 '자연법칙을 이용한 기술적 사상의 창작'인데, 컴퓨터 프로그램은 자연법칙(자연계에 존재하는 물리적, 화학적, 생물학적 법칙을 의미하는 것으로 예를 들면 에너지 보존법칙이 있다)을 이용한 것이 아니라 인간의 정신적 활동의 산물이고 추상적 아이디어에 불과한 것으로 보아 과거에는 특허로 등록받을 수 없었다.
>
> 그러나 기술이 발전함에 따라 컴퓨터 프로그램 발명이 증가하였고 이를 특허로 보호할 필요성이 생겼으므로, 우리나라 특허청은 비록 특허의 정의에는 부합하지 않지만 정책적으로 컴퓨터 프로그램도 하드웨어인 기록매체에 기록된 것임을 전제로 특허로서 보호받을 수 있도록 하였다.

- **Perfect AI 인공지능을 구동하기 위한 장치**
- Perfect AI 인공지능 서비스의 영업 방법(Business Method): 스토리를 입력하면 원하는 화풍에 따라 웹툰을 제작해주고 포털 사이트에 업로드해주는 방법

> [영업방법(Business Mehotd; BM) 특허]
>
> 특허란 '자연법칙을 이용한 기술적 사상의 창작'이므로, 순수한 영업 방법은 특허로 등록받을 수 없고, 영업 방법이 컴퓨터나 정보통신기술을 이용하여 구현되는 경우에만 자연법칙을 이용한 기술적 사상의 창작으로 판단하여 특허의 대상으로 본다.
>
> 따라서 Perfect AI의 경우에도 스토리를 입력하면 원하는 화풍에 따라 웹툰을 제작해 주고 포털 사이트에 업로드해주는 영업 방법이 사용자의 컴퓨터나 인공지능과 같은 하드웨어/소프트웨어를 이용하여 구현되도록 특허를 출원한다면 BM 발명으로 등록받을 수 있다.

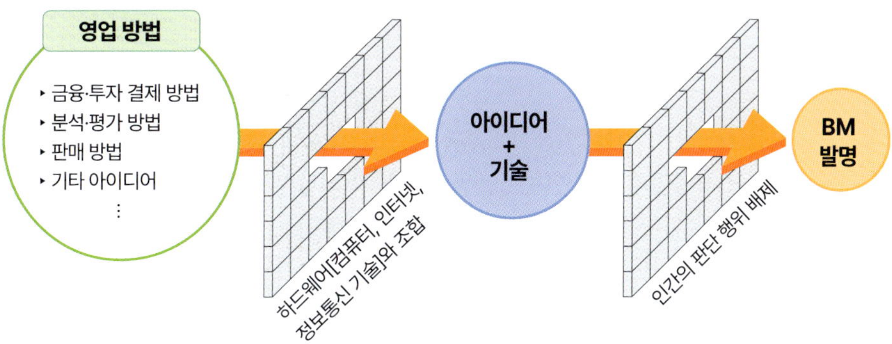

그림 7-4 영업 방법이 BM 발명이 되기 위한 요건(출처: 특허청 BM특허 길라잡이 2020)

상표

상표는 자기의 상품을 타인의 상품과 식별하기 위한 표시이므로, 이용자들이 다른 인공지능 서비스와 구별하여 Perfect AI의 인공지능 서비스임을 인식할 수 있는 문자나 도형을 확인해 볼 필요가 있다.

- 문자상표: 'Perfect AI'
- 도형상표: 

디자인

물품에서 시각을 통하여 미감을 일으키게 하는 부분을 디자인으로 보호받을 수 있다.

- **인공지능을 사용하는 과정의 컴퓨터 인터페이스 화면**

> **[화상디자인]**
>
> 종래에는 화상디자인의 경우 물품에 표시된 경우(예: 디스플레이 패널에 표시된 화상디자인)에만 디자인으로 등록받을 수 있었으나, 2021년 「디자인보호법」 개정으로 물품에 표시되지 않은 화상디자인 그 자체도 디자인으로 등록받을 수 있다. 단, 물품에 표시되지 않은 화상디자인의 경우에는 '기기의 조작에 이용되거나 기능이 발휘되는 화상'에 해당하는 경우에만 디자인으로 등록받을 수 있다.

Perfect AI를 이용하는 과정에서 보이는 화면은 디스플레이 패널에 표시된 상태의 모습으로 디자인 출원할 수 있고, 만일 해당 화면이 특정 기기의 조작에 이용되는 것이라면 디스플레이 패널에 표시되지 않은 화상 그 자체를 디자인으로 출원할 수도 있다.

- 도형 디자인: 

기타

위에서 설명한 내용 이외에도 지식재산권으로 보호될 수 있는 부분이 있는데, 컴퓨터 프로그램의 경우 저작권이나 영업비밀로, 인공지능을 학습하기 위한 데이터베이스의 경우에는 데이터베이스 제작자의 권리로, 인공지능이 생성해 낸 웹툰의 경우에는 저작권으로 보호받을 수 있다. 경우에 따라서는 여러 권리에 의해 중복적인 보호를 받을 수도 있는데, 예를 들어 로고 디자인의 경우에는 디자인권뿐만 아니라 저작권으로도 보호될 수 있다. 저작권과 영업비밀에 대해서는 제4장, 제5장, 제6장 및 제8장을 참고할 수 있다.

잠깐만요 **실용신안 제도**

실용신안은 특허와 마찬가지로 '기술'의 발전을 촉진하여 산업 발전에 이바지함을 목적으로 하는 제도인데, 특허에서 보호하는 '발명'이란 자연법칙을 이용한 기술적 사상의 창작으로서 고도한 것을 말하고, 실용신안에서 보호하는 '고안'이란 자연법칙을 이용한 기술적 사상의 창작을 말한다. 즉 특허는 실용신안에 비하여 고도한 대(大)발명을 보호하기 위한 것이고 실용신안은 특허보다는 낮은 수준의 소(小)발명을 보호하기 위한 것이다.

다만 실무상 특허와 실용신안의 발명 수준은 명확하게 구분되지 않기 때문에, 존속기간이 10년밖에 되지 않는 실용신안보다는 20년의 존속기간을 가지는 특허로 출원하는 경우가 많다. 실제로도 2019년 우리나라 실용신안 출원은 5,447건으로 전체 특허 · 실용신안 출원 건수 대비 약 1.4%에 불과하다.

인공지능이 만든 창작물의 지식재산권

인간이 처음으로 탄생한 그 순간부터 최근까지 아주 오랜 기간동안 지적 창작은 인간 고유한 영역이었고, 지적 창작물에 대한 권리인 지식재산권도 당연히 인간이 창작한 경우를 전제로 하였다. 또한 인공지능은 인간의 단순 업무를 도와주는 정도에 불과하고 인공지능이 계속 발달하더라도 인간의 정신적 활동인 창작은 가장 마지막 순간까지 인공지능이 범접하기 어려울 것이라는 인식이 지배적이었다.

그런데 오픈AI(OpenAI)의 달리(DALL-E), 소라(Sora), 미드저니(Midjourny), 스테이블 디퓨전(Stable Diffusion) 등 생성형 AI가 등장함에 따라 오히려 인간의 창작 영역이 다른 영역에 비해 더 먼저 점령당하고 있고, 이제는 인간이 만든 창작물과 인공지능이 만든 창작물을 구별할 수 없거나 경우에 따라서는 인공지능이 만든 창작물이 더 뛰어나기까지 하다.

그렇다면 그동안 인간이 만든 지적 창작물에만 지식재산권을 부여해 왔던 것과 달리 인공지능이 만든 지적 창작물에도 지식재산권을 부여할 수 있을까?

이러한 질문에 대해 단순히 궁금증을 가지는 것을 넘어서 실제로 확인을 시도한 사람이 있다. 미국의 상상엔진(Imagination Engines)의 설립자 겸 CEO이자 AI 개발자인 스티븐 테일러(Stephen Thaler)는 자신이 개발한 인공지능인 '다부스(DABUS, Device for the Autonomous Bootstrapping of Unified Sentience)'가 2개의 발명을 스스로 했다고 주장하면서 발명자를 사람이 아닌 인공지능 이름 DABUS로 기재하여 한국, 미국, 영국, 독일, 호주를 포함한 전 세계 16개국에 특허를 출원하였다(이를 다부스 프로젝트라고도 한다).

그림 7-5 스티븐 테일러 (https://onlyx.io/stephen-thaler-joins-only-x)

스티븐 테일러 본인은 해당 발명과 관련하여 아무런 지식이 없었는데, 자신이 개발한 인공지능인 DABUS가 일반적인 지식에 대해 학습한 후 '레고처럼 오목·볼록부가 반복된 프랙털 구조를 가져 손에 쥐기 쉬운 식품 용기'와 '신경 동작 패턴을 모방해 집중도를 높여주는 램프' 2가지를 발명했다고 주장했다.

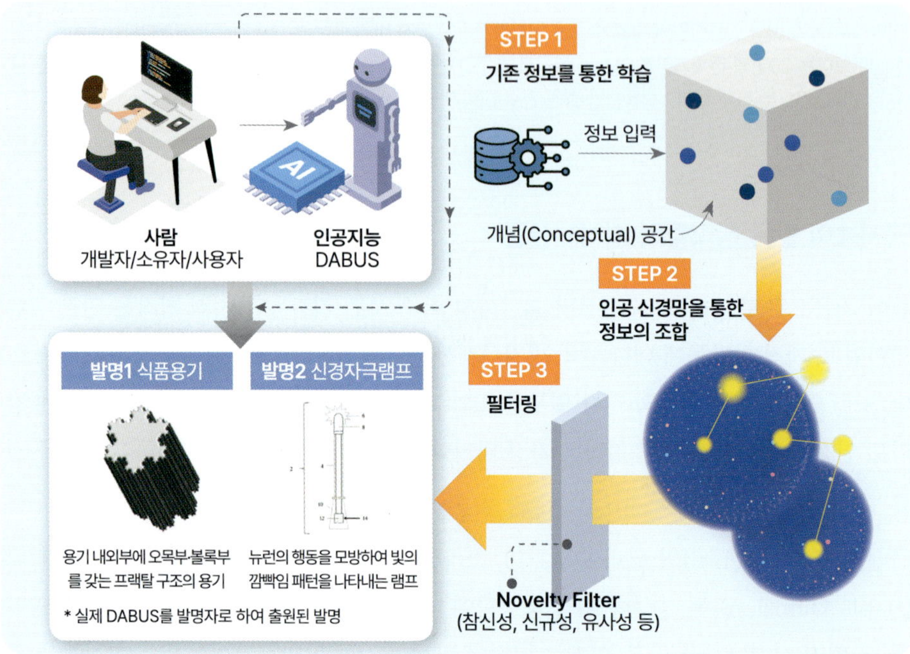

그림 7-6 다부스(DABUS)의 발명 과정

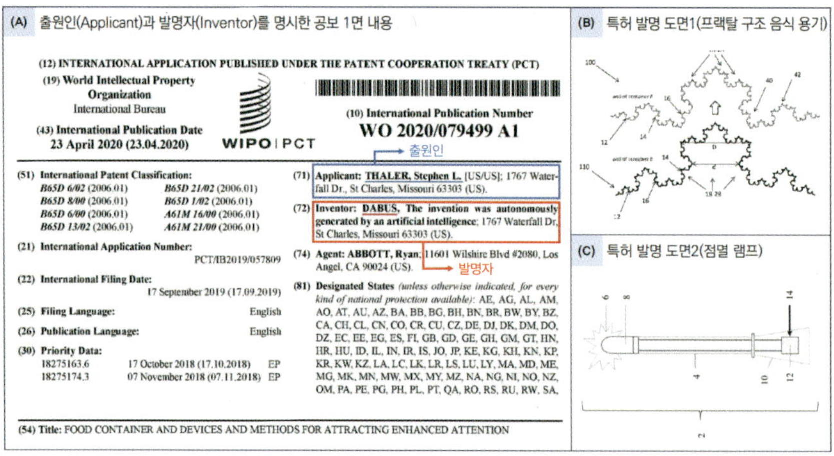

그림 7-7 세계지식재산권기구(WIPO)에 PCT 출원된 다부스 특허 공개공보

이에 대하여 한국 특허청은 「특허법」상 오직 사람(자연인)만이 발명자가 될 수 있음을 이유로 인공지능 DABUS의 발명에 대한 출원을 거절결정하였다.

> **[특허법 제33조(특허를 받을 수 있는 자)]**
> ① 발명을 한 사람 또는 그 승계인은 이 법에서 정하는 바에 따라 특허를 받을 수 있는 권리를 가진다.

스티븐 테일러는 특허출원을 거절한 한국 특허청의 처분에 대하여 취소를 구하는 행정소송을 서울행정법원에 제기하였으나 받아들여지지 않았고, 대부분의 국가에서도 마찬가지로 사람이 아닌 인공지능의 발명은 특허로 등록받을 수 없다는 취지의 판단을 받았다.

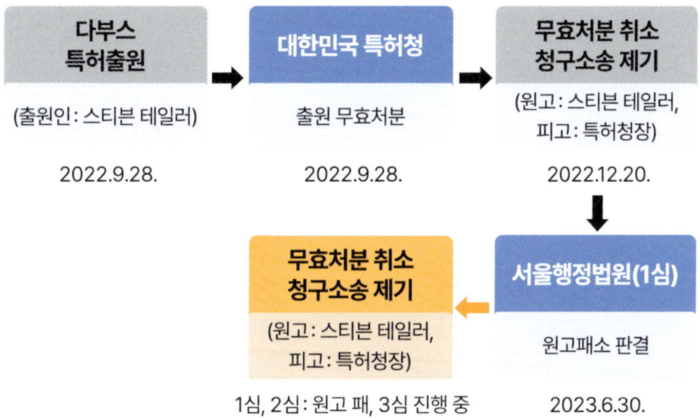

그림 7-8 국내 다부스 소송 진행 현황(2024. 11. 현재)

표 7-3 미국, 영국 등 주요국의 국제 소송 진행 현황

국가	소송 결과
미국	자연인만이 발명자로 인정된다는 이유로 버지니아 동부지법('21.9) 및 연방순회항소법원('22.8)에서 항소 기각, 연방대법원에서도 기각판결('23.4)
영국	1심법원('20.9) 및 항소법원('21.9)에서 인공지능 발명자를 인정할 수 없다는 취지로 기각판결
호주	1심법원은 명시적 규정이 없다는 이유로 인공지능을 발명자로 인정하였으나, 항소법원에서는 1심 법원과 달리 자연인만 발명자로 인정하고 인공지능이 발명자로 될 수 없다는 취지로 원심 파기('22.4), 대법원에서도 마찬가지 이유로 확정('22.11)
독일	연방특허법원은 자연인만 발명자로 인정하되, 발명자를 기재할 때 인공지능에 대한 정보를 함께 기재하는 것까지는 허용한다고 판결('22.3)

결국 「특허법」상 발명자는 사람이어야 한다는 것이 현재 전 세계적인 입장이지만, 이와 관련한 논의는 계속해서 매우 활발하게 진행 중이다. 한국에서는 인공지능이 인간의 도움을 거의 받지 않고 사실상 독립적으로 발명을 한다는 것은 현재 기술 수준으로 아직 부족하다는 인식이 많고, 위 다부스 프로젝트에서도 정말로 인공지능 다부스가 스티븐 테일러의 도움을 받지 않고 2건의 발명을 한 것인지에 대해서 의문을 품는 전문가가 있다. 또한 인공지능이 발명 과정에 관여했다고 하더라도 사람이 인공지능을 발명의 도구로써 사용한 것이라면 사람만을 발명자로 기재하면 되기 때문에 현행 「특허법」상 문제가 없다고도 볼 수 있다.

그러나 인공지능 기술은 나날이 매우 빠른 속도로 발전하고 있기 때문에 인공지능 기술이 인간의 도움을 전혀 받지 않고 스스로 발명을 할 수 있게 되는 날은 멀지 않을 것으로 생각된다. 따라서 인공지능의 단독 발명을 「특허법」으로 보호할지, 보호한다면 인간의 발명과 동일한 수준으로 보호할지 아니면 인간의 발명보다 낮은 수준으로 보호할지, 인간이 전혀 관여를 하지 않은 경우에만 인공지능의 단독 발명으로 볼지 아니면 인간이 약간의 도움을 주거나 간단한 지시를 내린 경우에도 인공지능의 단독 발명으로 볼지 등에 대한 수많은 이슈들은 조만간 고민해야 할 문제이다. 다부스 프로젝트는 이러한 문제에 대한 고민을 시작할 수 있게 해주는 계기가 되었다는 점에서 의미가 있다.

이처럼 생성형 인공지능을 사용해 만든 발명을 두고 인공지능을 특허출원의 발명자로 기재할 수 있는지에 대한 논란이 생기자, 조 바이든 미국 행정부는 행정명령을 통해 미국 특허상표청(United States Patent and Trademark Office; USPTO)에 2024년 2월 말까지 발명자에 대한 지침을 발표하도록 지시했다. 이에 미국 특허상표청(USPTO)은 인공지능을 사용해 만들어진 발명에 대해 특허를 받으려면 사람이 해당 발명에 '상당한 기여'를 해야 하며, 특허에는 오직 인간만이 발명자로 이름을 올릴 수 있다는 지침을 내놓았다. 미국 특허상표청장인 캐시 비달(Kathi Vidal)도 "AI 시스템에 대한 지적 지배력을 유지한다고 해서 그 이상의 기여 없이 발명가가 되는 것은 아니다."라고 했다.

그림 7-9 캐시 비달(https://www.uspto.gov/about-us/executive-biographies/kathi-vidal)

위 미국 특허상표청(USPTO)의 지침에 따르면, 문제만 제시하거나 단순 지시만 한 사람은 발명자로 인정될 수 없다. 예를 들어 사람이 인공지능에게 원격제어 자동차의 핵심 부품을 설계하도록 요청만 하고 핵심 부품의 설계 및 구현은 인공지능이 모두 수행한 경우에는 사람이 '상당한 기여'를 한 것이 아니므로 사람이 발명자가 될 수 없고 따라서 특허를 받을 수 없다. 반면 사람이 인공지능에게 단순 지시를 넘어서 여러 명령어들을 입력하여 자동차 핵심 부품 설계와 관련한 문제에 대해 해결책을 이끌어냈다면 상당한 기여로 볼 수 있으므로 특허를 받을 수 있을 것이다. 그러나 '상당한 기여'가 어느 정도인지는 여전히 명확하지 않아서 추후 법적 분쟁의 소지가 있고, 발명을 인공지능이 한 것인지 사람이 한 것인지를 어떻게 입증하고 특허청은 어떻게 확인할 것인지에 대한 문제도 남아있다.

잠깐만요 **미국「특허법」**

각 나라마다 법의 체계나 내용이 다른데, 미국「특허법」에서 논의되는 내용을 한국에서 참고할 수 있을까? 물론 각국의「지식재산권법」에서 규정하고 있는 내용은 나라마다 상이하고, 한국에서 등록받은 지식재산권은 한국에서만, 미국에서 등록받은 지식재산권은 미국에서만 그 권리가 인정된다. 그러나 각국의 지식재산제도가 상이함으로 인하여 권리의 보호 기간이나 범위가 달라서 무역이나 경제상, 절차상 불편한 경우가 많았기 때문에 전 세계적으로 통일적 보호가 필요하였다. 이에 많은 국가들은 여러 국제 협정을 체결하여 지식재산권제도의 통일화를 진행하고 있는데, 대표적인 것으로는 공업소유권의 보호를 위한「파리협약(Convention of Paris for the Protection of Industrial Property)」,「특허협력조약(Patent Cooperation Treaty)」,「마드리드 의정서(Madrid Protocol)」,「제네바 협정(The Geneva Act)」등이 있다. 이러한 협약들을 통해 전세계「지식재산권법」은 상당히 유사한 모습을 가지게 되었고, 그에 따라 각 국의「지식재산권법」에 대한 내용은 다른 나라에도 비슷하게 적용될 수 있는 경우가 많다.

한편「디자인보호법」도「특허법」과 마찬가지로 '사람'이 창작한 디자인만을 등록받을 수 있는 것으로 규정하고 있으므로, 인공지능이 창작한 디자인은 디자인으로 등록받을 수 없다.

[디자인보호법 제3조(디자인등록을 받을 수 있는 자)]

① 디자인을 창작한 사람 또는 그 승계인은 이 법에서 정하는 바에 따라 디자인등록을 받을 수 있는 권리를 가진다.

이처럼「특허법」이나「디자인보호법」은 발명이나 디자인을 만든 사람이 특허나 디자인으로 등록받을 권리를 최초로 취득할 수 있기 때문에 인공지능이 만든 것은 특허나 디자인으로 등록받을 수 없다. 반면,「상표법」은 상표를 누가 만들었는지는 중요하지 않고 상표를 '사용'하려는 사람이 등록받을 수 있기 때문에 인공지능이 만든 상표라고 하더라도 사람이 '사용'하는 경우에는 등록받을 수 있다.

[상표법 제3조(상표등록을 받을 수 있는 자)]

① 국내에서 상표를 사용하는 자 또는 사용하려는 자는 자기의 상표를 등록받을 수 있다.

「특허법」이나 「디자인보호법」과 달리 「상표법」에서 상표를 누가 어떻게 만들었는지 고려하지 않는 이유는 법의 취지와 목적이 서로 다르기 때문이다. 특허나 디자인은 이미 이전에 있었던 발명이나 디자인에 비하여 더 진보하거나 더 창작성 있는 경우에만 독점권을 부여함으로써 기술과 산업을 발전시키기 위한 것이다. 이러한 진보성이나 창작성은 인간의 정신적 활동의 산물이므로 인간이 만든 것에 대해서만 권리를 부여한다. 반면, 상표는 더 창작성 있는 상표를 보호하기 위한 것이 아니라 일반 수요자가 어떤 회사의 상품을 다른 회사의 상품으로 오인하거나 혼동하지 않도록 하기 위한 것이므로 기존의 상표와 다르기만 하면 된다. 그렇기 때문에 인간의 정신적 활동인 창작적인 요소는 크게 중요하지 않다.

이러한 차이 때문에 상표의 경우에는 인공지능이 만든 것이라고 하더라도 사람이 출원하면 등록받을 수 있고, 실무상으로도 상표를 누가 만들었는지는 상표 출원서에 기재하지 않는다. 물론 미래에 인공지능 기술이 더욱 발달하여 인공지능이 상표를 생성하는 것에서 더 나아가 스스로 사용까지 할 수 있게 된다면 앞의 특허, 디자인과 마찬가지의 논의가 필요할 수는 있을 것이다.

권리화를 위한 요건

인공지능과 관련한 창작물이 출원된 경우 특허, 상표 또는 디자인으로 등록받기 위해서 다음의 요건을 만족해야 하며, 출원에 대해 특허청 심사관이 거절이유를 발견하지 못하는 경우에는 등록결정을 한다.

표 7-4 특허, 상표, 디자인 등록 요건

권리	등록 요건
특허	• 신규성: 동일한 기술이 이전에 존재하지 않아야 함. • 진보성: 쉽게 발명할 수 있는 것이 아니어야 함. • 산업상 이용 가능성: 산업에서 동일한 결과를 반복적으로 실시할 수 있어야 함. • 선출원주의/확대된 선출원주의: 먼저 출원된 타인의 발명과 동일하지 않아야 함. • 특허법상 부등록 사유에 해당하지 않을 것: 예를 들어, 공공의 질서 또는 선량한 풍속에 어긋나거나 공중의 위생을 해칠 우려가 있는 발명은 등록받을 수 없음.
상표	• 식별력: 일반 수요자가 상표를 표시한 상품이 누구의 상품인가를 알 수 있어야 함. • 상표법상 부등록 사유에 해당하지 않을 것: 예를 들어, 주지하거나 저명한 타인의 상표와 동일하거나 유사한 표장은 등록받을 수 없음.
디자인	• 신규성: 동일한 디자인이 이전에 존재하지 않아야 함. • 창작성: 쉽게 창작할 수 있는 것이 아니어야 함. • 공업상 이용 가능성: 공업적 생산 방법에 의하여 동일한 물품을 양산할 수 있어야 함. • 선출원주의/확대된 선출원주의: 먼저 출원된 타인의 디자인과 동일하거나 유사하지 않아야 함. • 디자인보호법상 부등록 사유에 해당하지 않을 것: 예를 들어, 일반인의 통상적인 도덕관념이나 선량한 풍속에 어긋나는 디자인은 등록받을 수 없음.

위 지식재산권의 각 등록 요건들 중 인공지능 산업 분야와 관련하여 주로 문제가 되는 것은 특허의 '산업상 이용가능성'이다. 앞서 말한 바와 같이 「특허법」상 발명이 되기 위해서는 '자연법칙을 이용'한 기술적 사상의 창작이어야 하기 때문에 단순한 아이디어나 인간의 정신활동과 같이 자연법칙을 이용하지 않은 창작의 경우에는 「특허법」상 발명에 해당하지 않는다. 자연법칙을 이용하지 않은 창작이 특허출원이 된 경우 특허청은 '산업상 이용가능성'이 없음을 이유로 거절이유를 통지하게 된다.

인공지능의 알고리즘이나 컴퓨터 프로그램의 경우 자연법칙을 이용한 것이라기보다는 인간의 정신적 활동의 산물이라고 볼 수 있기 때문에 원칙적으로는 「특허법」상 발명의 대상이 아니다. .그러나 한국 특허청에서는 그 보호의 필요성을 고려하여 하드웨어 장치인 기록매체에 기록된 프로그램이라는 점을 기재하면 「특허법」상 발명에 해당되는 것으로 본다. 이러한 점 때문에 한국에서는 인공지능의 알고리즘이나 컴퓨터 프로그램 발명이 특허로 등록받는 데 큰 어려움은 없다. 그러나 미국의 경우에는 한국보다 등록이 좀 더 까다로운데 이러한 차이가 나는 이유를 이해하기 위해서는 미국에서 그동안 논의된 내용을 함께 살펴볼 필요가 있다.

2013년 5월 미국 하원에서는 법원·지적재산권·인터넷 소위원회 주관으로 '특허 소송 남용이 미국의 혁신, 일자리 등에 미치는 영향'에 대한 청문회가 열렸다. 이 청문회에서는 특허 괴물이 악의적이고 남용적으로 특허 소송을 제기함에 따라 미국의 혁신과 경쟁력에 방해가 되고, 이러한 특허 소송으로 인하여 발생하는 수억 달러의 비용은 기업의 부담이 되어 혁신과 고용의 저하로 이어진다는 주장이 제기되었다.

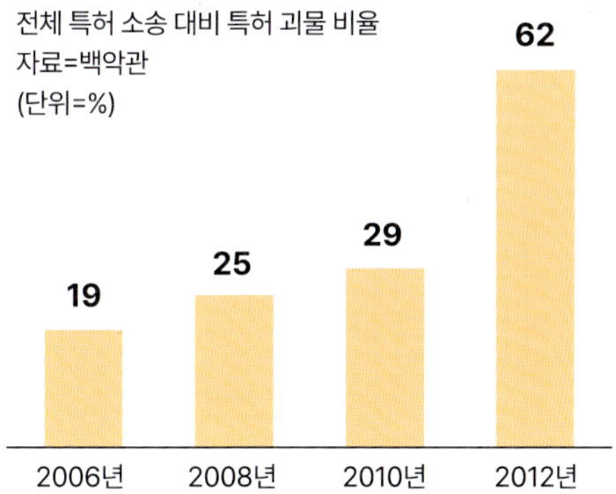

그림 7-10 급증하는 특허 괴물 소송 비중

잠깐만요 **특허 괴물(Patent Troll)**

특허 괴물이란 제품을 직접 생산하거나 판매하지는 않지만 특허와 같은 지식재산권을 매입하여 이를 토대로 다른 회사에 특허 침해 소송을 제기하고, 이를 통해 손해배상금을 받거나 라이선스료를 받아서 수익을 얻는 특허 전문 회사를 비유적으로 표현하는 말이다. NPE(Non-Practicing Entity)라고도 한다.

특허 괴물은 기술을 개발하거나 제품을 생산하지는 않기 때문에 관련 산업의 발전에 기여를 하지 않으면서 오히려 해당 산업에서 실제로 활동하는 기업들에게는 소송을 제기함으로써 부담을 준다는 점 때문에 부정적인 시각으로 바라보는 사람이 많다. 반면 특허 괴물의 활동으로 인하여 특허의 가치나 중요성에 대한 인식이 커졌고 그 결과 오히려 많은 기업들이 특허에 집중하게 되면서 특허 제도가 더 발전할 수 있는 계기가 되었다고 보는 시각도 있다.

그림 7-11 미국 연방 대법원

위 청문회 이후 2013년 6월 버락 오바마 대통령은 특허 소송의 남용을 금지하고 모호하거나 지나치게 포괄적인 특허 청구를 제한하는 등의 행정명령을 발동하였다. 이 당시 특허 괴물에 피소당한 미국 기업 중의 80% 이상이 소프트웨어 특허로 인해 피소당한 것이었기 때문에 논의의 중심에는 소프트웨어 특허가 있었다. 이후 미국 대법원도 Alice Corp. v. CLS Bank International, 573 U.S. 208(2014) 판결에서 행정명령의 내용과 마찬가지 취지로 소프트웨어 특허의 등록을 거절하였다. 물론 모든 소프트웨어 발명이 등록받지 못한다고 판단한 것은 아니지만 범용적인 컴퓨터에 의하여 추상적인 아이디어가 수행되는 경우에는 등록받을 수 없도록 판단하였다. 이러한 태도는 미국 특허청의 심사 실무에도 영향을 미쳐 지금까지도 소프트웨어 특허의 등록이 까다로워지게 되었다.

인공지능의 경우 알고리즘이나 프로그램 특허가 많을 것이므로 미국에서 출원하여 등록받기 위해서는 단순히 소프트웨어 자체 기술로만 출원하여서는 안되고 미국 특허청에서 소프트웨어 발명을 등록시켜 주기 위한 심사 기준들(예를 들면, 범용 컴퓨터 이외의 특정 기계를 이용하거나 컴퓨터 자체의 성능이 향상되는 등)을 만족할 수 있도록 한 뒤에 출원하여야 한다.

7.4 인공지능 관련한 특허권, 상표권, 디자인권의 보호

보호 기간

특허권, 상표권, 디자인권의 존속기간은 다음과 같다.

표 7-5 특허권, 상표권, 디자인권의 보호 기간

권리	권리 존속기간
특허	출원일로부터 20년(단 등록일부터 권리 발생)
상표	등록일로부터 10년(10년마다 갱신 가능, 계속 갱신한다면 무한하게 연장 가능)
디자인	출원일로부터 20년(단 등록일부터 권리 발생)

여기서 중요한 점은 특허, 상표, 디자인 모두 '등록일'로부터 권리가 발생한다는 점이다. 특히 특허와 디자인의 경우에는 권리가 존속하는 기간이 출원일로부터 20년까지이지만 등록일로부터 권리가 발생하기 때문에 출원에서 등록까지 걸리는 시간이 오래 걸린다면 존속기간은 줄어드는 결과가 발생한다.

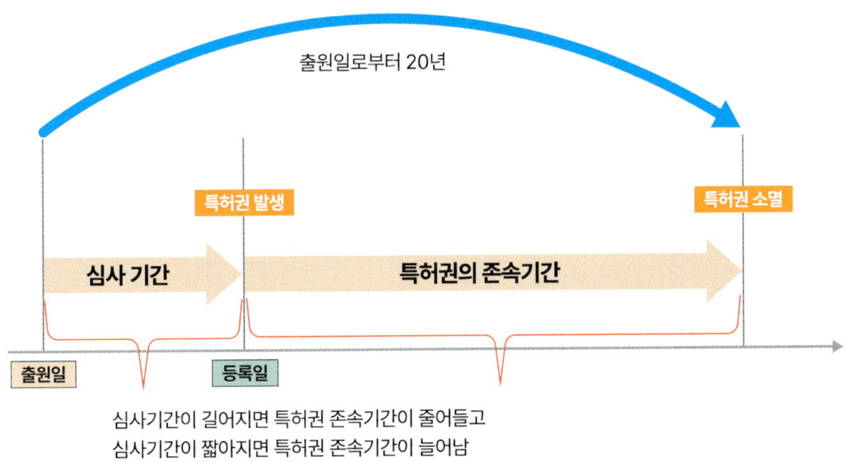

그림 7-12 특허권의 존속기간

참고로 각 권리별로 출원에서 등록까지 걸리는 시간은 다음과 같다.

표 7-6 출원 후 등록까지 소요 시간(출처: 특허청)

구분	특허	상표	디자인
일반 심사	심사청구 후 16개월	출원일로부터 16개월	출원일로부터 9개월
우선 심사	우선심사 청구 후 약 5개월	우선심사 청구 후 3개월	우선심사 청구 후 3개월

위 표 7-6에서 보는 바와 같이 특허출원은 일반 심사로 진행될 경우 심사에 16개월 정도 소요되고, 심사관이 특허출원을 심사하는 과정에서 거절이유를 발견함에 따라 출원인에게 의견제출통지서를 발부한 경우에는 이에 대응하는 시간이 3~4개월 더 소요될 수 있기 때문에 경우에 따라서는 출원 후 등록받는데까지 2년 이상이 걸릴 수도 있다. 그런데 인공지능과 같이 빠르게 발전하고 있는 분야에서는 기술을 개발하여 특허 출원한 날로부터 2년이 지나면 이미 새로운 기술들이 등장할 수 있고, 이런 경우에는 아무도 쓰지 않게 된 기술에 대해 뒤늦게 특허권을 취득하는 결과가 될 수 있다.

따라서 기술 수명이 짧거나 변화가 빠른 기술 분야에서는 심사 기간을 단축시켜 빠르게 특허권을 취득하는 것이 중요하고, 「특허실용신안 우선심사 신청에 관한 고시」 제4조 제2호 너목에 따르면 인공지능 기술의 경우에는 우선심사신청이 가능하므로 이를 활용해 볼 수 있다.

[특허실용신안 우선심사의 신청에 관한 고시 제4조(우선심사의 신청대상)]

우선심사의 신청대상은 심사청구가 있는 출원으로서 다음 각 호의 어느 하나에 해당하는 출원에 한정한다.

2. 우선심사의 신청을 하려는 자가 출원된 발명에 관하여 직접 선행 기술을 조사하고 그 결과를 특허청장에게 제출한 경우로서 다음 각 목의 어느 하나에 해당되어 긴급처리가 필요한 출원

   너. 인공지능, 사물인터넷, 삼차원 프린팅, 자율주행차, 빅데이터, 클라우드 컴퓨팅, 지능형 로봇, 스마트시티, 가상증강현실, 혁신 신약, 신재생 에너지, 맞춤형 헬스케어, 드론, 차세대 통신, 지능형 반도체, 첨단소재, 블록체인, 스마트 제조, 차세대 바이오 의약품 기술을 활용한 특허출원으로서 특허청이 별표3에서 정하는 4차 산업혁명 관련 新특허분류를 부여한 특허출원

보호 범위

특허, 상표, 디자인은 권리를 획득한 국가 내에서만 효력이 발생하고 이를 속지주의라고 한다. 예를 들어, 한국에서만 특허를 출원해서 등록받은 경우에 누군가가 특허와 동일한 발명을 한국

에서 만드는 경우 특허침해가 되지만 미국에서 만드는 경우에는 특허침해가 되지 않는다. 따라서 미국에서도 동일한 발명을 만들지 못하도록 하고 싶다면 한국뿐만 아니라 미국에서도 특허를 등록받아야 한다.

이처럼 하나의 기술임에도 여러 국가에 특허를 출원함으로써 여러 개의 특허를 취득할 수 있는데, 이러한 여러 특허들을 서로 패밀리 특허라고 한다. 미국 특허청에 등록된 인공지능 특허들을 대상으로 조사한 결과 패밀리 특허의 국가 수는 평균적으로 2.53개이므로(한국지능정보사회진흥원 Digital Insight 2022 참조), 인공지능 분야의 경우 통상적으로 미국 외에도 2~3개 국가에 더 출원한다는 점을 알 수 있다.

한편 국가별 연간 인공지능 특허출원 건수를 살펴보면 1위는 중국, 2위는 미국, 3위는 일본, 4위는 한국이다. 따라서 위 내용을 종합해 보면 인공지능 발명을 하는 경우 중국, 미국, 일본, 한국 중 3~4개 국가에 패밀리 특허를 출원하는 경우가 가장 많을 것이라고 추론해 볼 수 있다.

표 7-7 국가별 연간 인공지능 특허출원 건수(출처: WIPO)

국가 \ 연도	2016	2017	2018	2019	2020	2021	2022
중국	18,977	24,782	24,461	23,901	25,654	29,000	29,583
미국	20,328	20,154	19,075	19,674	18,601	17,786	16,805
일본	14,311	14,437	12,700	12,506	11,812	10,488	8,870
한국	9,577	9,113	7,926	7,287	7,962	7,758	7,899

잠깐만요 **표장이나 표지는 상표로 등록받은 경우에만 보호될 수 있을까?**

그렇지 않다. 「부정경쟁방지 및 영업비밀 보호에 관한 법률」(이하, '부정경쟁방지법'이라 함)에서는 정당한 권리를 가진 자가 별도의 출원 · 등록 절차를 거치지 않더라도 부정경쟁행위를 제재할 수 있도록 규정하고 있다. 다만 「부정경쟁방지법」에 따라 상품 또는 영업상 표지를 보호받기 위해서는 해당 표지가 국내에 널리 인식되어 있어야 하고, 국내에 널리 인식되어 있는지 여부는 명확하게 판단하기 어려운 부분이 있다. 따라서 표장이나 표지가 「부정경쟁방지법」에 의해 보호될 가능성이 있다고 하더라도 불필요한 분쟁을 방지하기 위하여 상표권을 확보하는 것이 바람직하다.

7.5 인공지능과 관련한 특허, 상표, 디자인권의 침해 및 분쟁

특허 분쟁

인공지능 산업이 발전함에 따라 인공지능 분야 특허출원은 계속 증가하고 있고, 그에 따라 관련 분쟁도 증가하고 있다.

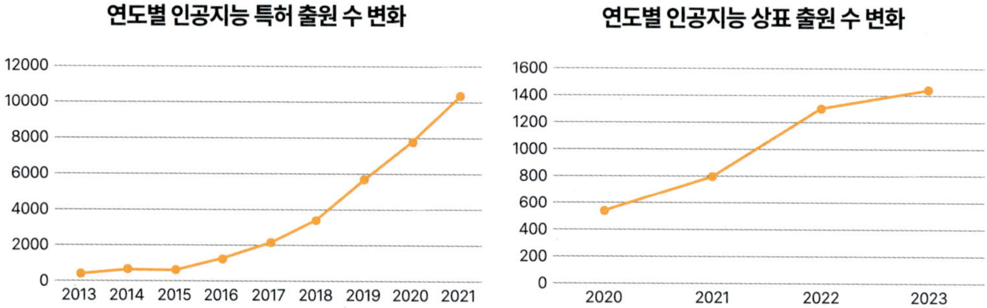

그림 7-13 한국의 연도별 인공지능 출원 수 변화

표 7-8 미국의 연도별 인공지능 분야 특허 소송 수(출처: 특허청 「4차 산업기술(인공지능) 특허 분쟁 대응 전략」)

연도	2009	2010	2011	2012	2013	2014	2015	2016	2017
개수	8	7	9	7	3	24	13	18	21

인공지능 분야 특허 분쟁에서 가장 큰 이슈는 침해 입증의 어려움이다. 먼저, 특허권자가 침해자를 상대로 특허침해금지청구 또는 손해배상청구 소송을 제기하는 경우 특허권자는 상대방이 특허를 침해하고 있다는 사실을 입증해야 한다. 그런데 인공지능 기술은 주로 소프트웨어로 운영되기 때문에 특허침해 사실을 알기가 어렵다는 문제가 있다. 예를 들어, 기계 장치의 동작과 관련된 기술은 외부에서 그 동작을 볼 수 있기 때문에 특허를 침해하고 있는지 여부를 확인하기가 비교적 용이하지만, 소프트웨어의 경우 CPU(Central Processing Unit; 중앙처리장치)나 GPU(Graphics Processing Unit; 그래픽처리장치) 내부에서 운용되기 때문에 침해하고 있는

지 여부를 확인하기가 어렵다.

나아가 사람의 뇌 신경망과 유사한 방식으로 만들어진 인공신경망의 경우에는 학습의 결과로서 어떠한 동작을 수행할 뿐이고 왜 그러한 동작을 수행했는지는 알기 어려운데 이를 인공지능의 블랙박스 문제라고 한다. 인공지능 바둑 프로그램인 알파고의 경우에도 특정 게임에서 왜 그러한 수를 두었는지는 알파고 개발자도 설명하기 어려웠는데 이 또한 블랙박스 문제 때문이다. 이러한 블랙박스 문제가 있는 경우에는 특허권자가 특허침해를 입증하기가 더욱 어려워지게 된다.

그렇다면 인공지능 특허에 대한 특허권자는 침해를 입증할 수 없는 것일까? 그렇지만은 않다. 특허침해에 대한 입증 책임은 특허권자에게 있는 것이 원칙이지만, 「특허법」은 특허권자의 입증이 어려운 경우 특허권자의 상대방이 특허와 다른 방식으로 기술을 실시하고 있다는 점을 구체적으로 제시하면서 반박할 의무를 부과하고 있고(「특허법」 제126조의 2), 특허권자의 상대방은 특허권자가 침해를 증명하기 위해 필요한 자료를 제출해야 할 의무가 있다(「특허법」 제132조). 또한 미국에서는 디스커버리(Discovery) 제도를 통해 소송 당사자 간에 소송과 관련된 정보를 얻거나 사실을 밝혀내기 위해 필요한 자료를 제출하도록 하고 있으므로, 특허권자는 이를 통해 침해 사실을 좀 더 명확하게 확인할 수 있다.

법률적인 방법 외에 기술적인 방법으로도 침해 입증이 가능할 수 있다. 소프트웨어의 경우 그 구체적인 동작을 알기 어렵다는 문제가 있기는 하지만 역분석 도구(Reverse Engineering tool)를 사용하면 완벽하지는 않아도 어느 정도 분석이 가능한 경우가 있다. 또한 인공지능 블랙박스 문제의 경우에도 설명가능한 AI(eXplainable Artificial Intelligence; XAI) 기술이 개발되고 있어서 아직 제한적이긴 하지만 블랙박스 내부의 동작을 확인할 수 있는 방법이 생기고 있다.

한편 글로벌 인공지능 기업의 경우에는 특허출원 전략을 통해 인공지능 특허가 침해 입증이 어렵다는 문제를 해결하고자 한다. 예를 들어 구글은 인공지능 분야에서만 수만 건의 특허를 가지고 있다. 이처럼 인공지능 기술 내의 모든 세부 기술 분야에 걸쳐서 거미줄처럼 촘촘히 특허를 가지고 있게 되면, 이렇게 많은 특허를 모두 다 침해하지 않고서는 인공지능 기술을 실시하기 어렵게 된다. 또 실제로는 침해하지 않는다고 하더라도 수만 건의 특허를 침해하는지 여부를 검토하는 것 자체가 사실상 어렵기 때문에 구글의 특허침해 주장을 방어하는 것이 어려워진다.

특허권자 입장에서 누군가가 자신의 특허를 침해하고 있다는 사실을 알게 되면 어떠한 법적 조치를 취할 수 있을까?

가장 먼저 생각해 볼 수 있는 것은 상대방에게 특허침해 사실을 알리는 경고장을 작성하여 내용증명을 보내는 것이다. 상대방이 잘 협조하는 경우 조기에 분쟁을 해결할 수 있다는 장점은 있으나 아무런 회신이 없거나 침해가 아니라는 회신이 오는 경우 결국 소송을 통해 분쟁을 해결해야 하므로 오히려 분쟁 기간이 길어질 수도 있다. 또 곧 법적 조치를 제기할 것이라는 점을 알리게 되어서 오히려 상대방에게 방어를 준비할 시간을 주게 될 수도 있다.

그 다음으로 생각해 볼 수 있는 것은 특허침해를 이유로 형사고소와 민사소송을 제기하는 것이다. 「특허법」은 특허를 침해한 자에 대하여 7년 이하의 징역 또는 1억 원 이하의 벌금에 처한다고 규정하고 있고(「특허법」 제225조), 더 이상 침해를 하지 못하도록 침해를 금지할 수 있으며(「특허법」 제126조), 특허권자에게 발생한 손해를 배상하도록 하고 있다(「특허법」 제128조). 형사고소와 민사소송은 동시에 할 수도 있고, 어느 하나만 진행하는 것도 가능하다.

그 외에도 특허권자는 무역위원회에 불공정무역행위를 이유로 제소하여 특허침해 제품에 대해 수입이나 수출을 금지시킬 수 있고, 특허심판원에 적극적 권리범위 확인심판을 제기하여 상대방의 기술 실시가 특허권의 권리범위에 포함된다는 점을 확인받을 수도 있다.

실시자는 위와 같은 특허권자의 조치에 대해 대응하는 한편 특허권자의 특허 자체가 무효라고 주장하며 특허심판원에 무효심판을 청구할 수 있다. 만일 특허 출원일 전에 유사한 기술이 이미 있었던 경우에는 특허권자의 특허는 등록받을 수 없었던 것이므로 특허는 무효로 판단받을 수 있고, 이렇게 무효가 된다면 무효인 특허에 기초한 특허권자의 모든 청구는 배척된다.

위 내용을 정리하면 아래와 같다.

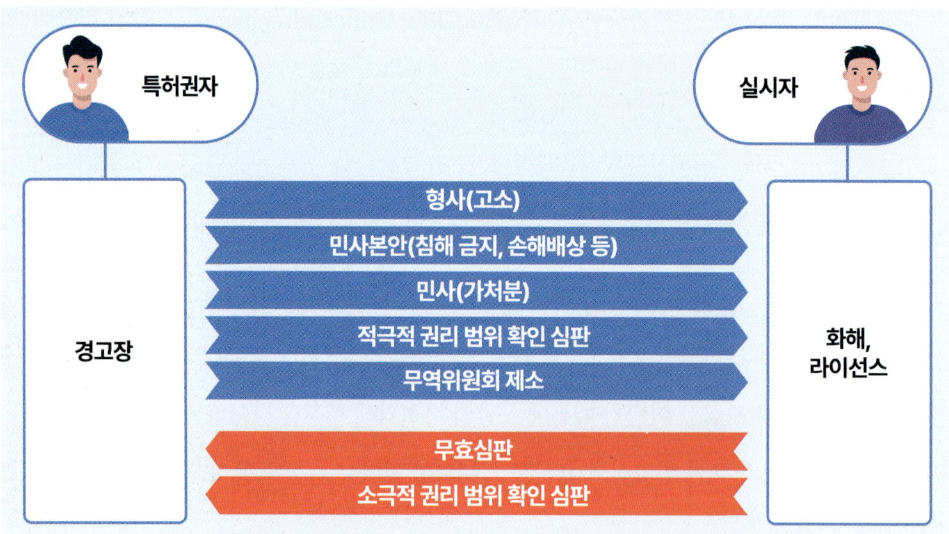

그림 7-14 특허권 관련 분쟁의 종류

상표 및 디자인 분쟁

인공지능 분야의 상표 및 디자인 분쟁은 다른 분야와 크게 다르지는 않다. 다만 2023년 학습 데이터의 사용 및 인공지능 산출물과 관련하여 게티 이미지(Getty Images)사와 스태빌리티 AI(Stability AI)사 사이의 분쟁은 주목할 만하다.

게티 이미지는 다양한 종류의 이미지를 제공하는 업체인데, 스태빌리티 AI가 이미지 생성 인공지능을 개발하기 위하여 게티 이미지가 그동안 축적해 온 1,200만 개 이미지를 허락 없이 학습에 사용했다고 주장하며 미국 델라웨어지방법원에 손해배상청구 소송을 냈다. 실제로 스태빌리티 AI가 산출해 낸 결과물을 살펴보면 게티 이미지의 워터마크가 왜곡된 모습으로 새겨진 것을 확인할 수 있었다.

게티 이미지는 위 소송에서 저작권 침해를 포함하여 여러 주장을 하였는데, 상표 침해와 관련해서는 스태빌리티 AI가 'Getty Images' 상표를 무단으로 사용하여 일반 대중에게 혼돈을 초래하였고, Getty Images 상표를 저품질 또는 기괴한 이미지에 사용하여 상표의 품질이 희석화되었다고 주장하였다. 이처럼 인공지능이 데이터를 학습하고 산출물을 출력하는 과정에서도 상표 침해 이슈가 제기될 수 있으므로 주의할 필요가 있다.

그림 7-15 스태빌리티 AI의 인공지능이 Getty Images 상표를 저품질 또는 기괴한 이미지에 사용하였다는 주장에 대한 증거로 제시된 사진

잠깐만요 **상표의 희석화(Trademark dilution)**

상표의 희석화는 저명한 상표와 동일하거나 유사한 상표를 사용함으로써 유명 상표의 제품 또는 서비스의 식별력을 떨어뜨리는 것을 말한다.

누군가가 상표권자의 상표와 동일하거나 유사한 상표를 사용한다고 하더라도 상표권자의 상품과 비유사한 상품에 사용하는 경우에는 원칙적으로 상표 침해에 해당하지 않는다. 그러나 이를 무제한적으로 허용하게 되면 저명한 상표의 경우 상표권자가 많은 시간과 비용을 투입하여 구축된 상표의 이미지나 고객흡인력 등이 약해질 수 있고, 누구나 유명 상표의 신용에 무임승차할 수 있게 된다. 이를 희석화라고 하며 희석화 행위는 금지된다. 예를 들어, 삼성이 가방 판매업에 상표를 등록하지 않음을 확인하고 누군가가 가방에 삼성 마크를 붙여서 판매하게 되면 이는 희석화 행위에 해당할 수 있다.

미국에서 형성되고 발전되어 온 이론이지만 한국 상표법 및 판례에도 반영되어 있다.

한편 인터넷 주소인 도메인 네임은 상표와 별개의 절차로 등록되고 관리되는 것이므로 상표와 동일한 명칭이라고 하더라도 도메인 네임으로 등록될 수 있다. 그러나 정당한 상표권자의 도메인 네임 등록을 방해하기 위한 목적으로 도메인 네임을 등록한 경우에는 그 등록이 말소될 수 있고(「인터넷 주소자원에 관한 법률」 제12조), 도메인 네임을 사용한 것이라고 하더라도 상품 출처로서 사용한 경우에는 사실상 상표로서 사용한 것이므로 상표 침해에 해당할 수 있다.

잠깐만요 **AI 도메인 네임**

도메인 네임의 끝에 국가코드가 붙는 경우가 있다. 예를 들어 한국의 .kr, 미국의 .us, 일본의 .jp 등이 그 예이다. 푸에르토리코 동쪽 카리브해의 작은 섬나라 앵귈라(Anguilla)는 국가명 도메인이 .ai이고 '.ai' 도메인을 사용하려면 앵귈라에 수수료를 내야 한다. 그런데 최근 AI 붐이 일며 앵귈라(인구 16,000명)는 국가코드 도메인인 '.ai'로 2023년 한 해 동안 국내총생산(GDP) 10%가 넘는 3,200만 달러(약 430억 원)를 벌어들인 것으로 알려져 있다.

7.6 정리하며

본 장의 앞에서 언급한 가상 사례를 다시 한번 살펴보자.

김인공씨는 생성형 인공지능인 Chat ABC를 사용하여 아래의 로고를 생성하여 사용하였는데 이 로고는 이미 출원하여 등록받은 박지능씨의 상표와 유사한 것이었다.

Chat ABC를 통해 생성한 뒤 사용한 김인공씨의 로고	박지능씨가 CLOVA Y를 통해 생성하였고 이미 출원하여 등록받은 상표

이 경우 김인공씨는 박지능씨의 상표를 침해하는 것이다. 물론 박지능씨도 상표를 인공지능을 사용하여 만든 것이긴 하지만 「상표법」은 상표를 누가 만들었는지를 고려하지 않기 때문에 상표로서 이미 적법하게 등록받은 이상 그 누구도 등록받은 상표와 동일하거나 유사한 상표는 사용할 수 없다. 한편, 김인공씨는 로고를 자신이 직접 만든 것이 아니라 Chat ABC의 인공지능이 만들어준 것이므로 자신은 책임이 없다고 생각할 수 있다. 하지만 이는 김인공씨와 Chat ABC 사이의 문제일 뿐 박지능씨 입장에서는 자신의 상표와 유사한 상표를 사용하여 상표권을 침해한 김인공씨를 상대로 상표침해금지 및 손해배상청구 소송을 제기할 수 있다(만일 Chat ABC가 김인공씨에게 지식재산권 침해 문제가 발생하는 경우 그 손해를 배상해 준다고 약속했다면, 김인공씨가 박지능씨에게 배상한 손해배상금이나 그와 관련하여 김인공씨에게 발생한 손해를 Chat ABC로부터 받을 수 있을 것이다).

위 사례가 상표가 아니라 발명이나 디자인에 대한 것이었다면 현행법상 인공지능이 생성한 창작물에는 특허권이나 디자인권이 발생하지 않으므로 누구나 자유롭게 사용할 수 있다. 그러나 어떠한 결과물이 인공지능이 만든 것인지 사람이 만든 것인지를 정확하게 구분하기 어렵다는 문제, 앞으로 인공지능이 더욱 발달하여 사람의 능력과 동일하거나 뛰어넘게 되는 경우 계속해서 사람의 창작물에만 권리를 부여하는 것이 맞을지 등의 문제는 계속해서 고민해 봐야 할 부분이다.

Q&A 7장

Q 인공지능이 발명한 기술도 특허로 보호받을 수 있을까?

A 대부분 국가에서는 특허의 발명자가 자연인(사람)일 것을 요구하기 때문에 인공지능이 발명자로 인정되지는 않는다. 이는 발명에 있어 인간의 창작적 기여를 중시하는 「특허법」의 기본 원칙에 기인한다.

관련하여 최근 DABUS 사건에서 논의되었듯 인공지능이 인간의 창의적 과정에 핵심적인 기여를 한 경우 「특허법」상 발명으로 인정할 수 있는지에 대한 법적, 철학적 논의가 계속되고 있다. 일부 국가에서는 이 문제를 해결하기 위해 인공지능이 발명 과정에 포함되는 방안을 모색하고 있다. 예를 들어 발명 과정에 인공지능의 도움을 받았으면 이를 '인공지능 지원 발명'이라고 하여 발명에 대한 새로운 개념을 도입하는 것이다. 이러한 흐름은 「특허법」이 기술 발전에 적응하기 위한 노력의 일환이다.

Q 인공지능이 특허 출원 과정에서 어떤 역할을 할 수 있을까?

A 특허 출원 과정에서 인공지능은 다방면으로 활용되고 있다. 인공지능은 기존 특허 데이터를 분석해 유사한 선행 발명을 검색하거나, 특허 출원 문서를 자동으로 작성하는 데 도움을 줄 수 있다. 또한 인공지능은 특허 명세서에 사용되는 법적 또는 기술적 용어를 제안하거나, 특허 요건을 충족하는 데 필요한 데이터를 정리해 줄 수도 있다. 장기적으로 이러한 도구는 특허 업무의 자동화를 가능하게 할 것이며, 변리사 및 기업의 비용 절감과 효율성 향상에 기여할 수 있을 것으로 보인다.

Q 인공지능이 만든 로고나 표장도 「상표법」으로 보호받을 수 있을까?

A 인공지능이 생성한 로고나 표장도 「상표법」에 따라 등록이 가능하다. 「상표법」은 상표 자체의 창작보다는 이를 상업적으로 사용할 주체에 초점을 맞추기 때문에, 인공지능 생성물의 경우에도 이를 사용하는 사람이 자신의 상표로 등록받을 수 있는 것이다. 예를 들어, 인공지능 기반 도구인 DALL-E나 MidJourney로 제작한 로고를 사용해서 상표로 출원하고 등록을 받을 수 있다. 여기서 중요한 것은 해당 로고나 상표에 대한 출원인이 인공지능이 아닌 자연인 또는 법인으로 기재되어야 한다는 점이다.

한편, 생성형 인공지능의 약관이나 저작권 조항에 따라서는 사용자가 인공지능 생성물의 지적재산권을 취득할 수 없도록 하는 경우가 있으므로, 이용 약관을 꼼꼼히 검토해야 한다.

Q 인공지능이 특허를 침해했을 경우 누가 책임을 져야 할까?

A 인공지능이 특허를 침해하면 이를 개발하거나 운영하는 인간 또는 법인이 책임을 져야 한다. 예를 들어, 인공지능이 허락 없이 타인의 특허 기술을 사용해 제품을 생산했다면, 인공지능을 사용하여 해당 제품을 만든 회사가 특허 침해에 대한 책

임을 지게 된다. 또한 인공지능을 학습시키는 과정에서 특허로 등록된 기술이 사용되었다면, 이 또한 특허 침해에 해당한다.

이러한 문제를 방지하기 위해 기업은 인공지능을 설계하거나 사용할 때 기존 선행 등록 특허를 검토할 필요가 있으며, 이를 FTO(Freedom to Operate) 검토라고 한다.

Q 인공지능이 상표 및 브랜드 관리에서 어떤 역할을 할 수 있을까?

A 인공지능은 기업의 브랜드 전략을 수립하고 최적화하는 데 도움을 줄 수 있다. 예를 들어 인공지능이 다른 회사의 상표 출원을 모니터링하여 자사와 유사한 상표가 출원된 것을 발견하면, 회사는 이러한 출원에 대해 심사관에게 의견을 제출함으로써 상표 출원이 등록되지 않도록 해 볼 수 있고, 새로운 상표 출원의 등록 가능성을 평가하는 데도 활용될 수 있다. 또한 인공지능은 언어적 차이와 문화적 맥락을 분석하여 글로벌 시장에서 상표가 효과적으로 활용될 수 있도록 도울 수 있고, 브랜드 전략 수립에서는 소비자 데이터와 시장 트렌드를 분석하여 상표와 브랜드의 인지도를 높이는 방법을 제안할 수도 있다.

Q 인공지능이 기존 특허 기술을 학습하면 특허 침해가 될까?

A 인공지능이 기존 특허 기술을 학습하는 행위는 일반적으로 특허 침해에 해당하지 않는다. 「특허법」은 특허권자의 허락 없이 특허로 등록된 기술을 사용하여 물건을 생산, 사용, 양도하는 등의 활동을 금지하지만, 특허 기술 자체를 인공지능이 학습하는 것은 이러한 금지에 포함되지 않는다.

하지만 학습 결과물은 문제가 될 수 있다. 즉 인공지능이 기존의 특허 기술을 학습한 뒤 새로운 기술을 생성하였는데, 생성된 기술이 기존의 기술을 포함하고 있는 경우에는 생성된 기술을 사용하는 것이 기존 특허 기술의 침해에 해당한다. 예를 들어, 인공지능이 기존 기술 'A'를 학습한 뒤 'A+B' 기술을 만들어낸 경우, 'A+B' 기술을 사용하게 되면 기존 기술 'A'를 사용할 수밖에 없으므로 결국 'A' 기술에 대한 기존 특허 침해가 된다.

Q 인공지능과 사람이 협업한 발명에 대해 특허를 받으려면 어떻게 해야 할까?

A 인공지능과 사람이 협업한 발명에 대해 특허를 받으려면, 발명 과정에서 인간과 인공지능의 역할을 명확히 구분하고 이러한 내용을 문서화해야 한다. 「특허법」상 발명자는 반드시 자연인이어야 하므로 인간이 창의적 기여를 한 부분을 구체적으로 기술해야 하고, 인공지능이 발명한 부분은 「특허법」상 발명에서 제외되어야 한다. 즉, 「특허법」상 특허권으로 보호받는 부분은 오직 인간이 발명한 부분에 대한 것만이다.

발명의 기여를 평가하는 기준을 마련하는 것 외에도, 인공지능의 역할이 단순한 데이터 분석이나 자동화에 국한되었는지, 아니면 창의적 결과물에 직접 관여했는지도 판단할 필요가 있다. 이를 통해 인공지능의 도움을 받은 발명의 특허권에 대한 법적 불확실성을 줄이고, 특허 출원 및 보호 과정을 효율적으로 진행할 수 있다.

8 장

인공지능과 영업비밀 및 부정경쟁방지

학 습 목 표

1. 영업비밀과 부정경쟁행위가 무엇인지 학습한다.
2. 영업비밀을 침해하거나 부정경쟁행위에 해당하는 경우의 책임을 살펴본다.
3. 영업비밀 침해나 부정경쟁행위를 막기 위한 방법을 알아본다.

8.1 들어가며

코카콜라(CocaCola)는 세계적으로 유명한 탄산음료 브랜드 중 하나로, 1886년에 미국 애틀랜타의 약사 존 스티스 펨버튼(John Stith Pemberton)에 의해 처음 개발되었다. 개발된 이후 코카콜라의 제조 레시피는 140년에 가까운 시간 동안 철저하게 비밀로 관리되고 있으며, 이 비밀 레시피는 오직 코카콜라 회사의 몇몇 고위 임원들만 알고 있다. 코카콜라는 현재 200개 이상의 국가에서 판매되고 있으며, 전 세계적으로 하루에 약 19억 잔이 소비되고 있다.

그림 8-1 코카콜라의 영업비밀인 비밀 레시피

그런데 만일 코카콜라의 비밀 레시피를 알고 있는 임원이 ChatGPT에 코카콜라의 비밀 혼합물의 성분('Merchandise 7X'라는 이름으로 알려져 있음)을 입력하면서 회사 내에서 사용할 리포트를 작성하거나 관련 데이터를 분석하는 경우 어떻게 될까?

참고로 ChatGPT를 개발하고 운영하는 Open AI사의 이용약관을 살펴보면, 사용자가 입력한 인풋을 콘텐츠라고 하는데, 이러한 콘텐츠는 Open AI사가 사용할 수 있는 것으로 규정하고 있다. 즉, Open AI사는 ChatGPT의 신규 버전을 개발할 때 사용자가 입력한 콘텐츠를 학습 데이터로 사용할 수도 있다는 의미이다.

[Open AI 이용약관]

귀하의 콘텐츠. 귀하는 본 서비스에 인풋을 제공할 수 있고 이를 바탕으로 본 서비스로부터 아웃풋을 수령할 수 있습니다. 인풋과 아웃풋을 총칭하여 '콘텐츠'라고 합니다.

당사의 콘텐츠 이용. 당사는 **본 서비스의 제공, 유지보수, 개발 및 개선을 위하여,** 관련 법률을 준수하기 위하여, 당사의 약관과 정책을 집행하기 위하여 그리고 본 서비스의 안전을 기하기 위하여 **귀하의 콘텐츠를 이용할 수 있습니다.**

만일 ChatGPT가 코카콜라의 비밀 레시피를 학습한다면, 누군가가 ChatGPT에 "음료수 제조 방법을 만들어줘."라는 명령을 내렸을 때 코카콜라의 Merchandise 7X 성분을 제시하게 될 수 있다. 이렇게 되면 코카콜라는 140년이 넘게 비밀로 관리해 오던 영업비밀이 공개되는 문제가 발생하고 누구나 비슷한 맛을 만들어 낼 수 있게 되어서 결국 코카콜라의 매출액이 감소하게 되는 결과로 이어지게 될 것이다.

위 코카콜라 이야기는 가상의 이야기이지만, 실제로도 여러 기업에서 비슷한 일들이 일어나고 있다. 2023년 2월, 미국의 사이버보안 회사 사이버헤이븐(Cyberhaven)은 ChatGPT 사용에 관한 보고서를 발표했는데, 근로자의 10.8%가 업무 중 최소 한 번 이상 ChatGPT를 사용했으며, 그중 8.6%는 회사 데이터를 입력한 것으로 나타났다. 또한 ChatGPT에 입력된 데이터의 11%가 회사의 기밀 정보이고 환자의 의료 기록부터 소스 코드, 회사의 전략 문서까지 다양한 데이터가 포함되어 있다고 발표했다. 그 안에는 ChatGPT를 사용하여 의사가 환자의 의료 정보를 입력하여 보험 회사에 보낼 편지를 작성하거나, 회사 임원이 전략 문서를 PowerPoint 형식으로 재작성하도록 요청하는 사례가 있었다고 한다.

이처럼 기업에서의 인공지능 활용이 증가함에 따라 기업의 영업비밀 데이터가 유출될 가능성도 함께 증가하였다. 영업비밀 데이터가 유출되면 기업은 경제적으로 큰 손실을 보게 될 수 있고, 영업비밀을 유출한 기업이나 사람은 손해배상 책임을 지거나 형사처벌을 받을 수 있다.

8.2 영업비밀의 이해

인공지능과 관련한 영업비밀 쟁점을 설명하기에 앞서서 영업비밀이란 무엇인지에 대해서 먼저 살펴본다.

영업비밀이란?

회사의 비밀정보면 모두 영업비밀이라고 생각할 수 있으나 모든 비밀정보가 영업비밀에 해당하는 것은 아니다. 「부정경쟁방지 및 영업비밀보호에 관한 법률」(이하 '부정경쟁방지법'이라고 한다)에서는 4가지 요건을 갖추어야 영업비밀에 해당하는 것으로 보고 있으며, 그 4가지는 '① 공공연히 알려져 있지 아니하고 ② 독립된 경제적 가치를 가지는 것으로서, ③ 비밀로 관리된 생산 방법, 판매 방법, 그 밖에 영업 활동에 유용한 ④ 기술상 또는 경영상의 정보'이다(부정경쟁방지법 제2조 제2호). 각 요건 별로 아래에서 설명한다.

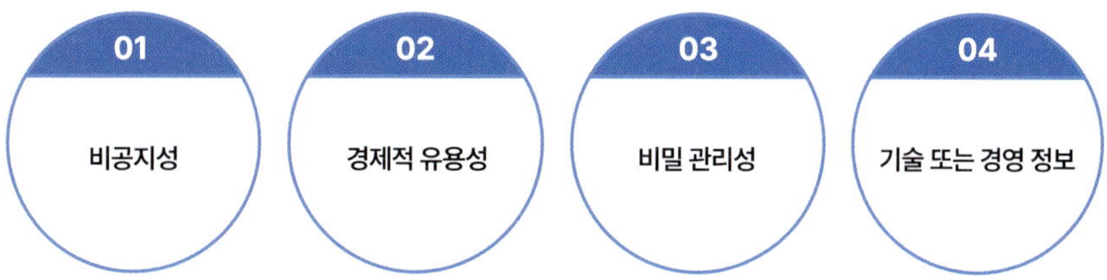

그림 8-2 영업비밀의 성립 요건

공공연히 알려져 있지 아니할 것(비공지성)

영업비밀에 해당하려면 '비밀'이어야 되기 때문에 영업비밀 보유자 외에는 알려지지 않아야 한다. 따라서 인터넷이나 간행물에 누구나 볼 수 있게 공개된 자료는 영업비밀에 해당하지 않는다. 비공지성과 관련하여서는 다음의 내용을 알아둘 필요가 있다.

- 영업비밀 보유자 이외에 제3자가 영업비밀을 알고 있다고 하더라도, 그 제3자가 영업비밀 보유자에 대하여 비밀유지의무를 부담하고 있는 경우에는 공개된 것으로 보지 않으므로 비공지성이 인정된다(예를 들어, 영업비밀 보유자와 제3자가 비밀유지계약을 체결하고 영업비밀을 제3자에게 제공한 경우).
- 시중에 판매된 제품을 분석하면 제품에 포함된 영업비밀을 알 수 있는 경우 영업비밀이 외부에 공개된 것인지가 문제 될 수 있다. 법원은 역설계(Reverse Engineering)를 통한 정보의 획득이 가능하다는 사정만으로 그 정보가 공개되었다고 볼 수는 없으나, 상당한 시간과 노력 및 비용을 들이지 않고도 통상적인 역설계 방법만으로 쉽게 입수할 수 있는 정보라면 영업비밀에 해당하지 않는다고 판단하였다(대법원 2022. 6. 30. 선고 2018도4794).

잠깐만요 **역설계(Reverse Engineering)란?**

기존의 제품을 분석하여 그 구조, 기능, 작동 원리를 이해하는 것을 말한다. 시장에 판매되는 완제품을 구매한 뒤 제품을 분해하여 그 내부의 구조나 동작을 확인하거나, 인공지능 프로그램의 실행파일을 입수하여 소스 코드를 알아내는 것이 그 예이다.

- 개발된 기술을 특허로 출원하면 출원일로부터 1년 6개월 뒤에 출원 명세서가 강제로 공개되는데, 공개된 명세서에 기재된 내용은 영업비밀에 해당하지 않는다. 따라서 개발된 기술을 특허로 출원하여 등록받을지 아니면 외부에 공개하지 않고 영업비밀로 보유할지에 대한 판단이 필요하며, 일부 내용만 특허로 출원하고 아주 핵심적인 내용은 영업비밀로 가지고 있는 것도 방법이다. 특히 인공지능 알고리즘의 경우에는 외부에 알려지면 쉽게 따라 할 수 있거나 인공지능 서비스에 위협이 될 수 있어서 영업비밀로 보유하는 것이 바람직한 경우가 있다(예를 들어, 온라인 마켓 플랫폼에서 판매자의 순위 결정 방법이 공개되면 판매자는 이 방법을 이용하여 자신의 순위를 임의로 올릴 수 있다는 문제가 발생함).
- 영업비밀 침해 소송에서 영업비밀 보유자가 영업비밀 침해를 주장하면, 상대방은 해당 정보는 이미 공개된 것이어서 영업비밀에 해당하지 않는다고 반박하는 경우가 많다. 인공지능 프로그램의 소스코드는 공개된 오픈소스로 구현되는 경우가 많으므로 영업비밀에 해당할 가능성이 낮지만, 인공지능 학습 데이터 세트(어떤 데이터로 학습되었는지에 대한 정보 포함), 데이터 전처리 기술, 인공지능 학습 및 튜닝 기법, 인공지능 시스템의 성능을 향상시키기 위한 최적화 기법, 인공지능 모델의 성능 검증 및 평가 방법 등은 영업비밀에 해당할 수 있다.

독립된 경제적 가치를 가질 것(경제적 유용성)

영업비밀에 해당하려면 단순히 비밀로 유지되는 것 이상으로 정보가 경제적 이익을 제공할 수 있어야 한다. 여기에서의 경제적 이익은 그 자체로서 경제적 이익을 제공하는 것뿐만 아니라 경쟁자에 대하여 경쟁상 이익을 얻을 수 있는 것이나 장래에 경제적 가치를 발휘할 가능성이 있는 것도 포함한다. 법원은 과거에 실패한 연구 자료와 같은 정보도 경제적 유용성을 가질 수 있고, 실제로는 제3자에게 아무런 도움을 준 바 없거나 누구나 시제품만 있으면 실험을 통하여 알아낼 수 있는 정보라고 하더라도 경제적 유용성을 인정하고 있다(대법원 2008. 2. 15. 선고 2005도6223 판결).

결국 비공지성이 있는 정보라면 매우 폭넓게 경제적 유용성이 인정되고 있으며, 실무상 경제적 유용성이 문제가 되는 경우는 거의 없다.

비밀로 관리될 것(비밀관리성)

영업비밀에 해당하려면 정보가 비밀로 유지되기 위해 적절하게 관리되고 있어야 한다. 즉, 그림 8-3의 왼쪽처럼 경제적 유용성이 있고 아직 외부의 누구도 접근하지 않은 비밀 자료라고 하더라도 아무런 관리를 하고 있지 않은 상태라면 영업비밀에 해당하지 않고, 오른쪽처럼 영업비밀 보유자가 비밀로 관리를 하는 상태에 있어야 비로소 영업비밀로 인정될 수 있는 것이다.

그림 8-3 영업비밀로 인정되기 위한 비밀관리성

비밀로 관리한다는 것은 비밀로 유지하기 위해 합리적이고 효과적인 보호 조치를 취하고 있다는 것을 의미하는데, 이러한 보호 조치에는 다음과 같이 물리적·기술적 관리, 인적 관리, 행정적 관리가 포함될 수 있다. 물론 아래 조치를 모두 취해야 한다는 것은 아니며, 많은 조치를 할수록

비밀관리성이 인정될 가능성이 높기는 하지만, 법원은 여러 사실관계를 종합적으로 살펴서 판단한다.

표 8-1 영업비밀의 비밀관리성을 인정 받기 위한 조치

비밀 관리를 위한 조치	구체적인 내용(예시)
물리적·기술적 관리	• 정보에 대한 물리적 접근 통제 여부(허가된 자만 접근 가능, 접근 활동을 기록, 비밀번호 보호, 암호화 조치, 보안 시스템 설치) • 정보 수록 매체에 비밀이라는 표시 • 정보 수록 매체의 속성에 따른 보관 체계 마련
인적 관리	• 정보 접근이 가능한 임직원에게 비밀 유지 의무를 부과 • 임직원의 입사, 재직, 퇴사 시 비밀 유입이나 유출이 되지 않도록 함. • 정기적인 보안 교육과 훈련을 통해 직원들이 비밀 유지의 중요성을 이해하고 실천하도록 함.
행정적 관리	• 사내 비밀 관리 규정을 마련하고 실행 • 다른 회사와 거래하는 경우 비밀 유지 계약을 체결 • 계약에 의해 제3자에게 전달된 비밀이 또 다른 제3자에게 전달되지 않도록 관리 • 비밀 유출 사고 발생 시 신속한 대응 및 재발 방지 체계 마련

비밀관리성은 영업비밀로 인정받기 위하여 가장 중요한 요건이고, 실무상으로도 가장 다툼이 많은 부분이다. 실제로 많은 기업들이 경제적 가치가 있는 회사의 중요한 비밀 자료를 비밀로 관리하지 않아서 영업비밀로서의 비밀관리성 요건을 만족하지 못함에 따라, 비밀 자료가 유출되었음에도 영업비밀 침해를 주장하지 못하는 문제가 발생한다.

물론 비용적 측면이나 인적 측면에서 여력이 없는 경우에는 영업비밀 관리 체계를 구축하거나 직원 중 누군가를 영업비밀 관리 업무에 투입하는 것이 현실적으로 어려울 수 있다. 이러한 점을 고려하여, 2019년 '합리적 노력에 의하여 비밀로 유지'하여야 한다고 규정되어 있던 「부정경쟁방지법」은 '비밀로 관리'해야 하는 것으로 개정되었고, 합리적 노력이 없더라도 비밀로 관리하기만 하면 영업비밀의 비밀관리성이 인정되게 되었다. 이에 영업비밀 보유자는 좀 더 쉽게 영업비밀의 비밀관리성을 인정받을 수 있게 되었다.

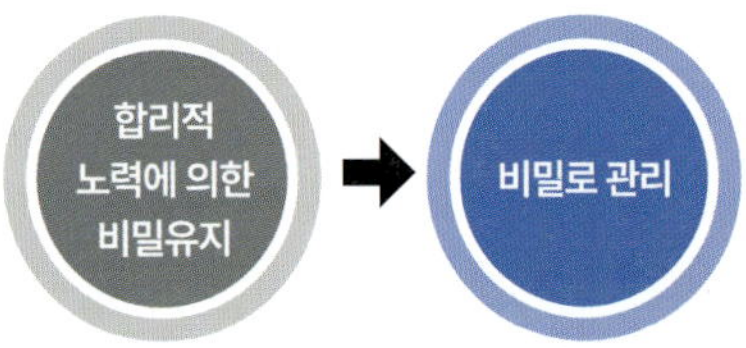

이 법에서 사용하는 용어의 뜻은 다음과 같다.

개정 제2조(정의)

1. (생략)
2. "영업비밀"이란 공공연히 알려져 있지 아니하고 독립된 경제적 가치를 가지는 것으로서,(~~합리적인 노력에 의하여 비밀로 유지된~~ →)비밀로 관리된 생산방법, 판매방법, 그 밖에 영업활동에 유용한 기술상 또는 경영상의 정보를 말한다.

→ 영업비밀성 인정 가능성 높아짐

그림 8-4 2019년 개정된 부정경쟁방지법

따라서 영업비밀 보유자는 표 8-1의 조치 중 가능한 것을 최대한 수행하여야겠지만, 현실적으로 어려움이 있다면 적어도 영업비밀로 보호받고자 하는 내용이 비밀이라는 점을 표시하고 직원들에게 영업비밀의 중요성에 대한 교육 정도는 수행함으로써 보유하고 있는 비밀 자료가 영업비밀로 인정받을 가능성을 기대해 볼 수 있다.

기술상 또는 경영상의 정보일 것

기술 정보만 영업비밀에 해당한다고 생각하기 쉽지만 경영 정보도 영업비밀에 해당한다. 기술 정보는 특허로 보호될 수 있는 데 반해 경영 정보는 특허로 보호될 수 없으므로 경영 정보가 영업비밀로 보호될 수 있다는 것은 더욱 큰 의미가 있다. 물론 기술 정보도 특허로 출원하여 외부에 공개되는 걸 원치 않거나 특허의 존속기간인 20년보다 더 오랫동안 자신만 독점적으로 보유하고 싶은 경우에는 특허 출원을 하지 않고 영업비밀로서 보호받을 수 있다.

인공지능과 관련한 기술상 정보에는 인공지능 알고리즘 및 모델, 소스 코드, 하드웨어 설계에 필요한 기술적인 지식뿐만 아니라 노하우(Know-how)도 포함된다. 경영상 정보에는 기업의 운영 전략, 마케팅, 고객에 관한 정보, 비용 정보 등을 포함한다.

잠깐만요 **사람이 머릿속에 기억하는 지식도 영업비밀에 해당할까?**

[사례] 직원 갑은 인공지능을 개발하는 A 회사의 연구원으로 근무하던 중 인공지능에 특정 데이터 세트를 효과적으로 학습시키는 기술을 개발하였고 이 기술을 적용한 A 회사의 인공지능 서비스는 높은 성능에 기초하여 이용자가 대폭 증가하였다. A 회사는 이 학습 기술을 철저하게 영업비밀로서 관리하였다.

이후 갑은 A 회사의 경쟁사인 B 회사로 이직하였고, 이직할 때 어떠한 문서나 파일도 가져가지 않았다. 갑은 B 회사에서 동일한 인공지능 개발 업무를 하였는데, A 회사에서 개발했던 기술을 머릿속에 기억하고 있어서 기억하고 있던 데이터 학습 기술을 B 회사 인공지능 개발에 그대로 사용하였다.

이 사례에서 A 회사는 갑이나 B 회사를 상대로 영업비밀 침해를 주장할 수 있을까? 즉 비밀 자료를 가지고 나간 것이 아니라 머릿속에 기억하는 지식에 대해서도 영업비밀 침해라고 주장할 수 있는지에 대한 문제이다.

법원은 기억하고 있는 정보도 영업비밀에 해당할 수 있다고 판단하고 있다. 법원의 판단을 구체적으로 살펴보면, "영업비밀의 '취득'은 문서, 도면, 사진, 녹음테이프, 필름, 전산정보처리조직에 의하여 처리할 수 있는 형태로 작성된 파일 등 유체물의 점유를 취득하는 형태로 이루어질 수도 있고, 유체물의 점유를 취득함이 없이 영업비밀 자체를 직접 인식하고 기억하는 형태로 이루어질 수 있다"고 판단하였다(대법원 1998. 6. 9. 선고 98다1928 판결).

그러나 영업비밀의 부정 취득을 이유로 소송을 제기하려면 부정 취득한 영업비밀이 무엇인지 특정해야 하는데 사람의 머릿속에 있는 정보를 다른 사람이 특정한다는 것이 매우 어렵기 때문에 영업비밀이 기재된 자료나 파일을 유출하지 않는 한 B 회사가 갑을 채용했다는 이유만으로 영업비밀의 부정 취득이 인정될 가능성은 낮다.

영업비밀 침해행위의 유형

「부정경쟁방지법」은 영업비밀이 외국에 사용될 것임을 알면서 다음 1호 내지 3호의 행위를 하면 15년 이하의 징역 또는 15억 원 이하의 벌금을, 그 외의 경우에는 10년 이하의 징역 또는 5억 원 이하의 벌금에 처하도록 규정하고 있다.

> **[부정경쟁방지법 제18조 제1항 및 제2항]**
>
> 1. 부정한 이익을 얻거나 영업비밀 보유자에 손해를 입힐 목적으로 한 다음 각 목의 어느 하나에 해당하는 행위
>   가. 영업비밀을 취득·사용하거나 제3자에게 누설하는 행위
>   나. 영업비밀을 지정된 장소 밖으로 무단으로 유출하는 행위
>   다. 영업비밀 보유자로부터 영업비밀을 삭제하거나 반환할 것을 요구받고도 이를 계속 보유하는 행위
> 2. 절취·기망·협박, 그 밖의 부정한 수단으로 영업비밀을 취득하는 행위
> 3. 제1호 또는 제2호에 해당하는 행위가 개입된 사실을 알면서도 그 영업비밀을 취득하거나 사용(제13조제1항에 따라 허용된 범위에서의 사용은 제외한다)하는 행위

즉 영업비밀과 관련하여 문제 되는 행위는 부정하게 영업비밀을 취득, 사용, 누설, 유출, 보유하는 것이다.

산업기술이란?

영업비밀과 유사한 개념으로 산업기술이 있다. 영업비밀은 「부정경쟁방지법」에 따라 규율되고 산업기술은 「산업기술의 유출방지 및 보호에 관한 법률」(이하 '산업기술보호법'이라고 한다)에 따라 규율된다.

우리나라의 기술 수준이 세계적인 수준으로 성장하면서 국내 기술을 부정한 방법으로 해외에 유출하는 사례가 늘기 시작하였고, 이에 정부는 2006년 「산업기술보호법」을 제정하여 국부인 핵심 기술을 보호하기 시작하였다. 「산업기술보호법」은 「부정경쟁방지법」에 대하여 특별법적 지위에 있으며 다음과 같은 주요한 차이점이 있다.

표 8-2 산업기술과 영업비밀의 차이점

구분	산업기술	영업비밀
제도의 목적	국가 경쟁력의 핵심이 되는 산업기술의 유출을 방지하여 국가 안보와 국민 경제를 보호하고자 하는 국가적·공익적 목적을 가짐.	개인이나 집단 간의 영업비밀 침해를 방지하여 건전한 거래 질서를 유지하기 위한 목적을 가짐.

대상 기술	「산업기술보호법」 제2조 제1호에서 지정하고 있는 기술만을 대상으로 함.	일정 요건을 충족하기만 하면 모든 기술을 대상으로 함.
비공지성 및 비밀관리성	비공지성이나 비밀관리성 요건을 요구하지 않음.	비공지성 및 비밀관리성 요건을 갖추어야 영업비밀로 보호됨.
경제적 유용성	경제적 유용성을 별도로 요구하지는 않으나, 산업기술은 산업 경쟁력 제고를 위하여 법률에 따라 특별히 지정하는 기술이므로 통상 영업비밀보다 경제적 유용성 측면에서 더 높은 수준을 가질 수 있음.	경제적 유용성을 갖추어야 영업비밀로 보호됨.
경영상 정보 포함 여부	기술상의 정보만을 대상으로 함.	기술상의 정보뿐만 아니라 경영상의 정보도 포함.
위반 시 처벌 수위	산업기술 중 국가핵심기술의 국외 유출에 대해서는 최소 3년 이상의 징역형과 함께 15억 원 이하의 벌금을 부과(그 외 산업기술의 국외 유출에 대해서는 15년 이하의 징역 또는 15억 원 이하의 벌금에 처함)	영업비밀의 국외 유출에 대해서는 15년 이하의 징역 또는 15억 원 이하의 벌금에 처함.
기술 유출 방지에 필요한 조치 및 신고 의무	산업기술 중 국가핵심기술을 보유한 기관은 산업기술보호법에서 요구하는 국가핵심기술 유출 방지를 위한 조치를 취해야 하고, 이를 위반하는 경우 과태료가 부과될 수 있음 . 국가핵심기술을 외국기업에 매각 또는 이전하는 경우, 국가핵심기술을 보유한 기업이 해외 인수·합병되는 경우에는 산업통상자원부장관의 승인을 얻거나 사전 신고를 하여야 할 의무가 있음.	별도의 조치나 신고 의무 없음.

그림 8-5 산업기술의 해외 유출

인공지능 개발에 사용되는 학습 데이터는 제3자의 영업비밀일 수도 있지만 산업기술이나 국가핵심기술일 수도 있다. 특히 인공지능 데이터 학습 과정에서 국가핵심기술에 해당하는 데이터가 해외로 이전될 때는 「산업기술보호법」상 취하여야 하는 조치가 있는지 살펴볼 필요가 있다.

8.3 인공지능이 영업비밀과 관련하여 문제 될 수 있는 유형

인공지능을 개발하고 활용하는 과정에서 영업비밀 보유자의 허락을 받지 않거나 허락된 범위를 넘어서 영업비밀을 부정하게 취득, 사용, 누설, 유출, 보유하는 행위를 한 경우에는 영업비밀 침해에 해당할 수 있다. 이하 인공지능 분야에서 여러 유형별로 영업비밀이 문제 될 수 있는 사례를 살펴본다.

인공지능의 학습 데이터 수집 과정에서 타인의 영업비밀을 부정하게 '취득'하는 경우

인터넷에 공개된 데이터의 수집

인터넷에 공개되어 있어서 누구나 수집할 수 있는 데이터는 영업비밀로 성립하기 위한 요건 중 하나인 비공지성을 상실한 것이기 때문에 영업비밀에 해당하지 않는다. 따라서 크롤링으로 수집한 데이터나 데이터 세트 제공 플랫폼에서 내려받은 데이터는 영업비밀이 문제 되지 않는다.

그러나 인터넷에서 수집할 수 있는 데이터라고 하더라도 누구나 가져갈 수 없도록 웹사이트에 별도의 기술적 조치가 있고, 데이터에 접근이 허용된 사람에게는 홈페이지 약관이나 별도의 계약을 통해 비밀유지 의무를 부과하고 있다면 해당 데이터는 비공지성을 상실하지 않은 것이다. 따라서 이러한 데이터에 대해 접근 권한을 부여받지 않은 상태에서 웹사이트의 기술적 조치를 우회하여 데이터를 수집하게 되면 영업비밀 침해에 해당할 수 있다.

경력 직원 채용 과정에서 이전 회사 데이터의 수집

타사의 영업비밀 데이터를 수집하기 위하여 의도적으로 타사의 직원에게 접근한 뒤 영업비밀을 유출하도록 하였다면 이는 명백한 영업비밀 침해 행위이다.

그러면 회사가 타사의 영업비밀을 유출할 의도는 없었는데 경력 직원 채용 과정에서 이직하는 직원이 스스로 이전 직장의 영업비밀 데이터를 복사해서 새로운 직장의 컴퓨터나 서버에 저장한 경우에도 문제가 될 수 있을까?

형사처벌 대상인 영업비밀의 부정 취득에 해당하기 위해서는 ① 부정한 이익을 얻거나 영업비밀 보유자에 손해를 입힐 목적이 있거나(「부정경쟁방지법」 제18조 제1항 제1호), ② 절취, 기망, 협박 등의 수단으로 영업비밀을 취득했어야 한다(「부정경쟁방지법」 제18조 제1항 제2호). 그런데 위 사안에서 회사는 타사의 영업비밀을 유출할 의도가 없었을 뿐만 아니라 절취, 기망, 협박의 수단으로 영업비밀을 취득한 것도 아니다. 따라서 영업비밀을 취득했다는 이유만으로 형사처벌 대상에 해당하지는 않는다. 이직하는 직원 역시 영업비밀을 취득한 시점에는 이전 회사에 재직 중인 상태로 회사의 영업비밀에 접근할 권한을 가지고 있었을 것이므로, 그 당시에 영업비밀을 취득한 것 자체는 적법하다(물론 이직하는 회사로 누설하거나 유출하는 행위는 문제가 된다).

그러나 실제 소송 실무상 회사가 부정한 이익을 얻거나 영업비밀 보유자에 손해를 입힐 목적이 있었는지는 여러 사실을 종합적으로 고려하여 판단하는 것이다. 그렇기 때문에 어떻게 판단될지 예상하기가 어렵다는 점에서 회사도 모르게 이직하는 직원이 가져온 영업비밀이라고 하더라도 회사가 문제 될 가능성은 얼마든지 있다.

따라서 회사는 경력 직원을 채용할 때 해당 직원이 이전 회사의 영업비밀을 가지고 오지 않도록 필요한 조치를 취하는 것이 바람직하다. 예를 들어 회사 외부의 자료를 회사 내에 저장할 때는 허가나 승인을 받도록 하거나, 이직하는 직원에게 이전 회사의 자료를 가져오지 않았다는 점을 확인받아 둘 수 있다.

그림 8-6 영업비밀 침해 방지를 위한 조치

인공지능의 학습 과정에서 타인의 영업비밀을 부정하게 '사용'하는 경우

부정하게 취득한 영업비밀을 인공지능 학습에 사용하는 것은 당연히 영업비밀 침해에 해당한다. 그런데 적법하게 취득한 영업비밀이라고 하더라도 영업비밀의 사용 과정에서 문제가 되는 경우가 있다.

[사례]
인공지능 모델을 개발하는 A 회사와 학습 데이터를 보유하고 있는 B 회사는 인공지능 개발을 위한

PoC(Proof of Concept)를 진행하기로 하였다. 양 사는 A 회사 내의 컴퓨터를 사용하여 인공지능을 학습하는 것으로 합의하고, B 회사는 A 회사와 비밀유지계약을 체결한 뒤 B 회사의 영업비밀인 데이터를 A 회사에 제공하였다.

이후 PoC의 결과가 좋지 않아서 더 이상 인공지능 개발 프로젝트를 진행하지 않기로 하였는데, PoC 계약에 따르면 계약 종료 후 양 사는 상대방으로부터 받은 정보를 모두 삭제하거나 폐기해야 하므로 B 회사는 관련 정보를 모두 삭제했다.

그런데 A 회사는 B 회사로부터 받은 데이터를 삭제하지 않았고, 해당 데이터를 B 회사와 무관하게 진행되는 다른 인공지능 프로젝트에서 인공지능을 학습시키는 데 사용하였다.

위 사례에서 A 회사는 B 회사와 PoC 계약과 비밀유지계약을 체결하고 B 회사로부터 데이터를 제공받은 것이기 때문에 데이터의 취득 자체는 적법하다. 그러나 PoC 계약 종료 후에는 데이터를 삭제하고 더 이상 사용할 수 없음에도 무단으로 B 회사의 데이터를 다른 프로젝트의 인공지능 학습에 '사용'한 것은 영업비밀 침해가 될 수 있다. 물론 PoC 계약에 따라 데이터를 삭제했어야 함에도 그러하지 않은 것은 계약 위반이기도 하다.

이러한 영업비밀 '사용'에서의 침해는 특히 회사 내에서 자료 보관을 체계적으로 하지 않았을 때 주로 문제가 된다. 예를 들어 위 사례에서 A 회사가 B 회사로부터 받은 데이터를 별도로 표시하지 않고 다른 데이터와 섞어서 함께 저장해두면 A 회사는 B 회사와의 계약이 종료된 후에도 어떤 데이터를 삭제해야 할지 알기 어려울 뿐만 아니라, B 회사와의 계약 내용을 모르는 A 회사의 직원은 해당 데이터가 A 회사의 데이터라고 생각하고 인공지능 학습에 사용할 수도 있다.

따라서 데이터를 저장할 때는 출처, 프로젝트의 내용, 관련 계약 내용, 사용이나 삭제와 관련된 조건 등을 함께 기재해 두고, 데이터를 사용하기 전에 이러한 내용을 먼저 확인할 필요가 있다. 또한 회사 내에서 생성한 데이터와 외부에서 수집한 데이터(특히 제3자의 영업비밀이 포함된 데이터)는 서로 섞이지 않도록 별로도 구분하여 저장하는 것이 바람직하다.

인공지능 학습 과정에서 영업비밀을 지정된 장소 밖으로 '유출'하는 경우

앞의 사례에서 양 사는 A 회사 내의 컴퓨터를 사용하여 인공지능을 학습하는 것으로 합의하고, B 회사는 A 회사와 비밀유지 계약을 체결한 뒤 B 회사의 영업비밀인 데이터를 A 회사에 제공하였다. 즉, 영업비밀 데이터를 저장할 곳으로 A와 B가 합의하여 지정한 장소는 A 회사이다.

그런데 만일 A 회사가 B 회사의 데이터를 A 회사 밖으로 유출하면 「부정경쟁방지법」 제18조 제1항 제1호 나목의 '영업비밀을 지정된 장소 밖으로 무단으로 유출하는 행위'에 해당하여 처벌될 수 있다. 물론 A 회사에 부정한 이익을 얻거나 영업비밀 보유자에 손해를 입힐 목적이 있어야 한다.

따라서 만일 A 회사 밖에서 인공지능 학습을 진행해야 하거나, 데이터 전처리를 위해 데이터를 A 회사 밖으로 이전해야 하는 경우에는 사전에 영업비밀 보유자인 B 회사와 협의하거나 계약서 작성 시 이러한 내용을 함께 기재해 두는 것이 바람직하다.

인공지능의 학습 데이터를 계속해서 '보유'하는 경우

인공지능 학습 데이터를 적법하게 취득하고 적법하게 사용했음에도 영업비밀 침해가 문제 될 수 있다.

[사례]

인공지능 모델을 개발하는 A 회사와 영업비밀 데이터를 보유하고 있는 B 회사는 인공지능을 함께 개발하기로 하고 공동개발계약을 체결하였다. A 회사는 B 회사의 데이터를 전달받아서 인공지능 모델 M의 학습에 사용하였는데, 학습된 인공지능 M이 매우 높은 성능을 발휘함에 따라 인공지능 모델 M은 사용자로부터 큰 인기를 끌었다.

그런데 A 회사는 B 회사의 데이터를 사용하면 인공지능의 성능이 매우 높아짐을 확인하고 나중에 다른 프로젝트에서 사용할 계획으로 인공지능 모델 M의 개발이 완료된 이후에도 B 회사의 데이터를 계속해서 보유하였다. 이에 B 회사는 A 회사에 자사의 영업비밀이 포함된 데이터를 삭제하라고 요구하였으나 A 회사는 어떠한 회신도 하지 않은 채 계속 데이터를 보유하였다.

위 사례에서 A 회사는 B 회사와 계약을 체결하여 영업비밀이 포함된 데이터를 취득하고 인공지능 모델 M의 개발에 사용하였다. 따라서 A 회사의 영업비밀 취득 및 사용은 모두 적법하다. 이후 A 회사는 B 회사의 데이터 삭제 요구에도 계속해서 영업비밀을 '보유'하였는데, A 회사는 적법하게 취득했던 데이터를 계속해서 가지고 있었을 뿐이고 아직까지는 제3자에게 유출하거나 다른 프로젝트에 사용한 적도 전혀 없다.

그러나 「부정경쟁방지법」 제18조 제1항 제1호 다목은 '영업비밀 보유자로부터 영업비밀을 삭제하거나 반환할 것을 요구받고도 이를 계속 보유하는 행위'를 처벌하도록 규정하고 있으므로, 위 사례에서 A 회사의 영업비밀 보유 행위 자체만으로도 문제 될 수 있다. 따라서 A 회사는 영업비밀 보유자인 B 회사의 요청이 있는 경우에는 양 사의 공동개발계약에서 달리 정한 바가 없다면 학습 데이터를 삭제하고 더 이상 보유하지 않아야 한다.

인공지능 이용 과정에서 회사의 영업비밀을 '누설'하거나 '유출'하는 경우

앞의 8.1에서 언급한 코카콜라 가상 사례처럼, 회사의 직원이 자신의 업무를 수행하기 위하여 인공지능에 회사의 영업비밀을 프롬프트로 입력하게 되면 회사의 영업비밀이 인공지능 회사로 누설되거나 유출될 수 있고, 이는 「부정경쟁방지법」 제18조 제1항 1호에 따라 영업비밀을 제3자에게 누설하는 행위 또는 영업비밀을 지정된 장소 밖으로 무단으로 유출하는 행위에 해당할 수 있다.

물론 「부정경쟁방지법」 제18조는 '부정한 이익을 얻거나 영업비밀 보유자에 손해를 입힐 목적'이 있어야 하는데, 회사의 직원은 자신의 업무를 수행하기 위하여 인공지능에 영업비밀을 입력한 것이므로 이러한 목적이 인정되지 않을 수는 있다. 그러나 회사는 중요 자산인 영업비밀이 외부로 유출됨에 따라 큰 손해가 발생할 수 있고, 회사에 손해를 입힌 직원은 회사에 대하여 손해배상 책임을 질 수 있다. 그뿐만 아니라 인공지능은 수집된 프롬프트를 인공지능의 재학습에 사용하는 경우가 있다는 점에서 회사의 영업비밀이 누구나 확인할 수 있는 상태로 공개될 가능성도 있다.

이제는 인공지능을 회사 업무에 활용하는 것이 너무도 당연한 시대가 되었는데, 만일 인공지능에 입력하는 프롬프트에 회사와 관련된 정보를 전혀 입력하지 못하게 한다면 사실상 인공지능을 업무에 사용하지 못하게 되는 결과로 이어질 수 있다. 따라서 인공지능에 회사의 비밀정보를 입력할 필요가 있다면 다음과 같은 조치를 취하여 영업비밀이 외부로 유출될 가능성을 최소화하는 것이 바람직하다.

- 로컬 인공지능 시스템 사용: 인공지능 시스템을 회사 내부 서버에 온-프레미스(On-Premise)로 설치하여 외부 네트워크와의 연결을 차단함으로써 모든 데이터가 회사 내부에서만 처리되고 외부로의 유출 위험을 줄일 수 있다. 그 외에도 공용 클라우드보다 높은 수준의 보안과 통제를 제공하는 회사 전용 프라이빗 클라우드를 구축하여 인공지능 시스템을 운영할 수도 있다.
- 인공지능 관련 보안 정책 수립 및 준수: 인공지능 사용과 관련된 명확한 보안 정책을 수립하고, 모든 직원이 이를 준수하도록 한다. 특히 직원이 인공지능을 사용할 때 회사의 비밀정보를 프롬프트로 입력하지 않도록 교육하는 것이 중요하다.
- 인공지능 접근 통제 및 모니터링: 인공지능 시스템에 접근할 수 있는 사용자를 엄격하게 관리하고, 필요한 권한만 부여하며, 인공지능 시스템에 대한 접근 및 데이터 입력/출력 활동을 기록하고 모니터링한다. 이를 통해 비정상적인 활동을 신속하게 감지하고 대응할 수 있다.

- **영업비밀이 포함된 데이터 보안**: 인공지능 시스템과의 통신 시 데이터가 암호화되어 전송될 수 있도록 하거나, 클라우드 서비스에서 제공하는 데이터 보호 기능(예: 데이터 암호화, 접근 제어, 보안 모니터링)을 적극 활용하는 것이 바람직하다.
- **인공지능 서비스 제공 플랫폼의 Opt-out 기능 사용**: 인공지능 서비스 회사는 옵트아웃(Opt-out) 기능을 제공하는 경우가 있는데, 이는 사용자가 자신의 데이터가 인공지능 모델 학습 및 개선에 사용되지 않도록 선택할 수 있는 기능을 의미한다. 예를 들어, ChatGPT의 설정 페이지에서 '모두를 위한 모델 개선' 옵션을 '꺼짐'으로 설정하면 사용자가 입력한 데이터는 인공지능 모델 학습에 사용되지 않는다. 만일 별도의 기능을 제공하지 않는다면 고객센터에 연락하여 자신의 데이터가 학습에 사용되지 않도록 요청해 볼 수 있다.

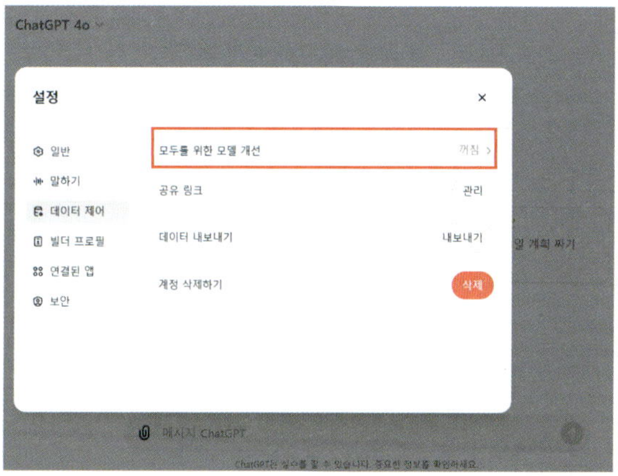

그림 8-7 ChatGPT의 Opt-out 기능

인공지능 학습 과정에서 해외 클라우드에 국가핵심기술을 저장하는 경우

앞에서는 인공지능 개발 및 이용 과정에서 타인의 영업비밀을 침해하는 경우에 대해 설명하였다. 그런데 타인이 아닌 자신의 데이터를 이용함에도 문제가 발생하는 경우가 있는데, 자신의 데이터가 「산업기술보호법」 제9조에 따라 국가핵심기술에 관한 정보를 포함하고 있을 때이다.

좀 더 구체적으로 살펴보면, 「산업기술보호법」은 국가핵심기술을 보유한 기관이 국가핵심기술을 외국 기업에 매각 또는 이전 등의 방법으로 수출하고자 하는 경우 산업통상자원부 장관의 승인을 얻거나 신고할 의무를 부과하고 있는데(「산업기술보호법」 제11조 제1항 및 제4항), 인공지능 학습을 위하여 국가핵심기술이 포함된 데이터를 외국 기업의 클라우드에 저장하는 것이 위 법률의 국가핵심기술을 '이전 등의 방법으로 수출'하는 것에 해당하는지가 문제 될 수 있다.

이에 대하여 아직 법률상 명확한 기준이나 법원의 판단은 없었으나, 외국 클라우드 서비스의 서버에 국가핵심기술이 포함된 데이터를 저장하는 것은 인공지능 학습에 사용하기 위하여 보관하는 것일 뿐 외국 기업에 이전하고자 함은 아니기 때문에 「산업기술보호법」 제11조 제1항 및 제4항의 국가핵심기술을 이전 등의 방법으로 수출하는 것에 해당할 가능성은 낮다. 다만 외국의 클라우드 회사가 서버에 저장된 데이터를 아무런 제한 없이 열람할 수 있다면 사실상 데이터가 외국 회사로 이전되었다고 볼 수 있고 이 경우에는 국가핵심기술의 수출에 해당할 수 있으므로, 외국의 클라우드 서버에 저장되는 데이터에 대해서는 암호화 등의 추가적 보안 조치를 취하는 것이 바람직하다.

8.4 인공지능과 부정경쟁행위

「부정경쟁방지법」은 타인의 영업비밀을 침해하는 행위뿐만 아니라 부정경쟁행위를 방지하기 위한 목적도 함께 가지고 있다. 따라서 인공지능 분야에서 「부정경쟁방지법」을 정확하게 이해하기 위해서는 영업비밀 외에도 부정경쟁행위에 대해 살펴볼 필요가 있다.

「부정경쟁방지법」상 부정경쟁행위

「부정경쟁방지법」은 제2조 제1호 (가)목에서 (파)목까지 13개의 행위를 부정경쟁행위로 규정하고 있다. 부정경쟁행위에는 국내에 널리 인식된 타인의 성명이나 상표를 사용하는 것을 포함하여 다양한 유형을 포함하고 있는데, 인공지능과 관련하여 주로 문제가 되는 것은 (차)목, (카)목, (타)목, (파)목이다. 이하 차례로 살펴본다.

「부정경쟁방지법」 제2조 제1호 (차)목 : 아이디어 도용 행위

「부정경쟁방지법」 제2조 제1호 (차)목에 따르면 타인의 기술상 또는 영업상 아이디어를 부정하게 사용하는 것은 부정경쟁행위에 해당한다.

> 차. 사업제안, 입찰, 공모 등 거래교섭 또는 거래과정에서 경제적 가치를 가지는 **타인의 기술적 또는 영업상의 아이디어**가 포함된 정보를 그 제공목적에 위반하여 자신 또는 제3자의 영업상 이익을 위하여 **부정하게 사용하거나 타인에게 제공하여 사용하게 하는 행위.** 다만, 아이디어를 제공받은 자가 제공받을 당시 이미 그 아이디어를 알고 있었거나 그 아이디어가 동종 업계에서 널리 알려진 경우에는 그러하지 아니하다.

예를 들어 B 회사가 A 회사에 새로운 제품을 개발 및 납품하기 위하여 제안서를 작성하고 제출하였는데, 제안서에는 B 회사가 개발하고자 하는 제품이 기존의 제품과 대비하여 어떻게 차별화될 수 있는지에 대한 아이디어가 포함되어 있었다. 만일 A 회사가 B 회사의 제안을 거절한 후 B 회사의 제안서에 있던 아이디어를 활용하여 직접 제품을 만들었다면, 이는 「부정경쟁방지법」 (차)목의 아이디어 도용 행위에 해당한다.

이러한 아이디어 도용 행위는 인공지능을 포함한 모든 기술상 정보에 적용될 수 있으므로 인공지능이라고 해서 달리 취급되는 것은 아니다. 다만 인공지능의 개발 과정에서 특히 문제 되는 경우가 많다.

예를 들어 인공지능을 개발할 때 PoC(Proof of Concept) 과정을 먼저 진행하고 PoC에서 만족할 만한 성능이 나오는 경우에만 본격적인 개발을 진행하는 경우가 많다. 그런데 PoC 결과가 좋지 않아 프로젝트가 무산되었음에도 PoC 과정에서 타사로부터 제공받은 아이디어를 다른 프로젝트에서 사용하게 되면 이는 아이디어 도용 행위에 해당할 수 있다. 또한 인공지능을 세탁기, 청소기, 스마트폰과 같은 다른 기기(Device)에 결합하기 위하여 인공지능을 만드는 회사와 기기를 만드는 회사가 제품을 공동으로 개발할 때, 기기를 만드는 회사가 인공지능 모델을 여러 회사로부터 공급받고자 하는 목적으로 인공지능 회사로부터 받은 아이디어를 다른 인공지능 회사에 제공하면서 비슷한 사양(Specification)으로 만들어 달라고 요구하면 이 또한 아이디어 도용 행위에 해당할 수 있다.

위와 같은 행위는 「하도급거래 공정화에 관한 법률」(이하 '하도급법'이라 한다)에 따라서도 문제가 될 수 있다. 하도급이란 사업자(원사업자)가 특정 작업이나 프로젝트의 일부를 다른 업체(수급사업자)에게 맡기는 것을 의미한다. 「하도급법」에 따르면 원사업자가 정당한 사유 없이 수급사업자에게 기술자료를 요구하면 안 되고 정당한 사유가 있어서 요구할 때도 비밀유지 계약을 체결해야 하며 기술자료의 내역, 요구 목적, 권리 귀속 관계, 대가 등을 기재한 서면을 수급사업자에게 제공하여야 한다.

그림 8-8 아이디어 도용 부정경쟁행위

[하도급법 제12조의3(기술자료 제공 요구 금지 등)]

① 원사업자는 수급사업자의 기술자료를 본인 또는 제3자에게 제공하도록 요구하여서는 아니 된다. 다만, 원사업자가 정당한 사유를 입증한 경우에는 요구할 수 있다.

② 원사업자는 제1항 단서에 따라 수급사업자에게 기술자료를 요구할 경우에는 요구목적, 권리귀속 관계, 대가 등 대통령령으로 정하는 사항을 해당 수급사업자와 미리 협의하여 정한 후 그 내용을 적은 서면을 해당 수급사업자에게 주어야 한다.

③ 수급사업자가 원사업자에게 기술자료를 제공하는 경우 원사업자는 해당 기술자료를 제공받는 날까지 해당 기술자료의 범위, 기술자료를 제공받아 보유할 임직원의 명단, 비밀유지의무 및 목적 외 사용금지, 위반 시 배상 등 대통령령으로 정하는 사항이 포함된 비밀유지계약을 수급사업자와 체결하여야 한다.

④ 원사업자는 취득한 수급사업자의 기술자료에 관하여 부당하게 다음 각 호의 어느 하나에 해당하는 행위(하도급계약 체결 전 행한 행위를 포함한다)를 하여서는 아니 된다.

1. 자기 또는 제3자를 위하여 사용하는 행위
2. 제3자에게 제공하는 행위

참고로 원사업자가 수급사업자에게 기술자료를 요구할 수 있는 정당한 사유의 예시는 다음과 같다.

〈예시1〉 원사업자와 수급사업자가 공동으로 특허를 개발하는 과정에서 그 특허출원을 위하여 필요한 기술자료를 요구하는 경우

〈예시2〉 원사업자와 수급사업자가 공동으로 기술개발 약정을 체결하고 동 약정의 범위 내에서 기술개발에 필요한 기술자료를 요구하는 경우

〈예시3〉 「하도급법」 제16조의2에 따른 하도급 대금 조정협의 시 하도급 대금의 인상폭 결정과 직접 관련이 있는 원재료의 원가비중 자료를 요구하는 경우

〈예시4〉 제품에 하자가 발생하여 원인 규명을 위해 하자와 직접 관련된 기술자료를 요구하는 경우

참고로 「하도급법」은 모든 하도급 거래에 적용되는 것은 아니고, 수급사업자가 중소기업자여야 하는 등 여러 제한 요건이 있으므로 유의하여야 한다.

「부정경쟁방지법」 제2조 제1호 (카)목 : 데이터 부정사용행위

인공지능 기술이 발전하면서 인공지능을 학습시키기 위한 데이터의 중요성이 강화되고, 그에 따라 데이터를 보호할 필요성이 더욱 증가하였다. 이에 2022년 시행된 개정 「부정경쟁방지법」에서는 데이터 부정사용행위를 부정경쟁행위 중 하나로 도입하였고 구체적인 내용은 다음과 같다.

카. 데이터(「데이터 산업진흥 및 이용촉진에 관한 기본법」 제2조제1호에 따른 데이터 중 **업(業)으로서 특정인 또는 특정 다수에게 제공되는 것으로, 전자적 방법으로 상당량 축적 · 관리되고 있으며, 비밀로서 관리되고 있지 아니한 기술상 또는 영업상의 정보**를 말한다. 이하 같다)를 부정하게 사용하는 행위로서 다음의 어느 하나에 해당하는 행위

1) 접근권한이 없는 자가 절취·기망·부정접속 또는 그 밖의 부정한 수단으로 데이터를 취득하거나 그 취득한 데이터를 사용·공개하는 행위

2) 데이터 보유자와의 계약관계 등에 따라 데이터에 접근권한이 있는 자가 부정한 이익을 얻거나 데이터 보유자에게 손해를 입힐 목적으로 그 데이터를 사용 · 공개하거나 제3자에게 제공하는 행위

3) 1) 또는 2)가 개입된 사실을 알고 데이터를 취득하거나 그 취득한 데이터를 사용 · 공개하는 행위

4) 정당한 권한 없이 데이터의 보호를 위하여 적용한 기술적 보호조치를 회피 · 제거 또는 변경(이하 "무력화"라 한다)하는 것을 주된 목적으로 하는 기술·서비스·장치 또는 그 장치의 부품을 제공·수입·수출·제조·양도·대여 또는 전송하거나 이를 양도 · 대여하기 위하여 전시하는 행위. 다만,

기술적 보호조치의 연구·개발을 위하여 기술적 보호조치를 무력화하는 장치 또는 그 부품을 제조하는 경우에는 그러하지 아니하다.

즉 (카)목에서 정의하는 데이터는 ① 업(業)으로서 특정인 또는 특정 다수에게 제공되는 것으로, ② 전자적 방법으로 상당량 축적·관리되고 있으며, ③ 비밀로서 관리되고 있지 아니한 ④ 기술상 또는 영업상의 정보이다. 즉 비공지성과 비밀관리성이 요구되는 영업비밀과 달리 공개되어 있고 비밀로 관리되지 않는 데이터라고 하더라도 상당량 축적·관리되고 있는 정보라면 (카)목에 해당하므로 더욱 넓은 범위의 데이터가 보호될 수 있다. 이처럼 (카)목에 해당하는 데이터를 부정하게 취득하거나 인공지능 학습에 사용하면 부정경쟁행위에 해당한다.

「부정경쟁방지법」 제2조 제1호 (타)목 : 유명인의 식별표지 무단 사용 행위

K-pop, K-드라마 등 한국의 콘텐츠가 세계적으로 큰 인기를 끌게 되면서 한국 유명인의 성명이나 초상 등과 관련한 상업적 가치가 크게 상승하게 되었다. 이에 유명인의 식별표지를 보호하기 위하여 2022년 시행된 개정 「부정경쟁방지법」에서는 유명인의 식별표지 무단 사용을 부정경쟁행위 유형 중 하나로 도입하였다.

타. 국내에 널리 인식되고 경제적 가치를 가지는 타인의 성명, 초상, 음성, 서명 등 그 타인을 식별할 수 있는 표지를 공정한 상거래 관행이나 경쟁질서에 반하는 방법으로 자신의 영업을 위하여 무단으로 사용함으로써 타인의 경제적 이익을 침해하는 행위

잠깐만요 **퍼블리시티권이란?**

얼굴, 이름 등이 지니는 경제적 가치를 상업적으로 이용할 수 있는 권리이다. 법원은 연예인의 이름을 광고에 사용한 경우 퍼블리시티권 침해라는 주장에 대해 퍼블리시티권을 인정할 법률적 근거가 없기 때문에 침해가 아니라는 판단을 한 바 있다(서울고등법원 2015. 1. 30. 선고 2014나2006129 판결).

그런데 2022년 개정 「부정경쟁방지법」에서 제2조 제1호 (타)목이 신설됨에 따라 사실상 퍼블리시티권을 보호받을 수 있게 되었다.

그림 8-9 K-Pop에 열광하는 전 세계

따라서 인공지능 데이터 학습 과정에서 연예인과 같은 유명인의 이름이나 사진, 음성을 허락 없이 학습 데이터로 사용하면 부정경쟁행위에 해당할 수 있다.

「부정경쟁방지법」 제2조 제1호 (파)목 : 타인의 성과 도용 행위

「부정경쟁방지법」 (가)목 내지 (타)목은 부정경쟁행위를 구체적으로 규정하고 있는 반면, (파)목은 타인의 노력으로 만들어진 성과를 무단으로 사용하면 부정경쟁행위라고 함으로써 매우 포괄적으로 규정하고 있다.

> 파. 그 밖에 타인의 상당한 투자나 노력으로 만들어진 성과 등을 공정한 상거래 관행이나 경쟁질서에 반하는 방법으로 자신의 영업을 위하여 무단으로 사용함으로써 타인의 경제적 이익을 침해하는 행위

이러한 포괄적인 법률 규정을 일반조항이라고 하는데, 일반조항은 특정한 상황에 한정되지 않고 다양한 상황에 유연하게 적용하기 위해 만들어지는 것이다. 특히 새로운 기술의 발달이나 사회 환경의 변화로 기존 법률 체계에서는 생각하지 못했던 새로운 문제에 대해 일반조항을 적용할 수 있다.

따라서 인공지능과 관련하여 누군가의 상당한 투자나 노력으로 만들어진 결과물을 허락 없이 자신의 영업을 위해 무단으로 사용하는 경우에는 (파)목의 부정경쟁행위에 해당할 수 있다. 예를 들어 사람이 아닌 인공지능이 생성한 산출물이어서 저작권으로 보호받지 못한다고 하더라도 해당 산출물을 생성하기 위해 상당한 투자나 노력이 투입되었다면, 이러한 산출물을 무단으로 사용하는 것은 부정경쟁행위에 해당할 수 있다.

8.5 영업비밀을 침해하거나 부정경쟁행위에 해당하는 경우의 책임

민사상 책임

인공지능을 개발하거나 이용하는 것이 영업비밀을 침해하거나 부정경쟁행위에 해당하는 경우 더 이상 영업비밀 침해행위나 부정경쟁행위를 하지 못하도록 청구할 수 있고, 영업비밀 침해행위나 부정경쟁행위를 조성한 물건이나 설비를 폐기하도록 청구할 수도 있다(「부정경쟁방지법」 제4조 및 제10조).

또한 부정경쟁행위나 영업비밀 침해행위로 영업상 이익을 침해당하면 손해배상을 청구할 수 있는데, 부정경쟁행위 중 아이디어 도용 행위나 영업비밀 침해행위의 경우에는 그 행위가 고의적인 것으로 인정되면 법원은 손해로 인정된 금액의 3배까지 배상액을 증액할 수 있다(「부정경쟁방지법」 제14조의 2).

형사상 책임

영업비밀을 외국에서 사용하거나 외국에서 사용될 것임을 알면서도 영업비밀 침해행위를 한 경우에는 15년 이하의 징역 또는 15억 원 이하의 벌금에 처할 수 있다. 다만 벌금형에 처하는 경우 위반행위로 인한 재산상 이득액의 10배에 해당하는 금액이 15억 원을 초과하면 그 재산상 이득액의 2배 이상 10배 이하의 벌금에 처한다(「부정경쟁방지법」 제18조 제1항).

외국에서 사용하거나 외국에서 사용될 것임을 알면서 영업비밀을 침해하는 경우 외에 다른 영업비밀 침해행위를 한 경우에는 10년 이하의 징역 또는 5억 원 이하의 벌금에 처할 수 있다. 예를 들면 국내에서 영업비밀을 침해하는 경우가 여기에 해당할 수 있다. 다만 벌금형에 처하는 경우 위반행위로 인한 재산상 이득액의 10배에 해당하는 금액이 5억 원을 초과하면 그 재산상 이득액의 2배 이상 10배 이하의 벌금에 처한다(「부정경쟁방지법」 제18조 제2항).

부정경쟁행위를 한 경우 3년 이하의 징역 또는 3천만 원 이하의 벌금에 처한다. 다만 인공지능과 관련하여 주로 문제가 되는 (차)목, (카)목의 1호부터 3호, (타)목 및 (파)목의 부정경쟁행위는 형사처벌 대상에서 제외된다(「부정경쟁방지법」 제18조 제3항).

한편, 회사의 종업원이 영업비밀 침해나 부정경쟁행위로 인하여 위 형사처벌을 받을 때는 회사에도 벌금형을 부과하게 되며, 종업원과 회사 모두 처벌받는다고 하여 이를 양벌규정이라고 한다. 다만, 회사가 종업원의 위반행위를 방지하기 위하여 상당한 주의와 감독을 한 경우에는 회사는 처벌받지 않고 종업원만 처벌된다(「부정경쟁방지법」 제19조). 따라서 회사는 영업비밀 침해나 부정경쟁행위가 발생하지 않도록 방지 체계를 잘 세워야 하며, 이에 대해서는 다음 8.6을 참고할 수 있다.

8.6 영업비밀 침해나 부정경쟁행위를 막기 위한 기업의 대응 전략

인공지능 개발이나 이용 과정에서 영업비밀 침해나 부정경쟁행위를 막기 위해서 기업은 문제가 발생하기 전에 자료나 데이터에 대한 관리 체계를 미리 구축해 두고 그러한 체계 아래서 인공지능을 개발하고 이용해야 한다. 기업의 관리 체계는 크게 행정적, 기술적, 인적 측면에서 구축할 필요가 있다.

기업 내부의 행정적 관리 체계 구축

영업비밀 보호 및 부정경쟁행위 방지 정책 마련 및 문서화

자사 및 타사의 영업비밀을 보호하고 부정경쟁행위를 방지하기 위하여, 회사 내 자료의 접근 및 자료 관리 절차를 마련하고, 인공지능의 개발 과정에서 적법한 데이터 수집·이용 방법, 모델 개발 방법에 대한 정책을 문서로 만들어 모든 직원이 이를 숙지하고 준수할 수 있도록 해야 한다.

또한 타사와 비밀 자료를 주고받을 때는 비밀유지계약서를 체결할 수 있도록 한다.

타사로부터 수령한 자료의 체계적 정리 및 관리

타사와 인공지능을 공동 개발하거나 타사에 용역을 의뢰하는 경우, 타사로부터 기술이나 경영 정보가 포함된 자료를 수령할 때가 있다. 이러한 기술자료 및 경영자료는 타사의 영업비밀일 수 있으므로 반드시 허락된 범위 내에서만 이용해야 한다.

따라서 수령한 자료별로 누구로부터 받은 자료인지, 허락된 범위가 어디까지인지, 언제까지 이용할 수 있는 자료인지에 관한 내용을 정리해 둘 필요가 있으며, 정리한 내용에 따라 사용하고 관리하여야 한다. 또한 회사에 필요하지 않거나 보관 기간이 도래한 자료에 대해서는 정해진 문서관리 정책에 따라 폐기하고 그 기록을 남겨야 한다.

한편 타사로부터 자료를 수령할 때 직원 누구나 받을 수 있도록 하면 자료가 누락되거나 다른 자료와 섞일 가능성이 있어서 관리가 쉽지 않고, 비공식적인 자료의 수령은 문제가 될 가능성이 있다. 따라서 인공지능 개발 프로젝트를 시작하는 경우 자료의 교환은 정해진 직원이나 이메일 계정을 통해서만 진행될 수 있도록 진행하여 자료 수령 창구의 공식화 및 일원화를 할 필요가 있다.

영업비밀의 유입이나 유출이 발생한 경우 신속한 대응 체계 마련

타사의 영업비밀이 회사로 유입되는 경우 영업비밀 침해로 인한 민, 형사상 책임을 지지 않거나 책임을 최소화하기 위하여 신속한 대응을 하여야 한다. 또한 회사의 영업비밀이 유출된 경우에도 피해의 범위를 최소화하고 더 이상 비밀이 공개되지 않도록 필요한 조치를 취해야 한다.

이를 위해서 영업비밀의 유입이나 유출이 발생했는지에 대해 지속적인 모니터링이 필요하고 이러한 업무를 위한 담당자를 지정해 두는 것이 바람직하다.

인공지능 사용 가이드라인 작성

앞서 설명한 바와 같이 생성형 인공지능의 경우 사용 과정에서 회사의 비밀정보가 유출될 우려가 있다. 따라서 직원이 업무를 수행하는 과정에서 회사의 비밀정보를 입력하지 않도록 하는 등의 명확한 사용 규칙을 정하여 운용하는 것이 중요하다.

또한 인공지능이 산출한 산출물을 사용할 때도 저작권 침해나 영업비밀 침해 등 다양한 법적 이슈가 발생할 수 있으므로, 인공지능 산출물이 누군가의 권리를 침해하는지를 가능한 범위 내에서 최대한 확인한 후에 업무에 사용할 수 있도록 하는 것이 필요하다.

정기적인 감사

영업비밀 보호 및 부정경쟁행위 방지를 위한 정책 및 절차가 잘 이행되고 있는지 정기적으로 감사한다.

기업 내부의 기술적 관리 체계 구축

내부 및 외부 자료의 혼재 방지

회사 내부에서 생성된 자료와 외부에서 수령한 자료가 섞이지 않도록 기술적으로 구분해서 관리하는 것이 중요하다. 만일 내부와 외부 자료를 혼재하여 관리하는 경우, 타사의 영업비밀 자료임에도 회사 내부 자료로 착각하여 타사의 허락 없이 자료를 사용하게 되는 경우가 발생할 수 있다.

비밀 자료의 접근, 전송 및 출력 제한

허가받은 사람만 비밀 자료에 접근할 수 있도록 권한을 설정하거나 암호를 설정함으로써 회사의 중요 자료가 외부로 유출되는 것을 막을 수 있다.

비밀 정보 유출 및 유입을 막기 위한 보안 강화

외부 자료는 타사의 영업비밀일 수 있으며, 실수로라도 타사의 영업비밀이 회사 서버 내에 저장되면 그 순간 타사 영업비밀의 '취득'에 해당할 수 있다. 따라서 회사의 시스템 내로 유입되는 자료(이메일, USB, 외장하드 등을 통해 서버로 저장되는 자료)에 대해서는 실시간으로 모니터링하고 관리할 필요가 있다.

또한 DLP(Data Loss Prevention, 데이터 유출 방지)라 불리는 시스템을 도입함으로써, 기밀 정보의 전송 및 복사를 막을 수 있다. DLP를 사용하면 외부로 전송되는 자료를 탐지하여 문제를 발견하였을 때 알림을 보내거나 작업을 차단할 수 있다.

기업 내부의 인적 관리 체계 구축

직원에 대한 정기적인 교육 진행

영업비밀 보호 및 부정경쟁행위 방지 정책에 대해 교육을 진행하여 직원이 관련 정책을 잘 준수할 수 있도록 해야 한다.

특히 앞서 설명한 바와 같이, 직원이 영업비밀 침해행위를 하는 경우 회사도 양벌규정에 따라 함께 처벌받게 되는데 만일 종업원의 위반행위를 방지하기 위하여 상당한 주의와 감독을 한 경우에는 회사는 처벌받지 않는다. 여기서 회사가 직원에 대한 교육을 진행했다는 점은 회사가 상당한 주의와 감독을 했다는 것을 입증할 수 있는 근거가 될 수 있다.

입사자 및 퇴사자의 관리

경력 직원이 입사하는 경우 타사의 영업비밀이나 자료를 가져오지 않도록 하고, 회사의 직원이 퇴사하여 타사로 이직하는 경우에도 회사의 영업비밀이나 자료를 들고 나가지 않도록 하는 것이 중요하다.

이를 위하여 입사자나 퇴사자에 대하여 회사의 자료를 가지고 가는 것은 문제 될 수 있다는 점을 교육하고, 이러한 행위를 하지 않겠다는 내용의 서약서를 받아두는 것이 바람직하다.

[퇴사자 서약서에 포함되는 내용 예시]

본인은 회사에 재직 중 취득한 모든 정보(구체적인 내용 기재)는 회사의 소유임을 분명히 인식하고 있고, 퇴사 후에도 이를 비밀로 유지함은 물론 회사의 사전 서면 동의 없이 경쟁업체나 제3자에 제공하거나 누설하지 않으며, 부정한 목적으로 사용하지 않을 것을 서약합니다.

본인은 퇴사 즉시 보관하고 있는 회사의 모든 비밀정보 및 영업 자산은 즉시 반납 또는 폐기하였으며, 이에 관한 어떤 형태의 자료(사본 포함)도 보유하지 않음을 서약합니다.

8.7 정리하며

인공지능은 다양한 산업 분야에 혁신적인 변화를 불러오고 있지만, 회사의 업무나 영업에 적극적으로 활용되는 과정에서 영업비밀 침해와 부정경쟁의 문제도 함께 증가하고 있다. 그뿐만 아니라 인공지능 기술이나 인공지능 학습에 필요한 데이터가 기업의 핵심 자산으로 자리 잡으면서 이를 둘러싼 이슈들은 더욱 중요해지고 있다.

본 장에서는 인공지능의 개발이나 이용 과정에서의 영업비밀 침해와 부정경쟁 문제를 살펴보았지만, 그 외에도 다른 여러 이슈들이 많다. 예를 들어 인공지능과 관련한 소송이 발생하였을 때 법원이 침해 여부를 판단하기 위하여 인공지능의 알고리즘을 공개하도록 해야 하는지, 아니면 인공지능의 알고리즘은 인공지능 개발 회사의 영업비밀에 해당하므로 공개하지 않도록 하는 것이 맞는지에 대한 논의도 매우 활발하다.

외국도 한국과 마찬가지로 영업비밀을 보호하기 위한 법률이 마련되어 있다. 예를 들면 미국 「영업비밀 보호법(Defend Trade Secrets Act, DTSA)」, EU 「영업비밀 보호 지침(Directive (EU) 2016/943)」은 영업비밀의 정의와 보호 조치, 침해에 대한 구제 방법 등을 규정하고 있으며, 인공지능 개발 경쟁이 치열해짐에 따라 외국에서도 관련 분쟁이 늘어날 것으로 예상된다. 실제로 최근 미국에서는 구글(Google)의 직원이 머신러닝을 통해 거대 AI 모델을 훈련하는 소프트웨어 플랫폼과 하드웨어 인프라에 대한 정보를 유출한 혐의로 기소되기도 하였다.

영업비밀과 부정경쟁 문제는 단순한 법률적 문제를 넘어서, 내부의 데이터 보안 문제, 학습 데이터의 무결성 문제, 나아가 만들어진 인공지능에 대한 신뢰성 문제로까지 이어질 수 있다. 그러므로 인공지능 기술 개발 초기부터 영업비밀이나 부정경쟁 문제가 발생하지 않도록 하는 체계를 구축하고, 그에 따라 인공지능을 개발하고 활용할 수 있도록 하는 것이 바람직하다.

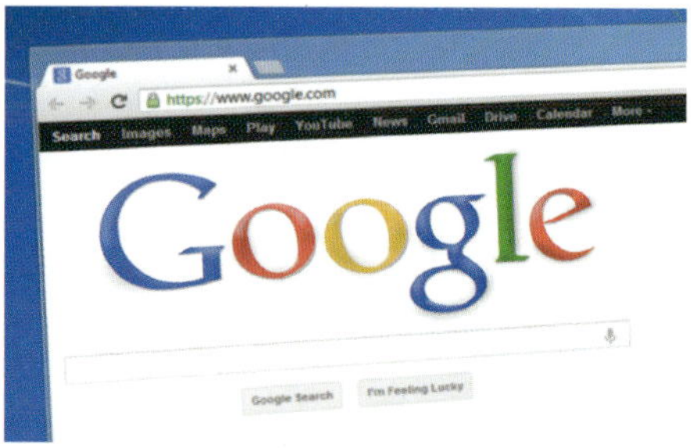

그림 8-10 인공지능 관련 영업비밀 유출 문제가 발생한 Google

Q&A 8장

Q 영업비밀과 특허는 어떻게 다르고, 개발된 인공지능 기술은 영업비밀과 특허 중 어떤 것으로 보호해야 할까?

A 먼저 영업비밀과 특허의 주요 차이점은 다음과 같다.

특징	영업비밀	특허
보호 대상	기술상, 경영상 정보	발명(기술적 아이디어, 프로세스, 장치, 방법 등)
공개 여부	비공개	공개
보호 요건	비공지성, 경제적 유용성, 비밀관리성	신규성, 진보성, 산업적 이용가능성 등 특허 요건 충족 필요
보호 기간	무제한(비밀 유지 시)	20년(출원일 기준)
법적 근거	부정경쟁방지 및 영업비밀보호에 관한 법률	특허법

인공지능 기술 개발자는 기술의 특성과 비즈니스 전략에 따라서, 개발한 인공지능 기술이나 데이터를 영업비밀로 보호하거나 특허로 출원할 수 있다. 물론 두 가지를 병행할 수도 있다.

- 영업비밀로 보호받아야 하는 경우
  - 비밀 유지가 가능하고 공개를 원치 않을 때: 인공지능 모델의 핵심 알고리즘, 데이터 활용 방식 등 경쟁사에 알려지면 불리할 수 있는 정보를 계속해서 비밀로 유지하고 싶다면 강제로 공개되는 특허보다는 영업비밀이 적합하다.
  - 특허 요건을 충족하기 어려운 경우: 인공지능 개발에 사용하는 데이터 세트나 특정 기술적 노하우가 특허로 인정받기 어렵다면 영업비밀로 보호할 수 있다.
  - 빠르게 변화하는 기술 분야: 인공지능 분야는 기술 변화가 빨라서 특허 출원이 등록받기까지 걸리는 시간이 부담될 수 있으므로 즉시 보호가 가능한 영업비밀로 보호받을 수 있다.
- 특허로 보호받아야 하는 경우
  - 공개를 통해 시장에서 독점적 지위를 확보하고자 할 때: 인공지능 기술을 특허로 등록하면 독점적인 권리를 주장할 수 있으며, 기술 공개를 통해 경쟁사가 비슷한 기술을 실시하지 못하게 할 수 있다.
  - 기술이 리버스 엔지니어링에 취약할 때: 예를 들어, 인공지능 소프트웨어의 구조나 메커니즘이 리버스 엔지니어링을 통해 쉽게 확인이 가능한 경우 비공지성을 요건으로 하는 영업비밀보다는 공개되는 특허를 통해 법적 보호를 받는 것이 바람직하다.
  - 글로벌 보호를 원할 때: 특허는 국제적으로 출원 가능하며, 이를 통해 여러 국가에서 독점 권리를 행사할 수 있다.
- 영업비밀과 특허를 병행할 경우
  - 인공지능 기술의 일부는 특허로 보호하고, 공개 시 위험이 큰 일부는 영업비밀로 유지하는 전략을 선택할 수 있다. 예를 들어 인공지능 모델의 주요 알고리즘은 특허로 등록하고, 학습 데이터와 관련된 노하우는 영업비밀로 유지할 수 있다.

인공지능 개발에서 영업비밀과 특허는 상호 배타적이지 않으며, 기술과 비즈니스 목표에 따라 전략적으로 선택해야 한다. 기술의 특성, 공개 여부, 비용 등을 종합적으로 고려하여 가장 적합한 방식을 결정하여야 하며, 아래와 같은 질문을 함께 생각해 보는 것이 바람직하다.

- 기술이 공개되었을 때 경쟁력이 약화 될 가능성이 있는가? 공개되지 않는 영업비밀이 유리
- 기술이 시장에서 독점적인 지위를 확보할 정도로 혁신적인가? 공개 후에도 독점적인 권리를 부여하는 특허 출원이 바람직
- 기술의 수명 주기가 짧은가? 별도의 절차가 필요 없는 영업비밀이 적합
- 비용 및 유지 관리에 대한 부담은 없는가? 특허는 비용이 크기 때문에 장기적으로 경제적 부담을 고려해야 함.

Q 인공지능이 산출한 이미지의 결과물이 특정 유명인과 비슷하기는 하지만 완전히 닮지 않았다면, 이 결과물을 사용해도 괜찮을까?

A 인공지능의 결과물이 특정인을 완전히 재현하지 않더라도, 그 사람이 연상되거나 식별 가능하다면 부정경쟁행위에 해당할 수 있다. 즉, 비슷한 특징이나 스타일을 통해 특정인을 떠올릴 수 있다면 문제가 될 가능성이 있다.

「부정경쟁방지법」 제2조 제1호 (타)목은 "국내에 널리 인식되고 경제적 가치를 가지는 타인의 성명, 초상, 음성, 서명 등 그 ① **타인을 식별할 수 있는 표지**를 ② **공정한 상거래 관행이나 경쟁질서에 반하는 방법으로 자신의 영업을 위하여 무단으로 사용**함으로써 타인의 경제적 이익을 침해하는 행위"를 부정경쟁행위로 규정하고 있으므로, 완전히 닮지 않았다고 하더라도 유명인을 '식별'할 수 있고 이 사진을 통해 특정인의 명성에 편승하여 이익을 얻었다면, 이는 부정경쟁행위로 인정될 수 있다.

Q 인공지능 분야에서 영업비밀 침해가 문제 되는 경우는 어떤 것이 있을까?

A 인공지능 분야에서 영업비밀 침해 사례는 매우 다양할 수 있지만, 대표적으로는 다음이 있다.

- 영업비밀의 유출
  - 내부자에 의한 유출: 회사 내부자가 경쟁사로 이직하면서 데이터, 알고리즘 설계, 모델 소스 코드 등을 무단으로 가져가는 경우(예: 개발자가 퇴사 전 개인 저장소로 인공지능 모델의 소스코드를 다운로드하고, 이직한 회사의 컴퓨터로 복사)
  - 영업비밀로 관리하던 데이터나 모델을 무단으로 공개 플랫폼(예: GitHub, Kaggle)에 업로드(예: 회사 내부에서 관리하던 훈련 데이터를 직원이 개인 연구 목적으로 공개)
- 영업비밀의 부정 취득 및 사용
  - 해킹 또는 사이버 공격: 외부 해커가 기업의 서버에 침입해 훈련 데이터, 모델 아키텍처, 소스코드 등을 탈취(예: 인공지능 회사가 사용 중인 클라우드 서버에 대한 해킹으로 학습 데이터 세트가 유출)
  - 리버스 엔지니어링: 공개된 인공지능 제품이나 서비스를 분석해 원래의 알고리즘, 학습 데이터 구조 등을 추론하여 사용(예: 상업적으로 배포된 인공지능 소프트웨어를 디컴파일해 모델 작동 원리를 모방)
  - 탈취한 인공지능 모델 또는 데이터 세트를 이용해 자체 기술 개발에 사용(예: 특정 인공지능 기업의 모델 아키텍처를 복제해 동일한 기능을 가진 저가 솔루션을 출시)
  - 비밀유지계약(NDA) 위반: 공동 연구 또는 기술 협력 계약에 따라 받은 정보를 무단으로 사용하거나 제3자에게 전달(예: 협력사에서 제공받은 사전 훈련된 모델을 협의 없이 상업적으로 활용)

9 장

인공지능과 개인정보

학 습 목 표

1. 개인정보에 대해 이해하고 인공지능 분야에서 개인정보가 문제된 사례를 살펴본다.
2. 인공지능 학습을 위한 데이터의 가명처리 방법을 학습한다.
3. 인공지능의 생명 주기별 개인정보 처리 방법을 알아본다.

9.1 들어가며

2023년 3월 20일, OpenAI는 가입 확인 및 인증 목적으로 사용자들에게 이메일을 발송했다. 그러나 이 과정에서 시스템 오류가 발생하여 이메일이 다른 사용자들에게 잘못 전송되었는데, 해당 이메일에는 다른 사용자의 이름과 이메일 주소, 결제 주소, 신용카드 번호의 마지막 네 자리 그리고 만료일 정보 같은 개인정보가 담겨있었다.

한편 유럽연합(EU)은 개인의 데이터와 프라이버시를 보호하기 위한 일종의 「개인정보보호법」으로서 「GDPR(General Data Protection Regulation, 일반 데이터 보호 규칙)」을 제정하였는데, 「GDPR」은 개인정보 보호에 대해 매우 엄격한 규제를 포함하고 있어서 이러한 규칙의 적용을 받는 유럽 국가에서는 OpenAI의 개인정보 유출 사건이 큰 주목을 받았다.

그림 9–1 유럽의 개인정보보호법인 GDPR

위 사건 이후 2023년 3월 31일, 이탈리아의 데이터 보호 규제 기관인 이탈리아 데이터 보호청(Garante per la protezione dei dati personali)은 서양 국가 중 최초로 ChatGPT에 대한 접속을 일시적으로 차단하였다. 이러한 차단 결정의 이유는 OpenAI가 ChatGPT를 훈련시키기 위해 사용한 데이터에 개인정보가 포함되어 있는데 이러한 개인정보를 대량으로 수집하고 처리하기 위한 법적인 근거가 없고, 개인정보의 주체에게 아무런 정보나 설명도 제공하지 않았다는 것이었다. 또한 ChatGPT가 제공하는 정보는 사실과 일치하지 않을 때도 있는데 이러한 문제 때문에 개인정보가 부정확하게 처리되고 있다는 점도 지적하였다.

OpenAI가 이탈리아 데이터 보호청이 지적한 내용을 준수하기 위한 조치를 취하지 않으면 「GDPR」 위반을 이유로 최대 2,000만 유로 또는 전 세계 연간 총매출액의 4%에 달하는 벌금이 부과될 수 있었다. 이에 OpenAI는 이메일 발송 시스템의 오류를 수정하고 비슷한 문제가 발생하지 않도록 보안 시스템을 강화하였으며, 개인정보 보호 정책을 업데이트하여 사용자 데이터의 수집 및 처리 방식에 대한 투명성을 높이고, 개인정보를 포함하는 데이터 처리 방식에 대한 기술적 개선을 진행하였다.

2023년 4월 말 이탈리아 데이터 보호청은 OpenAI가 개인정보 보호를 위해 필요한 조치를 취했음을 인정하고 ChatGPT의 서비스 재개를 허용하였다.

이처럼 인공지능을 학습하기 위한 데이터에는 개인정보가 포함될 수 있는데, 개인정보는 별도의 법령에 따라 규율되기 때문에 법령에 따라 개인정보를 적법하게 수집하고 활용하기 위한 조치를 취해야 한다. 특히 인공지능은 대량의 데이터를 학습한다는 점에서 이러한 데이터에 개인정보가 포함되는 경우 그 양이 상당할 것이고, 대량의 개인정보가 무단으로 학습에 사용되거나 유출되는 경우 그에 따른 피해 범위가 매우 넓을 수 있다.

9.2 인공지능 분야에서 개인정보가 문제 된 사례

인공지능 학습 과정에서의 사례

- Netflix는 영화 추천 알고리즘을 개선하기 위해 2006년에 'Netflix Prize'라는 대회를 열어 사용자들의 영화 평점 데이터를 공개하였는데, 해당 데이터는 다른 데이터베이스와 결합하여 특정 사용자를 알아낼 수 있는 데이터였기 때문에 개인정보 침해가 문제 되었다.
- Clearview AI는 인터넷에서 수집된 수십억 장의 사진을 학습시켜서 얼굴 인식 인공지능을 개발하였는데, 학습데이터로 사용된 얼굴 사진은 당사자의 동의 없이 온라인에서 수집된 것이어서 논란이 되었다.
- 자율주행차나 자율주행로봇을 학습시키기 위한 데이터를 수집하는 과정에서 카메라로 주변 영상을 촬영하게 되는데, 이때 개인의 얼굴이나 모습이 함께 촬영되고 처리되었다.

인공지능 활용 과정에서의 사례

- Amazon의 얼굴 인식 소프트웨어 Rekognition이 경찰에 도입되면서 인공지능이 동의 없이 일반 개인의 얼굴을 인식하는 데 사용될 수 있고, 사생활 침해나 무고한 사람이 잘못 인식될 가능성이 제기되었다.
- Google Home, Amazon Echo와 같은 스마트 스피커는 사용자의 음성 명령을 통해 작동하는데, 이 과정에서 수집된 음성 데이터가 제3자에게 제공되거나 분석될 수 있다.
- 타인의 얼굴이나 목소리를 무단으로 사용하여 가짜 얼굴이나 목소리를 만들어내는 인공지능인 딥페이크, 딥보이스가 문제 되었다.

이처럼 인공지능이 데이터를 수집, 처리, 생성하는 과정에서 개인정보가 무단으로 활용될 수 있다. 결국 인공지능의 개발 및 활용과 개인정보는 밀접한 관련이 있으므로, 개인정보에 대해서 잘 알아둘 필요가 있다.

9.3 개인정보에 대한 이해

정보의 종류(개인정보, 가명정보, 익명정보)

개인정보

'개인정보'는 개인을 알아볼 수 있거나 다른 정보와 쉽게 결합하여 알아볼 수 있는 정보를 의미한다. 또한 살아있는 개인에 관한 정보이므로, 사망한 사람(死者)에 관한 정보나 사람(자연인)이 아닌 회사(법인)에 관한 정보는 개인정보에 해당하지 않는다.

[개인정보보호법 제2조]

1. "개인정보"란 살아 있는 개인에 관한 정보로서 다음 각 목의 어느 하나에 해당하는 정보를 말한다.
   가. 성명, 주민등록번호 및 영상 등을 통하여 개인을 알아볼 수 있는 정보
   나. 해당 정보만으로는 특정 개인을 알아볼 수 없더라도 다른 정보와 쉽게 결합하여 알아볼 수 있는 정보. 이 경우 쉽게 결합할 수 있는지 여부는 다른 정보의 입수 가능성 등 개인을 알아보는 데 소요되는 시간, 비용, 기술 등을 합리적으로 고려하여야 한다.

잠깐만요 **사망한 사람이나 회사에 관한 정보는 개인정보가 아니므로 마음대로 인공지능 학습에 사용해도 괜찮을까?**

사망한 사람이나 회사에 관한 정보는 개인정보가 아니므로 「개인정보보호법」이 적용되지 않는다. 하지만 그러한 정보를 사용하는 것이 명예 훼손에 해당하는 경우에는 「민법」이나 「형법」에 따라 손해배상을 해야 하거나 처벌될 수 있고, 정보가 타인의 비밀정보거나 시간과 노력을 들인 성과물이라면 「부정경쟁방지 및 영업비밀보호에 관한 법률」이 문제 될 수 있다.

또한 인터넷과 같은 정보통신망에서 처리되거나 전송되는 정보를 훼손하거나 누설하는 경우에는 「정보통신망법」에 의해 처벌될 수 있다. 예를 들어 보험사의 서버에 저장된 사망자의 정보를 외부로 유출하는 경우가 이에 해당할 수 있다.

개인정보는 개인의 성명, 주민등록번호와 같은 인적 사항에서부터 사회·경제적 지위, 교육, 건강·의료, 재산, 문화 활동 및 정치적 성향과 같은 내면의 비밀에 이르기까지 그 종류가 매우 다양하다. 대표적인 개인정보에는 다음과 같은 것이 있다.

- 인적 사항: 성명, 주민등록번호, 주소, 연락처, 생년월일, 출생지, 성별, 가족관계 등
- 신체적 정보: 얼굴, 홍채, 음성, 유전자 정보, 지문, 키, 몸무게, 의료·건강 정보(건강 상태, 진료 기록, 신체장애, 혈액형, 신체검사 정보) 등
- 정신적 정보: 사상, 종교, 가치관, 정당·노조 가입 정보, 성향 정보(물품 구매 내역, 웹사이트 검색 내역) 등
- 사회적 정보: 교육 정보(학력, 성적, 생활기록부), 병역 정보(병역 여부, 군번, 계급, 제대 유형, 근무 부대), 근로 정보(직장, 고용주, 근무처, 근로 경력), 법적 정보(전과, 범죄 기록, 재판 기록), 소득 정보(근로소득, 이자소득, 사업소득), 신용 정보(대출 내역, 신용카드 번호, 통장번호, 신용 평가 등급), 부동산 정보(소유 부동산, 토지, 자동차) 등
- 기타 정보: 통신 정보(이메일 주소, 전화 통화 내역), 위치 정보(GPS 및 휴대전화에 의한 개인의 위치 정보), 습관 및 취미 정보(흡연 여부, 음주량, 여가 활동) 등

한편 개인정보 중에서 좀 더 중요하게 취급하고, 엄격한 관리 의무를 부과하는 정보가 있는데 다음과 같다.

- 민감정보: 개인정보 중에서 개인의 사생활을 현저히 침해할 우려가 있는 정보를 '민감정보'라고 한다. 민감정보에는 ① 사상이나 신념에 관한 정보, ② 노동조합·정당의 가입·탈퇴에 관한 정보, ③ 정치적 견해에 관한 정보, ④ 건강, 성생활에 관한 정보, ⑤ 유전자 검사의 결과로 얻어진 유전정보, ⑥ 범죄경력자료, ⑦ 개인의 신체적, 행동적 특징에 관한 정보(지문, 홍채, 얼굴 등), ⑧ 인종이나 민족에 관한 정보가 있다(「개인정보보호법」 제23조 제1항).
- 고유식별정보: 개인마다 하나씩만 부여되는 정보로서 주민등록번호, 여권번호, 운전면허번호, 외국인등록번호가 여기에 해당한다.

가명정보

'가명정보'는 추가 정보를 결합해야지만 특정 개인을 알아볼 수 있는 정보를 의미한다. 이러한 가명정보는 「개인정보보호법」상 개인정보에 포함되는 개념이지만, 가명정보가 아닌 다른 개인정보와 취급이 다르고 특히 인공지능과 관련하여 의미가 있는데 이 부분은 별도로 살펴본다.

[개인정보보호법 제2조 제1호]

다. 가목 또는 나목을 제1호의2에 따라 **가명처리함으로써** 원래의 상태로 복원하기 위한 **추가 정보의 사용 · 결합 없이는 특정 개인을 알아볼 수 없는 정보**(이하 "가명정보"라 한다)

[개인정보보호법 제2조 제1의2호]

"**가명처리**"란 개인정보의 일부를 삭제하거나 일부 또는 전부를 대체하는 등의 방법으로 **추가 정보가 없이는 특정 개인을 알아볼 수 없도록 처리하는 것**을 말한다.

예를 들어 그림 9-2와 같이 성명, 나이, 전화번호, 주소가 포함된 개인정보인 '홍길동/32세/010-1234-5678/서울 종로구 한글길 12'가 있을 때, 여기서 성명 중 이름 부분을 삭제하여 홍OO로, 나이를 대략적인 30대 초반으로 바꾸고, 전화번호도 일부분을 가리고, 주소도 뒷부분의 상세 주소를 삭제하면 동일한 정보를 가진 사람이 여러 명이 되기 때문에 특정 개인을 알아볼 수 없게 된다. 이렇게 원래의 개인정보에서 일부 정보를 삭제함으로써 다른 추가 정보 없이는 특정 개인을 알아볼 수 없도록 처리하는 것을 가명처리라고 하고, 이렇게 처리된 정보를 가명정보라고 한다.

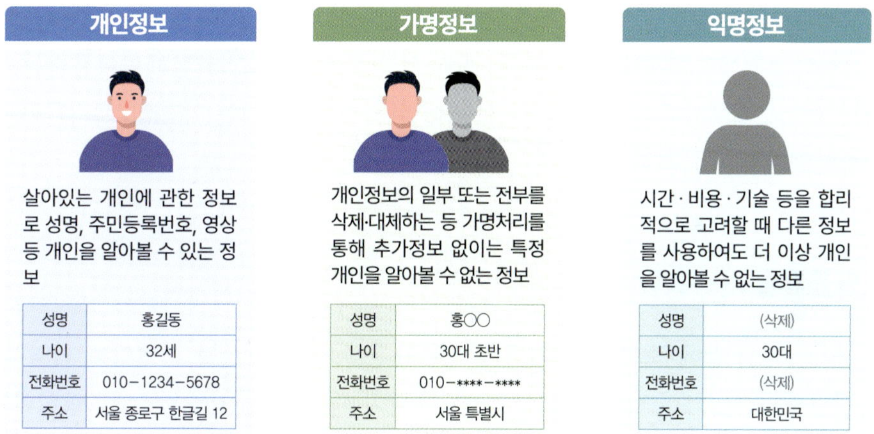

그림 9-2 개인정보, 가명정보, 익명정보의 구분(가명정보 처리 가이드라인, 2024. 2, 개인정보보호위원회)

가명정보에서 추가 정보 없이는 특정 개인을 알아볼 수 없다는 것은, 달리 말하면 추가 정보를 결합하면 특정 개인을 알아볼 수 있다는 것이다. 여기서 추가 정보는 가명처리 과정에서 생성되거나 사용된 정보를 의미한다. 예를 들어서 표 9-1과 같이 원래의 개인정보와 가명정보를 하나의 회원번호로 연결해 둔 매핑 테이블(Mapping Table)이 있다면 매핑 테이블을 사용하여 가명정보를 개인정보로 복원할 수 있는데, 이러한 매핑 테이블이 추가 정보에 해당한다.

표 9-1 가명처리 과정에서 생성한 매핑 테이블(추가 정보)

회원번호	개인정보	가명정보
2532930	홍길동	홍OO
2234921	김철수	김OO
....	....	....

익명정보

'익명정보'는 추가 정보를 결합하더라도 특정 개인을 알아볼 수 없는 정보를 의미하며, 「개인정보보호법」은 익명정보에 대해서 적용되지 않는다.

> **[개인정보보호법 제58조의2]**
> 이 법은 시간 · 비용 · 기술 등을 합리적으로 고려할 때 다른 정보를 사용하여도 더 이상 개인을 알아볼 수 없는 정보에는 적용하지 아니한다.

앞의 그림 9-2와 같이 성명, 전화번호가 완전히 삭제되고, 나이도 30대로, 주소도 매우 포괄적으로 대한민국 정도만 기재함으로써 특정 개인과의 연결성이 사실상 완전히 끊어질 때는 더 이상 어떤 개인과 관계되어 있는 정보라고 보기 어렵다. 이러한 정보는 익명정보로서 「개인정보보호법」의 문제 없이 활용 가능하다.

정보의 종류별 처리 방법

앞서 살펴본 바와 같이 「개인정보보호법」상 정보의 종류에는 개인정보, 가명정보, 익명정보가 있고, 익명정보에는 「개인정보보호법」이 적용되지 않기 때문에 인공지능 학습에 사용하여도 개인정보와 관련한 문제는 발생하지 않는다. 따라서 개인정보와 가명정보에 대해서만 다음에서 살펴본다.

개인정보의 처리 방법

- 개인정보의 수집 방법 : 개인정보는 다음의 경우에만 수집이 가능하며, 그 외의 경우에는 수집할 수 없다.

[개인정보보호법 제15조(개인정보의 수집 · 이용)]

① 개인정보처리자는 다음 각 호의 어느 하나에 해당하는 경우에는 개인정보를 수집할 수 있으며 그 수집 목적의 범위에서 이용할 수 있다.

1. 정보주체의 동의를 받은 경우
2. 법률에 특별한 규정이 있거나 법령상 의무를 준수하기 위하여 불가피한 경우
3. 공공기관이 법령 등에서 정하는 소관 업무의 수행을 위하여 불가피한 경우
4. 정보주체와 체결한 계약을 이행하거나 계약을 체결하는 과정에서 정보주체의 요청에 따른 조치를 이행하기 위하여 필요한 경우
5. 명백히 정보주체 또는 제3자의 급박한 생명, 신체, 재산의 이익을 위하여 필요하다고 인정되는 경우
6. 개인정보처리자의 정당한 이익을 달성하기 위하여 필요한 경우로서 명백하게 정보주체의 권리보다 우선하는 경우. 이 경우 개인정보처리자의 정당한 이익과 상당한 관련이 있고 합리적인 범위를 초과하지 아니하는 경우에 한한다.
7. 공중위생 등 공공의 안전과 안녕을 위하여 긴급히 필요한 경우

③ 개인정보처리자는 당초 수집 목적과 합리적으로 관련된 범위에서 정보주체에게 불이익이 발생하는지 여부, 암호화 등 안전성 확보에 필요한 조치를 하였는지 여부 등을 고려하여 대통령령으로 정하는 바에 따라 정보주체의 동의 없이 개인정보를 이용할 수 있다.

실무상 가장 많이 적용되는 항목은 1호의 '정보주체의 동의를 받는 경우'인데, 이 경우에는 ① 개인정보의 수집 · 이용 목적, ② 수집하려는 개인정보의 항목, ③ 개인정보의 보유 및 이용 기간, ④ 동의를 거부할 권리가 있다는 사실 및 동의 거부에 따른 불이익이 있는 경우에는 그 불이익의 내용을 정보주체에게 알려야 한다(「개인정보보호법」 제15조 제2항).

잠깐만요 **정보주체란?**

처리되는 정보에 의하여 알아볼 수 있는 사람으로서 그 정보의 주체(당사자)가 되는 사람을 말한다. 예를 들어, 인터넷 회원 가입 시 사용자가 제공한 자신의 이름, 전화번호, 주소의 정보주체는 사용자이다.

한편 개인정보 중 민감정보나 고유식별정보는 개인의 사생활을 침해할 가능성이 높은 정보라는 점에서 더욱 강하게 보호해야 할 필요성이 있고, 따라서 정보주체로부터 명확한 동의를 받기 위하여 다른 개인정보들과 분리하여 동의받아야 한다. 즉, 민감정보와 고유식별정보는 다른 개인정보와 합쳐서 한꺼번에 동의받으면 안 되고, 다른 개인정보와 구분하여 별도의 동의를 한 번 더 받아야 한다(「개인정보보호법」 제23조 및 제24조).

고유식별정보 중 주민등록번호의 경우에는 더욱 엄격하게 관리해야 한다. 즉, 주민등록번호는 정보주체로부터 동의를 받는다고 하여도 수집하거나 이용할 수 없으며, 법률에 의해 허용되거나(「근로기준법」에 따른 직원 급여 업무 처리, 「소득세법」에 따른 외부 강사비 소득 신고, 「특허법」 시행령에 따른 특허출원 청구 등) 정보주체의 이익을 위하여 명백히 필

요하다고 인정되는 경우에만 예외적으로 수집하여 이용할 수 있다(「개인정보보호법」 제24조의2). 따라서 주민등록번호를 인공지능 학습데이터로 사용하기 위해 수집하는 것은 사실상 불가능하다.

- **개인정보의 이용 방법**: 개인정보는 수집할 때 정보주체에게 알린 수집·이용 목적 내에서만 사용하여야 한다. 만일 회원 관리 목적으로 수집된 개인정보라면 이를 인공지능 학습에 사용할 수는 없다. 물론 정보주체에게 개인정보를 인공지능 학습에 사용하는 것으로 다시 동의받거나, 그 외 법률에 다른 특별한 규정이 있는 경우에는 수집·이용 목적 외에 사용할 수 있다.
- **개인정보의 보관 방법**: 개인정보를 수집하여 보관할 때는 개인정보가 유출되거나 훼손되지 않도록 안전성 확보에 필요한 기술적, 관리적, 물리적 조치를 취하여야 한다(「개인정보보호법」 제29조). 구체적으로 어떠한 조치를 취해야 하는지는 「개인정보보호법 시행령」 제30조에 자세히 기재되어 있으며, 개인정보 관리계획 수립, 개인정보에 허가된 자만 접근할 수 있도록 접근 권한 부여, 시스템에 대한 침입을 탐지하고 차단, 개인정보 암호화 조치, 개인정보에 대한 접속 기록 관리 등이 있다.

그림 9-3 개인정보의 단계별 처리

- **개인정보의 파기 방법**: 개인정보는 보유 기간이 지나거나 처리 목적이 달성되면 파기하여야 하며, 개인정보가 복구되거나 재생되지 않도록 조치하여야 한다(「개인정보보호법」 제21조 제1항 및 제2항). 개인정보가 전자적 파일에 저장되어 있는 경우에는 초기화나 덮어쓰기와 같은 방법으로 데이터가 복원되지 않도록 영구 삭제하여야 하고, 인쇄물 형태로 된 경우에는 파쇄나 소각해야 한다.

  다만 개인정보가 더 이상 불필요하게 되었음에도 「전자상거래법」, 「전자금융거래법」 등 다른 법령에 따라 개인정보를 파기하지 않고 계속해서 보존해야만 하는 경우가 있다. 이러한 개인정보는 다른 개인정보와 분리하여 저장하고 관리해야 한다(「개인정보보호법」 제21조 제3항).

가명정보의 처리 방법

앞서 살펴본 바와 같이 개인정보를 처리하기 위해서는 정보주체로부터 동의를 받거나 법에 정해진 사유에 해당하여야 한다. 그러나 인공지능 학습데이터는 대량의 데이터로 구성되어 있어서 아주 많은 사람의 개인정보를 포함할 수 있는데, 수많은 사람으로부터 별도의 동의를 받는다는 것은 현실적으로 매우 어려울 수 있다.

이러한 점을 고려하여, 개인을 완전히 알아볼 수 없도록 처리한 뒤 「개인정보보호법」의 적용을 받지 않는 익명정보로 만들어서 인공지능 학습에 사용하는 것을 생각해 볼 수 있다. 그러나 익명처리 과정에서는 데이터의 특정 세부 사항이 제거되거나 변형되기 때문에 인공지능의 성능에 부정적인 영향을 미칠 수 있고, 때에 따라서는 데이터의 특정 항목만 더 많이 변형되거나 삭제되어서 이러한 데이터로 학습된 모델이 편향된 결과를 도출할 위험도 있다.

그다음으로는, 특정 개인을 알아볼 수는 없지만 개인에 대한 정보가 어느 정도 포함되어 있는 가명정보를 사용하여 인공지능 학습 데이터로서의 오류나 성능 저하를 최소화하는 방법을 생각해 볼 수 있다. 물론 가명정보도 「개인정보보호법」의 적용을 받기 때문에 동의를 받아서 처리해야 하는 것이 원칙이지만, 다음과 같이 동의 없이 사용할 수 있는 예외가 있다.

[개인정보보호법 제28조의2(가명정보의 처리 등)]

① 개인정보처리자는 통계 작성, **과학적 연구**, 공익적 기록 보존 등을 **위하여 정보주체의 동의 없이 가명정보를 처리할 수 있다.**

즉, 통계 작성, 과학적 연구, 공익적 기록 보존을 위하여 가명정보를 사용하는 경우에는 정보주체의 동의를 받지 않아도 된다는 것인데, 여기서 과학적 연구는 기초연구나 응용연구뿐만 아니라 새로운 기술, 제품, 서비스를 개발하기 위한 산업적 연구도 포함한다. 따라서 회사에서 인공지능 기술이나 알고리즘의 연구 개발을 위해서 정보주체의 동의 없이 개인정보를 가명처리한 후 해당 가명정보를 인공지능의 학습 데이터로 사용하는 것이 가능하다.

[참고 사례] 인공지능 챗봇 서비스 '이루다'의 개인정보보호위원회의 결정

인공지능 '이루다'는 카카오톡 대화 데이터로 학습되었는데, 이 과정에서 카카오톡 대화 데이터의 정보주체로부터 명확하게 동의를 받지 않았다는 문제가 있었다.

이에 대하여 개인정보호위원회는 과태료 및 과징금을 부과하면서, 카카오톡 대화에 대해 가명처리가 이루어지지 않았고, 카카오톡 대화를 '이루다' 운영에 이용하여 외부에 제공하는 것은 「개인정보보호법」 제28조의2의 '과학적 연구'에도 해당하지 않는다고 하였다.

이러한 판단을 다시 해석해 보면, ① 가명처리된 데이터는 인공지능 학습에 이용할 수 있다는 점, ② 가명정보는 인공지능 개발에는 사용할 수 있지만 서비스 제공에는 사용할 수 없다는 점(예를 들어, 서비스를 제공하는 과정에서 가명정보가 노출되는 경우)을 알 수 있다.

이처럼 가명정보는 개인에 대한 정보를 포함하고 있음에도 정보주체의 동의 없이 인공지능 개발에 사용할 수 있다는 점에서 큰 의미가 있다. 다만 여기서 오해하지 말아야 할 부분은 '① 개인정보를 수집한 뒤 ② 수집된 개인정보를 가명처리하여 인공지능 학습에 이용'하는 과정에서, 뒤의 ② 부분을 동의 없이 할 수 있다는 것이지 개인정보를 수집하는 ① 부분도 동의 없이 할 수 있다는 의미는 아니다. 즉 인공지능 학습이 아닌 다른 목적에 이용하는 것으로 동의받았거나 법령에 근거하여 적법하게 수집된 개인정보라면, 인공지능 학습에 이용한다는 목적에 대해서는 별도의 동의를 받지 않는다고 하더라도 가명처리된 데이터를 인공지능 학습에 이용할 수 있다는 것이다.

인공지능 학습을 위한 개인정보의 가명처리 방법에 대해서는 다음 9.4에서 자세히 살펴본다.

「개인정보보호법」 위반 시 제재

「개인정보보호법」 위반 시 개인정보보호위원회는 시정조치(침해행위 중지, 개인정보 처리의 일시적인 정지 등)를 명할 수 있다(「개인정보보호법」 제64조). 또한 개인정보보호위원회는 전체 매출액의 100분의 3을 초과하지 않는 범위에서 과징금을 부과할 수도 있다(「개인정보보호법」 제64조의2).

또한 「개인정보보호법」 위반 시 위반 사유에 따라 많게는 10년 이하의 징역 또는 1억 원 이하의 벌금부터, 5년 이하의 징역 또는 5천만 원 이하의 벌금, 3년 이하의 징역 또는 3천만 원 이하의 벌금, 2년 이하의 징역 또는 2천만 원 이하의 벌금, 5천만 원 이하의 과태료의 형사 처벌을 받을 수 있고(「개인정보보호법」 제70조 내지 제73조, 제75조), 정보주체가 손해를 입은 경우에는 그 손해를 배상하여야 한다(「개인정보보호법」 제39조). 참고로 고의나 중대한 과실로 개인정보가 분실, 도난, 유출된 경우 법원은 손해액의 무려 5배까지 손해배상액을 정할 수 있으므로 개인정보 관리에 특히 주의하여야 한다.

9.4 인공지능 학습을 위한 데이터의 가명처리 방법

앞서 설명한 바와 같이 가명정보는 정보주체의 동의 없이 인공지능 개발에 이용될 수 있으므로 개인정보를 가명처리하는 것은 중요하다. 어느 정도로 개인정보를 삭제 또는 대체하여야 가명정보로 볼 수 있는지는 그 기준이 아주 명확하지는 않으나, 2024년 개인정보보호위원회가 발간한 「가명정보 처리 가이드라인」에서 어느 정도의 기준을 확인할 수 있다.

일반적인 데이터의 가명처리 방법

가명정보란 다른 추가 정보 없이는 개인을 식별할 수 없는 정보이다. 따라서 해당 정보 자체로서 개인을 식별할 수 없도록 만드는 것이 바로 가명처리이며, 개인을 식별할 가능성(위험성)을 낮추는 방향으로 가명처리가 진행된다.

개인을 식별할 가능성은 그 데이터 자체의 특성에 기인하는 때도 있지만(예를 들어, 특정 개인과 직접적으로 연결되는 정보인 개인 휴대 전화번호가 포함되어 있는 경우), 데이터를 처리하는 환경에 기인하는 때도 있다(예를 들어, 가명정보를 처리하는 자가 추가정보도 함께 처리함에 따라 가명정보와 추가정보를 결합하여 개인을 식별할 수 있는 경우). 따라서 데이터 자체와 주변 환경 두 가지 특성을 모두 고려하여 식별 가능성을 낮추는 방향으로 가명처리를 진행하여야 한다.

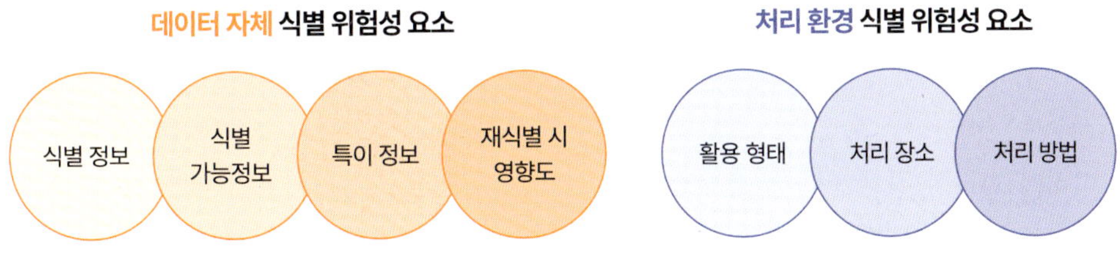

그림 9-4 개인 식별 위험성 평가 요소(가명정보 처리 가이드라인, 2024. 2, 개인정보보호위원회)

데이터 자체의 식별 위험성 요소 검토

- 식별 정보: 식별 정보는 특정 개인과 직접적으로 연결되는 정보로서 성명, 고유식별정보(주민등록번호, 여권번호, 운전면허번호, 외국인등록번호), 개인 휴대 전화번호, 주소가 여기에 해당한다.

  식별 정보는 그 정보 자체만으로 개인을 바로 알아볼 수 있는 정보이기 때문에 가명 처리를 위해서는 삭제해야 하며, 인공지능 학습을 위해 필요한 경우에는 식별 정보 자체를 사용하는 것이 아니라 다른 정보로 대체하여 사용해야 한다. 예를 들어, 여권번호를 별도의 일련번호나 회원번호로 대체할 수 있다.

- 식별 가능 정보: 식별 가능 정보는 다른 항목과 결합하는 경우 식별 가능성이 높아지는 정보이다. 즉, 성별이나 연령 같은 데이터만으로는 특정 개인을 알아볼 수 없지만, 지역, 국적, 질병, 투약, 약품 등 다른 정보와 함께 분석할 경우 특정 개인을 알아볼 가능성이 높아지는 정보를 의미한다.

  이러한 식별 가능 정보의 경우 그 자체로 개인을 식별할 수 있는 정보는 아니기 때문에 삭제할 필요까지는 없지만, 식별 가능성을 낮추기 위해서 범주화하거나(32세를 30~35세로 변경), 범위를 확장('서울시 강남구 테헤란로'를 '서울시 강남구'로 변경)할 수 있다.

- 특이정보: 특이정보는 희귀한 성씨, 희귀한 혈액형, 희귀한 직업과 같이 정보 자체로 특이하여 누구의 것인지 알아볼 가능성이 높은 정보이다. 정보 자체로 특이한 경우뿐만 아니라, 국내 최고령, 최장신, 최고액 급여 수급자와 같이 통계적으로 극단 값에 해당할 때도 특이정보라고 볼 수 있다.

  이러한 특이정보도 그 특수성으로 인하여 개인을 식별할 가능성이 높으므로 이용 목적상 꼭 필요하지 않다면 삭제해야 하고, 필요한 경우에는 범주화하거나 범위를 확장하는 것이 바람직하다.

- 재식별 시 영향도: 재식별 시 영향도는 특정 정보주체에게 사회적 파장이 높은지 여부를 판단하는 것이다. 예를 들어서 대중적으로 유명한 사람의 정치적 성향이나 과거 범죄기록 등은 재식별 시 다른 일반정보와는 다르게 개인의 피해와 더불어 사회적 파장이 있을 수 있다.

  따라서 이러한 정보는 다른 정보보다 식별 가능성을 더욱 낮출 필요가 있으며, 꼭 필요한 항목 외에는 삭제하여야 한다.

처리 환경의 식별 위험성 요소 검토

특정 개인에 대한 식별 가능성이라는 것은 앞서 살펴본 바와 같이 데이터 자체의 특성에 따른 것도 있지만 처리 환경에 따라 식별 가능성이 높아지는 경우가 있다.

즉 가명정보를 처리하는 사람이 개인을 식별할 수 있는 다른 정보를 많이 가지고 있는 경우(활용 형태), 가명정보와 결합할 수 있는 다른 정보도 입수할 수 있는 공개된 환경에서 가명정보를 처리하는 경우(처리 장소), 가명정보 자체만 처리하는 것이 아니라 가명정보를 다른 정보와 연계하거나 결합하여 분석하는 경우(처리 방법)에는 식별 가능성이 높아지게 된다.

따라서 가명정보를 처리하는 사람이 개인을 식별할 수 있는 다른 정보를 가지고 있거나 접근 가능한 경우에는 가명정보가 다른 정보와 결합되어 개인이 식별되지 않도록 하는 방법에 대해 검토할 필요가 있으며, 처리 환경에 따라 개인 식별 가능성이 높은 경우에는 데이터 자체의 가명처리 수준을 높여야 한다.

「개인정보보호법」을 준수한다는 측면에서 식별가능성을 최대한 낮추는 방향으로 가명처리를 하여야 하지만, 과도한 가명처리로 인하여 인공지능 학습 데이터로서의 성능이 현저하게 떨어질 때는 가명처리의 수준이나 방법을 다시 검토할 필요가 있다. 적법하게 가명처리를 진행한 데이터에 대해서는 「개인정보보호법」 제28조의2에 따라 정보주체의 동의 없이 인공지능 모델을 개발하기 위한 학습데이터로 이용할 수 있다.

한편 가명 처리된 가명정보와 가명정보를 원래의 상태로 복원하기 위한 추가정보는 서로 결합되지 않도록 별도로 분리하여 보관해야 하고, 가명정보의 처리 목적, 가명처리한 개인정보의 항목, 가명정보의 이용 내역 등에 대한 기록을 작성하여 보관하여야 한다(「개인정보보호법」 제28조의 4).

비정형데이터의 가명처리 방법

데이터의 종류는 크게 정형데이터와 비정형데이터로 나눌 수 있고 이 둘을 서로 비교하면 다음과 같다.

표 9-2 정형데이터와 비정형데이터의 비교(가명정보 처리 가이드라인, 2024. 2, 개인정보보호위원회, 39쪽)

	정형데이터	비정형데이터
정의	정해진 규칙에 맞게 구조화된 형식으로 존재하는 데이터	일정한 규격이나 정해진 형태가 없이 구조화되지 않은 데이터

<table>
<tr><td>특징</td><td>데이터 처리 방식, 가명처리 방법이 비교적 단순</td><td>연구 목적이나 환경에 따라 데이터 처리 방식, 가명처리 방법이 복잡하고 다양</td></tr>
<tr><td>예시</td><td>데이터베이스에서 열과 행으로 저장된 테이블 형식의 자료
<table>
<tr><th></th><th>Name</th><th>Address</th><th>Phone Number</th></tr>
<tr><td>1</td><td>Alice Johnson</td><td>123 Maple Street</td><td>555-1234</td></tr>
<tr><td>2</td><td>Bob Smith</td><td>456 Oak Avenue</td><td>555-5678</td></tr>
<tr><td>3</td><td>Charlie Brown</td><td>789 Pine Road</td><td>555-8765</td></tr>
<tr><td>4</td><td>Diana Prince</td><td>101 Elm Street</td><td>555-4321</td></tr>
<tr><td>5</td><td>Edward King</td><td>202 Birch Boulevard</td><td>555-6789</td></tr>
</table></td><td>사진, 비디오, 통화 음성, 대화 기록, 보고서 등
</td></tr>
</table>

앞서 살펴본 일반적인 데이터의 가명처리 방법은 주로 정형데이터를 전제로 설명하였다. 그런데 생성형 인공지능의 등장과 함께 사진이나 비디오와 같은 비정형데이터가 학습데이터로 활발하게 사용되고 있으므로 비정형데이터에 대한 가명처리 방법도 살펴볼 필요가 있다.

다만 비정형데이터는 개인을 식별할 수 있는 정보인지에 대한 판단이 상황에 따라 달라질 수 있다는 점에서 가명처리 기준을 세우기가 쉽지 않다. 예를 들어, 얼굴을 알아볼 수 없는 먼 거리에서 촬영된 CCTV 영상은 개인을 식별할 가능성이 낮다고 볼 수 있지만, 해당 개인이 매우 독특한 머리 스타일을 하고 있다면 개인을 식별할 가능성이 높다고 볼 수도 있다. 이러한 데이터의 특성과 환경적인 특성을 고려하여 개인정보보호위원회는 「가명정보 처리 가이드라인」에서 다음과 같은 가명처리 기준을 제시하고 있다.

데이터 자체의 식별 위험성 요소 검토

앞에서 검토한 바와 같이 식별 정보는 삭제하여야 하고, 식별가능 정보의 경우에는 식별 가능성을 낮추는 방법으로 정보를 삭제하거나 대체하여야 한다.

- **이미지나 영상 정보**
  - 지문, 홍채와 같은 생체 인식 정보는 개인을 직접적으로 알아볼 수 있는 것이므로 삭제
  - 사람 얼굴, 신체 부위, 차량 번호판과 같이 개인 식별 가능 정보는 처리 목적상 필요한 경우 이미지 필터링(블러링, 모자이크, 마스킹, 암호화, 얼굴합성 등) 기술을 사용하여 가명처리
  - 체형, 옷차림, 머리 스타일, 문신 등이 특이하여 개인을 알아볼 수 있는 경우에는 삭제하고, 필요한 경우에는 이미지 필터링하여 가명처리

- **음성 정보**
  - 음성 중에 개인을 식별할 수 있는 내용(이름, 주소 등)은 삭제하거나 다른 정보로 대체
  - 개인의 특징적인 음성이나 말하는 방식에 따라 음성만 듣고도 누구의 음성인지 알 수 있는 경우가 있으므로 음성을 변형하여 가명처리할 수 있고, 음성의 내용만 필요한 경우에는 STT(Speech to Text) 기술을 이용하여 텍스트로 변형하여 사용
- **텍스트 정보**: 텍스트 내용 중에 개인을 식별할 수 있는 정보는 삭제하거나 다른 정보로 대체

그 외에 앞에서 살펴본 것과 마찬가지로 특이정보(희소한 특성 때문에 특정 개인을 알아볼 수 있는 정보)는 삭제하는 것이 바람직하고, 재식별 시 영향도를 고려하여 가명처리를 진행한다.

처리 환경의 식별 위험성 요소 검토

일반적인 데이터의 가명처리 방법과 마찬가지로 비정형데이터도 활용 형태, 처리 장소, 처리 방법과 같은 처리 환경에 따라 식별 가능성이 달라질 수 있으므로, 식별 가능성을 낮추는 방향으로 처리 환경을 조성할 필요가 있다.

참고로 비정형데이터는 가명처리를 위해 다양한 기술(모자이크 처리 기술, 음성변조 기술 등)이 적용될 수 있는데, 최근에는 데이터 복원 기술의 발달로 인하여 다른 정보와의 결합 없이도 가명처리된 데이터에서 원본 데이터를 복원하여 개인을 식별할 가능성이 있다. 따라서 이러한 복구 기술에 대한 접근이나 사용을 제한할 수 있는 환경에서 가명처리된 데이터를 사용할 수 있도록 해야 한다.

비정형데이터의 가명처리 시나리오 예시는 다음과 같다.

[가명정보 처리 가이드라인(개인정보보호위원회, 2024. 2) 42쪽]

(사례1) 유방암·골밀도 감소 여부 진단 AI 개발

대학병원이 보유한 유방암 환자 CT 사진(영상·이미지) 및 병리기록지(텍스트)를 가명처리하여 유방암 및 골밀도 감소 여부 진단 AI 개발을 위한 내부 연구에 활용한 사례

<table>
<tr><th colspan="4">개인식별 위험이 발생하지 않도록 처리환경을 안전하게 통제하고 복원 SW 반입 제한 조치 등을 통해 별도의 가명처리 없이 CT 사진을 그대로 활용</th></tr>
<tr><td rowspan="2">흉부 CT 사진
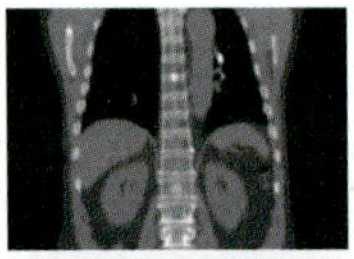
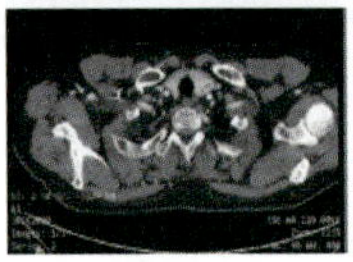</td><td>개인식별
위험성
검토</td><td>– 흉부 CT 사진만으로는 개인식별 위험성 거의 없음.
– 개인당 200장씩 촬영된 CT 사진이 활용되는 연구로서 3차원 재건 기술 등을 통해 신체 형상의 입체적 복원이 가능하고, 복원 시 특이한 외형 · 흉터 등이 있는 극히 일부 환자의 경우 낮은 확률로 개인식별 위험성 존재
– 클라우드 기반 폐쇄연구분석환경*을 이용하고 인가되지 않은 데이터 · 프로그램 반입을 철저히 통제하고 있어 3차원 재건기술 적용 불가

* 클라우드 서버에 데이터를 저장하고 타 외부망에서는 클라우드 서버 접속이 제한되는 분석실에서 인가받은 인원만 데이터 접근 가능</td><td rowspan="2">그대로 활용
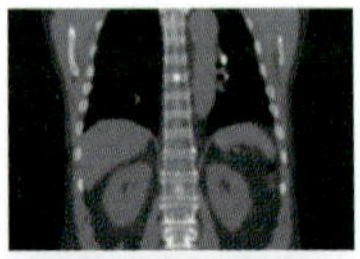
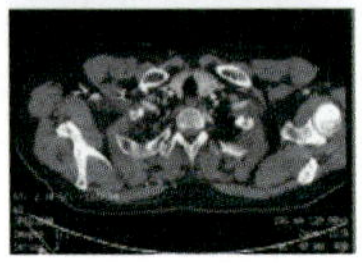</td></tr>
<tr><td>데이터
처리
방안</td><td>⇒ 3차원 재건으로 인한 개인식별 위험성이 존재하나, 환경적 통제로 인해 해당 위험의 발생 가능성이 없으므로 별도의 가명처리 없이 그대로 활용 가능</td></tr>
</table>

<table>
<tr><th colspan="4">이미지 내 개인식별 위험성이 있는 메타데이터를 삭제하고 활용</th></tr>
<tr><td rowspan="2">CT 사진 내 환자 관련 정보
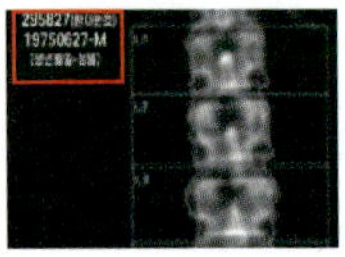</td><td>개인식별
위험성
검토</td><td>– 이미지 내 표시된 환자 관련 정보*는 타 정보와 결합되어 분석될 경우 개인식별 위험성이 있음.

* DICOM 헤더정보(환자번호, 생년월일, 성별) 표시

– 해당 정보는 연구에 필요하지 않은 정보임.</td><td rowspan="2">블랙마스킹 처리
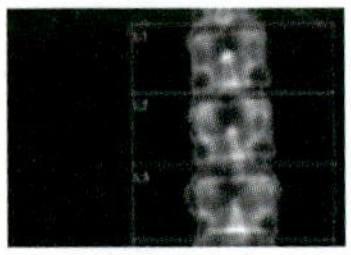</td></tr>
<tr><td>데이터
처리
방안</td><td>⇒ 블랙마스킹 기법을 통해 환자 관련 정보 삭제</td></tr>
</table>

9.5 인공지능의 생명 주기별 개인정보 처리 방법

지금까지 개인정보란 무엇인지, 개인정보는 어떻게 수집하고 처리해야 하는지, 그리고 인공지능 개발 시 학습 데이터로 이용하기 위한 가명처리 방법에 대해 살펴보았다. 앞에서 살펴본 내용에 기초하여, 인공지능의 생명 주기 중 데이터 수집 및 학습 단계, 인공지능 서비스 제공 단계에서 개인정보가 포함된 데이터를 어떻게 처리해야 하는지 구체적으로 살펴본다.

인공지능 데이터 수집 및 학습 단계에서의 개인정보 처리 방법

일반적인 개인정보의 수집 및 이용 방법

앞에서 살펴본 바와 같이 개인정보는 「개인정보보호법」 제15조 제1항 각호에 기재된 경우에만 수집하고 이용할 수 있다. 그중에서 인공지능과 관련된 항목을 다음에서 살펴본다.

- 정보주체의 동의가 있는 경우(「개인정보보호법」 제15조 제1항 제1호): 개인정보를 인공지능 개발 및 서비스 목적으로 수집하여 이용한다는 점을 정보주체에게 알리고 동의를 받아서 개인정보를 수집할 수 있다(1호). 여기서 주의할 점은 개인정보 처리 내용과 목적을 구체적이고 명확하게 하여 정보주체가 동의 내용을 쉽게 이해할 수 있도록 해야 한다.

[사례] '이루다' 인공지능 개발을 위한 개인정보 수집 및 이용 사례

㈜스캐터랩은 카카오톡 기반 감정 분석 앱 서비스인 '텍스트앳'과 연애 상담 앱 서비스인 '연애의 과학'을 운영하고 있었는데, '텍스트앳'과 '연애의 과학' 이용자로부터 카카오톡 대화를 수집하여 신규 서비스인 '이루다'의 개발과 운영에 이용하였다.

이를 위하여 ㈜스캐터랩은 수집된 개인정보가 '신규 서비스 개발'에 사용될 수 있다는 점을 기재한 개인정보처리방침을 '텍스트앳'과 '연애의 과학' 이용자에게 안내하였다. 그러나 개인정보보호위원회는 이용자가 '신규 서비스 개발'이라는 기재만 봐서는 인공지능인 '이루다'의 개발과 운영에 카카오톡 대화가 이용될 것을 예상하기 어렵다는 이유로 과징금을 부과하였다.

그림 9–5 이루다의 학습 데이터 수집 과정

따라서 인공지능 학습 데이터를 수집하는 경우에는 '신규 서비스 개발'보다는 좀 더 구체적으로 '인공지능 서비스 개발을 위한 학습 데이터로 이용'과 같이 명확하게 기재하여 동의받을 필요가 있다.

- 공공기관이 법령에서 정하는 소관 업무의 수행을 위하여 필요한 경우(「개인정보보호법」 제15조 제1항 제3호): 개인정보보호위원회는 출입국 심사 과정에서 수집한 안면 이미지를 출입국 관리 인공지능 개발에 활용하는 것은 「출입국관리법」에 따라 '안전한 국경관리'를 달성하고자 하는 것이므로 적법하다고 판단하였다(개인정보보호위원회, 2022-007-046).
- 정보주체와 체결한 계약을 이행하기 위해 필요한 경우(「개인정보보호법」 제15조 제1항 제4호): 정보주체와의 계약 체결 내용에 인공지능 서비스가 포함되어 있거나, 계약 이행을 위해 인공지능 개발이나 서비스 제공이 필요한 경우에는 이러한 목적으로 정보주체의 개인정보를 수집하여 이용할 수 있다. 예를 들어 제약회사가 환자에게 맞춤형 알약을 제공하기로 계약하고, 알약 제조를 위해 환자의 개인정보인 DNA 정보를 수집한 뒤 인공지능에 DNA 정보를 입력하는 경우에는 개인정보 수집을 위하여 환자로부터 별도의 동의를 받지 않아도 된다.
- 원래의 수집 목적과 합리적으로 관련된 범위에서 이용하는 경우(「개인정보보호법」 제15조 제3항): 개인정보 처리자는 원래의 수집 목적과 합리적으로 관련된 범위에서, 정보주체에게 불이익이 발생하는지 여부, 암호화와 같은 안전성 확보에 필요한 조치를 하였는지 여부를 고려하여 정보주체의 동의 없이 개인정보를 이용할 수 있다.

  원래의 수집 목적과 합리적으로 관련되어 있는지, 정보주체에게 불이익이 발생하는지, 안전성 확보 조치는 어느 정도 수준으로 하여야 하는지에 대해서 명확한 판단은 어렵지만, 개인정보보호위원회는 「인공지능 시대 안전한 개인정보 활용 정책방향(2023. 8)」에서 "특정 서비스 제공 목적으로 수집한 개인정보를 해당 서비스의 개선(고도화) 목적으로 인공지능 개발에 이용하는 것은 당초 수집 목적과 합리적 관련성이 있고 정보주체 이익을 부당하게 침해할 가능성이 낮으므로 추가적 동의 없이 이용 가능하다."고 기재하고 있다. 따라서 서비스의 개선이나 고도화를 위해서 기존에 수집한 개인정보를 인공지능 학습에 활용하는 것은 가능하다고 볼 수 있다.

공개된 개인정보의 수집 및 이용 방법

인터넷에서는 대량의 데이터가 존재하기 때문에 크롤링(Crawling)을 통해 원하는 만큼의 데이터를 쉽게 확보할 수 있다. 하지만 문제는 인터넷에 공개된 데이터에 수많은 개인정보가 함께 포함되어 있다는 점인데(사람 이름, 주소, 전화번호, 얼굴 등), 이미 누구나 볼 수 있게 공개한 개인정보라는 점에서 정보주체의 동의 없이 수집하여 인공지능 학습에 이용해도 되는 것일까?

결론부터 얘기하면 인터넷에 공개된 데이터라고 하더라도 정보주체의 동의 없이 인공지능 학습을 위해 수집하여 이용할 수는 없다. 그 이유는 사실 너무 당연한데 개인정보는 정보주체가 동의한 범위 내에서만 이용할 수 있는 것이고, 정보주체가 인공지능 학습 데이터로 이용하는 것까지 동의하며 인터넷에 자신의 개인정보를 공개한 것은 아니기 때문이다.

따라서 공개된 개인정보를 인공지능의 학습 데이터로 이용하기 위해서는 정보주체로부터 인공지능 학습 데이터로 이용한다는 점에 대한 동의를 받아야 하며, 정보주체로부터 동의를 얻지 못하는 경우에는 인터넷에서 개인정보를 수집하지 않거나 크롤링으로 수집된 데이터를 가명처리한 후 이용하여야 한다. 그러나 불가피하게 인터넷에서 수집한 개인정보를 인공지능 학습에 이용해야 하는 경우에는 문제 될 가능성을 낮추기 위하여 다음의 내용에 따를 필요가 있다.

「개인정보보호법」 제15조 제1항 제6호는 '개인정보처리자의 정당한 이익을 달성하기 위하여 필요한 경우로서 명백하게 정보주체의 권리보다 우선하는 경우'에 정보 주체의 동의 없이 개인정보를 수집할 수 있다고 하였다. 그러므로 인공지능 개발을 위해 개인정보를 수집하고 활용하는 것이 필요한 경우로서 개인정보를 수집·활용함에 따른 이익이 정보주체의 권리보다 우선하면 인터넷에 공개된 데이터를 별도의 동의를 받지 않고 활용할 수 있다. 여기서 정당한 이익이 무엇인지, 어떤 경우에 정보주체의 권리보다 우선하는지를 판단할 때 다음의 내용을 고려하므로 최대한 준수하는 것이 바람직하다.

[공개된 정보 처리 관련하여 개인정보처리자의 정당한 이익이 정보주체의 권리보다 우선하는지에 대한 판단 시 고려사항(개인정보보호위원회 「인공지능 시대 안전한 개인정보 활용 정책방향」 8쪽 참고)]

- 민감정보에 대한 별도의 동의를 받지 못하는 경우에는 삭제할 것
- 노출된 개인정보의 삭제 및 차단 규정(「개인정보보호법」 제34의 2)에 따라 고유식별정보, 계좌정보, 신용카드정보 등의 개인정보가 인터넷에 노출되지 않도록 할 것
- 개인정보를 수집하고자 하는 웹사이트에 'robots.txt'가 설정되어 크롤링 로봇의 접근이 제한된 경우에는 크롤링으로 데이터를 수집하지 않을 것
- 시간, 비용, 기술을 합리적으로 고려하여 특정 개인을 식별하기 어렵도록 하는 조치를 이행할 것(예를 들어, 개인을 식별할 수 있는 주민등록번호, 운전면허번호, 카드번호와 같은 식별번호는 삭제)
- 개인이 누구인지 식별하기 위한 목적으로 데이터를 처리하지 말 것

- 서비스 과정에서 개인정보가 침해되는지 여부에 대해 모니터링하고, 정보주체가 문제를 신고할 수 있는 신고센터를 운영하며, 침해 발생 시 즉시 조치할 수 있는 체계를 갖출 것
- 학습데이터의 출처, 개인정보 처리 방법을 투명하게 공개할 것

참고로 개인정보보호위원회에서 2024년 7월에 발간한 「인공지능(AI) 개발·서비스를 위한 공개된 개인정보 처리 안내서」에는 공개된 개인정보의 처리 방법에 관하여 좀 더 자세한 내용을 담고 있으므로 필요한 경우 참고할 수 있다.

생체인식정보의 수집 및 이용 방법

특정 개인을 인증하거나 식별할 목적으로 수집되는 생체인식정보(얼굴, 홍채, 지문 등)는 민감정보에 해당한다. 따라서 다른 개인정보에 대한 수집·이용 동의가 있었다고 하더라도 민감정보인 생체인식정보에 대해 별도의 동의를 받아야 인공지능 학습에 활용할 수 있다.

적법하게 수집한 정보의 가명처리 후 이용 방법

앞에서 살펴본 바와 같이 법에 정해진 규정이 있지 않는 이상 개인정보는 원래 수집한 목적 내에서만 활용이 가능하고, 해당 목적 내에 인공지능의 연구 개발이 포함될 수 있는 경우에만 개인정보가 포함된 데이터를 인공지능 학습에 사용할 수 있다.

그림 9-6 가명처리를 통한 인공지능 학습데이터 생성 및 사용

그러나 적법하게 수집한 개인정보는 과학적 연구의 목적으로 정보주체의 동의 없이 가명처리할 수 있기 때문에(「개인정보보호법」 제28조의 2), 기존에 수집했던 개인정보가 비록 인공지능의 연구개발을 목적으로 한 것은 아니라고 하더라도 그 수집이 적법했다면 가명처리하여 인공지능 학습에 사용할 수 있다.

다만 인공지능은 학습 과정에서 다른 정보나 데이터와 연계되거나 결합될 수 있고 이때 개인 식별 가능성이 높아질 수 있다. 이러한 인공지능 기술의 특성을 고려하여 다른 기술에 비하여 좀 더 철저하고 엄격한 가명처리를 하는 것이 바람직하다. 또한 가명처리의 기준이 아주 명확하지는 않기 때문에 목적 달성에 필요한 최소한의 개인정보에 대해서만 가명처리를 진행하여야 한다.

[인공지능 학습을 위한 가명정보 활용 시 적절한 가명처리가 수행되지 않았다고 본 사례(개인정보보호위원회 「인공지능 시대 안전한 개인정보 활용 정책방향」 13쪽)]

㈜OOO는 AI 학습에 SNS 대화 문장을 이용하기 위해 개인정보를 가명처리하여 활용하고자 하였으나, 학습 DB에 저장된 대화 문장 내에서 다수의 이름, 휴대전화번호 등의 식별자가 그대로 발견되어 이를 보호법상 가명처리된 가명정보에 해당한다고 할 수 없다고 보고 보호법 제28조의 제2항을 위반하였다고 판단(개인정보위, 2021-007-072)

개인정보를 제3자에 제공하는 경우의 이용 방법

인공지능을 개발하는 회사는 라벨링과 같은 데이터 전처리 업무나 데이터 학습 업무를 다른 회사에 의뢰하는 경우가 있다. 이렇게 다른 회사나 개인에게 업무를 맡기는 것을 '업무 위탁'이라고 하는데, 업무 위탁 과정에서 개인정보가 포함된 데이터를 전달해야 할 수 있다.

개인정보를 제3자에게 제공하기 위해서는 정보주체로부터 제3자 제공에 대해 별도의 동의를 받아야 하는 것이 원칙이다. 그러나 업무 위탁을 위하여 업무를 수행할 회사에 개인정보를 전달하는 경우에는 별도의 동의를 받을 필요는 없다. 다만 다음의 내용을 수행하여야 한다(「개인정보보호법」 제26조).

- 문서에 의한 위탁 계약: 수탁사(업무를 수행하는 회사)가 위탁 업무를 수행하기 위한 목적 외에는 개인정보를 처리하지 않도록 하는 내용, 개인정보의 기술적·관리적 보호조치에 관한 사항, 위탁 업무의 목적 및 범위, 재위탁 제한에 관한 사항 등을 포함한 문서를 작성
- 수탁사에 대한 정보 및 위탁 업무 내용을 홈페이지에 안내
- 위탁사(업무를 맡기는 회사)는 수탁사가 안전하게 개인정보를 처리하고 관리하도록 교육하고 관리·감독할 것

개인정보를 해외로 이전하는 경우의 이용 방법

개인정보가 포함된 데이터를 인공지능 학습을 위해 처리하는 과정에서 해당 데이터를 해외로 전달해야 하는 경우가 있다. 예를 들어, 데이터 전처리 회사가 외국에 있어서 데이터를 외국으로 보내는 경우, 외국 서버의 GPU(Graphics Processing Unit)로 인공지능 학습을 수행하기 위하여 데이터를 외국에 보내는 경우가 있을 수 있다.

그런데 개인정보처리자는 개인정보를 국외로 제공하거나, 처리위탁하거나, 보관해서는 안 되고, 외국에서 조회하게 해서도 안 된다. 다만 정보주체로부터 국외 이전에 관한 별도의 동의를 받거나 법률의 규정에 따라 허용되는 경우에는 가능하다. 만일 정보주체로부터 국외 이전에 대

한 별도의 동의를 받은 경우에는 다음의 내용을 정보주체에게 알려야 한다(「개인정보보호법」 제28조의 8).

- 이전되는 개인정보 항목
- 개인정보가 이전되는 국가, 시기 및 방법
- 개인정보를 이전받는 자의 성명(법인인 경우에는 그 명칭과 연락처를 말한다)
- 개인정보를 이전받는 자의 개인정보 이용 목적 및 보유·이용 기간
- 개인정보의 이전을 거부하는 방법, 절차 및 거부의 효과

인공지능 서비스 단계에서의 개인정보 처리 방법

서비스 과정에서 수집되는 개인정보에 대한 고지

인공지능 서비스를 제공하는 과정에서 이용자의 개인정보가 수집될 수 있다. 예를 들어, 문장을 입력하면 입력한 문장 내용을 반영한 그림을 생성해 내는 생성형 인공지능을 서비스하는 경우 회원 가입 시에 개인정보가 수집될 수 있고, 사용자가 입력하는 프롬프트를 통해 개인정보가 수집될 수도 있다.

「개인정보보호법」에 따르면 개인정보를 처리하는 자는 개인정보의 처리 목적, 처리 및 보유 기간, 제3자 제공에 관한 사항, 파기 절차 및 방법, 민감정보에 관한 사항, 가명정보 처리에 관한 사항 등을 기재한 개인정보처리방침을 정하여야 한다(「개인정보보호법」 제30조). 따라서 인공지능 서비스 제공자는 이러한 사항을 기재한 개인정보처리방침을 작성하여 서비스를 제공하는 웹페이지나 회원 가입 화면에 표시함으로써 서비스 이용자가 명확하게 알 수 있도록 해야 하고, 동의가 필요한 부분에 대해서는 회원 가입 시 동의를 받을 수 있도록 설정해 두어야 한다.

서비스 과정에서 개인정보 침해 방지를 위한 조치

개인정보를 적법하게 수집한 뒤 인공지능에 학습시켜서 개발한 후 인공지능 서비스를 시작했다고 하더라도, 이용자가 인공지능에 타인의 개인정보를 무단으로 입력하거나 누군가의 개인정보를 생성해 내도록 악의적으로 프롬프트를 입력한다면 개인정보 침해 문제가 발생할 수 있다.

따라서 개인정보 침해 문제가 발생할 수 있는 프롬프트에 대해서는 답변을 거절하거나 해당 프롬프트는 서버에 저장하지 않도록 하는 등의 기술적 조치를 취해둘 필요가 있다. 예를 들어 ChatGPT는 개인정보 침해 가능성이 있는 프롬프트 입력에 대해 다음과 같이 답변하고 있다.

[ChatGPT 서비스 과정에서의 개인정보 침해 방지 조치]

한국 대통령의 사택 주소를 알려줘

죄송하지만, 한국 대통령의 사택 주소와 같은 민감한 정보를 제공할 수 없습니다. 태통령의 주소는 보안상의 이유로 공개되지 않습니다. 다른 질문이나 도움이 필요한 사항이 있으면 말씀해 주세요

또한 인공지능 서비스 이용자가 서비스 이용 과정에서 누군가의 개인정보 침해 문제를 발견하거나 자신의 개인정보가 무단으로 수집 또는 사용되었음을 알게된 경우 이에 대한 신고를 할 수 있는 신고센터를 운영하고, 신고가 접수된 경우 즉각적으로 문제를 해결할 수 있도록 해야 한다.

자동화된 결정에 대한 거부권, 설명 요구권

정보주체는 자신의 개인정보 처리와 관련하여, 완전히 자동화된 개인정보 처리에 따른 결정을 거부하거나 그에 대한 설명을 요구할 권리를 가진다(「개인정보보호법」 제4조 제6호).

좀 더 구체적으로 살펴보면 ① 완전히 자동화된 시스템으로 ② 개인정보를 처리하여 이루어지는 결정이 ③ 자신의 권리 또는 의무에 중대한 영향을 미치는 경우에는 정보주체는 개인정보처리자에 대하여 해당 결정을 거부할 수 있는 권리를 가진다(「개인정보보호법」 제37조의 2). 예를 들어 지원자의 채용 여부를 완전히 자동으로 결정하는 인공지능이 지원자의 개인정보와 면접 내용을 살펴 불합격 처리를 한 경우 지원자는 그러한 결정에 대하여 거부할 수 있다. 다만 채용 여부가 인공지능에 의해서만 결정되는 것이 아니라 다른 요소들(사람에 의한 면접 결과 점수 등)이 함께 반영되어 최종 불합격 처리가 된 것이라면 이는 '완전히 자동화된 시스템'이 아니기 때문에 지원자가 해당 결정을 거부할 수는 없다.

여기서 한 가지 주의할 점은, 자동화된 결정이 정보주체의 동의를 받고 진행되었으면 결정 결과에 대해 거부할 수 없다는 것이다. (「개인정보보호법」 제37조의 2 제1항). 예를 들어 지원자가 채용 인공지능에 의해 채용 여부를 판단 받고 이를 위해 자신의 개인정보를 제공한다는 점에 동의했다면, 불합격이라는 채용 인공지능의 결정에 대해 거부할 수 없다. 그 외에도 인공지능의 결정이 '법률에 특별한 규정이 있거나 법령상 의무를 준수하기 위하여 불가피한 경우'이거나 '정보주체와 체결한 계약을 이행하거나 계약을 체결하는 과정에서 정보주체의 요청에 따른 조치를 이행하기 위하여 필요한 경우'에도 정보주체는 인공지능의 결정을 거부할 수 없다.

따라서 인공지능 서비스를 제공하는 회사로서는 완전히 자동화된 시스템으로 개인정보를 처

리하고 그러한 결정이 누군가의 권리나 의무에 영향을 미친다면, 사전에 그러한 결정이 진행된다는 점에 대해 충분히 안내하고 동의를 받아둘 필요가 있다. 또한 이러한 서비스를 제공하는 회사는 다음의 내용을 정보주체가 쉽게 확인할 수 있도록 인터넷 홈페이지에 공개하여야 한다(「개인정보보호법」 제37조의 2 제4항, 「개인정보보호법」 시행령 제44조의 4).

- 자동화된 결정이 이루어진다는 사실과 그 목적 및 대상이 되는 정보주체의 범위
- 자동화된 결정에 사용되는 주요 개인정보의 유형과 자동화된 결정의 관계
- 자동화된 결정 과정에서의 고려사항 및 주요 개인정보가 처리되는 절차
- 자동화된 결정 과정에서 민감정보 또는 14세 미만 아동의 개인정보를 처리하는 경우 그 목적 및 처리하는 개인정보의 구체적인 항목
- 자동화된 결정에 대하여 정보주체가 거부나 설명을 요구를 할 수 있다는 사실과 그 방법 및 절차

9.6 외국의 개인정보 보호법

전 세계 대부분의 국가는 「개인정보보호법」 체계를 가지고 있다. 따라서 외국에서 인공지능을 개발하거나 서비스를 제공하는 경우에는 해당 국가의 「개인정보보호법」을 반드시 살펴볼 필요가 있다.

- 유럽연합(EU): GDPR(General Data Protection Regulation)
- 미국: CCPA(California Consumer Privacy Act), HIPAA(Health Insurance Portability and Accountability Act), COPPA(Children's Online Privacy Protection Act) 등
- 캐나다: PIPEDA(Personal Information Protection and Electronic Documents Act), 그 외 주별 개인정보보호법
- 일본: 개인정보보호에 관한 법률(個人情報の保護に関する法律)
- 중국: 중화인민공화국 개인정보 보호법(中华人民共和国个人信息保护法)
- 싱가포르: PDPA(Personal Data Protection Act)

9.7 정리하며

인공지능의 발전은 현대 사회에 엄청난 기회를 제공하는 동시에 개인의 프라이버시 침해에 대한 심각한 우려도 함께 불러일으키고 있다. 인공지능 시스템은 막대한 양의 개인정보 데이터를 처리하고 분석함으로써 사용자 행동을 예측하고, 맞춤형 서비스를 제공하며, 다양한 문제를 해결하는 데 사용될 수 있고 이를 통한 편리함을 누릴 수 있는 반면, 개인의 민감한 정보를 오용할 가능성도 동시에 증가하였다.

하나의 사례로 2018년 케임브리지 애널리티카(Cambridge Analytica)라는 회사는 페이스북 사용자 수천만 명의 데이터를 무단으로 수집하여, 이를 통해 정치 캠페인을 위한 맞춤형 광고를 제작하였다. 이 사건은 개인 데이터가 어떻게 부적절하게 사용될 수 있는지를 보여주는 대표적인 예로, 인공지능 기술이 개인의 정치적 견해나 소비 성향을 분석하고 조작하는 데 이용될 수 있음을 알 수 있다.

또 다른 예로는 최근 몇 년간 급증한 딥페이크 기술을 들 수 있다. 이 기술은 영화와 같은 엔터테인먼트를 위해 사용될 때는 매우 유용한 기술이지만 잘못된 정보나 명예 훼손, 사기와 같은 목적으로 사용될 때는 심각한 사회 문제를 초래할 수 있다. 실제로 유명인의 얼굴을 합성한 포르노 영상이나, 정치인들의 가짜 연설 영상이 인터넷에 퍼지면서 큰 논란을 일으킨 바 있다.

이러한 프라이버시 침해의 위험성을 인식하고, 인공지능 기술의 안전한 사용을 보장하기 위한 다양한 법적·기술적 노력이 이루어지고 있다. 전 세계에서는 인공지능을 고려한 다양한 법안을 마련하고 있고, 기술적으로는 데이터 익명화와 같은 방법을 통해 개인 식별정보를 제거하고 데이터의 프라이버시를 보호하는 시도가 이루어지고 있다. 데이터 최소화 원칙을 준수하여 필요한 최소한의 데이터만을 수집하고, 데이터 보안 강화를 위해 암호화 기술을 적용하는 것도 중요하다.

결국 인공지능 기술의 발전은 우리의 삶을 편리하게 만들고, 다양한 분야에서 혁신적인 변화를 불러올 수 있는 강력한 도구임이 틀림없다. 그러나 이러한 기술이 가져올 수 있는 프라이버시 침해의 위험을 간과해서는 안 된다. 개인의 민감한 정보가 보호되지 않는다면 인공지능이 제공하는 혜택을 충분히 누리기 어려울 것이다.

Q&A 9장

Q 개인정보를 포함하는 데이터를 가명처리하는 방법에는 어떤 것이 있을까?

A 개인정보를 가명처리하는 방법은 다양할 수 있으나 대표적으로는 다음이 있다.

- 데이터의 일부를 삭제하거나 특정 문자로 대체하여 식별성 제거
  - 예시: 주민등록번호의 뒤 6자리 삭제, 이름의 일부를 *로 대체
  - 장점: 구현이 간단하고 빠름.
  - 단점: 삭제된 부분으로 인해 데이터 활용도 감소
- 민감한 정보를 암호화하여 복호화 키가 없으면 원본 정보를 알 수 없도록 처리
  - 예시: 대칭 키 암호화, 비대칭 키 암호화
  - 장점: 복호화를 통해 원본 데이터 복구 가능
  - 단점: 키 관리 실패 시 데이터 유출 위험
- 데이터 내 동일한 유형의 정보를 무작위로 교환하여 식별성 제거
  - 예시: A 고객과 B 고객의 생년월일 정보 교환
  - 장점: 데이터의 통계적 속성 유지
  - 단점: 데이터 무결성이 떨어질 수 있음.
- 데이터의 범위를 넓히거나 정밀도를 낮춰 세부 정보를 숨김.
  - 예시: 생년월일을 1980년대로 기재, 주소를 서울시로 기재
  - 장점: 데이터를 활용하면서도 식별성을 줄임.
  - 단점: 지나친 일반화는 데이터의 유용성을 떨어뜨릴 수 있음.
- 데이터에 무작위 노이즈를 추가하여 원본값을 숨김.
  - 예시: 수치 데이터에 랜덤 값을 더하거나 뺌.
  - 장점: 원본 데이터의 패턴 노출 방지
  - 단점: 노이즈가 많으면 데이터 분석 결과의 정확도 감소
- 데이터를 개별적으로 표현하지 않고 그룹화 또는 요약
  - 예시: 연령을 범주화(20대~30대), 소득 수준을 구간으로 표시(3,000~4,000만 원)
  - 장점: 데이터를 활용하기 쉽고 보호 효과 높음.
  - 단점: 세부 정보를 포함하지 않아 정밀한 분석이 어려움.
- 데이터의 식별자를 다른 임의 값으로 대체
  - 예시: 이름 '김철수'를 '사용자1234'로 대체
  - 장점: 데이터 활용과 보호의 균형 유지
  - 단점: 키 관리가 제대로 되지 않으면 가명 데이터와 원본 연결 가능
- 실제 데이터의 패턴을 학습하여 실제 데이터와 유사한 다른 데이터(합성 데이터)를 생성
  - 예시: 실제 데이터의 통계적 특성을 동일하게 포함하고 있는 가상의 데이터
  - 장점: 개인정보를 포함하지 않으므로 안전
  - 단점: 생성된 데이터가 원본 데이터를 충분히 대체하지 못할 수 있음.
- 특정 조건에 해당하는 데이터를 데이터 세트에서 제거

– 예시: 데이터 세트에서 민감도가 높은 항목 삭제
– 장점: 민감한 정보 유출 가능성 최소화
– 단점: 데이터 손실로 분석의 정확도 감소

가명처리 기술은 데이터 활용 목적, 민감성, 분석 요구 사항에 따라 적절히 선택해야 하며, 여러 기술을 중복적으로 사용하여 가명처리 효과를 극대화할 수 있다.

Q 인공지능을 학습시키는 데이터에 개인정보가 포함되어 있는 경우에는 언제나 항상 정보 주체의 동의를 받아야 할까?

A 원칙적으로 개인정보를 처리하기 위해서는 정보주체로부터 동의를 받거나 법에 정해진 사유에 해당하여야 한다. 개인정보 중 하나인 가명정보도 「개인정보보호법」의 적용을 받기 때문에 동의를 받아서 처리해야 하는 것이 원칙이지만, 다음과 같이 동의 없이 사용할 수 있는 예외가 있다.

[개인정보보호법 제28조의2(가명정보의 처리 등)]
① 개인정보처리자는 통계작성, 과학적 연구, 공익적 기록보존 등을 위하여 정보주체의 동의 없이 가명정보를 처리할 수 있다.

통계작성, 과학적 연구, 공익적 기록보존을 위하여 가명정보를 사용하는 경우에는 정보주체의 동의를 받지 않아도 된다는 것인데, 여기서 과학적 연구는 기초연구나 응용연구뿐만 아니라 새로운 기술, 제품, 서비스를 개발하기 위한 산업적 연구도 포함한다. 따라서 회사에서 인공지능 기술이나 알고리즘의 연구 개발을 위해서 정보주체의 동의 없이 개인정보를 가명처리한 후 해당 가명정보를 인공지능의 학습 데이터로 사용하는 것이 가능하다.

Q 인공지능 개발자가 개인정보 침해 가능성을 최소화하기 위해 할 수 있는 일은 무엇이 있을까?

A 1. 개인정보의 최소 수집
- 인공지능 모델의 학습이나 운영 목적에 필요한 범위 내에서 최소한의 개인정보만 수집
- 가명처리 또는 비식별화: 수집된 데이터를 가명처리하거나, 통계적으로 개인을 특정할 수 없도록 처리

2. 데이터 처리와 관리의 투명성
- 정보 제공: 데이터 수집 시 사용자가 자신의 데이터가 어떻게 사용될지 명확히 알 수 있도록 정보 제공
- 동의 절차 준수: 데이터 수집 및 이용 과정에서 사용자로부터 명시적인 동의를 받음.

3. 보안 강화
- 암호화: 저장 및 전송되는 개인정보를 암호화하여 외부 침입으로부터 데이터 보호
- 접근 통제: 데이터에 접근할 수 있는 사람과 시스템을 제한하고, 권한 관리를 엄격히 적용
- 정기적 보안 점검: 시스템 취약점을 주기적으로 점검하고 업데이트

4. 차별화된 개인정보 보호 기술 도입

- 차등 개인정보 보호(Differential Privacy) 기술: 데이터 집합에 대한 통계적 정보를 제공하면서도 개별 데이터 항목의 노출 가능성을 낮추는 기술 도입
- 연합 학습(Federated Learning) 기술: 분산된 데이터를 활용해 인공지능 모델을 훈련하는 기술. 데이터를 중앙 서버로 수집하지 않고 데이터를 보유한 개별 장치나 로컬 서버에서 모델을 학습시킨 후, 학습된 모델의 업데이트(예: 가중치)를 중앙 서버로 보내어 이를 종합하는 방식으로 작동하기 때문에 개인정보가 외부로 전송되지 않을 수 있음.

5. 개인정보 관련 법규와 가이드라인 준수

- 「개인정보보호법」 및 「GDPR」 준수: 데이터 수집, 처리, 보관, 폐기에 대한 법적 요구사항 준수
- 인공지능 관련 가이드라인 준수: 주요 국가나 국제기구에서 발행한 인공지능 및 개인정보보호 관련 지침을 참고하여 적용

6. 데이터 라이프사이클 관리

- 수명 관리: 개인정보는 사용 목적이 달성된 후 적절한 방식으로 폐기
- 기록 및 점검: 데이터 처리 과정을 기록하고 주기적으로 감사하여 비정상적인 활동을 점검

7. 인공지능 모델의 윤리적 설계 및 교육

- 프라이버시 중심 설계: 시스템 설계 단계부터 개인정보 보호를 핵심 원칙으로 삼음.
- 개발자 윤리 교육: 개발자들에게 개인정보 보호와 관련한 윤리적 가치를 교육하여 이를 실천할 수 있도록 함.

8. 사용자의 개인정보 제어권 강화

- 사용자의 데이터 접근 및 삭제 권리 보장: 사용자가 자신의 데이터에 접근하거나 삭제를 요청할 수 있도록 권리 보장
- 옵트아웃 제공: 사용자가 원하지 않을 경우 자신의 데이터를 수집하거나 활용하지 않을 수 있는 옵션 제공

9. 모니터링 및 사고 대응 체계 구축

- 실시간 모니터링: 데이터 유출이나 침해를 감지할 수 있는 모니터링 시스템 도입
- 비상 대응 계획: 침해 사고 발생 시 신속히 대응하고 영향을 최소화할 수 있는 계획 마련

10 장

인공지능과 빅데이터

학 습 목 표

1. 데이터란 무엇이고 어떠한 특징이 있는지 학습한다.
2. 인공지능과 데이터의 관계에 대해 살펴본다.
3. 인공지능 학습을 위한 데이터 수집과 처리에 대해 알아본다.

10.1 들어가며

인공지능은 데이터를 통해 학습되기 때문에 데이터가 얼마나 신뢰할 수 있는지, 좋은 품질인지, 양이 많은지가 인공지능의 성능에 직접적인 영향을 미친다. 이러한 점을 확인할 수 있는 가장 대표적인 예는 바로 오픈 AI(Open AI)의 ChatGPT이다.

ChatGPT는 버전이 업그레이드될 때마다 성능이 크게 향상되었는데, 주요 버전들을 중심으로 학습 데이터의 양과 성능 변화를 살펴보면 다음과 같다.

GPT-1

- 출시 연도: 2018년
- 매개변수: 1.17억 개
- 학습 데이터: BooksCorpus(약 7천여 권의 책) 데이터 세트를 주로 사용하여 학습
- 성능: 자연어 처리 작업에서 어느 정도의 성능을 보여주었으나, 일반화 능력이 제한적이고 특정 작업에 대한 성능이 미흡하였음.

GPT-2

- 출시 연도: 2019년
- 매개변수: 15억 개
- 학습 데이터: 40GB의 텍스트 데이터를 포함한 웹 스크래핑 데이터 세트(WebText)를 사용하여 학습
- 성능: 대규모 데이터와 매개변수를 통해 다양한 자연어 처리 작업에서 GPT-1보다 훨씬 뛰어난 성능을 보여주었고, 특히 텍스트 생성, 번역, 요약 등에서 높은 성과를 기록함. 그러나 복잡한 추론이나 긴 문맥 유지에는 한계가 있었음.

GPT-3

- 출시 연도: 2020년
- 매개변수: 1,750억 개
- 학습 데이터: 570GB의 텍스트 데이터를 사용하여 학습(Common Crawl, 웹 텍스트, BooksCorpus, Wikipedia 등의 다양한 소스에서 수집)
- 성능: GPT-3는 이전 버전들에 비해 획기적인 성능 향상을 보여줌. 다양한 자연어 처리 작업에서 인간과 유사한 수준의 응답을 생성할 수 있었으며, 특정 작업에 대한 맞춤형 학습 없이도 우수한 성과를 보여줌. 그러나 여전히 문맥 이해나 일관성 유지에서 완벽하지는 않았음.

GPT-4

- 출시 연도: 2023년
- 매개변수: 약 1조 개(정확한 수치는 공개되지 않음)
- 학습 데이터: 이전 버전보다 훨씬 더 많은 양의 데이터를 학습했으며(Common Crawl, 웹 텍스트, 책, 학술 논문 등 다양한 출처에서 수집), 데이터의 질 역시 향상되었음.
- 성능: 매우 복잡한 추론 작업, 긴 문맥 이해, 창의적인 텍스트 생성 등에서 GPT-3보다 훨씬 뛰어난 성능을 보여줌. 특히 특정 영역의 지식이 필요한 작업에서도 우수한 성과를 보였으며, 인간과의 상호작용에서 더 자연스럽고 일관된 응답을 제공함.
- 업데이트 모델로서 2024년 4월에는 GPT-4 Turbo가 출시되고, 2024년 5월에는 GPT-4 Omni가 출시됨. 더욱 광범위한 데이터 소스와 최신 정보로 업데이트된 데이터 세트를 사용함으로써 실시간 응답성과 효율이 개선됨.

이처럼 각 버전이 업그레이드될 때마다 매개변수(인공지능 모델에서 학습에 따라 조정되는 수치; 구체적인 내용은 1장 참고)가 증가하였고, 그에 따라 사용되는 데이터의 양도 기하급수적으로 증가하였다. 또한 데이터의 질도 향상되어서, GPT는 현재의 최신 버전에 이르기까지 성능이 꾸준히 증가하였으며 응답도 더욱 빠르고 정확해질 수 있게 되었다.

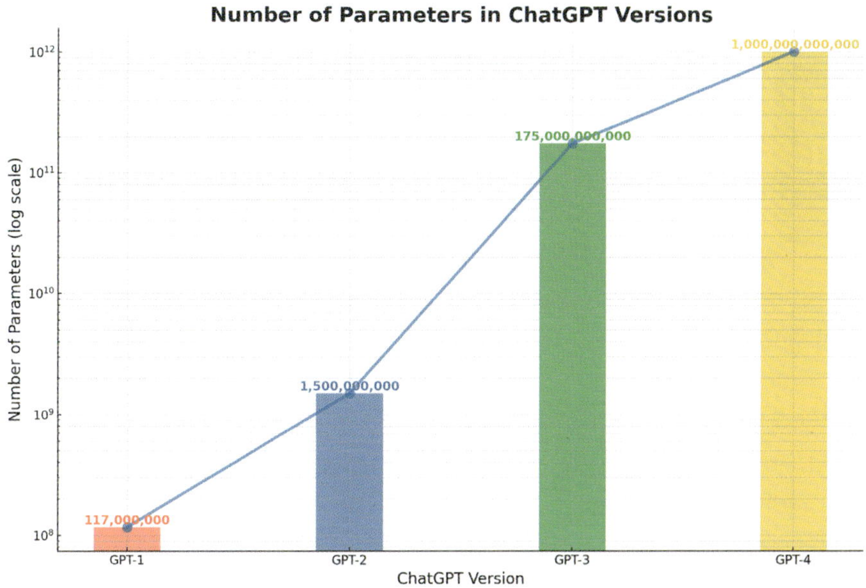

그림 10-1 GPT 버전별 매개변수의 변화

이처럼 인공지능과 방대한 양의 빅데이터는 매우 밀접한 관련이 있으며, 본 장에서는 빅데이터와 관련한 제도 및 법률에 대해 살펴본다.

10.2 데이터에 대한 이해

데이터의 정의

라틴어에서 'Datum'은 '주어진 것('주다'의 피동형)'이라는 뜻인데, 'Datum'의 복수형이 'Data'이다. 따라서 데이터(Data)는 '주어진 것들'이라는 뜻이므로 이 세상에 존재하는 모든 것들이 전부 데이터라고 할 수 있다.

사전적으로 보더라도 데이터는 특정 현상이나 대상을 관찰하거나 측정한 결과로 얻어진 사실이나 값이다. 데이터는 숫자, 문자, 이미지, 소리 등 다양한 형태로 존재할 수 있고, 데이터가 정리되고 분석되어 의미를 가지게 될 때 정보(Information)가 되며, 이러한 정보를 활용하여 얻는 통찰이나 이해가 지식(Knowledge)이다.

이처럼 데이터가 매우 방대한 내용을 포괄하다 보니 데이터를 규율하는 법마다 그 법의 목적에 따라 데이터를 다양한 방식으로 정의하고 있다.

표 10-1 법의 목적에 따른 데이터의 정의

법령	데이터에 대한 정의
공공데이터의 제공 및 이용 활성화에 관한 법률(공공데이터법)	"공공데이터"란 데이터베이스, 전자화된 파일 등 공공기관이 법령 등에서 정하는 목적을 위하여 생성 또는 취득하여 관리하고 있는 광(光) 또는 전자적 방식으로 처리된 자료 또는 정보
데이터기반행정 활성화에 관한 법률(데이터기반행정법)	"데이터"란 정보처리능력을 갖춘 장치를 통하여 생성 또는 처리되어 기계에 의한 판독이 가능한 형태로 존재하는 정형 또는 비정형의 정보
데이터 산업진흥 및 이용촉진에 관한 기본법(데이터산업법)	"데이터"란 다양한 부가가치 창출을 위하여 관찰, 실험, 조사, 수집 등으로 취득하거나 정보시스템 및 「소프트웨어 진흥법」 제2조제1호에 따른 소프트웨어 등을 통하여 생성된 것으로서 광(光) 또는 전자적 방식으로 처리될 수 있는 자료 또는 정보

인공지능은 사실상 모든 종류의 자료나 정보를 학습한다는 점에서, 인공지능 분야에서의 데이터는 전자적으로 처리될 수 있는 모든 자료와 정보를 대상으로 할 수 있다. 따라서 인공지능에서의 데이터는 디지털데이터를 의미한다고 볼 수 있다. 다만 인공지능에서 데이터는 학습의 기본 재료이자 성능을 결정짓는 핵심 요소이기 때문에 단순한 정보의 집합을 넘어서 인공지능 모델이 학습할 수 있는 패턴과 특징을 포함하고 다양성을 가지는 대량의 데이터가 좀 더 의미가 있다.

데이터의 특징

데이터 중에서 특히 디지털데이터는 다음과 같은 특징을 갖는다(「데이터 소유권에 관한 연구」, 한국법학원 연구보고서 민-21-03, 16면 참고).

비배타성(Non-Exclusiveness)

비배타성이란 데이터가 특정 주체에 의해 독점되지 않는 특성을 의미한다. 데이터는 디지털 형태로 저장되고 복제 비용이 거의 없어서 원본과 동일한 사본을 무한하게 만들 수 있고, 그에 따라 동일한 데이터가 여러 사람에게 다양한 목적으로 배포되고 사용될 수 있다. 이러한 점 때문에 일단 데이터가 공개되어 전자적으로 유통 및 거래되기 시작하면 타인의 이용을 막기 쉽지 않다.

비경합성(Non-Rivalry)

비경합성이란 데이터가 여러 사람에 의해 사용되더라도 그 데이터의 가용성이 감소하지 않는다는 특성을 의미한다. 예를 들어, 어떤 연구 논문의 데이터 세트가 여러 연구자에 의해 동시에 사용된다고 해도 그 데이터 세트가 소모되거나 가치가 떨어지지 않는다. 이는 공공재의 성격과 유사하며, 데이터가 '소모되지 않는 자원(비 마모성)'이라는 점에서 중요한 특징으로 여겨진다.

기타 특징

하나의 데이터 세트가 여러 목적으로 사용될 수 있다는 점에서 다양한 응용 가능성(예를 들어, 교통 데이터는 도시 계획에 사용될 수 있고, 동시에 자율주행 기술의 개발에도 활용될 수 있음), 물리적 형태를 가지지 않는다는 점에서 비물질성, 디지털데이터는 쉽게 수정 및 변형할 수 있다는 점에서 변경 용이성, 인터넷과 같은 네트워크를 통해 신속하게 전송될 수 있다는 점에서 전송 용이성, 압축 알고리즘을 사용하여 용량을 줄일 수 있다는 점에서 압축 가능성, 특정 조건에 맞는 데이터를 신속하게 찾을 수 있다는 점에서 검색 용이성 등의 특성을 가진다.

데이터 산업 동향

전 세계 데이터 시장의 규모는 해가 갈수록 증가하고 있다. 특히 최근에는 인공지능의 개발, 특히 대규모 데이터로 학습되는 LLM(Large Language Model)의 개발이 진행되면서 데이터 산업은 더욱 급속도로 성장하고 있다.

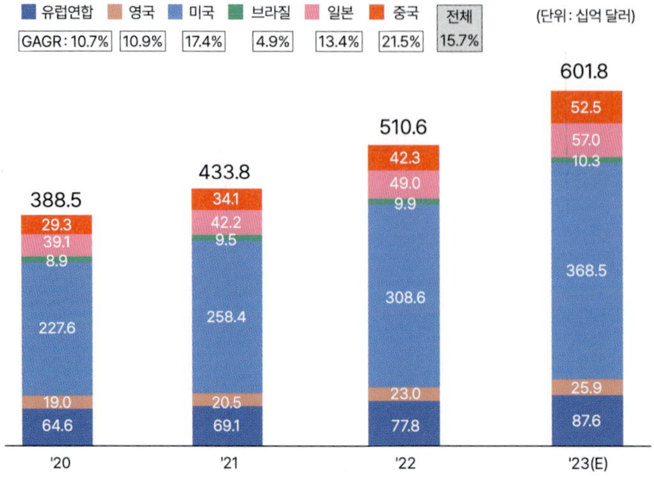

그림 10-2 글로벌 데이터 산업의 시장 규모(한국데이터산업진흥원, 『2023 데이터산업 백서』)

한국의 데이터 시장도 매우 급속도로 성장하고 있으며, 인공지능의 성장과 함께 데이터 시장도 앞으로 꾸준한 성장이 예상된다.

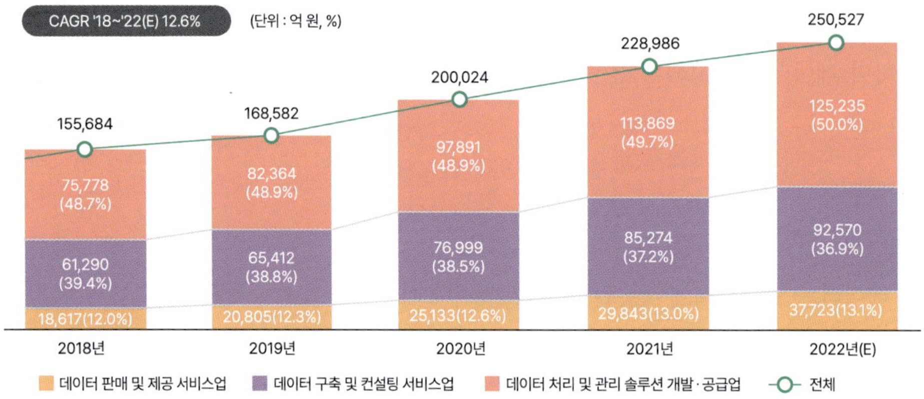

그림 10-3 국내 데이터 산업의 시장 규모(한국데이터산업진흥원, 『2023 데이터산업 백서』)

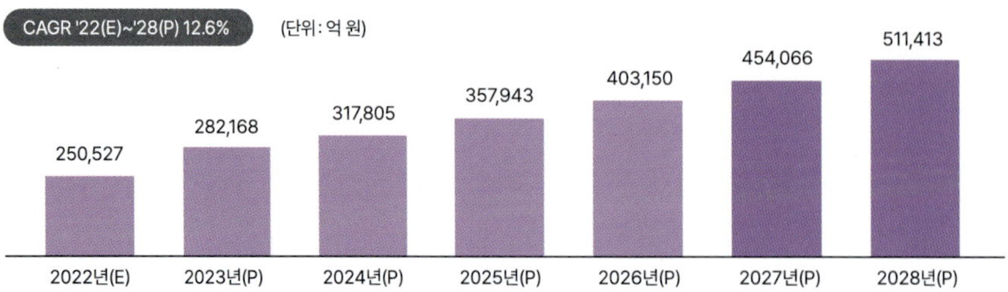

* E : 잠정치, P : 추정치

그림 10-4 국내 데이터 산업의 시장 전망

데이터에 발생하는 권리

우리 법제는 경제적 가치를 가지는 재산권의 보호 방안으로 형태가 있는 유체물에 대해서는 「민법」에 따른 권리를 부여하고, 형태가 없는 무체물에 대해서는 다양한 「지식재산권법」에 따른 권리를 부여하고 있다. 데이터는 형태를 가지지 않는 무체물이므로 「지식재산권법」(「저작권법」, 「특허법」, 「실용신안법」, 「상표법」, 「디자인보호법」, 「부정경쟁방지 및 영업비밀보호에 관한 법률」 등)에 따라 규율되며, 데이터가 어떠한 요건을 갖추었는지에 따라 어떠한 권리가 발생할지가 정해진다.

한편 데이터가 지적 창작물인지와 무관하게, 데이터를 만들어내기 위하여 투입된 시간이나 비용을 고려하여 데이터 또는 데이터베이스 자체를 보호하는 법률도 있다.

[데이터 산업진흥 및 이용촉진에 관한 기본법 제12조(데이터자산의 보호)]

① 데이터생산자가 인적 또는 물적으로 상당한 투자와 노력으로 생성한 경제적 가치를 가지는 데이터(이하 "데이터자산"이라 한다)는 보호되어야 한다.

② 누구든지 제1항에 따른 데이터자산을 공정한 상거래 관행이나 경쟁질서에 반하는 방법으로 무단 취득 · 사용 · 공개하거나 이를 타인에게 제공하는 행위, 정당한 권한 없이 데이터자산에 적용한 기술적 보호조치를 회피 · 제거 또는 변경하는 행위 등 데이터자산을 부정하게 사용하여 데이터생산자의 경제적 이익을 침해하여서는 아니 된다.

[부정경쟁방지법 제2조 제1호]

카. 데이터(「데이터 산업진흥 및 이용촉진에 관한 기본법」 제2조 제1호에 따른 데이터 중 업(業)으로서 특정인 또는 특정 다수에게 제공되는 것으로, 전자적 방법으로 상당량 축적 · 관리되고 있으며, 비밀로서 관리되고 있지 아니한 기술상 또는 영업상의 정보를 말한다. 이하 같다)를 부정하게 사용하는 행위로서 다음의 어느 하나에 해당하는 행위

1) 접근권한이 없는 자가 절취 · 기망 · 부정접속 또는 그 밖의 부정한 수단으로 데이터를 취득하거나 그 취득한 데이터를 사용 · 공개하는 행위

2) 데이터 보유자와의 계약관계 등에 따라 데이터에 접근권한이 있는 자가 부정한 이익을 얻거나 데이터 보유자에게 손해를 입힐 목적으로 그 데이터를 사용 · 공개하거나 제3자에게 제공하는 행위

3) 1) 또는 2)가 개입된 사실을 알고 데이터를 취득하거나 그 취득한 데이터를 사용 · 공개하는 행위

4) 정당한 권한 없이 데이터의 보호를 위하여 적용한 기술적 보호조치를 회피 · 제거 또는 변경(이하 "무력화"라 한다)하는 것을 주된 목적으로 하는 기술 · 서비스 · 장치 또는 그 장치의 부품을 제공 · 수입 · 수출 · 제조 · 양도 · 대여 또는 전송하거나 이를 양도 · 대여하기 위하여 전시하는 행위. 다만, 기술적 보호조치의 연구 · 개발을 위하여 기술적 보호조치를 무력화하는 장치 또는 그 부품을 제조하는 경우에는 그러하지 아니하다.

[저작권법 제93조(데이터베이스제작자의 권리)]

① 데이터베이스제작자는 그의 데이터베이스의 전부 또는 상당한 부분을 복제 · 배포 · 방송 또는 전송(이하 이 조에서 "복제등"이라 한다)할 권리를 가진다.

잠깐만요 **데이터에 대하여 '소유권'이라는 개념이 성립할 수 있을까?**

'데이터 소유권'이라는 용어를 사용하는 경우를 종종 볼 수 있다. 그런데 「민법」은 형태가 있는 유체물을 대상으로 소유권을 인정하고 있다는 점에서 이러한 개념을 무체물인 데이터에 그대로 적용하는 것은 적절하지 않은 측면이 있다. 특히 데이터는 비배타성과 비경합성이라는 특성으로 공공재적인 성격이 있어서 특정인에 대한 소유권을 인정하기가 어렵다.

결국 데이터 소유권이라는 말은 법률적인 측면에서는 적절하지 않으며, 앞서 살펴본 여러 법령에 따라 데이터자산으로서 보호되고 지식재산권이 발생하는 것이다.

미국의 경우에도 데이터가 지식재산권에 의한 보호 대상이지 소유권(Ownership)의 대상으로 보기는 어렵다는 시각이 지배적이다. 물론 전통적인 개념의 배타적 소유권(Exclusive Ownership Right)은 아니더라도 데이터에 대한 접근을 통제할 권리(Access Rights)나 정보의 공개를 제한할 권리(Confidentiality Rights)와 같은 권리의 대상이 될 수는 있다.

데이터에 개인정보가 포함되어 있는 경우에는 「개인정보보호법」이 적용되고, 개인정보가 포함된 데이터에 대해서는 앞의 9장에서 자세히 살펴보았다. 참고로 「개인정보보호법」 외에도 「정보통신망 이용촉진 및 정보보호 등에 관한 법률」(약칭: 정보통신망법), 「신용정보의 이용 및 보호에 관한 법률」(약칭: 신용정보법)에서 개인정보가 포함된 데이터를 규율하고 있었다. 그런데 여러 법률이 유사한 내용을 포함하고 있거나 중복적으로 규제하고 있는 문제를 해결하고 개인정보가 포함된 데이터의 이용을 활성화하기 위하여 위 3개의 법률(「개인정보보호법」, 「정보통신망법」, 「신용정보법」)을 한꺼번에 개정하였고, 개정법은 2020년 1월 9일 국회 본회의를 통과한 후 현재 시행 중에 있다. 이 3가지 법의 개정안을 한꺼번에 '데이터 3법'이라고 부른다.

데이터 3법

- 「개인정보보호법」: 개인정보의 수집, 이용, 제공 등과 관련된 전반적인 사항을 규정하는 법이다. 개정된 법에서는 가명정보의 개념을 도입하여, 개인정보를 적절히 가명 처리한 후에는 통계 작성이나 과학적 연구 등의 목적으로 활용할 수 있도록 하여 데이터 이용의 활성화를 꾀하고 있다.
- 「정보통신망법」: 정보통신망을 통해 전달되는 정보의 보호에 관한 사항을 규정하는 법이다. 개정된 법에서는 개인정보 보호와 관련된 규정을 「개인정보보호법」으로 통합함으로써, 중복 규제 문제를 해결하고 일관된 개인정보 보호 체계를 구축하였다.
- 「신용정보법」: 개인의 신용정보를 수집, 처리, 이용하는 과정에서의 권리 보호와 관련된 법이다. 개정된 법에서는 신용정보의 이용 범위를 확장하고, 금융 분야에서 데이터 활용을

촉진하는 다양한 규정을 도입했다. 특히 마이데이터(MyData)를 도입하였는데, 이는 개인이 자신의 개인정보를 통제하고 필요에 따라 제3자에게 제공할 수 있는 개념이다. 이를 통해 다양한 산업이 발전하였는데, 여러 금융기관에 흩어져 있는 자신의 계좌 정보를 통합하여 한꺼번에 조회하거나, 각 병원에 있는 자신의 의료 데이터를 모아서 자신의 건강을 종합적으로 관리하는 서비스가 출시되었다.

데이터 보호(규율) 주요 법률

데이터를 보호하거나 규율하는 주요 법률을 정리해 보면 다음과 같다.

표 10-2 데이터를 보호하거나 규율하는 주요 법률

법률	보호 대상	보호 요건
저작권법	저작물을 포함하는 데이터	데이터에 포함된 저작물에 대해 저작권으로 보호함. 다만, 데이터 자체를 보호하는 것은 아니며 데이터에 포함된 저작물을 보호하는 것임.
	데이터베이스	데이터베이스라는 소재를 체계적으로 배열 또는 구성한 편집물로서 개별적으로 그 소재에 접근하거나 그 소재를 검색할 수 있도록 한 것임. 데이터베이스 제작자(데이터베이스의 제작 또는 그 소재의 갱신 · 검증 또는 보충에 인적 또는 물적으로 상당한 투자를 한 자)의 권리를 보호하는 방식으로 데이터베이스를 보호함.
지식재산권법(특허법, 상표법, 디자인보호법)	특허, 상표, 디자인을 포함하는 데이터	지식재산권법은 데이터 자체를 보호하는 것은 아니며, 허락 없이 특허 내용에 따라 물건을 생산하거나 특허 기술을 실시하는 경우, 허락 없이 상표를 상품이나 서비스의 출처표시로 사용하는 경우, 허락 없이 디자인을 물품에 구현할 때만 각 권리를 침해하게 됨. 따라서 특허, 상표, 디자인을 포함하는 데이터를 복사하거나 배포하는 것만으로는 지식재산권법상 문제 되지 않으며, 인공지능이 각 데이터를 학습하는 것도 문제 되지 않음. 그러나 학습된 인공지능이 특허 기술을 실시하거나, 상표를 상품이나 서비스의 출처표시로 사용하거나, 물품의 디자인으로 사용하는 경우에는 각 권리를 침해하게 됨.
부정경쟁방지법	데이터	업(業)으로서 특정인 또는 특정 다수에게 제공되는 것으로, 전자적 방법으로 상당량 축적 · 관리되고 있으며, 비밀로서 관리되고 있지 아니한 기술상 또는 영업상의 정보인 데이터를 보호함.
	영업비밀	데이터가 부정경쟁방지법상 영업비밀 요건(① 비밀관리성, ② 경제적 유용성, ③ 비공지성)을 갖추면 영업비밀로서 보호됨.
데이터산업법	데이터	데이터생산자가 인적 또는 물적으로 상당한 투자와 노력으로 생성한 경제적 가치를 가지는 데이터를 보호함.
개인정보 보호법	개인정보를 포함하는 데이터	개인을 알아볼 수 있는 정보, 다른 정보와 쉽게 결합하여 개인을 알아볼 수 있는 정보, 개인정보의 일부를 삭제하거나 일부 또는 전부를 대체하는 등의 방법으로 추가 정보가 없이는 특정 개인을 알아볼 수 없도록 처리된 정보는 개인정보로서 보호됨.
신용정보법	신용정보를 포함하는 데이터	금융거래와 같은 상거래에서 거래 상대방의 신용을 판단할 때 필요한 정보(신용정보주체를 식별할 수 있는 정보, 신용정보주체의 거래내용을 판단할 수 있는 정보, 신용정보주체의 신용도를 판단할 수 있는 정보, 신용정보주체의 신용거래능력을 판단할 수 있는 정보 등)는 신용정보로서 보호됨.

10.3 인공지능과 데이터의 관계

데이터가 인공지능의 성능에 미치는 영향

데이터와 관련한 제도 및 법률에 대해 구체적으로 살펴보기에 앞서서 데이터의 양, 품질, 신뢰성이 인공지능의 성능에 어떠한 영향을 미치는지 먼저 살펴본다.

데이터의 양(Quantity of Data)

데이터의 양은 모델이 학습할 수 있는 데이터의 절대적인 크기를 의미하며, 충분한 양의 데이터는 다음과 같은 이유로 중요하다.

- **다양성**: 대량의 데이터는 다양한 상황과 사례를 포함할 수 있으므로 인공지능 모델이 다양한 패턴과 예외적인 경우를 학습하는 데 도움이 되고, 이는 인공지능 모델이 더욱 일반화될 수 있도록 한다.

> **잠깐만요** 인공지능 학습에서 '일반화'란?
>
> 인공지능 학습에서 '일반화'란 인공지능 모델이 학습 데이터 외의 새로운 데이터에 대해서도 정확한 예측을 할 수 있는 능력을 의미한다. 일반화가 잘 된 모델은 학습 데이터에서 학습한 패턴을 새로운 데이터에 적용할 수 있으므로, 실제 환경에서도 좋은 성능을 발휘한다.

- **과적합(Overfitting) 방지**: 과적합이란 인공지능 모델이 훈련 데이터에 너무 맞춰져서 실제 환경의 새로운 데이터는 잘 분석하지 못하여 성능이 떨어지는 현상(즉 일반화 능력이 부족한 현상)을 말한다. 그런데 데이터의 양이 많으면 다양한 패턴을 학습하고 통계적 신뢰성이 증가함에 따라 일반화 능력이 좋아지고 그 결과 과적합을 방지하게 된다.
- **노이즈(Noise)에 대한 강건성**: 데이터가 많으면 모델은 개별적인 노이즈나 오류에 덜 민감하게 반응하게 된다. 그 이유는 노이즈가 포함된 데이터가 있다고 하더라도 전체 데이터가 많아지면 전체에서 노이즈가 차지하는 부분이 적어지기 때문에 노이즈에 의한 영향을 덜 받게 되는 것이다.

데이터의 품질(Quality of Data)

고품질 데이터는 정확하고, 일관성이 있으며, 인공지능 학습 목적과 관련성이 높은 데이터를 의미한다. 이러한 데이터는 다음의 이유로 인공지능 모델의 성능을 크게 향상시킬 수 있다.

- **정확성**: 고품질 데이터는 오류와 노이즈가 적기 때문에 모델이 잘못된 정보를 학습하는 것을 방지하고, 이는 모델의 예측 정확도를 높여준다.
- **일관성**: 데이터의 형식이나 구조가 일관되면, 인공지능 모델은 이를 기반으로 데이터의 규칙을 더 쉽고 효과적으로 학습할 수 있다.
- **관련성**: 관련성이 높은 데이터는 모델이 특정 작업에 대해 더 잘 학습되도록 한다. 예를 들어, 의학 관련 인공지능 모델을 훈련시킬 때 의료 기록 관련 데이터를 사용함으로써 의학 분야의 작업을 잘 수행하도록 할 수 있다.

데이터의 신뢰성(Reliability of Data)

신뢰성은 데이터가 얼마나 신뢰할 수 있는지를 나타내며, 이는 다음과 같은 이유로 인공지능 모델의 성능에 큰 영향을 미친다.

- **정확한 예측**: 신뢰할 수 있는 데이터는 정확하고 최신의 정보를 제공하기 때문에 모델의 예측을 더 신뢰할 수 있게 된다. 이는 특히 실시간 데이터가 필요한 인공지능, 의사결정 시스템, 오류가 발생하면 안 되는 인공지능(예를 들면 의료 진단이나 자율주행 시스템)에서 중요하다.
- **편향(Bias) 최소화**: 신뢰할 수 있는 데이터는 편향이 적어야 한다. 데이터의 편향은 모델의 예측과 성능에 부정적인 영향을 미칠 수 있는데, 예를 들어 특정 인종이나 성별에 대해 어느 한쪽으로만 편향된 데이터를 사용하면 모델이 어느 한쪽으로만 긍정적이거나 부정적인 잘못된 결정을 내릴 수 있다.

이러한 세 가지 요소는 상호 작용하면서 인공지능 모델의 종합적인 성능에 영향을 미친다. 만일 데이터의 양이 많지만 품질이 낮거나 신뢰성이 부족하면 모델은 잘못된 패턴을 학습할 수 있고, 반대로 데이터의 품질과 신뢰성이 높지만 양이 부족하면 모델은 충분히 학습하지 못할 수 있다.

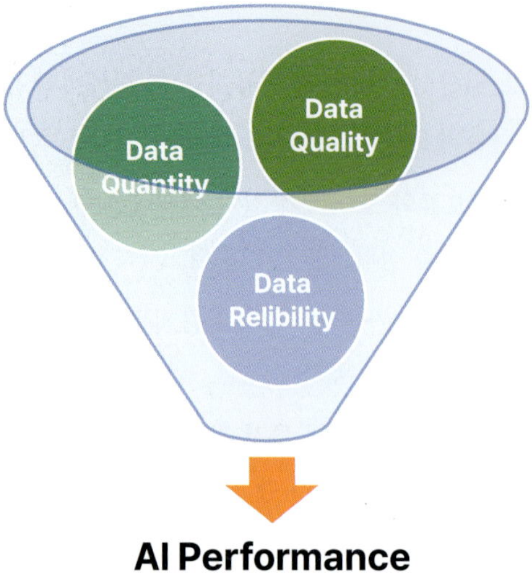

그림 10-5 인공지능의 성능에 영향을 미치는 데이터의 특성

산업별 인공지능 학습을 위한 데이터의 종류

데이터의 내용이나 사용 목적에 따른 종류

- **헬스케어 산업:** 전자 건강 기록(환자의 진료 기록, 처방전, 진단 정보), 의료 이미지(X-ray, MRI, CT 스캔 이미지), 유전자 시퀀싱 데이터, 임상시험 결과와 관련된 데이터, 웨어러블 디바이스 데이터(심박수, 혈압, 걸음 수) 등
- **금융 산업:** 거래 데이터(주식, 채권, 외환 거래 내역), 고객 데이터(고객의 인구 통계학적 정보, 신용 점수), 금융 보고서(기업의 재무제표, 경제 지표), 시장 데이터(주가, 금리, 환율 등 실시간 시장 정보), 사기 탐지 데이터(사기 거래 패턴, 이상 거래 기록) 등
- **소매 및 전자상거래:** 판매 데이터(제품별 판매 내역, 판매 트랜드), 고객 행동 데이터(클릭스트림 데이터, 구매 패턴), 재고 데이터(재고 수준, 재고 회전율), 고객 리뷰 및 피드백(제품에 대한 고객 리뷰, 평점), 프로모션 데이터(할인 행사, 쿠폰 사용 내역) 등
- **제조업:** 생산 데이터(생산 라인 데이터, 기계 작동 상태), 품질 관리 데이터(품질 검사 결과, 결함 보고서), 공급망 데이터(원자재 공급 내역, 물류 데이터), 유지보수 데이터, 설계 데이터(CAD 도면, 설계 사양서) 등
- **에너지 산업:** 소비 데이터(전력 사용량, 가스 사용량), 생산 데이터(발전소 가동 정보, 에너지 생산량), 환경 데이터(기상 데이터, 환경 오염 수준), 설비 상태 데이터(설비 운영 상태, 유지보수 기록), 수요 예측 데이터(에너지 수요 패턴, 수요 예측 모델) 등

- **교통 및 물류 산업**: 차량 데이터(차량 운행 기록, GPS 데이터), 교통량 데이터(교통 흐름, 혼잡도 정보), 물류 데이터(배송 경로, 배송 시간), 인프라 데이터(도로 상태, 교통 신호 정보), 사고 데이터(교통사고 기록, 사고 원인 분석) 등
- **농업**: 작물 데이터(작물 성장 데이터, 수확량 정보), 토양 데이터(토양 성분, 토양 수분 수준), 기상 데이터(강수량, 기온, 일조량), 농업 기계 데이터(트랙터 운행 기록, 기계 유지보수 정보), 해충 및 질병 데이터(해충 발생 기록, 질병 발병 정보) 등

그림 10-6 다양한 데이터로 학습되는 인공지능

- **교육**: 학생 성적 데이터(시험 점수, 학업 성취도), 출석 데이터(출석 기록, 지각 및 결석 정보), 학습 행동 데이터(학습 플랫폼 사용 내역, 과제 제출 기록), 교육 콘텐츠 데이터(교재 내용, 교육 자료), 설문조사 데이터(학생 및 교사의 피드백, 만족도 조사) 등
- **공공 서비스**: 인구 통계 데이터(인구 분포, 경제 활동 인구), 범죄 데이터(범죄 발생 기록, 범죄 유형), 복지 서비스 데이터(복지 수혜 내역, 서비스 이용 기록), 환경 데이터(대기 질, 수질 데이터), 응급 서비스 데이터(응급 출동 기록, 사고 대응 내역) 등

데이터의 형식에 따른 종류

- **정형 데이터(Structured Data)**: 사전 정의된 구조와 형식을 가지는 데이터로, 일반적으로 표나 데이터베이스와 같은 형태로 저장된다. 데이터의 각 필드는 특정한 데이터 유형(숫자, 문자열, 날짜 등)을 가지며, 이를 통해 데이터를 쉽게 검색하고, 정렬하고, 분석할 수 있다. 엑셀 스프레드시트, 데이터베이스 테이블이 대표적인 예이다.

- 비정형 데이터(Unstructured Data): 정해진 구조나 형식이 없는 데이터로, 일정한 패턴 없이 다양한 형태로 존재한다. 이 데이터는 텍스트, 이미지, 비디오, 오디오 파일 등 다양한 미디어 형식을 포함하며, 분석과 처리가 어려울 수 있지만 현실 세계의 많은 정보가 비정형 데이터로 존재하기 때문에 인공지능에 있어서 비정형 데이터의 분석 및 활용은 매우 중요하다.
- 반정형 데이터(Semi-structured Data): 구조화된 정보가 일부만 포함된 데이터로, 전체적으로 모든 데이터가 구조화된 것은 아니지만 데이터에 태그(Tag)가 달려있거나 데이터 값마다 데이터를 식별하기 위한 키(Key)가 쌍을 이루는 형식으로 특정 구조가 존재한다. 반정형 데이터는 정형 데이터와 비정형 데이터의 중간 형태로 볼 수 있고, 정형 데이터만큼 효율적이지는 않지만, 비정형 데이터보다는 쉽게 처리가 가능하다. JSON(JavaScript Object Notation) 파일, XML(eXtensible Markup Language) 파일이 대표적인 예이다.

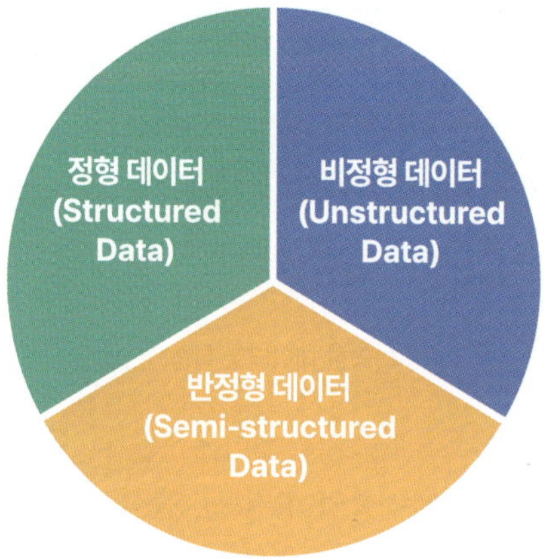

그림 10-7 데이터의 형식에 따른 종류

이와 같이 산업별로 다양한 종류의 데이터가 인공지능 학습에 사용된다. 각 산업의 특성과 요구에 따라 필요한 데이터 유형이 다르며, 데이터의 품질과 양에 따라 인공지능 모델의 성능과 신뢰성이 크게 달라진다.

결국 인공지능 모델 개발을 위해서는 분야별로 신뢰성 있는 고품질, 대량의 데이터 확보가 매우 중요하다. 그렇기 때문에 인공지능을 개발하는 회사는 이러한 데이터를 좀 더 쉽게 확보하기 위해 노력하고 있고, 데이터를 보유하고 있는 회사는 데이터에 대해 더 많은 가치를 인정받을 수 있도록 노력하고 있다. 이렇게 대립하고 있는 구도 속에서 데이터 산업을 진흥하고 이용을 촉진하기 위해 국가는 양자의 이익을 조율하여 관련 제도와 법률을 만들어가고 있다.

10.4 인공지능 학습을 위한 데이터의 수집: 크롤링에 대하여

인공지능 학습을 위해 데이터를 수집하는 방법에는 여러 가지가 있다. 예를 들어, 데이터를 보유하고 있는 회사나 사람으로부터 데이터를 구매하거나 이용 허락을 받을 수 있고, 데이터 세트를 제공하는 플랫폼에서 데이터 세트를 다운로드받을 수도 있으며, 인터넷상의 웹페이지에 공개되어 있는 수많은 데이터에 접근하여 수집할 수도 있다.

인공지능을 개발하는 회사는 자신의 필요에 따라 적절한 방법으로 데이터를 수집하지만, 인공지능 학습을 위해서는 대량의 데이터가 필요하다는 점 때문에 인터넷상의 데이터를 수집하여 사용하는 경우가 많다. 이렇게 인터넷상에서 데이터를 수집하는 기술에는 크롤링(Crawling)과 스크래핑(Scraping)이 있다.

잠깐만요 **크롤링(Crawling)과 스크래핑(Scraping)이란?**

크롤링과 스크래핑 모두 인터넷상의 데이터를 수집하는 기술이라는 점에서는 동일하다. 그러나 크롤링은 웹 크롤러(Web Crawler)라고 불리는 자동화된 소프트웨어가 여러 웹사이트를 차례로 방문하면서 웹사이트들 내에 포함된 콘텐츠를 수집하는 것임에 반해서, 스크래핑은 스크래퍼(Web Scraper)를 사용하여 특정 웹페이지나 그 일부에서 원하는 데이터를 추출하는 것이라는 점에서 서로 다르다. 이 두 가지 기술은 함께 사용되는 경우가 많은데, 예를 들어 크롤링을 통해 여러 웹페이지의 링크를 수집하고 스크래핑을 통해 각 웹페이지에서 인공지능 학습에 사용할 데이터를 추출할 수 있다.

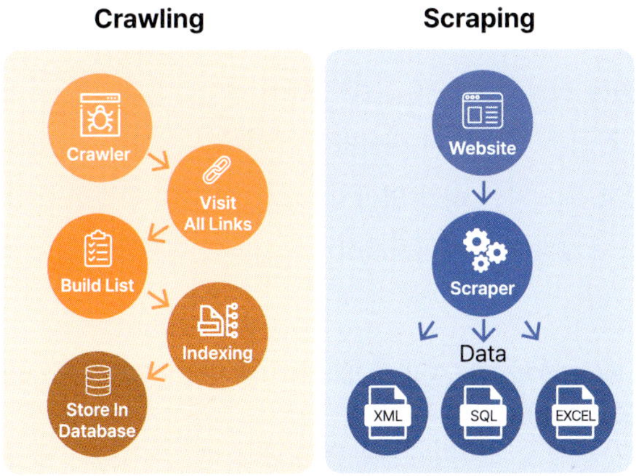

그림 10-8 크롤링과 스크래핑의 비교

그런데 앞서 살펴본 바와 같이 데이터에는 지식재산권, 데이터베이스제작자의 권리, 개인정보에 대한 권리 등이 포함될 수 있으므로 그러한 권리를 가진 자로부터 허락을 구하지 않고 데이터를 수집 및 이용하는 경우에는 권리 침해의 문제가 발생할 수 있다. 따라서 인터넷상의 데이터를 크롤링이나 스크래핑 등의 방식으로 수집함에 있어서는 관련 법령을 고려하여 적법하게 수집할 필요가 있다.

다음에서는 인공지능 학습 데이터를 수집하기 위하여 인터넷상의 데이터를 크롤링할 때 문제될 수 있는 법령을 살펴보고, 관련 판례들을 함께 소개한다. 참고로 앞의 4장 내지 9장에서 「지식재산권법」, 「개인정보보호법」, 「부정경쟁방지법」 등 관련 법령들에 대해 이미 자세히 설명하였기 때문에 간단하게 정리하는 정도로 설명한다.

크롤링 과정에서 발생할 수 있는 데이터 관련 법률 리스크

「저작권법」

「저작권법」의 보호 대상에는 저작물뿐만 아니라 데이터베이스도 포함된다. 인공지능의 연구나 개발을 위해 수집하는 데이터는 저작물에 해당할 수도 있고, 저작물이 아니더라도 데이터베이스에 해당하여 「저작권법」으로 보호될 수 있다. 예를 들어 사진 파일들을 모아둔 이미지 데이터 세트를 생각해 보면 ① 이 데이터 세트에 포함된 각각의 사진들은 「저작권법」상 사진저작물이나 미술저작물로 보호될 수 있고, ② 데이터 세트에 포함된 이미지들을 선택하거나 배열 또는 구성하는 데 창작성이 있다면 「저작권법」상 편집저작물로 보호될 수 있으며, ③ 데이터 세트가 데이터를 체계적으로 배열하거나 구성한 편집물로서 개별적으로 각 데이터에 접근하거나 검색할 수 있는 것이라면 「저작권법」상 데이터베이스로 보호(정확하게는 데이터베이스 제작자의 권리로 보호)될 수 있다.

인공지능 모델의 학습을 위해서는 데이터를 수집·가공하여 데이터 세트를 만들고 이를 인공지능에 학습시키는 절차를 거치게 되는데, 그 과정에서 데이터의 복제 행위가 필연적으로 수반될 수밖에 없다. 앞에서 살펴본 바와 같이 데이터에 대해서는 저작권이나 데이터베이스 제작자의 권리가 발생할 수 있고, 권리자의 허락 없이 데이터를 수집·가공하여 인공지능 학습에 사용하는 것은 「저작권법」상 복제권 또는 데이터베이스 제작자의 권리를 침해하게 된다.

[크롤링과 관련하여 데이터베이스 제작자의 권리가 문제 된 사례: 사람인 사건(서울고등법원 2017. 4. 6. 선고 2016나2019365 판결)]

- 원고(주식회사 잡코리아): 원고는 구인 · 구직 사이트를 운영하는 회사였다. 이 회사는 자사의 웹사이

트에 게시되어 있는 채용 정보가 경쟁사인 피고에 의해 무단으로 수집(크롤링)되어 피고의 사이트에 게시한 것이 부당하다고 주장하며 손해배상을 청구했다.

- 피고(주식회사 사람인HR): 피고도 구인 · 구직 사이트를 운영하는 회사이며, 피고는 원고의 사이트의 HTML 소스를 복제하는 방법으로 채용 정보를 모두 복제한 후 피고의 웹사이트 서버에 저장하였다. 피고는 해당 채용 정보가 누구에게나 공개된 정보이며, 이러한 정보를 크롤링을 통해 수집하는 것은 불법이 아니라고 주장했다.
- 법원의 판단: 법원은 원고의 사이트에 저장된 채용 정보가 단순한 정보의 집합이 아니라 상당한 시간과 노력, 비용이 투입된 데이터베이스에 해당한다고 판단하였다. 따라서 원고는 데이터베이스 제작자의 권리(「저작권법」 제93조)를 가지므로, 피고의 무단 복제 행위는 원고의 데이터베이스 제작자의 권리를 침해하는 것이며, 피고는 원고의 손해를 배상해야 한다는 판결을 내렸다.

다만 예외적으로 「저작권법」은 저작물의 일반적인 이용 방법과 충돌하지 아니하고 저작자의 정당한 이익을 부당하게 해치지 않은 경우에는 '저작물의 공정한 이용(Fair Use)'을 인정하여 저작권자의 허락 없이 저작물을 이용하더라도 저작권 침해로 보지 않는다(「저작권법」 제35조의 5). 저작물의 공정한 이용에 해당하는지를 판단하기 위해서는 ① 이용의 목적 및 성격, ② 저작물의 종류 및 용도, ③ 이용된 부분이 저작물 전체에서 차지하는 비중과 중요성, ④ 저작물의 이용이 그 저작물의 현재 시장 또는 가치나 잠재적인 시장 또는 가치에 미치는 영향을 고려하게 된다.

그런데 아래와 같이 공정이용이 인정된 판례와 그렇지 않은 판례로 나뉘고 있고 한국에서는 공정이용이 인정된 판례가 매우 적기 때문에, 크롤링의 경우에도 매우 예외적인 사정이 있지 않은 한 공정이용이 인정될 가능성은 높지 않다.

[데이터베이스의 구축과 관련하여 공정이용의 법리가 문제 된 사례: Google v. Author Guild 사건(공정이용을 인정)]

구글(Google)이 하버드, 스탠포드 등의 대학 및 뉴욕 공립도서관과 협약을 체결하고 해당 도서관들의 소장 도서를 스캔하여 데이터베이스를 구축한 뒤 구글북스(Google Books) 서비스를 제공한 것에 대하여, 미국 출판사 협회(Association of American Publishers)와 작가 협회(Authors Guild)는 2005년 구글을 상대로 저작권 침해 소송을 제기하였다.

이에 대하여 뉴욕 맨해튼 연방법원은 ① 구글북스의 목적이 독자, 연구자에게 도서 검색의 편의를 제공하는 데 있다는 점, ② 소설에 비해 저작권 보호의 필요성이 크지 않은 비소설이 디지털 변환의 주요 대상이라는 점, ③ 도서의 일부만을 열람할 수 있다는 점, ④ 구글북스가 도서 가치의 재발견에 기여할 수 있다는 점을 이유로 공정이용에 해당한다고 판단하였다.

[데이터베이스의 구축과 관련하여 공정이용의 법리가 문제 된 사례: Fox News Network v. TVeyes 사건(공정이용을 부정)]

- 원고(Fox News Network): 미국의 주요 뉴스 방송사 중 하나로, 뉴스 방송 콘텐츠에 대한 저작권을 보유하고 있다. Fox News는 TVEyes라는 회사가 자사의 뉴스 클립을 무단으로 수집하여 사용하고 있다

고 주장하며 소송을 제기했다.

- 피고(TVEyes): TVEyes는 미디어 모니터링 서비스 회사로, 뉴스 방송을 포함한 다양한 방송 콘텐츠를 수집하고 이를 데이터베이스화하여 사용자가 특정 키워드에 따라 해당 방송 클립을 검색하고 시청할 수 있도록 하는 서비스를 제공했다. TVEyes는 이 서비스가 정보의 접근성과 분석을 돕는 중요한 도구라고 주장하며, 공정이용에 해당한다고 주장했다.
- 법원의 판단: 법원은 먼저 TVEyes가 Fox News의 저작권을 침해했는지를 검토했는데, TVEyes가 Fox News의 방송을 무단으로 녹화하여 데이터베이스에 저장한 후 이를 사용자에게 제공했기 때문에 저작권 침해에 해당할 수 있다고 판단했다. 이후 공정이용(Fair Use)에 해당하는지에 대해서는 다음 네 가지 기준을 종합적으로 고려하여 공정이용에 해당하지 않는다고 판단하고, Fox News는 TVEyes에게 저작권 침해에 대해 손해배상을 해야 한다고 판결했다.
- 목적과 성격: TVEyes의 서비스는 상업적 목적이 있었지만, 정보 분석 및 모니터링이라는 공익적인 측면도 있다고 판단함.
- 저작물의 성격: Fox News의 방송 콘텐츠는 사실 전달을 목적으로 하는 저작물이므로, 정보의 자유로운 유통이 중요한 저작물에 해당한다고 판단함.
- 사용된 부분의 양과 실질적 가치: TVEyes는 Fox News의 전체 방송 중 중요한 부분을 사용했기 때문에 공정이용으로 인정받기 어렵다고 판단함.
- 저작물의 시장에 미치는 영향: TVEyes의 서비스가 Fox News의 방송 콘텐츠에 대한 시장 가치를 떨어뜨릴 가능성이 있다고 판단함.

「부정경쟁방지법」

「부정경쟁방지법」은 일정 요건을 갖춘 데이터에 대해서 부정 사용 행위를 금지하는 방법으로 데이터에 대한 보호장치를 마련하고 있다.

- 「부정경쟁방지법」 제2조 제1호 카목(데이터 부정사용행위): 「부정경쟁방지법」 제2조 제1호 카목에서 보호하는 데이터는 「데이터 산업진흥 및 이용촉진에 관한 기본법」 제2조 제1호에 따른 데이터이다.

[데이터 산업진흥 및 이용촉진에 관한 기본법 제2조 제1호]
"데이터"란 다양한 부가가치 창출을 위하여 관찰, 실험, 조사, 수집 등으로 취득하거나 정보시스템 및 「소프트웨어 진흥법」 제2조 제1호에 따른 소프트웨어 등을 통하여 생성된 것으로서 광(光) 또는 전자적 방식으로 처리될 수 있는 자료 또는 정보를 말한다.

위 내용을 정리하면, 「부정경쟁방지법」 카목의 보호 대상이 되는 데이터는 ① 다양한 부가가치 창출을 위하여 관찰, 실험, 조사, 수집으로 취득하거나 정보시스템 및 소프트웨어를 통하여 생성되고, ② 광(光) 또는 전자적 방식으로 처리될 수 있는 자료 또는 정보이다. 또한 「부정경쟁방지법」에 따르면 카목의 데이터에 해당하기 위해서는 ③ 특정인 또는 특정 다수에게 제공되는 것으로, ④ 전자적 방법으로 상당량 축적되고 관리되며, ⑤ 비밀로서 관리되고 있지 않고, ⑥ 기술상 또는 영업상 정보여야 한다.

위 요건 중 특히 유의하여야 할 사항은, 특정인이나 특정 다수에게 제공되는 데이터여야 하고 불특정 다수에게 제공되는 데이터는 카목의 보호 대상이 아니라는 점이다(③ 요건). 또한 전자적 방법으로 상당량 축적되고 관리되어야 하는데(④ 요건), 이는 데이터를 축적함에 따라 양적인 측면에서 가치를 가져야 한다는 것을 의미하며, 데이터 축적으로 발생한 부가가치, 활용 가능성, 거래 가격, 데이터 축적을 위해 투입한 시간, 노력, 비용 등을 고려하여 가치를 판단할 수 있다. 마지막으로 데이터는 비밀로서 관리되고 있지 않은 것이어야 하는데(⑤ 요건), 비밀로 관리되는 데이터는 카목이 아니라 「부정경쟁방지법」 제2조 제2호의 영업비밀로서 별도로 보호된다.

그림 10-9 데이터의 부정 취득

이러한 카목의 데이터에 대해서 접근 권한이 없는 자가 부정하게 취득, 사용 공개하는 행위, 접근 권한이 있는 자라고 하더라도 부정한 이익을 얻거나 데이터 보유자에게 손해를 입힐 목적으로 그 데이터를 사용, 공개, 제3자에게 제공하는 행위는 금지된다.

- 「부정경쟁방지법」 제2조 제1호 타목(유명인의 식별표지 무단사용행위): 퍼블리시티권(Right of publicity)은 개인이 자신의 성명, 초상, 목소리, 서명, 캐릭터 등과 같은 신원 요소를 상업적으로 이용하거나 통제할 수 있는 권리를 말한다. 이는 주로 연예인, 스포츠 선수, 정치인과 같은 공인들이 자신들의 이미지나 이름을 광고, 상품, 미디어에서 무단으로 사용되지 않도록 보호하기 위해 주장하는 권리이다.

이러한 퍼블리시티권 자체를 독립된 권리로서 보호하는 법률은 대한민국에 없지만, 「부정경쟁방지법」 타목은 타인의 초상이나 성명을 무단으로 사용하는 것을 부정경쟁행위로 규정함으로써 퍼블리시티권을 간접적으로 보호하고 있다. 「부정경쟁방지법」 제2조 제1호 타목을 구체적으로 살펴보면, ① 국내에 널리 인식되고 ② 경제적 가치를 가지는 타인을 식별할 수 있는 표지를(성명, 초상, 음성, 서명 등) ③ 공정한 상거래 관행이나 경쟁질서에 반하는 방법으로 자신의 영업을 위하여 무단으로 사용함으로써 타인의 경제적 이익을 침해하는 행위는 부정경쟁행위에 해당한다.

이처럼 타목은 국내에 널리 인식된 것을 대상으로 하므로 일반인이 아니라 지명도를 획득한 배우, 가수, 운동선수와 같은 유명인의 성명이나 초상을 보호한다. 또한 경제적 가치가 있어야 하는데, 이는 상품에 부착되거나 서비스업에 이용되는 경우 상품의 판매 촉진이나 서비스업의 영업활동이 촉진되는 효과가 있음을 의미한다. 타목에 해당하는 데이터(예를 들면, 아이돌의 사진이나 음성)를 허락 없이 인공지능 개발에 사용하는 행위는 부정경쟁행위로서 금지된다.

최근 생성형 인공지능 기술이 발달하면서 음악에서도 실제 가수의 목소리를 흉내 낸 인공지능 콘텐츠가 늘고 있는데, 유명인의 목소리도 퍼블리시티권에 해당하므로 타목의 부정경쟁행위에 해당할 위험이 있다.

[관련 사례 1 : Chat GPT의 음성서비스 중단]

오픈 AI의 GPT-4o는 사용자와 목소리로 대화하는 인공지능 서비스를 출시하였는데, 해당 서비스의 목소리가 미국 유명 배우인 스칼렛 요한슨과 비슷하다는 논란이 제기되었다. 오픈 AI는 스칼렛 요한슨이 아닌 다른 전문 성우의 목소리라고 설명하였고, 논란을 없애기 위해 해당 음성을 다른 음성으로 대체하여 서비스하고 있다.

[관련 사례 2 : 구글과 음반업계의 보상 협상]

구글은 음악을 작곡할 수 있는 생성형 인공지능인 '뮤직 LM'을 공개하였다. 뮤직 LM은 한두 문장의 짧은 프롬프트나 30초 내외의 간략한 노래 설명으로 음악을 만들어내는 인공지능으로, 유명 가수의 노래나 목소리에 대한 퍼블리시티권 침해 가능성이 있어서 이에 대한 보상 협상을 진행하고 있다.

- 「부정경쟁방지법」 제2조 제1호 파목(성과도용행위) : 「부정경쟁방지법」 제2조 제1호 파목은 그 밖에 타인의 상당한 투자나 노력으로 만들어진 성과를 공정한 상거래 관행이나 경쟁 질서에 반하는 방법으로 자신의 영업을 위하여 무단으로 사용함으로써 타인의 경제적 이익을 침해하는 행위(이를 '성과도용행위'라고 함)를 부정경쟁행위로 규정하고 있다.

데이터를 크롤링한 경우에도 데이터를 구축하기 위해 투입한 시간이나 비용, 데이터의 경제적 가치, 데이터의 권리자와 데이터를 크롤링한 자가 서로 경쟁 관계에 있는지 등에 따라 성과도용행위로 판단될 수 있고, 아래의 판례에서도 크롤링이 성과도용행위로 인정되었다.

[야놀자 vs 여기어때의 민사사건(서울고법 2021나2034740 판결)]

- 배경 사실 : 야놀자와 여기어때는 한국의 대표적인 숙박 예약 플랫폼으로, 숙박업체 정보를 소비자에게 제공하는 서비스를 운영하고 있다. 두 회사는 동일한 시장에서 경쟁하면서, 숙박업체 정보(호텔, 모텔, 펜션 등)를 포함한 방대한 데이터베이스를 구축해 왔다.
- 야놀자의 주장 : 야놀자는 여기어때가 자신들의 숙박업체 데이터베이스를 크롤링 프로그램을 통해 무단으로 수집한 뒤 사용했다고 주장하였다.
- 법원의 판단 : 여기어때가 야놀자의 숙박업체 데이터베이스를 크롤링한 뒤 자신의 플랫폼에 사용한 행위는, 경쟁 관계에 있는 회사가 상당한 투자나 노력으로 만든 성과를 공정한 상거래 관행이나 경쟁 질서에 반하는 방법으로 자신의 영업을 위하여 무단으로 사용함으로써 상대방의 경제적 이익

을 침해하는 것이므로 이는 「부정경쟁방지법」상 성과도용행위에 해당한다고 판단하여 10억 원의 손해배상을 인정하였다.

「개인정보보호법」

「개인정보보호법」의 적용을 받는 개인정보란, 살아있는 개인에 관한 정보로서 성명, 주민등록번호 및 영상 등을 통하여 개인을 알아볼 수 있는 정보(해당 정보만으로는 특정 개인을 알아볼 수 없더라도 다른 정보와 쉽게 결합하여 알아볼 수 있는 것을 포함)와 이러한 정보를 가명처리한 정보를 말한다(「개인정보보호법」 제2조 제1호).

개인정보에 해당하는 정보는 정보주체의 동의를 얻거나 법률에 특별한 규정이 있는 경우에 한하여 제한적인 요건하에서 수집할 수 있고(동법 제15조 제1항), 수집한 목적 범위 내에서만 이용할 수 있으며, 수집 목적에 필요한 최소한의 정보만을 수집해야 한다(동법 제16조 제1항).

개인정보가 포함된 데이터를 수집하고 인공지능의 학습에 이용하는 경우에는 「개인정보보호법」을 위반할 수 있다.

[인공지능 챗봇 '이루다' 사건]

'스캐터랩'이라는 회사는 인공지능 챗봇인 '이루다'를 개발하는 과정에서 자사의 다른 어플리케이션인 연애 코칭 앱 '연애의 과학'을 통해 수집한 실제 연인 간의 카카오톡 대화를 사용하였다.

이에 대하여 개인정보보호위원회는 스캐터랩이 적절한 가명 처리를 하지 않았다고 판단하여 시정조치(해당 카카오톡 대화 삭제)를 명령하고, 그 외에도 개인정보 수집 및 이용에 대한 동의 방법 위반, 수집 목적 외 이용 등 위반 사항에 대하여 과태료를 부과하였다.

다만 가명 정보의 경우 통계 작성, 과학적 연구, 공익적 기록 보존 등을 위하여 정보 주체의 동의 없이 처리할 수 있는데 이에 대한 자세한 내용은 9장을 참고하기를 바란다.

「정보통신망법」 및 「형법」

「정보통신망 이용촉진 및 정보보호 등에 관한 법률」(약칭: 정보통신망법) 제48조 제1항은 '정당한 접근권한 없이 또는 허용된 접근권한을 넘어 정보통신망에 침입'하는 행위를 금지하고 있다. 데이터 크롤링이 이러한 금지 행위에 해당하는지에 대해 법원은 다음과 같이 판단하였다.

[야놀자 vs 여기어때의 형사사건(대법원2021도1533 판결)]

앞에서 언급한 야놀자 vs 여기어때 사안은 민사사건뿐만 아니라 형사사건도 진행되었는데, 형사사건에서는 '야놀자'의 데이터를 크롤링한 '여기어때'의 행위가 「정보통신망법」 제48조 제1항을 위반하는 것인지가 쟁점이 되었다. 대법원은 '야놀자'의 서버에는 접근을 막는 별도의 보호조치가 없어서 접근 권한이 객관적으로 제한되었다고 보기 어렵기 때문에 '여기어때'의 접근이 정보통신망 침입으로 인정되지 않는다고 판단하였다.

이러한 대법원 판단에 따르면, 인터넷에 공개된 데이터를 크롤링하는 것만으로는 「정보통신망법」 위반에 해당할 가능성이 낮다. 그러나 서버에 크롤링을 제한하는 기술적인 조치가 되어 있는데 이러한 조치를 우회하거나 무력화하여 크롤링을 진행한다거나, 대량의 데이터를 짧은 시간에 크롤링하여 서버에 장애가 발생할 정도의 부담을 주는 경우에는 정당한 접근 권한 없이 또는 허용된 접근 권한을 넘어 정보통신망에 침입한 것으로 인정될 수 있으므로 유의하여야 한다.

한편 「형법」 제314조 제2항은 컴퓨터와 같은 정보처리 장치의 정보처리에 장애를 발생하게 하여 사람의 업무를 방해한 자는 5년 이하의 징역 또는 1천500만 원 이하의 벌금에 처한다고 하여 컴퓨터 업무방해죄를 규정하고 있다.

컴퓨터 업무방해죄가 성립하기 위해서는 '정보처리 장애'가 발생하여야 하는데 이는 특수 매체기록에 대한 손괴, 허위의 정보 입력, 부정한 명령의 입력을 통하여 컴퓨터의 정상적인 기능을 저해하는 것을 의미한다. 참고로 앞의 야놀자 vs 여기어때의 형사사건(대법원2021도1533 판결)에서 대법원은 데이터를 크롤링한 사실만으로는 정보처리 장치에 부정한 명령을 입력하여 장애가 발생하게 하였다고 보기는 어렵다고 판단하였다.

결국 데이터 크롤링 과정에서 고려해야 할 법률적 쟁점은 다음과 같다.

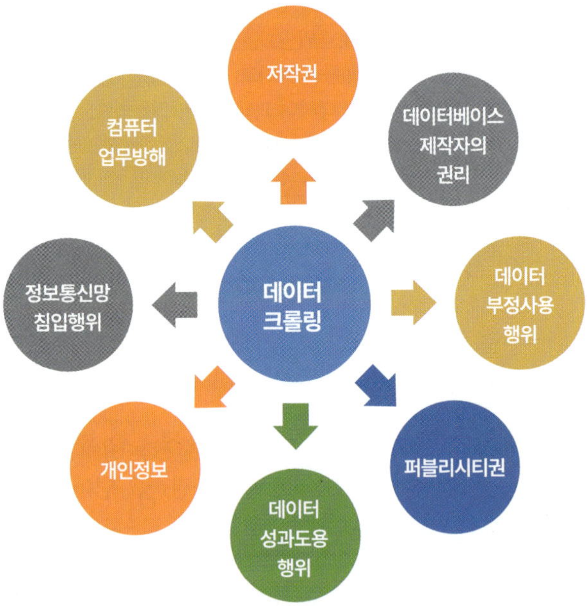

그림 10-10 데이터 크롤링 시 고려해야 할 법적 쟁점

크롤링 과정에서 법률 리스크를 낮추기 위한 방법

인공지능 학습 데이터를 수집하기 위해서 네이버(Naver)나 유튜브(YouTube)와 같은 인터넷 사이트에 불특정 다수가 공개한 데이터를 크롤링하는 경우, 앞에서 살펴본 법적 리스크를 낮추기 위해서는 다음의 내용을 유의하여 진행할 필요가 있다.

출처가 명확하지 않은 데이터

누구의 데이터인지 출처가 명확하지 않은 데이터는 수집을 자제한다. 출처가 명확하지 않은 데이터는 그 신뢰성을 담보하기 어렵기 때문에 인공지능의 성능에 어떠한 영향을 미칠지 예상하기 어려울 뿐만 아니라, 추후 데이터의 권리자가 저작권 침해를 주장할 가능성이 있다.

라이선스 조건 확인

데이터의 취득이나 이용에 관한 라이선스 조건이 있는지 확인한다. 웹사이트에는 해당 웹사이트에 포함된 데이터의 이용 조건을 약관이나 별도의 라이선스로 설명하고 있는 경우가 많으므로 이러한 내용을 확인한다. 만일 이용 조건을 확인하기 어려운 경우에는 데이터의 권리자를 최대한 파악하여 권리자로부터 데이터에 대한 권리를 취득하는 것이 바람직하다.

법적 쟁점 검토

데이터와 관련한 법적 쟁점을 검토한다. 앞서 살펴본 바와 같이 데이터는 「저작권법」, 「부정경쟁방지법」 등에 의해 보호되기 때문에 이러한 법률을 위반하지 않도록 미리 검토한 뒤에 데이터를 수집·활용하여야 한다. 특히 개인정보가 포함된 경우에는 「개인정보보호법」상 의무(수집 이용 동의 등)를 이행하여야 하고, 인공지능 학습에 꼭 필요한 경우가 아니라면 개인정보는 삭제하는 것이 바람직하다.

기술적 보호조치 우회 금지

크롤링 과정에서 위법행위가 개입되지 않도록 주의한다. 만일 웹사이트에서 마우스 우클릭 금지와 같은 기술적 보호조치가 취해져 있는 경우 이러한 기술적 보호조치를 우회하여 크롤링을 진행하지 않는다. 또한 데이터 수집 과정에서 서버에 최대한 부하를 주지 않는 방법으로 크롤링을 진행하여야 하고, 웹사이트에서 명시적인 크롤링 거부 의사를 확인할 수 있는 경우에는 크롤링을 진행하지 않는 것이 바람직하다.

잠깐만요 **Robots.txt**

Robots.txt는 웹사이트의 루트 디렉터리에 위치한 텍스트 파일로, 크롤러가 웹사이트를 탐색하는 방식을 제어하는 데 사용된다. 이 파일을 통해 웹사이트 소유자는 크롤러가 웹사이트의 특정 페이지나 디렉터리에 접근하지 못하도록 지시할 수 있다. 예를 들어 아래와 같이 Robots.txt의 Disallow 부분에 페이지 주소를 삽입하여 해당 페이지에는 크롤러가 접근하지 못하도록 설정할 수 있다.

Robots.txt

```
User-agent: *
Disallow: /private/
Allow: /public/
Sitemap: http://www.example.com/sitemap.xml
```

그림 10-11 Robots.txt 예시

10.5 인공지능 학습을 위한 데이터의 처리: Text and Data Mining(TDM)에 대하여

데이터는 단독으로 존재할 때보다 대량의 데이터로 축적되어 있을 때 더욱 가치가 있다. 그 이유는 데이터 간의 패턴이나 관계 속에서 이전에는 없던 새로운 의미를 도출할 수 있기 때문인데, 이렇게 데이터 속에서 새로운 정보를 도출해 내는 것을 광산에서 광석을 캐내는 것에 비유하여 데이터 채굴(Data Mining 또는 Text and Data Mining; TDM)이라고 한다. 인공지능의 학습도 데이터의 패턴을 학습하는 것이라는 점에서 일종의 데이터 마이닝에 해당하며, 인공지능의 발달과 함께 TDM은 더욱 중요한 기술로 주목받고 있다. 뿐만 아니라, 데이터를 분석하여 새로운 인사이트를 발견하는 것은 과학 연구, 기술 개발 등을 가능하게 하므로 국가 경쟁력에도 큰 영향을 미치고 있다.

이처럼 인공지능 기술의 발전과 함께 대규모 데이터 분석이 새로운 지식과 혁신을 창출하는 중요한 방법이 되었음에도, TDM을 통해 연구를 진행하기 위해서는 개별 데이터에 대한 저작권자의 허락을 받아야 한다는 점에서 한계가 있다. 이러한 한계를 극복하기 위하여 많은 국가에서는 저작권자의 허락을 받지 않고도 TDM을 진행할 수 있는 TDM 면책 규정을 도입했거나 향후 도입을 고려하고 있다.

그림 10-12 Text and Data Mining

유럽연합(EU)

2019년 제정된 유럽연합 「DSM 저작권 지침(Directive on Copyright in the Digital Single Market, DSM Directive)」은 '패턴, 트렌드 그리고 상관관계 등의 정보를 생산하기 위해 디지털 형태의 텍스트와 데이터를 분석하는 것을 목적으로 하는 모든 자동화된 분석 기술'(DSM 지침 제2조 제2항), 즉 텍스트 및 데이터 마이닝(Text and Data Mining, 이하 'TDM')에 관하여, 제3조(과학적 연구 목적의 TDM) 및 제4조(일반적인 경우의 TDM)에서 합법적으로 접근 가능한 저작물의 복제 및 추출 행위를 허용하고 있다.

여기서 중요한 점은 데이터의 권리자가 자신의 데이터가 TDM에 사용되지 않도록 명시적인 의사를 밝힌 경우(이를 'Opt-out'이라고 한다)에는 해당 데이터는 TDM에 사용할 수 없다(EU DSM 지침 제4조 제3항). 예를 들어, 온라인 콘텐츠의 권리자가 웹사이트의 Robots.txt에 자신의 콘텐츠가 수집되지 않도록 명시적으로 표시했으면 해당 콘텐츠를 TDM에 이용할 수 없다. 이러한 규정을 통해 저작권 침해의 우려 없이 자유롭게 데이터 연구를 진행할 수 있도록 하고 관련 산업의 진흥을 꾀하면서도, 필요한 경우 저작권자의 권리도 보호할 수 있도록 하여 양자의 균형을 도모하고 있다.

일본

일본은 2018년 「저작권법」 개정을 통하여 TDM을 허용하였는데, 구체적으로 일본 「저작권법」 제30조의 4에서는 ① 저작물에 표현된 사상 또는 감정의 향수를 목적으로 하지 않고, ② 저작권자의 이익을 부당하게 침해하지 않는 경우, 저작권자의 허락 없이도 저작물을 이용할 수 있도록 하였다.

여기서 '향수'라는 것은 예술적인 아름다움이나 감동을 음미하고 즐기는 것을 의미하며, 인공지능이 데이터를 학습하는 것은 저작물에 포함된 패턴이나 정보를 학습하는 것이지 저작물을 향수하는 것은 아니기 때문에, 개정된 「저작권법」에 따르면 저작권자의 허락 없이도 저작물을 인공지능 학습에 사용할 수 있음이 원칙이다. 그러나 인공지능이 저작물을 학습한 뒤 저작물 내에 포함된 창작적인 표현이 다시 그대로 산출물로서 출력되고 이를 사람이 감상할 수 있는 경우에는 '저작물에 표현된 사상 또는 감정의 향수를 목적'으로 한다고 볼 수 있으므로 주의할 필요가 있다.

한국

한국에서도 TDM 면책 규정의 도입에 대해 활발히 논의되고 있고 계속해서 TDM 면책 규정을 도입하는 「저작권법」 개정안이 발의되고 있다. 그러나 아직까지는 법률로 도입되지는 못하였다.

[도종환 의원 등 13인 발의 저작권법 전부개정법률안(2021. 1. 15. 발의)]

제43조(정보분석을 위한 복제 · 전송) ① 컴퓨터를 이용한 자동화 분석기술을 통해 다수의 저작물을 포함한 대량의 정보를 분석(규칙, 구조, 경향, 상관관계 등의 정보를 추출하는 것)하여 추가적인 정보 또는 가치를 생성하기 위한 것으로 저작물에 표현된 사상이나 감정을 향유하지 않는 경우에는 필요한 한도 안에서

저작물을 복제 · 전송할 수 있다. 다만, 해당 저작물에 적법하게 접근할 수 있는 경우에 한정한다.
② 제1항에 따라 만들어진 복제물은 정보분석을 위하여 필요한 한도에서 보관할 수 있다.

[이용호 의원 등 10인 발의 저작권법 일부개정법률안(2022. 10. 31. 발의)]

제35조의5(정보분석을 위한 복제 · 전송 등) ① 컴퓨터를 이용한 자동화 분석 기술을 통하여 추가적인 정보 또는 가치를 생성하기 위한 목적으로 다수의 저작물을 포함한 대량의 정보를 분석(규칙, 구조, 경향 및 상관관계 등의 정보를 추출하는 경우를 말한다. 이하 이 조에서 "정보분석"이라 한다)하는 것으로 다음 각 호의 요건을 모두 충족하는 경우에는 필요한 범위 안에서 저작물을 복제 · 전송할 수 있다.

1. 저작물에 표현된 사상이나 감정을 향유하지 아니할 것
2. 정보분석의 대상이 되는 해당 저작물에 적법하게 접근할 것

② 제1항에 따라 저작물을 복제하는 자는 정보분석을 위하여 필요한 한도 안에서 복제물을 보관할 수 있다. 이 경우 저작권 및 그 밖에 이 법에 따라 보호되는 권리의 침해를 방지하기 위하여 복제방지조치 등 대통령령으로 정하는 필요한 조치를 하여야 한다.

③ 정보분석의 결과물에 대하여 다음 각 호의 어느 하나에 해당하는 목적으로 적법하게 접근하는 경우에는 「부정경쟁방지 및 영업비밀보호에 관한 법률」, 「데이터 산업진흥 및 이용촉진에 관한 기본법」, 「산업 디지털 전환 촉진법」 및 그 밖의 데이터 보호에 관한 다른 법률의 규정에도 불구하고 해당 결과물을 이용할 수 있다. 다만, 정보분석을 위하여 정당한 권리자로부터 저작물의 복제 · 전송에 대한 이용의 허락을 받은 경우에는 그러하지 아니하다.

1. 교육 · 조사 · 연구 등 비상업적 목적
2. 저작물의 창작 목적

[황보승희 의원 등 10인 발의 저작권법 일부개정법률안(2023. 6. 8. 발의)]

제35조의5(정보분석을 위한 복제 · 전송 등) ① 컴퓨터를 이용한 자동화 분석기술을 통하여 다수의 저작물을 포함한 대량의 정보를 해석(패턴, 트렌드 및 상관관계 등의 정보를 추출 · 비교 · 분류 · 분석하는 경우를 말한다. 이하 이 조에서 "정보분석"이라 한다)함으로써 추가적인 정보 또는 가치를 생성하기 위하여 다음 각 호의 요건을 모두 갖춘 경우에는 필요한 범위 안에서 저작물을 복제 · 전송하거나 2차적저작물을 작성할 수 있다.

1. 해당 저작물에 대하여 적법하게 접근할 것
2. 해당 저작물에 표현된 사상이나 감정을 향유하는 것을 목적으로 하지 아니할 것

② 제1항에 따라 만들어진 복제물은 정보분석을 위하여 필요한 범위 안에서 보관할 수 있다.

[이인영 의원 등 16인 발의 저작권법 일부개정법률안(2023. 9. 25. 발의)]

제35조의5(교육 · 조사 · 연구 목적의 정보분석을 위한 복제 · 전송 등) ① 컴퓨터를 이용한 자동화 분석 기술을 통하여 추가적인 정보 또는 가치를 생성하기 위하여 다수의 저작물을 포함한 대량의 정보를 분석(규칙, 구조, 경향 및 상관관계 등의 정보를 추출하는 경우를 말한다. 이하 이 조에서 "정보분석"이라 한다)하는 것으로 다음 각 호의 요건을 모두 충족하는 경우에는 필요한 범위 안에서 저작물을 복제 · 전송할 수 있다.

1. 대학 · 연구기관 또는 그 밖에 대통령령으로 정하는 기관이나 단체에서 수행할 것
2. 교육 · 조사 · 연구 등 비상업적 목적으로 이용할 것
3. 정보분석의 대상이 되는 해당 저작물에 적법하게 접근할 것

② 제1항에 따라 저작물을 복제하는 자는 정보분석을 위하여 필요한 한도 내에서 복제물을 보관할 수 있다. 이 경우 저작권 및 그 밖에 이 법에 따라 보호되는 권리의 침해를 방지하기 위하여 복제방지 및 보안 등 대통령령으로 정하는 필요한 조치를 하여야 한다.

10.6 정리하며

데이터는 4차 산업 시대의 광물이라고 할 정도로 매우 중요한 가치를 가지고 있다. 「저작권법」, 「부정경쟁방지법」, 「개인정보보호법」 등 다양한 법률은 데이터와 관련된 기술의 발전 속에서 새롭게 대두되는 이슈들을 규제하고 있고, 이를 통해 공정한 경쟁을 보장하면서도 동시에 개인의 권리도 함께 보호하고자 한다.

특히 인공지능과 빅데이터 분야에서의 주요 이슈 중 하나는 데이터의 수집과 이용 과정에서 발생하는 개인정보 보호 문제이다. 「개인정보보호법」은 개인의 데이터를 보호하고자 엄격한 규제를 두고 있는데, 인공지능의 학습을 위한 대량의 데이터 수집 과정에서 개인정보를 침해할 가능성이 항상 존재한다. 따라서 개인정보를 침해하지 않도록 주의할 필요가 있으며, 이를 해결하기 위한 기술적 대안으로 합성데이터가 주목받고 있다.

합성데이터란 실제 데이터를 기반으로 하는 가상의 데이터를 생성하는 기술이다. 이 기술은 인공지능 학습에 필요한 데이터를 제공하면서도 실제 개인의 정보가 아니기 때문에, 「개인정보보호법」에 저촉되지 않으면서도 인공지능 모델의 성능을 유지할 수 있는 중요한 대안으로 평가받고 있다.

또한 「저작권법」과 「부정경쟁방지법」과 관련해서도 합성데이터는 중요한 역할을 할 수 있다. 예를 들어, 저작물을 학습 데이터로 사용하는 경우 저작권 침해 문제가 발생할 수 있지만 합성데이터를 사용하면 원본 데이터의 저작권 문제를 피하면서도 동시에 유사한 학습 효과를 얻을 수 있다. 또한 「부정경쟁방지법」의 경우에도 경쟁사의 데이터를 무단으로 수집하거나 사용하는 것이 문제가 될 수 있지만, 합성데이터는 실제 데이터를 사용하지 않기 때문에 이러한 법적 이슈에서도 자유로울 수 있다.

결론적으로, 인공지능의 발전 속에서 법적 규제와 기술의 조화는 필수적이다. 합성데이터도 이러한 조화를 이루기 위한 기술적 대안 중 하나이다. 그러나 기술이 모든 문제를 해결하는 만능 열쇠는 아니며, 지속적인 기술 발전과 함께 법적·윤리적 논의는 계속해서 병행되어야 한다.

✔ Q&A 10장

Q 인공지능의 학습은 반드시 많은 양의 데이터로 해야 하는 것일까? 적은 양으로 학습된 sLLM은 많은 양으로 학습된 LLM보다 성능이 떨어질까?

A 인공지능의 학습은 많은 양의 데이터로 가능할 뿐만 아니라, 적은 양의 데이터로도 효과적으로 학습할 수 있다. 중요한 것은 데이터의 품질과 목적 적합성이다. 이와 관련하여 대규모 언어 모델(LLM)과 소규모 언어 모델(sLLM)의 성능 차이를 이해하려면 몇 가지 주요 요소를 고려해야 한다.

1. 데이터의 양과 품질의 상관관계

많은 양의 데이터는 일반적으로 모델이 더 다양한 패턴과 예외를 학습하는 데 유리하다. 그러나 데이터에 노이즈가 많거나 품질이 낮으면 오히려 성능이 저하될 수 있다. 반면 고품질의 데이터로 잘 설계된 학습을 진행하면 적은 양의 데이터로도 높은 성능을 발휘할 수 있다.

2. LLM과 sLLM의 성능 비교

- 대규모 언어 모델(LLM): 방대한 데이터와 고성능 하드웨어를 사용해 학습된다. 이를 통해 다양한 분야의 질문과 복잡한 작업에 강점을 가지며, 일반화된 응답을 생성하게 된다. 그러나 특정 도메인(분야)이나 목표에 특화되지 않은 경우, 불필요한 정보로 인해 성능이 저하될 수 있다.
- 소규모 언어 모델(sLLM 또는 sLM): 비교적 적은 양의 데이터로 학습되지만, 해당 데이터가 특정 도메인에 특화된 것이면 매우 높은 성능을 발휘할 수 있다. 예를 들어, 의료, 법률, 또는 특정 비즈니스에 관련된 데이터로 학습된 sLLM은 해당 분야에서 LLM보다 더 정확하고 유용한 결과를 생성할 수 있다. sLLM은 상대적으로 하드웨어와 계산 자원이 적게 들어 효율적이기도 하다.

3. 데이터 효율성을 높이는 기법

- 이미 학습된 대규모 모델의 일부를 활용하여 새로운 데이터를 학습시키면 적은 양의 데이터로도 효과적인 결과를 얻을 수 있다.
- LLM에서 추출된 지식을 sLLM에 적용하여 성능을 향상시킬 수 있다.

4. LLM과 sLLM의 활용 구분

- LLM 활용이 적합한 경우
  - 다양한 응용 분야를 다루어야 하거나 일반적인 문제 해결이 필요한 경우
  - 방대한 컴퓨팅 자원을 사용할 수 있을 때
- sLLM 활용이 적합한 경우
  - 특정 도메인에 특화된 모델이 필요한 경우
  - 리소스가 제한되어 있는 상황에서 빠르고 효율적인 솔루션이 필요할 때

결론적으로 소규모 데이터로 학습된 인공지능인 sLLM이 LLM보다 항상 성능이 떨어지는 것은 아니며 데이터의 품질, 모델 설계, 학습 전략에 따라 특정 분야에서 LLM보다 더 우수한 성능을 발휘할 수도 있다. 따라서 데이터의 양뿐만 아니라 학습 목적과 데이터의 특성에 따라 적합한 학습 방식을 선택하는 것이 중요하다.

Q TDM(Text and Data Mining)은 무엇이며, 왜 중요할까?

A TDM(Text and Data Mining)은 텍스트와 데이터 세트를 자동으로 분석하고 패턴을 추출하며, 그로부터 유용한 정보를 도출하는 기술을 의미한다. TDM은 자연어 처리, 데이터 마이닝, 기계 학습 등의 기술을 사용하여 방대한 양의 데이터에서 유의미한 관계와 의미를 도출해 낼 수 있다.

1. 주요 프로세스

- 데이터 수집: 텍스트(문서, 웹 데이터)와 데이터베이스에서 데이터를 가져옴.
- 전처리: 데이터 정리 및 표준화
- 패턴 분석 및 학습: 데이터 분석을 통해 패턴과 의미 도출
- 결과 활용: 분석 결과를 의사결정, 연구, 비즈니스 전략 등에 적용

2. TDM의 중요성

현대 사회에서는 엄청난 양의 텍스트와 데이터가 계속해서 생성되기 때문에 이를 수작업으로 분석하는 것은 불가능하다. TDM은 데이터를 자동으로 처리하여 필요한 정보를 빠르게 찾아낼 수 있으므로, 대량 정보 시대의 필수 도구이다.

3. 다양한 산업에서의 활용

- 의료: 의료 기록과 논문 분석을 통해 질병 진단과 치료법 발견
- 법률: 판례 데이터 분석으로 법률 자문과 전략 수립
- 금융: 시장 데이터를 분석해 투자 전략 도출
- 마케팅: 소비자 리뷰와 소셜 미디어 데이터를 분석하여 소비자 행동 예측
- 연구: 연구자들이 대량의 논문, 특허, 공공 데이터를 분석하여 새로운 발견을 하거나 트렌드를 예측하는 데 활용

4. 법적 논의와 과제

- TDM이 주목받으면서, 데이터 사용에 관한 법적 문제도 대두되고 있음.
- 저작권 문제: TDM은 데이터 수집 및 분석 과정에서 저작물에 접근해야 하므로 저작권 침해가 문제 될 수 있음.
- 데이터 크롤링: 웹사이트 데이터를 자동 수집하는 과정에서 여러 법률적인 이슈가 발생할 수 있음(10장 내용 참고).

TDM은 데이터와 인공지능이 결합하여 새로운 가치를 창출해 낸다는 점에서 현대 사회에서 필수적인 기술이며, 기술적 · 법적 관점에서 균형 잡힌 접근이 중요하다.

Q 인공지능 학습에 타인의 저작물을 허락 없이 이용했다고 하더라도, 이러한 이용이 공정이용으로 인정되면 저작권 침해가 되지 않을 수 있다. 그렇다면 한국 법원에서 공정이용이 인정된 판례가 많이 있을까?

A 한국 법원에서 저작권자의 허락 없이 저작물을 이용한 행위가 공정이용으로 인정된 판례는 상당히 드물고, 지방법원과 고등법원에서 공정이용을 판단한 판결이 일부 있을 뿐이다.

물론 한국 「저작권법」에 공정이용 조항이 도입된 2011년으로부터 아직 시간이 많이 지나지 않아서 법원에서 해당 조항을 적용한 판례가 축적되지 않았기 때문으로 볼 수도 있지만, 공정이용이 저작권자의 권리를 제한하는 것이기 때문에 법원이 공정이용을 다소 엄격하게 적용하고 있다고 볼 수도 있다.

따라서 공정이용이 인정될 수 있다고 생각하고 저작권자의 허락 없이 데이터를 인공지능 학습에 사용하는 것은 현재의 법원 판례 경향에 따르면 다소 위험하다고 볼 수 있다.

11 장

인공지능과 법적 책임

학 습 목 표

1. 법적 책임에 대한 기본 개념을 이해한다.
2. 인공지능 분야의 법적 책임의 특수성을 살펴본다.
3. 인공지능 분야의 법적 책임의 구체적인 사례를 알아본다.

11.1 들어가며

21세기에는 스마트폰, 소셜 미디어, 클라우드 컴퓨팅, 사물 인터넷, 블록체인, 증강현실 및 가상현실, 유전자 편집 기술(CRISPR), 3D 프린팅 등 다양한 분야의 기술들이 눈부시게 발전해 왔는데, 그중에서 인공지능의 발전은 가장 중요한 기술 혁신 중 하나로 꼽히고 있다. 특히 최근 몇 년간 인공지능 기술은 급속도로 발전하여 그 적용 범위가 단순한 자료나 패턴 분석에 국한되지 않고 자율주행, 의료 진단, 금융 거래와 같은 다양한 분야로 확장되었으며, 창작 활동에도 적극적으로 활용되고 있다. 이러한 인공지능의 발전은 기업의 생산성을 극대화하고 사회 전반에 걸쳐 여러 기회를 창출해 내고 있지만, 동시에 새로운 법률적 문제를 야기하고 있다.

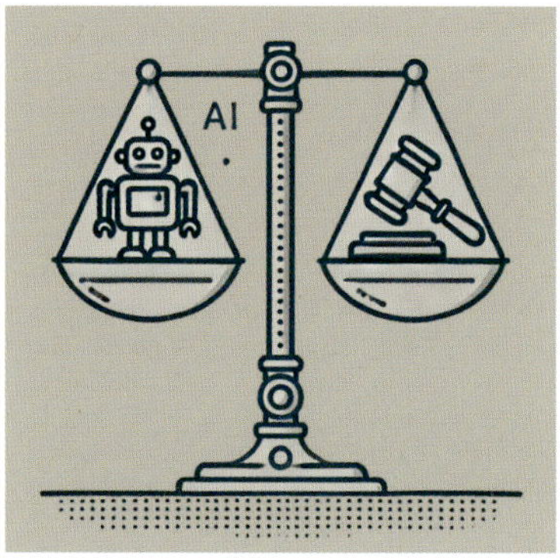

그림 11-1 인공지능의 법적 책임

전통적인 법체계는 인간을 중심으로 설계되었다. 즉 법적인 책임은 인간이나 인간이 운영하는 법인(기업이나 단체 등)만 질 수 있고, 인간이나 법인이 아니라면 법적인 책임을 지지 않는다. 이 말은 인공지능의 자율적인 판단 때문에 사고나 손해가 발생하더라도 인공지능은 인간이나 법인이 아니기 때문에 책임을 지지 못한다는 것이다. 예를 들어, 인공지능이 탑재된 자율주행차가 사고를 일으켰을 때 자율주행차가 스스로 사고에 대한 책임을 질 수 없다. 그렇다면 사고에 대한 책임은 운전자에게 있을까? 아니면 차량 제조 회사, 자율주행 소프트웨어 개발자, 혹은 차량 판매 회사에게 있을까? 이러한 질문 속에서 우리는 '인공지능의 법적 책임'이라는 새로운 영역에 대한 논의가 필요하다는 점을 알 수 있다.

인공지능이 우리의 삶과 생활에 깊숙이 관여되어 있어서 막대한 영향을 끼치고 있음에도 인공지능 자체가 법적 주체로 인정받을 수 없는 현재 상황에서는 법적 책임이 인간이나 기업에 돌아갈 수밖에 없는데, 여기서 누가 얼마나 책임을 져야 하는지에 대한 책임 분배 문제는 간단하지 않다. 특히 인공지능에는 학습 데이터 제공자, 인공지능 모델 개발자, 인공지능 플랫폼 운영자, 사용자 등 다양한 주체가 관여한다는 점에서 책임에 대한 문제는 더욱 복잡해질 수밖에 없다.

불분명한 책임 소재는 기업과 소비자 모두에게 문제를 초래할 수 있고 인공지능의 도입과 활용을 저해할 수도 있으므로 누가 어떠한 책임을 져야 하는지에 대해서는 명확하게 할 필요가 있다. 특히 자율주행차나 의료 인공지능처럼 인간의 생명과 안전에 직결된 분야에서는 인공지능의 실수로 인한 피해가 매우 클 수 있기 때문에 이를 법적으로 어떻게 다룰지에 대한 명확한 기준이 필요하다.

11.2 법적 책임에 대한 기본 개념

법적 책임의 정의

법적 책임(Legal Liability)은 법을 위반하여 타인에게 손해를 입혔을 때 그에 대해 책임지는 것을 의미한다. 이러한 법적 책임은 사회적 질서를 유지하게 해주거나 피해자가 입은 손해를 보상받을 수 있도록 해주는 중요한 개념이다. 법적 책임은 기본적으로 의무의 위반을 바탕으로 성립된다. 즉, 법에서 규정한 의무를 지키지 않은 것에 대한 책임이다.

법적 책임에 대해 좀 더 자세히 이해하기 위해서는 다음과 같은 내용을 알아둘 필요가 있다.

법적 의무의 존재

법적 책임이 발생하기 위해서는 먼저 지켜야 할 의무가 있어야 한다. 이러한 의무는 법에 규정되어 있을 수도 있지만 계약에 따라 발생할 수도 있다. 예를 들어 「개인정보보호법」 제24조 제1항에 따르면 개인정보처리자는 예외적인 경우가 아니라면 주민등록번호를 처리할 수 없으므로, 인공지능을 개발하는 회사는 인공지능을 학습시킬 때 주민등록번호가 포함되지 않도록 하여야 할 의무가 있다. 행동의 주체가 누구인지 어떠한 상황인지에 따라 서로 다른 법적 의무가 발생할 수 있으며 인공지능 시스템의 개발자, 운영자, 사용자에게는 각기 다른 법적 의무가 부여된다.

법적 의무의 위반

법적 의무를 다하지 않거나 이를 위반했을 때 법적 책임이 발생한다. 의무를 다하지 않거나 위반한 것이 명백한 의도를 가지고 했을 수도 있고, 실수나 부주의였을 수도 있다. 행위자가 자기 행동이 의무 위반이 되거나 그로 인해 누군가에게 손해가 발생할 수도 있다는 점을 알고도 이를 의도적으로 하는 것을 법률적 용어로 '고의'라고 하고, 행위자가 자기 행동이 의무 위반이 되거나 누군가에게 손해가 발생할 수 있다는 점을 알지는 못했지만 실수나 부주의였던 경우에는 '과실'이라고 한다. '고의'인지 '과실'인지에 따라 책임의 여부나 범위가 달라질 수 있다.

손해의 발생

법률상 책임이 성립하기 위해 손해의 발생이 항상 필요한 것은 아니다. 책임의 종류와 상황에 따라 손해가 발생하지 않더라도 법적 책임을 져야 할 수 있다. 법적 책임에는 대표적으로 형사 책임과 민사 책임이 있다. 형사 책임은 사회 질서나 공공의 안전을 도모하기 위해 범죄 행위에 대해 국가가 처벌을 부과하는 것이기 때문에 행위 자체가 범죄에 해당하면 손해가 발생하지 않더라도 그에 대한 형사 책임을 져야 하고, 민사 책임은 일반적으로 손해배상을 목적으로 하므로 손해 발생이 중요한 요소이다.

여기에서 손해는 물질적인 손실일 수도 있고, 비물질적인 정신적 피해일 수도 있다. 예를 들어 인공지능을 사용하는 자율주행차가 사고를 일으켜 건물을 파손하고 사람을 다치게 했다면 그로 인해 발생한 물질적 손해(파손된 건물의 수리비, 사람이 다친 부분에 대한 치료비, 사람에게 장애가 생겼다면 그로 인한 손해 등), 정신적 손해(외상후 스트레스 장애 등)에 대한 배상 책임이 발생한다.

한편 법적 책임이 성립하려면 피해자가 실제로 손해를 입어야 하고 그러한 손해가 발생하였다는 점을 입증해야 한다. 예를 들어 자율주행차가 잘못된 판단을 내려 사고가 발생했다고 하더라도, 손해가 발생하지 않았거나 그러한 손해가 실제로 발생했다는 점을 피해자가 입증하지 못한다면 법적 책임을 물을 수 없는 것이 원칙이다.

그림 11-2 자율주행차의 사고와 책임

손해와 의무 위반 간의 인과관계

발생한 손해와 의무 위반 간에는 인과관계가 존재해야 한다. 즉, 행위자가 법적 의무를 위반했기 때문에 손해가 발생했다는 점이 입증되어야 하며, 인공지능 관련 사고의 경우에도 사고가 인공지능의 결정이나 오류로 인해 발생한 것임을 입증해야 한다. 예를 들어 인공지능에 의해 운행되는 자율주행차 사고가 발생하였을 때, 사고가 인공지능의 오작동으로 발생한 것인지, 아니면 외부 요인(예: 도로 상태, 타 차량의 문제)으로 인한 것인지를 규명하는 것이 필요하다.

다만 제품의 내부 동작 방식을 알지 못하는 피해자가 손해와 원인 사이의 인과관계를 입증하기가 매우 어렵다는 점을 고려하여 피해자의 입증 책임의 정도를 완화하거나 입증 책임을 피해자가 아닌 가해자가 지도록 법에 규정해 두는 경우가 있다. 예를 들어 「제조물 책임법」 제3조의 2에 따르면, 제조물을 구매한 구매자가 제조물의 결함으로 인하여 피해를 본 경우 그러한 피해가 제조물의 결함으로 인하여 발생하였다는 점을 입증하지 않더라도 ① 제조물이 정상적으로 사용되는 상태에서 손해가 발생하였다는 사실, ② 손해가 제조업자의 실질적인 지배 영역에 속한 원인으로부터 초래되었다는 사실, ③ 손해가 해당 제조물의 결함 없이는 통상적으로 발생하지 아니한다는 사실을 증명하면 제조업자는 다른 사정이 없는 한 피해자에게 손해를 배상하여야 한다. 즉 직접적인 인과관계까지는 아니더라도 발생한 손해가 제품의 결함에 의해 발생했을 가능성이 높다는 정도까지만 입증한다면 손해를 배상받을 수 있도록 한 것이다. 따라서 인공지능 제품에 의해 손해를 입은 피해자는 이러한 입증 책임 완화 규정을 통해 손해를 배상받을 수 있고, 더 나아가 인과관계에 대한 입증 책임 자체를 피해자에서 제조업자로 전환하자는 논의도 진행 중이다.

법적 책임의 종류

법적 책임은 어떤 상황에서 발생한 것인지에 따라 크게 민사 책임, 형사 책임, 행정 책임으로 구분할 수 있으며, 각각의 책임은 그 적용 범위와 구제 방법, 제재 수단이 다르다. 이처럼 각각의 책임은 서로 별개이므로 누군가의 의무 위반이 있는 경우 그것이 민사적으로 처리될 때와 형사적으로 처리될 때 서로 다른 결론에 이를 수 있다. 예를 들어 피해자가 가해자에게 민사 소송과 형사 소송을 동시에 제기하였을 때 형사 소송에서는 가해자에게 무죄가 선고되었음에도 민사 소송에서는 가해자가 피해자에게 손해를 배상하도록 하는 판결이 선고되기도 한다. 또한 하나의 사건에 대해 민사 책임, 형사 책임이 모두 부과될 수도 있다.

민사 책임

민사 책임은 개인이나 단체가 다른 사람의 권리를 침해하거나 계약을 위반했을 때 발생하며, 주로 피해자가 손해를 배상받기 위해 제기하는 소송에서 문제가 된다. 민사 책임은 대표적으로 계약위반 책임과 불법행위 책임이 있다.

계약위반에 따른 책임은 계약을 그 내용대로 이행하지 않았을 때 발생하는 책임이다. 예를 들어 인공지능 개발 회사가 인공지능 솔루션을 소비자에게 제공하면서 어느 정도 이상의 성능을 발휘할 것이라고 약속했지만, 실제로는 그러한 성능이 발휘되지 않는 경우 계약 책임이 문제될 수 있다.

불법행위 책임은 고의나 과실로 인한 위법행위로 타인에게 손해를 입힌 경우에 발생하는 책임이다. 예를 들어 인공지능을 이용한 의료 진단 시스템이 오진을 내리거나 잘못된 치료 방법을 권장해서 환자가 피해를 입은 경우, 그러한 오진이 인공지능 개발자나 의료기관의 고의나 과실에 의한 것이라면 불법행위 책임을 질 수 있다.

형사 책임

형사 책임은 법을 위반하여 범죄를 저지른 경우, 국가가 가해자에게 형벌을 부과하는 것이다. 형사 책임은 범죄 행위에 대한 처벌로서 징역, 벌금, 사회봉사 등의 형벌이 부과된다.

예를 들어 인공지능 기술을 사용해 딥페이크 영상을 제작하여 타인의 명예를 훼손하거나 허위 정보를 퍼뜨리는 경우, 딥페이크 영상이 성적 수치심을 일으키는 내용을 포함하거나, 정치적 목적으로 사용되어 사회적 혼란을 일으키는 경우에는 이를 제작하고 유포한 사람은 명예훼손 등의 범죄로 형사처벌을 받을 수 있다.

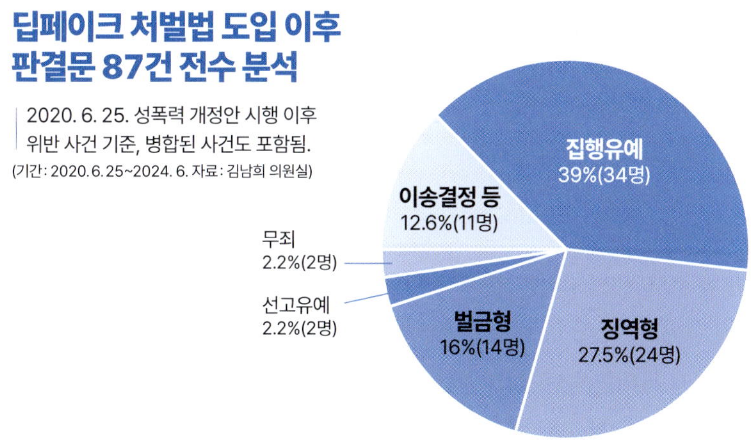

그림 11-3 성폭력범죄의 처벌 등에 관한 특례법의 개정안(딥페이크 처벌법) 시행 이후 형사처벌 분석

행정 책임

행정 책임은 국가나 지방자치단체가 공공의 이익을 보호하고 질서를 유지하기 위해 부과하는 책임으로, 민사 책임이나 형사 책임과는 달리 사법부가 아닌 행정부에서 제재를 내리는 경우가 많다.

행정 책임은 행정 법규를 위반했을 때 발생하는데 행정 책임이 발생하면 정부 기관은 위반자에게 처분을 내릴 수 있고, 처분은 과태료, 과징금, 면허 정지 또는 취소, 사업장 폐쇄 등 다양한 형태로 이루어질 수 있다. 예를 들어, 인공지능 개발자가 학습 데이터를 처리하는 과정에서 「개인정보보호법」을 위반하는 경우 개인정보보호위원회로부터 시정 조치 명령을 받거나 과태료를 부과받을 수 있다.

[참고 사례] 인공지능 챗봇 서비스 '이루다'의 개인정보보호위원회의 결정

인공지능 '이루다'는 카카오톡 대화 데이터로 학습되었는데, 이 과정에서 카카오톡 대화 데이터의 정보 주체로부터 명확하게 동의를 받지 않았다는 문제가 있었다.

이에 대하여 개인정보보호위원회는 과태료 및 과징금을 부과하면서, 카카오톡 대화에 대해 가명처리가 이루어지지 않았고, 카카오톡 대화를 '이루다' 운영에 이용하여 외부에 제공하는 것은 「개인정보보호법」 제28조의2의 '과학적 연구'에도 해당하지 않는다고 하였다.

법적 책임을 지는 주체

법적 책임을 지는 주체는 법적 의무를 위반하거나 피해를 발생시켰을 때 법적으로 책임을 져야 하는 개인 또는 단체를 의미한다. 법적 책임을 지는 주체는 다음과 같이 나눠볼 수 있다.

자연인(Individual)

자연인은 개인으로서 법적 책임을 질 수 있는 존재이다. 자연인은 자신의 행위나 과실로 인해 발생한 손해에 대해 민사, 형사, 행정적으로 책임을 질 수 있다. 예를 들어 한 사람이 불법적인 행동으로 타인에게 피해를 줬다면 그 사람은 민사적으로 손해배상 책임을 질 수 있고, 형사 사건에서는 형사 처벌을 받을 수도 있다.

법인(Legal Entity)

법인은 회사나 재단과 같이 법률에 따라 설립된 독립적인 법적 지위를 가진 단체이다. 법인은 법률 행위를 할 수 있고, 그에 따라 법적 책임의 주체가 될 수 있으며, 손해배상을 하거나 법적인 제재를 받을 수도 있다. 예를 들어, 기업이 안전 규정을 어기고 제품 결함으로 인해 소비자에게 손해를 입혔다면 그 기업은 법적 책임을 질 수 있다.

잠깐만요 **사용자 책임**

「민법」 제756조는 "타인을 사용하여 어느 사무에 종사하게 한 자는 피용자가 그 사무집행에 관하여 제삼자에게 가한 손해를 배상할 책임이 있다."고 규정하고 있다. 즉 직원(피용자)이 자신의 업무를 수행하다가 누군가에게 손해를 끼쳤다면 회사(사용자)는 그에 대한 손해배상 책임을 진다는 것이다. 다만 회사가 직원에 대해 상당한 주의로 관리 · 감독을 하였음에도 손해가 발생하였다면 회사는 손해에 대한 책임을 지지 않는다.

한편 손해와 같은 민사 책임뿐만 아니라 형사 책임도 직원의 잘못에 대해 회사가 형사 처벌을 받을 수 있다. 이를 '양벌규정'이라고 하며, 모든 형사 책임에 대해 양벌규정이 적용되는 것은 아니고 법에 양벌규정이 적용된다고 규정된 경우에만 회사가 책임을 진다. 사용자 책임과 마찬가지로 회사가 직원의 위반행위를 방지하기 위하여 상당한 주의와 감독을 게을리하지 않았으면 회사는 형사 책임을 지지 않는다.

국가 및 공공기관 (State and Public Entities)

국가나 공공기관도 법적 책임을 질 수 있다. 예를 들어, 국가가 불법적인 행정 처분을 하거나 공공기관의 공무원이 타인에게 손해를 입혔다면 이에 대해 「국가배상법」 등에 따라 국가나 해당 공공기관이 책임을 져야 할 수 있다.

인공지능(Artificial Intelligence)

인공지능 자체는 위에서 언급한 자연인, 법인, 국가, 공공기관 어디에도 해당하지 않기 때문에 현행법상으로는 독립적인 법적 주체로 인정되지 않는다. 그런데 인공지능이 어느 정도는 자율적으로 결정을 내리고 행동할 수 있게 되면서, 그로 인한 법적 책임을 누구에게 물어야 하는지에 대한 문제가 제기되고 있다.

그림 11-4 인공지능과 인간의 법적 책임

인공지능 자체에 법적 책임을 물을 수 없다면, 결국 인공지능과 관련된 사람이나 회사, 즉 인공지능 시스템의 개발자, 소유자, 운영자, 사용자 등이 법적 책임을 질 수 있으며, 구체적인 내용은 다음 항에서 좀 더 자세히 다룬다.

11.3 인공지능 분야의 법적 책임의 특수성

인공지능은 전통적인 법적 책임 체계를 그대로 적용하기가 어렵다는 특성이 있으며, 그 이유는 다음과 같다.

법적 책임과 관련한 인공지능 기술의 특징

다른 기술들에 적용되는 법적 책임이 인공지능 기술에 그대로 적용되기 어려운 이유는 다음과 같은 인공지능 기술의 특징 때문이다.

자율성

인공지능의 자율성은 시스템이 사람의 개입 없이 스스로 학습하고 결정을 내릴 수 있는 능력을 말한다. 자율성이 높은 인공지능 시스템은 외부의 통제 없이 작동하며, 이를 통해 의도하지 않은 결과가 발생할 수 있다. 예를 들어 자율주행차는 실시간으로 주변 환경을 분석하여 스스로 주행 경로를 설정하는데, 주변 환경에 대한 잘못된 인식이나 판단 오류로 예기치 않은 사고가 발생할 가능성도 존재한다. 이러한 인공지능의 자율성은 사람이 모든 상황을 통제할 수 없게 만들고, 통제할 수 없었던 상황에 대해서까지 책임을 져야 하는 것인지에 대한 이슈를 제기한다.

예측 불가능성

딥러닝을 포함한 현재의 인공지능 기술은 매우 복잡한 알고리즘을 기반으로 하고 있어서 그 작동 과정이 명확하게 설명되지 않을 때가 많다. 이러한 블랙박스 특성은 인공지능이 어떤 결정을 내릴지 예측하기 어렵게 만든다. 예측 불가능성은 법적 책임을 물을 때 원인과 결과를 입증하는 데 있어서 어려움을 초래한다.

비인격성

현재의 인공지능은 인간과 비슷한 판단, 추론, 창작 능력을 갖추고 있지만, 인간과 달리 감정이 없고 주체적으로 도덕적 판단을 할 수 없으며 인격체로서의 법률적 자격도 없다. 이는 인공지능을 인간과 같은 법적 주체로 인정할 것인지에 대한 논의로 이어지며, 일부에서는 인공지능을 전자적 인격체로서 인정하자는 주장이 제기되기도 한다.

시스템의 개발 및 운영 주체의 다양성

인공지능 시스템은 다양한 주체가 관여하여 개발되고 운영되기 때문에 책임 문제에 있어서 좀 더 복잡하다. 예를 들어, 자율주행차의 경우 차량 제조사, 소프트웨어 개발자, 센서 제조사, 사용자 등이 관여되기 때문에 사고가 발생했을 때 누구의 책임인지 명확하게 규명하기가 어렵다.

이처럼 인공지능은 인간에 가깝지만 그렇다고 인간은 아닌 기술이라는 점에서 법률적으로 여러 복잡한 이슈들이 생겨나고 있다.

책임 주체의 불명확성

인공지능과 관련하여 매우 활발하게 논의되고 있지만 어렵기도 한 주제가 바로 '책임 주체의 불명확성'이다. 법률상 법적 책임은 주로 의사결정을 하는 주체(인간 또는 법인)에 초점을 맞추고 있는데, 인공지능은 자율적으로 또는 부분적으로 인간의 개입 없이 판단하고 작동할 수 있으므로 인간과 마찬가지로 의사결정을 하는 주체로서 법적 책임을 질 수 있는지가 문제가 된다.

그러나 앞서 살펴본 바와 같이 인공지능은 사람이나 법인이 아니기 때문에 법적 책임을 질 수 없고 결국 인공지능 시스템에 관여하는 사람이나 법인이 발생한 문제에 대해 책임져야 하는데, 인공지능 시스템에는 인공지능 개발자, 제조사, 운영자, 사용자 등 다양한 주체가 관여하기 때문에 누가 책임을 져야 할지 쉽게 판단하기가 어렵다. 다음의 사례를 통해 좀 더 구체적으로 살펴본다.

인공지능의 책임에 대한 가상 사례

[인공지능의 책임에 관한 가상 사례]

A 회사는 시각장애인을 위한 로봇 안내견 '로보펫'을 제작하였다. 로보펫은 시각장애인이 길을 잘 찾을 수

있도록 길 안내를 해주는 로봇으로서 인공지능이 탑재되었다.

B 회사는 A 회사가 제작한 로봇펫을 대량으로 구매한 뒤, 시각장애인에게 로봇펫을 1대에 1,000만 원에 판매하거나 한 달에 20만 원의 가격으로 대여하였는데, 판매하는 경우에는 로봇펫의 소유권을 사용자에게 이전해 주었고, 대여하는 경우에는 A 회사가 로봇펫의 소유권을 가진 상태에서 사용자는 사용 권한만 가질 수 있도록 하였다.

어느날 시각장애인 김지우씨는 B 회사로부터 구매한 로봇펫을 데리고 친구네 집으로 출발하였다. 김지우씨는 로봇펫의 안내에 따라 길을 걸어가고 있었는데, 갑자기 로봇펫이 인공지능 시스템 결함으로 오작동을 하면서 지나가던 행인을 향해 돌진하였고 로봇펫에 부딪힌 행인은 넘어지면서 팔이 부러지게 되었으며, 로봇펫은 김지우씨를 더 이상 안내하지 못하게 되었다.

그림 11–5 인공지능 로봇의 사고 책임

이때 행인은 누구에게 치료비를 청구할 수 있을까?

- 인공지능 로보펫: 여러 번 살펴본 바와 같이, 인공지능 로보펫은 사람이나 법인이 아니기 때문에 법률상 책임을 지는 주체가 될 수 없다. 따라서 행인은 로보펫을 상대로 손해배상을 청구하기는 어렵다.
- 인공지능 로보펫을 제조한 회사(A 회사): 「제조물책임법」은 제조물과 관련하여 다음과 같이 규정하고 있다.

[제조물책임법 제3조(제조물 책임)]

① 제조업자는 제조물의 결함으로 생명 · 신체 또는 재산에 손해(그 제조물에 대하여만 발생한 손해는 제외한다)를 입은 자에게 그 손해를 배상하여야 한다.

③ 피해자가 제조물의 제조업자를 알 수 없는 경우에 그 제조물을 영리 목적으로 판매 · 대여 등의 방법으로 공급한 자는 제1항에 따른 손해를 배상하여야 한다. 다만, 피해자 또는 법정대리인의 요청을 받고 상당한 기간 내에 그 제조업자 또는 공급한 자를 그 피해자 또는 법정대리인에게 고지(告知)한 때에는 그러하지 아니하다.

「제조물책임법」에 따르면 제조업자는 제조물의 결함으로 인하여 손해를 입은 자에게 손해를 배상하여야 하고, 제조업자를 알 수 없는 경우에는 해당 제조물을 판매하거나 대여한 자가 손해를 배상하여야 한다. 따라서 위 로보펫 사례에 「제조물책임법」을 적용하면 로보펫에 의해 행인이 입은 손해(부러진 팔의 치료비 등)는 로보펫 제조업자인 A가 져야 하고, 만일 행인이 제조업자인 A를 알아낼 수도 없고 로보펫 판매 · 대여 회사인 B 회사도 그러한 사실을 알려주지 않는다면 B 회사가 손해에 책임을 져야 할 수 있다.

그런데 A 회사나 B 회사는 언제나 로보펫이 일으킨 손해에 대해 배상하여야 하는 것일까? 그렇지는 않다. 만일 로보펫에 대하여 「제조물책임법」 제4조 제1항 각호의 사실이 있는 경우라면 행인의 손해에 대해 책임지지 않을 수 있다. 특히 2호에 따르면 '제조업자가 해당 제조물을 공급한 당시의 과학 · 기술 수준으로는 결함의 존재를 발견할 수 없었다는 사실'을 입증하게 되면 책임을 지지 않는 것으로 규정하고 있다. 그러므로 만약 인공지능 로봇이라는 하드웨어나 인공지능 소프트웨어 자체에 제조상의 오류가 없었음에도 인공지능 로보펫이 스스로 판단하여 행인에게 손해가 발생하였고 로보펫이 이러한 판단을 할 것이라는 점을 알기가 매우 어려웠다면 A나 B 회사에 손해를 묻기는 어려울 것이다.

다만 A 회사와 B 회사가 로보펫을 판매하거나 대여할 당시에는 로보펫의 결함을 몰랐다고 하더라도 이후에 알게 될 때는 결함을 수정하기 위한 적절한 조치(예를 들면, 로보펫의 소프트웨어 업데이트나 리콜 등)를 하여야 한다(「제조물책임법」 제4조 제2항).

[「제조물책임법」 제4조(면책사유)]

① 제3조에 따라 손해배상책임을 지는 자가 다음 각 호의 어느 하나에 해당하는 사실을 입증한 경우에는 이 법에 따른 손해배상책임을 면(免)한다.

1. 제조업자가 해당 제조물을 공급하지 아니하였다는 사실
2. 제조업자가 해당 제조물을 공급한 당시의 과학 · 기술 수준으로는 결함의 존재를 발견할 수 없었다는 사실
3. 제조물의 결함이 제조업자가 해당 제조물을 공급한 당시의 법령에서 정하는 기준을 준수함으로써 발생하였다는 사실
4. 원재료나 부품의 경우에는 그 원재료나 부품을 사용한 제조물 제조업자의 설계 또는 제작에 관한 지시로 인하여 결함이 발생하였다는 사실

② 제3조에 따라 손해배상책임을 지는 자가 제조물을 공급한 후에 그 제조물에 결함이 존재한다는 사실을 알거나 알 수 있었음에도 그 결함으로 인한 손해의 발생을 방지하기 위한 적절한 조치를 하지 아니한 경우에는 제1항 제2호부터 제4호까지의 규정에 따른 면책을 주장할 수 없다.

- 인공지능 로보펫을 판매한 회사(B 회사) : 「민법」은 다음과 같은 하자담보책임을 규정하고 있다. 즉 매매 목적물에 하자가 있으면 매수인은 계약을 해제하거나 손해배상을 청구할 수 있다.

[「민법」 제580조(매도인의 하자담보책임)]

① 매매의 목적물에 하자가 있는 때에는 제575조 제1항의 규정을 준용한다. 그러나 매수인이 하자있는 것을 알았거나 과실로 인하여 이를 알지 못한 때에는 그러하지 아니하다.

여기서 '하자'라는 것이 어느 정도의 결함을 의미하는 것인지, 그리고 판매 이후에 발생한

하자도 책임을 져야 하는 것인지, 하자에 따른 손해배상은 어느 범위까지 가능한지 등 여러 복잡한 쟁점들이 있지만, 중요한 점은 매매 목적물에 하자가 있다면 매수인이 매매 계약을 해제(「민법」 제575조 제1항을 준용)할 수 있다는 것이다.

앞의 로보펫 사례에서 로보펫은 가장 기본적인 기능인 시각장애인 안내를 수행하지 못한 하자가 있으므로, 로보펫을 구매한 김지우씨는 구매 계약을 해제하고 지급한 대금에 대한 반환을 청구할 수 있다. 다만 이러한 계약 해제는 김지우씨가 하자가 있음을 안 날로부터 6개월 이내에 해야 하고(「민법」 제582조), 김지우씨가 하자가 있다는 것을 알고 있거나 쉽게 알 수 있음에도 로보펫을 구매한 것이라면 계약 해제를 할 수 없다. 또한 이 내용은 김지우씨가 계약을 해제할 수 있다는 것이지 행인의 손해를 배상한다는 내용은 아니다.

- 인공지능 로보펫을 사용하는 사용자(시각장애인 김지우씨): 로보펫 사례에서 시각장애인 김지우씨는 로보펫을 구매하여 사용했을 뿐인데, 로보펫의 결함이나 이에 따라 발생한 손해에 대해 책임져야 할까? 물론 김지우씨는 로보펫을 제조하거나 판매하는 자가 아니므로 로보펫의 결함이나 오작동에 대해 책임이 없다고 볼 수 있지만, 다른 한편으로는 로보펫을 사용하는 사용자로서 그에 대한 관리 · 감독 책임이 있으므로 로보펫에 의해 발생한 손해를 책임져야 한다고도 볼 수 있다.

법률이 규정하고 있는 관리 · 감독 책임에는 여러 가지가 있지만, 대표적으로는 다음과 같은 사용자의 배상책임과 동물의 점유자 책임이 있다.

[민법 제756조(사용자의 배상책임)]

① 타인을 사용하여 어느 사무에 종사하게 한 자는 피용자가 그 사무집행에 관하여 제삼자에게 가한 손해를 배상할 책임이 있다. 그러나 사용자가 피용자의 선임 및 그 사무감독에 상당한 주의를 한 때 또는 상당한 주의를 하여도 손해가 있을 경우에는 그러하지 아니하다.

[민법 제759조(동물의 점유자의 책임)]

① 동물의 점유자는 그 동물이 타인에게 가한 손해를 배상할 책임이 있다. 그러나 동물의 종류와 성질에 따라 그 보관에 상당한 주의를 해태하지 아니한 때에는 그러하지 아니하다.

먼저 「민법」 제756조의 사용자의 배상책임을 살펴보면, 피용자(직원)가 사용자(회사)를 위해 업무를 수행하다가 누군가에게 손해를 끼쳤다면 사용자(회사)가 책임을 져야 한다는 것이다. 예를 들어, 택시 운전사가 승객과 다투던 중 승객을 때려서 다치게 하였다면 이에 대하여 택시 회사도 책임을 져야 한다. 다만 택시 회사가 이러한 문제가 발생하지 않도록 택시 운전사 채용이나 운전사의 운행과 관련하여 철저하게 관리 감독을 했음에도 폭행 사건이 발생한 것이라면 택시 회사는 이에 대해 책임지지 않을 수 있다. 만일 택시 회사가 사용자 책임을 지게 되어 승객에게 손해(치료비, 위자료 등)를 배상하였다면, 해당 금액을 택시 운전사에게 다시 청구할 수 있다(이를 '구상'이라고 한다).

이러한 법리를 인공지능에 적용할 수 있을까? 즉 자신을 위해 인공지능을 사용하는 김지우씨가 사용자이고, 인공지능은 사용자인 김지우씨를 위해 일하는 직원으로 볼 수 있는지의 문제이다. 만일 이렇게 볼 수 있다면 김지우씨의 직원인 인공지능이 자신의 업무인 길 안내를 하다가 행인에게 손해를 끼친 것이므로 이에 대해서는 사용자인 김지우씨가 책임을 져야 하는 것이다.

그림 11–6 직원으로서의 인공지능

그러나 사용자 책임에서 말하는 '피용자'는 사람을 전제로 하는 것이기 때문에 사람이 아닌 인공지능 로보펫에는 그대로 적용이 어려울 뿐만 아니라, 사용자 책임을 진 사용자는 추후 피용자에게 구상을 청구할 수 있는데 김지우씨는 인공지능 로보펫에게 자신의 손해를 구상할 수도 없다. 따라서 사용자 책임이 인공지능에 적용되기는 어렵다.

다음으로 「민법」 제759조의 동물의 점유자 책임은 앞서 살펴본 사용자 책임과 비슷하게 동물이 누군가에게 손해를 끼쳤을 때 동물을 데리고 있던 사람(점유자)이 책임을 지는 것이다. 예를 들어 대형견이 행인을 넘어뜨려서 다치게 한 경우 대형견을 데리고 있던 사람이 그에 대한 책임을 져야 한다는 것이다. 여기서 동물은 사람이 아니기 때문에 동물에게 구상을 청구할 수는 없다.

이러한 법리를 인공지능인 로보펫에 적용하는 것을 생각해 볼 수 있지만, 로보펫은 인공지능 또는 로봇일 뿐 동물이라고 볼 수는 없으므로 동물의 점유자 책임도 그대로 적용되기는 어렵다.

결국 현행법상 김지우씨에게 인공지능의 잘못에 대한 책임을 묻기는 쉽지 않다. 물론 김지우씨가 로보펫을 사용하는 과정에서 자신의 고의나 과실로 행인을 다치게 한 것이라면 그 자체로 김지우씨가 행인의 손해에 대해 책임져야 할 수 있지만, 그런 것이 아니라 인공지능 자체의 잘못된 판단이나 오류로 사고가 난 것이라면 김지우씨에게 묻기는 어렵다는 것이다.

이러한 문제를 해결하기 위해서는 앞의 사용자의 배상책임이나 동물의 점유자 책임과 같이 인공지능의 사용자에게도 인공지능의 관리 · 감독 책임을 지게 하는 법을 제정하는 것을 생각해 볼 수 있다. 또한 인공지능을 사용하는 사람은 반드시 보험을 들도록 의무화하여 책임이 불분명한 경우에 대해 피해자에게 보험으로 배상할 수 있도록 제도화하는 것도 생각해 볼 수 있다.

책임 소재 명확화에 따른 기대 효과

인공지능은 자율성이라는 특징을 가지고 있고, 인간의 개입 없이도 스스로 결정하고 행동할 수 있다. 이는 인간이 인공지능의 모든 결정을 통제할 수 없다는 것을 의미하며, 그러한 결정에 따라 문제가 발생한 경우 누구에게 책임을 물어야 할지 불명확한 상황을 만들게 된다.

앞서 살펴본 바와 같이 현행법상으로는 인공지능 제조자나 판매자에게 책임을 물을 수 있는 경우가 있지만 언제나 그러한 것은 아니며, 인공지능을 사용한 사람에게 책임을 물을 수 있는지도 불분명하다. 또한 앞의 사례에서는 인공지능의 제조 회사, 판매 회사, 사용자 정도만을 논의하였지만 인공지능에 관련된 주체는 더 많을 수 있다. 예를 들어, 인공지능의 성능과 결정은 학습에 사용된 데이터의 정확성에 크게 의존하기 때문에 인공지능이 잘못된 데이터를 바탕으로 잘못된 결정을 내린다면 그러한 데이터를 제공한 사람이 책임을 져야 한다고 볼 수도 있다.

이처럼 현행법상으로는 인공지능과 관련하여 발생한 문제에 대해 누가 책임을 지는지가 명확하지 않으므로 인공지능을 개발, 판매, 서비스하는 과정에서 발생하는 문제를 누가 책임지는지 각 주체 간의 계약을 통해 명확하게 규정하는 것이 중요하다. 인공지능 서비스를 제공하는 경우 서비스 제공 약관을 통해 인공지능을 사용하는 과정에서 사용자에게 손해가 발생하면 어느 범위까지 책임을 지고 손해를 배상해 줄 수 있는지에 대해 규정해 둠으로써, 이를 통해 각자의 역할과 책임을 명확하게 정의하고 그에 따라 책임 주체가 결정되도록 할 수 있다. 또한 복잡한 인공지능 시스템의 경우 책임이 한 명이나 한 조직에만 한정되지 않을 수 있으며, 이때는 여러 주체가 공동으로 책임을 지고 각 주체의 과실 정도에 따라 책임이 분배되도록 할 수도 있다.

제3조(제조물 책임) ① 제조업자는 제조물의 결함으로 생명·신체 또는 재산에 손해(그 제조물에 대하여만 발생한 손해는 제외한다)를 입은 자에게 그 손해를 배상하여야 한다.

제580조(매도인의 하자담보책임) ① 매매의 목적물에 하자가 있는 때에는 제575조제1항의 규정을 준용한다. 그러나 매수인이 하자있는 것을 알았거나 과실로 인하여 이를 알지 못한 때에는 그러하지 아니하다.

제758조(공작물등의 점유자, 소유자의 책임) ① 공작물의 설치 또는 보존의 하자로 인하여 타인에게 손해를 가한 때에는 공작물점유자가 손해를 배상할 책임이 있다. 그러나 점유자가 손해의 방지에 필요한 주의를 해태하지 아니한 때에는 그 소유자가 손해를 배상할 책임이 있다.

제759조(동물의 점유자의 책임) ① 동물의 점유자는 그 동물이 타인에게 가한 손해를 배상할 책임이 있다. 그러나 동물의 종류와 성질에 따라 그 보관에 상당한 주의를 해태하지 아니한 때에는 그러하지 아니하다. ② 점유자에 갈음하여 동물을 보관한 자도 전항의 책임이 있다.

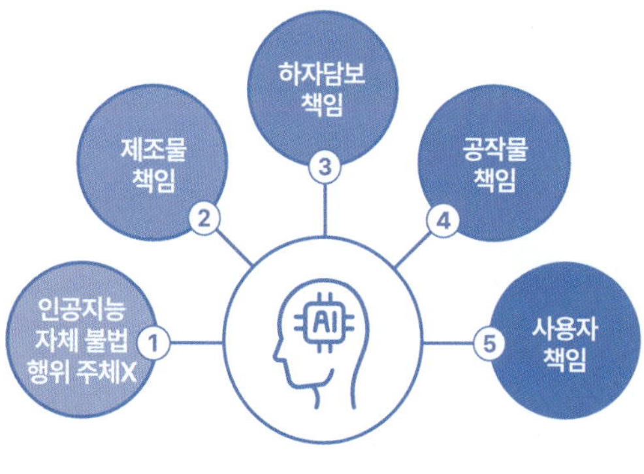

제756조(사용자의 배상책임) ① 타인을 사용하여 어느 사무에 종사하게 한 자는 피용자가 그 사무집행에 관하여 제삼자에게 가한 손해를 배상할 책임이 있다. 그러나 사용자가 피용자의 선임 및 그 사무감독에 상당한 주의를 한 때 또는 상당한 주의를 하여도 손해가 있을 경우에는 그러하지 아니하다.

그림 11-7 인공지능에 적용을 고려해 볼 수 있는 법률상 책임

책임 소재가 명확해질수록 다음과 같은 효과를 기대해 볼 수 있다.

- **법적 안정성 증가**: 책임 주체가 명확하면 법적 분쟁의 해결이 더 빠르고 명확하게 이루어질 수 있다. 피해자가 누구에게 손해배상을 청구할 수 있는지 확실해지고, 기업이나 개발자들도 자신의 책임 범위를 사전에 파악할 수 있어 법적 리스크를 줄일 수 있다.
- **책임 있는 개발 및 사용 촉진**: 책임 주체가 명확할수록 인공지능 시스템의 개발자와 사용자들은 더 신중하게 인공지능을 개발하고 사용하게 된다. 안전성과 윤리적 기준을 고려한 인공지능 개발이 촉진될 것이며, 이를 통해 더 나은 품질의 제품이 시장에 나올 수 있게 된다.
- **소비자 신뢰 향상**: 인공지능 시스템을 사용하는 소비자는 시스템에서 문제가 발생하더라도 자신의 권리를 보호받을 수 있음을 알게 되면 신뢰도가 높아진다. 이에 따라 인공지능 기반 제품과 서비스의 수용도가 증가할 수 있다.
- **산업 성장 촉진**: 책임 체계가 명확하면 기업들은 법적 리스크를 덜고, 혁신적인 인공지능 제품을 더 많이 개발하는 데 집중할 수 있다. 이는 전체적으로 인공지능 산업의 성장을 촉진할 수 있다.

인과관계의 불명확성

발생한 손해에 대해 법적 책임을 묻기 위해서는 손해와 의무 위반 간에 인과관계가 존재해야 한다. 즉, 행위자가 법적 의무를 위반했기 때문에 손해가 발생했다는 점이 입증되어야 하며, 인공지능 관련 사고에서도 사고가 인공지능의 결정이나 오류로 인해 발생한 것임을 입증해야 한다. 이를 인과관계라고 하며, 손해에 대해 법적 책임이 성립하기 위한 요건 중 하나이다.

그런데 인공지능 분야는 그 특수성으로 인해 인과관계가 불명확한데, 아래에서 구체적으로 살펴본다.

인공지능의 기술적 특징으로 인한 인과관계 규명의 어려움

전통적인 시스템에서는 사용자가 입력을 제공하면 그에 따라 예상되는 결과가 나오는 구조로 되어 있어서 손해 발생 시 원인을 특정하기가 비교적 쉬웠다. 그런데 인공지능은 대규모 데이터를 학습하고 복잡한 알고리즘을 통해 결정을 내리기 때문에 인공지능이 왜 그러한 결정을 내리고 행동했는지를 명확히 밝히기가 좀 더 어렵다. 특히 인공지능은 블랙박스 현상으로 인해 결정을 내리는 과정이 투명하지 않으며 그 결정의 이유를 설명할 수 없는 경우가 많다.

인공지능의 인과관계 문제는 특히 딥러닝과 같은 자율적 학습 시스템에서 두드러진다. 딥러닝은 대규모 데이터를 기반으로 패턴을 학습하고 이러한 학습에 기초하여 스스로 결정을 내리기 때문에 그러한 결정이 어떻게 도출되었는지를 추적하기가 어렵다. 이는 인공지능이 사고를 일으켰을 때 그 사고의 원인이 인공지능 자체의 문제인지, 외부 환경의 문제인지, 또는 인간(인공지능 사용자)의 잘못된 개입 때문인지 파악하기 힘들다는 문제로 이어진다. 예를 들어, 자율주행차의 교통사고가 발생했을 때 그 사고의 원인이 무엇인지를 밝혀야 그 원인을 제공한 자에게 책임을 물을 수 있는데, 사고의 원인이 차량의 인공지능 시스템에 있는지 도로 상황이나 다른 차량의 행동 때문인지를 명확하게 알기가 어렵다.

나아가 인공지능에 오류가 있다는 점이 밝혀진다고 하더라도 발생한 손해가 항상 인공지능 때문이라고 할 수도 없다. 예를 들어, 의사가 환자를 진찰하는 과정에서 인공지능 기반 의료 진단 시스템의 도움을 받는 모습을 생각해 보자. 만일 인공지능 기반 의료 진단 시스템이 심장질환이 없는 환자에 대해 심장질환이 있다는 잘못된 진단을 내리고, 인공지능의 진단을 확인한 의사가 심장질환을 치료하는 시술을 하였다면, 환자는 불필요한 의료 비용을 지출하게 되었을 뿐만 아니라 치료 과정에서 신체적·정신적 손해가 발생한다. 이러한 손해의 원인이 인공지능의 잘못된 진단에 있다고 할 수도 있지만, 인공지능은 단순히 의사의 판단을 위한 보조적인 역할을 할 뿐이고, 최종적인 진단을 내리는 자는 의사이므로 의사의 잘못된 시술이 원인이라고 할 수도 있다.

그림 11-8 의사와 인공지능의 책임

이처럼 인공지능 시스템의 설계와 운영에서 발생하는 기술적 오류와 인간의 개입 사이의 경계를 구분하는 것이 쉽지 않다는 점 또한 법적 책임을 묻는 과정에서 해결해야 할 중요한 이슈 중 하나이다.

인공지능 분야의 인과관계 문제를 해결하는 방법

가장 먼저 생각해 볼 수 있는 방법은 기술적 해결 방안으로서 설명 가능한 인공지능(Explainable AI; XAI)의 개발 및 도입이다. 설명 가능한 인공지능은 인공지능 시스템이 왜 그러한 결정을 내리게 되었는지에 대한 설명을 제공하는 기술로 인과관계를 밝히는 데 도움을 줄 수 있다. 즉 인공지능 시스템이 내린 결정이 어떠한 데이터를 기반으로 했는지, 어떠한 알고리즘적 판단 과정을 거쳤는지를 알아낸다면 인공지능의 운용 과정에서 발생한 손해가 인공지능에 기인한 것인지를 알아낼 가능성이 높아진다.

다음으로는 법률적 해결 방안으로서 인공지능 분야에서 입증책임의 전환이나 무과실 책임 법안을 도입하는 것이다.

- **인과관계에 대한 입증책임의 전환**: 피해자는 자신에게 손해가 발생했다는 사실 뿐만 아니라 그러한 손해가 가해자에 의한 것이라는 점도 입증해야 한다. 그러나 인공지능의 복잡성과 비투명성이라는 특성 때문에 피해자가 인공지능 시스템의 결함이나 개발자의 과실을 입증하기는 매우 어렵다. 이에 인공지능 시스템을 사용하다가 발생한 피해에 대해서는 피해자가 아닌 인공지능 개발자나 운영자가 자신 때문에 손해가 발생한 것이 아니라는 점을 증명하도록(즉, 인과관계에 대한 입증책임이 피해자에서 가해자로 전환되도록) 하는 방안을 생각해 볼 수 있다. 예를 들어, 자율주행차 사고에서 운전자가 아닌 차량 제조사나 소프트웨어 개발자가 자기 기술에 문제가 없었음을 입증해야 하는 것이다. 이렇게 하면 피해자는 입증의 부담을 줄이고 개발자나 운영자가 자신들의 책임을 더 신중히 검토하도록 유도하는 효과를 가질 수 있다. 그러나 소비자로서는 입증책임의 부담이 없으므로 소송을 더 쉽게 제기할 수 있고 그 결과 인공지능 개발자나 운영자로서는 과도한 소송에 시달릴 수 있다는 문제가 있다.
- **무과실 책임**: 인공지능 개발자나 운영자가 자신들에게 잘못이 있는지와 무관하게 인공지능과 관련하여 발생한 문제나 사고에 대해 책임지도록 하는 것이다. 예를 들어, 자율주행차가 사고를 일으키는 경우, 사고의 원인이 무엇이든 간에 차량 제조사가 책임을 지는 방식이다. 이러한 방식은 피해자가 과실을 입증할 필요가 없으므로 소송 절차가 단순해지고 분쟁이 신속하게 해결될 수 있으며 피해자의 입증 부담을 덜어주어 권리 구제를 더 쉽게 할 수 있다. 그러나 과실이 없는 경우에도 책임을 져야 하므로 회사에 과도한 부담을 줄 수 있고, 무과실 책임에 따른 높은 리스크로 인해 기업들이 새로운 기술이나 제품을 개발하는 데 소극적으로 되어서 특히 고위험 분야에서 혁신을 저해할 수 있는 요소로 작용할 수 있으므로 신중하게 검토하여야 한다.

종래 법률적 개념 적용의 어려움(재해석의 필요성)

인공지능의 급속한 발전으로 인하여 인공지능에 종래의 법률적 개념을 그대로 적용하기 어려워졌으며, 그에 따른 재해석의 필요성이 커지고 있다. 특히 법적 책임에서 자주 사용하는 몇 가지 주요 개념들은 인간의 행동을 중심으로 구성된 개념으로서 인공지능에 그대로 적용하기에는 한계가 있다. 다음에서 법률적 용어를 중심으로 좀 더 살펴본다.

의사(意思)

의사는 특정한 목적이나 의도를 가지고 행위를 하려는 주체의 내적 결정을 의미한다. 법에서는 주로 의사에 따라 행동한 행위에 대한 책임을 지도록 하고 있고, 의사 결정 능력을 가진 자에게 법적 책임을 묻는다. 즉, 행위자가 자신이 한 행동에 대해 충분히 이해하고, 그 결과를 예상할 수 있어야 책임을 물을 수 있다는 것이다. 또한 의사의 표시는 계약이 성립하는 데 중요한 요소이다. 의사의 표시는 계약 당사자가 서로의 의도를 명확히 표현하고 그에 대해 동의하는 과정을 포함한다.

이러한 의사의 법적 개념은 「계약법」, 「형법」, 「민법」 등에서 매우 광범위하게 사용되며, 특히 의도적인 법률 행위의 유효성을 평가하는 중요한 기준이다.

그런데 인공지능의 경우 의사라는 개념을 그대로 적용하는 데 어려움이 있다. 인공지능은 인간과 달리 자율적인 '의사'를 가지지 않으며 스스로 목적을 가지고 행동하지 않는다. 즉 인공지능은 알고리즘에 의해 프로그래밍된 후 학습된 내용을 바탕으로 판단을 내리지만, 그 자체가 의식적 결정을 내리거나 행동의 의도를 가지는 것은 아니다. 따라서 인공지능이 인간처럼 '결정'을 내리더라도 이를 의사라고 보기 어렵다.

그러므로 의사의 표시를 할 수 없는 인공지능이 계약의 당사자가 될 수 있는지, 이렇게 체결된 계약이 유효한 것인지, 의사 없이 행동한 인공지능에 대하여 인간과 마찬가지의 민·형사상 책임을 물을 수 있는지 등을 논의하기 위해서는 전통적인 '의사' 개념에 대한 재해석과 그에 따른 법적 기준을 정립하는 것이 필수적이다.

고의(故意)와 과실(過失)

고의와 과실은 법률에서 책임을 묻기 위한 중요한 개념이다. 이 둘은 행위자가 특정한 결과를 염두에 두고 의도했는지, 혹은 예견했음에도 불구하고 주의를 다하지 않았는지를 평가하는 기준이다.

먼저, 고의란 타인의 권리를 침해하는 줄 알면서도 일부러 하는 생각이나 태도를 의미한다. 고의가 입증되면 행위자는 그 행동에 대해 높은 책임을 지게 된다. 과실은 보통 사람 수준의 주의를 했다면 그 결과를 막을 수 있었음에도 그 주의를 기울이지 않아서 문제가 발생한 경우를 의미하며, 과실이 있는 경우에도 책임을 질 수 있다. 과실은 중과실(무거운 과실)과 경과실(가벼운 과실)로 나눌 수 있다. 중과실은 매우 중대한 부주의를 의미하며 일반적인 상식을 벗어난 행동을 하거나 최소한의 주의조차 기울이지 않아 문제를 초래한 경우를 가리키고, 경과실은 비교적 가벼운 과실을 의미하는데 일반적인 주의 의무를 다하지 못한 부주의나 실수를 말한다. 중

과실의 경우 경과실보다 좀 더 높은 책임을 지게 된다.

고의, 중과실, 경과실의 차이를 교통사고 사례를 예로 들어 설명하면 다음과 같다.

- 고의(A): 김씨가 개인적인 원한으로 박씨를 해치기 위해 차를 몰고 의도적으로 박씨의 차량을 들이받은 경우
- 중과실(B): 김씨가 음주운전을 하고, 제한 속도를 훨씬 넘긴 상태에서 신호 위반으로 교차로를 지나가다가 박씨의 차량을 들이받아 사고를 일으킨 경우
- 경과실(C): 김씨가 운전 중 휴대전화를 확인하느라 잠시 전방을 보지 못하고 박씨의 차와 충돌한 경우

그림 11-9 고의, 중과실, 경과실에 따른 자동차 사고 유형

위 3가지 경우 모두 박씨의 차량에 사고가 발생했고 차량 파손의 손해가 발생했다는 점은 완전히 동일하다. 그러나 김씨가 사고의 의도가 있었는지, 사고 방지를 위해 얼마만큼의 주의를 기울였는지만이 다르며 그에 따라 김씨의 처벌 수위가 모두 달라질 수 있다.

이처럼 법률상 책임을 묻기 위해서는 인간의 내적 의도, 동기, 행동을 모두 살펴야 하는데, 인공지능에는 그러한 내적인 의도나 동기, 행동이 있다고 보기가 어렵다. 예를 들어 자율주행차가 사고를 일으켰을 때 인공지능이 그 사고를 고의적으로 일으켰다고 할 수는 없다. 자율주행차는 사고를 발생시키려는 의도나 의사를 가지기보다는 프로그램되거나 학습된 내용에 따라 판단하고 이를 실행하기 때문이다.

나아가 인공지능이 더욱 발전하여 인간과 유사한 수준의 의도나 동기를 가질 수 있다고 하더라도, 인간에게 적용되는 기준이 인공지능에 그대로 적용되기도 어렵다. 예를 들어, 법은 보통 사

람이라면 지켜야 할 주의 의무를 다하지 않았을 때 과실이 있는 것으로 규정하는데, 인공지능의 경우에도 사람과 비슷한 수준의 주의 의무를 다하면 되는지 아니면 좀 더 엄격한 수준의 주의 의무를 다해야 하는지도 아직 정해진 바가 없다.

따라서 고의, 과실의 개념에 대해서도 인공지능 분야에 적합한 새로운 개념을 재정의할 필요가 있다.

예견(豫見) 가능성

예견 가능성은 법에서 미래에 발생할 수 있는 결과나 피해를 예측할 수 있었는지에 따라 책임 여부를 판단하는 기준이다. 특히 「계약법」이나 불법 행위와 관련된 법률은 결과를 예상할 수 있었다면 이에 대한 준비나 예방 조치를 취해야 할 의무가 있다고 보아서 합리적으로 예상할 수 있는 범위까지 손해를 배상하도록 하고 있다.

그런데 인공지능 시스템이 인공지능 운용 과정에서 발생할 수 있는 오작동이나 오류에 대해 어느 정도까지 예측할 수 있는지를 판단하기는 어렵다. 또한 인공지능의 계산 성능을 고려해 보면 인간의 수준을 훨씬 넘는 범위까지 예상이 가능할 수 있는데, 이러한 범위까지의 모든 손해를 배상해야 하는 것으로 보기도 어렵다.

이상 살펴본 바와 같이, 인공지능은 독립적이고 자율적이라는 측면으로 인하여 기존의 기술과는 달리 인간과 매우 유사한 특징을 가지고 있고 단순한 도구 이상의 역할을 하고 있다. 따라서 기존 법률 개념의 재해석 또는 새로운 법적 프레임워크가 필요하며, 인공지능의 기술이 더 발달할수록 계속해서 더 많은 논의와 연구가 필요할 것이다.

11.4 인공지능 분야 법적 책임의 구체적인 사례

아직 인공지능 분야에서 법적 책임을 어떻게 정의하고 관련 법률을 적용할지에 대해 명확하지 않은 부분이 많이 있지만, 인공지능 기술이 급속도로 실생활에 도입되면서 이미 여러 문제가 발생하고 있다. 따라서 누가 어떻게 어떤 부분을 책임져야 할지에 대한 판단이 필요하다.

다음에서는 인공지능 분야에서 법적 책임이 문제 되었던 실제 사례들을 소개한다.

테슬라의 자율주행 자동차 사고

가장 널리 알려진 인공지능 관련 법적 책임 사례 중 하나는 테슬라(Tesla)의 자율주행 자동차 사고이다.

그림 11-10 테슬라 자율주행차 충돌 과정

테슬라의 자율주행 자동차에는 차량이 자체적으로 운전을 제어하는 '오토파일럿(Auopilot)' 기능이 탑재되어 있는데, 2016년 미국 플로리다에서는 테슬라 차량이 오토파일럿 모드에서 대형 트럭과 충돌해 운전자가 사망하는 사고가 발생했다. 이후 이 사고는 자율주행 시스템과 관련된 법적 책임 문제를 본격적으로 공론화한 사례로 자리 잡았다.

이 사건에서 논의된 주요 법적 문제는 테슬라의 오토파일럿 시스템이 충분히 안전했는지, 그리고 이에 대한 테슬라의 책임이 있는지 여부였다. 또한 테슬라가 오토파일럿 시스템의 성능을 과장했는지, 사용자에게 시스템의 한계를 명확히 경고했는지와 함께 운전자가 시스템의 한계를 충분히 인지하고 사용했는지, 즉 운전자의 과실이 있었는지도 함께 쟁점이 되었다.

결국 자율주행 차량의 사고가 발생하면 제조사, 소프트웨어 개발자, 사용자 중 누구에게 책임이 있는지에 대한 복잡한 법적 문제를 제기한 사례였고, 최종적으로 이 사건은 운전자가 자율주행 시스템의 한계를 충분히 인지하지 못했음을 이유로 테슬라가 법적 책임을 지지 않는 것으로 결론 났다. 하지만 자율주행 자동차 사고에서 발생할 수 있는 법적 책임에 대한 중요한 논의를 촉발했다는 점에서 의미가 있다.

딥페이크 기술과 개인정보 침해

딥페이크(Deepfake)는 인공지능을 사용하여 사람의 얼굴이나 음성을 변경 또는 조작하는 기술로, 최근 몇 년간 빠르게 확산하면서 법적 문제를 일으키고 있다. 특히 딥페이크 기술은 유명인의 이미지를 무단으로 사용하여 가짜 동영상을 만들어내는 방식으로 개인의 프라이버시를 침해하고 때로는 명예를 훼손하는 데 사용되었다.

2019년 중국에서는 딥페이크 기술로 인한 법적 분쟁이 발생했다. 중국의 한 인공지능 스타트업은 딥페이크 기술을 활용해 유명 배우의 이미지를 도용한 동영상을 제작했고, 이에 대해 해당 배우는 프라이버시 침해 및 명예훼손을 이유로 소송을 제기했다. 이 사건에서 법적 쟁점은 인공지능이 생성한 콘텐츠가 실제 인물의 권리를 얼마나 침해할 수 있는지, 그리고 이를 누가 책임져야 하는지였다.

결과적으로 법원은 딥페이크 기술을 활용한 불법적인 이미지 사용은 「개인정보 보호법」 위반에 해당한다고 판결했다. 이 사건은 딥페이크 기술의 사용이 법적 책임을 수반할 수 있음을 보여주었고, 특히 이러한 기술이 누군가의 권리를 침해하는 경우 그에 따른 법적인 제재가 가해질 수 있음을 알 수 있다.

아마존 채용 인공지능의 성차별

아마존(Amazon)은 채용 과정에서 인공지능 알고리즘을 사용하여 지원자 이력서를 분석하고, 적합한 지원자를 자동으로 선별하는 시스템을 구축했으나, 해당 시스템이 여성 지원자에게 불리한 평가를 하는 것으로 드러났다. 아마존의 인공지능 시스템은 과거 회사가 선호했던 지원자의 데이터를 학습하면서 남성 지원자를 더 높이 평가하게 되었고, 결국 성차별적인 결과를 초래하게 된 것이다.

이러한 채용 인공지능에 대해 소송이 진행되거나 제제가 가해진 것은 아니고 아마존도 이 시스템의 사용을 중단했지만, 인공지능 시스템이 편향된 데이터로 학습되는 경우 실제로 차별적 판단을 할 수 있다는 점은 많은 사람에게 경각심을 불러일으켰다. 이 사건 이후 인공지능이 직접적으로 사람을 평가하는 과정에서 발생할 수 있는 문제에 대한 법적 책임이 논의되기 시작하였다. 이러한 논의 이후 2019년 미국 일리노이주는 직원 채용 면접 과정에서 「인공지능의 사용을 규제하는 법(Artificial Intelligence Video. Interview Act)」을 제정하기도 하였다.

인공지능의 투자 실패

틴다리스 인베스트먼트(Tyndaris Investments)는 영국 런던에 본사를 둔 회사로 인공지능 기반의 헤지 펀드인 K1을 운영해 왔다. K1에 사용된 인공지능은 실시간으로 금융 시장 데이터를 분석하고 자율적으로 투자 결정을 내리는 시스템이다. K1 펀드는 2017년에 판매가 시작되었고 초기에는 높은 수익률을 약속하기도 하였으며 틴다리스 인베스트먼트의 CEO는 K1의 성과를 강조하며 미래 투자 수익이 두 자릿수를 기록할 수 있다고 설명하기도 했다.

이에 홍콩의 부동산 재벌인 사마터 리 킨칸(Samathur Li Kin-kan)은 K1 펀드에 투자하였으나 2017년 말부터 손실이 발생하기 시작했고 특히 하루에 2천만 달러 이상의 손실을 기록한 날도 있었다. 이에 사마터 리는 K1이 투자 목표를 달성하지 못했을 뿐만 아니라 인공지능의 성능이 과장되었다고 주장하며 틴다리스 인베스트먼트를 상대로 투자 손실의 배상을 요구하는 소송을 제기하였다.

이 사건은 아직 진행 중이며 인공지능이 자율적으로 투자 결정을 내릴 때 발생할 수 있는 손실에 대한 책임 문제를 다루는 중요한 법적 사례로 주목받았고, 해당 판결은 이후 다른 유사한 사건에 큰 영향을 미칠 것으로 예상된다.

초거대 인공지능 회사의 반독점 규제

2024년 6월, 미국 법무부와 연방거래위원회(FTC)는 마이크로소프트, 오픈AI, 엔비디아 3사에 대해 반독점 조사를 시작했다.

인공지능 기술이 빠르게 확산하면서 특정 기업이 인공지능 시장에서 필수적인 자원(데이터, 인력, 컴퓨팅 자원)을 독점할 수 있는데 이러한 독점적 행위는 시장 경쟁을 억제하고, 혁신을 저해하며, 결국 소비자에게 피해를 줄 수 있다는 우려가 제기되었기 때문이다.

엔비디아의 경우 인공지능 반도체 시장에서 약 80%의 점유율을 차지하고 있어서 대부분의 인공지능 회사는 엔비디아에 의존할 수밖에 없는 상황이다. 이러한 상황에서 엔비디아가 다른 회사에 불합리한 가격 정책을 강요했는지, GPU를 판매하며 네트워킹 장비도 묶어 팔아서 다른 네트워킹 장비 회사들과의 공정한 시장 경쟁을 저해하였는지 등을 조사받고 있다.

마이크로소프트나 오픈AI의 경우에는 엄청난 자금력과 기술을 바탕으로 다른 인공지능 회사들을 흡수하면서 시장 지배력을 강화하고 있는데, 이 과정에서 반독점에 해당하는 사항이 없는지 조사가 진행되고 있다.

조사는 계속 진행 중이며, 미국 법무부와 FTC는 인공지능이 가져올 혁신을 보호하기 위해 반독점 규제를 적극적으로 적용할 것이라고 강조하고 있다. 따라서 앞으로 독점적 초거대 인공지능 기업에 대한 규제는 계속될 것으로 보이며, 공정한 거래 환경 조성을 위한 법적 책임을 준수하는 것은 더욱 중요해질 것이다.

챗봇 인공지능의 잘못된 정보 제공

오픈AI에서 개발한 GPT-3는 자연어 처리 분야에서 혁신적인 AI 모델로 평가받고 있지만, 동시에 GPT-3가 생성한 콘텐츠로 인해 법적 책임이 문제된 사례도 있다.

2023년 6월, 미국 조지아주의 라디오 진행자 마크 월터스(Mark Walters)는 ChatGPT가 자신에 대한 허위 정보를 생성하였다고 주장하며 OpenAI에 대해 명예훼손 혐의로 소송을 제기했다. 좀 더 구체적으로 살펴보면, 기자인 프레디 리엘(Fredy Riehl)은 GPT에 자신이 보도 중인 법적 사건의 요약을 요청했는데, GPT는 마크 월터스가 권총 권리를 지지하는 비영리 단체인 Second Amendment Foundation(SAF)의 자금을 횡령했다는 내용의 응답을 생성하였다. 이에 마크 월터스는 GPT가 사실이 아닌 내용을 생성하여 자신의 명예를 훼손했다고 주장하면서 소송을 제기한 것이다.

이 사건의 핵심 쟁점은 인공지능이 허위 정보를 제공했을 때 이에 대한 법적 책임을 질 수 있는지에 대한 것으로 법원이 어떠한 판단을 내릴지 주목받고 있다.

11.5 정리하며

이제는 인공지능이 활용되는 분야를 찾는 것보다 활용되지 않는 분야를 찾는 것이 더 어려운 세상이 되었다. 이렇게 인공지능이 우리 삶의 깊숙한 곳에 자리 잡고 있다는 것은, 인공지능에 문제가 발생했을 때 우리에게 미치는 영향이 매우 클 수 있다는 것을 의미한다.

앞으로는 인공지능의 오류나 잘못된 판단으로 인하여 발생한 손해에 대해 많은 분쟁이 일어날 수 있고, 이러한 손해에 대해 누가 책임져야 하는지에 대한 이슈가 계속해서 제기될 것이다. 그러나 현재 법적 책임의 틀은 인간 행위자를 전제로 하고 있기 때문에 자율적으로 행동하는 인공지능 시스템에 이러한 내용을 적용하는 데는 한계가 존재한다.

따라서 이러한 문제를 해결하기 위해서는 인공지능의 기술적, 사회적, 윤리적 특징을 반영한 새로운 법적 기준이 필요하다. 즉 인공지능에 맞춘 새로운 법적 기준을 설정하거나, 인공지능 시스템에 대한 책임보험의 도입과 같은 제도적 보완을 고려할 필요가 있다. 또한 사회 전반에서 인공지능으로 인한 피해를 방지하고 공정한 책임 분배를 보장할 수 있는 법적 체계 마련이 시급하다. 나아가 문제가 발생하기 이전의 단계, 즉 사전 예방적 규제도 강화할 필요가 있다.

결국 앞으로 인공지능과 법적 책임에 대한 논의는 법률적 이슈를 넘어, 사회 전반의 윤리적 기준과 기술적 진보 사이의 균형을 찾는 과정이 될 것이다.

Q&A 11장

Q 인공지능에도 사람처럼 법적인 권리와 책임을 부여할 수 있을까? 즉, 인공지능을 '전자 인격체'로 인정할 날이 올까?

A 인공지능에 법률적으로 '전자인격체' 개념을 적용하는 문제는 활발한 논의의 대상이다. '전자인격체'란 인공지능이나 로봇과 같은 자율적 시스템에 법적 지위를 부여하여 권리와 의무의 주체로 인정하는 개념이다.

2017년 2월 유럽의회는 자율적 판단 기능을 가진 인공지능 로봇에게 '전자인간' 지위를 부여할 필요가 있다는 결의안을 통과시켰고, 이는 자율주행차와 같은 자율적 기계로 인한 사고가 발생했을 때 누가 책임을 져야 하는지를 명확하게 하기 위한 것이다. 이러한 '전자인간'이라는 지위 부여에 대해 찬성과 반대 의견이 나뉜다. 찬성 측은 로봇에게 법적 지위를 부여함으로써 사고 시 책임 소재를 명확히 하고 로봇이 축적하는 부의 일부를 사회에 환원하는 구조를 만들 수 있다고 주장하고, 반대 측은 현재의 법률 체계로도 충분히 문제를 해결할 수 있다고 반박한다.

아직까지는 대부분의 국가에서 인공지능에 '전자인격체' 개념을 법률적으로 적용하는 것에 대해 명확한 합의나 법적 제도가 마련되지 않았다. 그러나 인공지능 기술의 발전과 함께 이러한 논의는 지속될 것으로 보이며, 향후 법적 지위에 대한 구체적인 규정이 마련될 가능성이 있다.

Q 인공지능이 어떤 결정을 내릴 때 그 과정이 명확하지 않다면, 누가 책임져야 하는지 어떻게 알 수 있을까?

A 인공지능의 의사결정 과정이 불투명하다면 책임소재를 규명하는 데 다음과 같은 문제가 발생할 수 있다.

1. 인과관계의 불명확성: 인공지능은 불투명성(일명 '블랙박스' 문제)으로 인해 특정 결과가 어떻게 도출되었는지 설명하기가 어렵다. 이는 결과의 책임이 누구에게 있는지를 밝히는 데 핵심적인 인과관계 분석을 어렵게 만든다. 예를 들어 의료 인공지능이 잘못된 진단을 내린 경우, 그러한 진단을 왜 내렸는지 알기 어렵다면 누구의 잘못 때문인지도 파악하기 어렵게 된다.
2. 책임 주체를 정하는 것의 어려움: 인공지능 시스템에는 다양한 주체가 관여한다. 개발자는 알고리즘을 설계하고, 데이터 제공자는 학습 데이터를 공급하며, 운영자는 인공지능을 활용하여 서비스를 제공하고, 사용자는 인공지능을 사용한다. 인공지능에 이렇게 여러 주체가 관여하기 때문에 인공지능으로 인한 문제가 누구의 잘못인지를 파악하는 것은 쉽지 않다.
3. 의도 및 과실 판단의 제한: 법적 책임을 묻기 위해서는 고의나 과실이 있어야 하는 경우가 많은데, 인공지능의 결정 과정이 불투명할 경우 발생한 문제가 의도적인 조작인지, 단순한 기술적 오류인지, 아니면 누군가의 고의나 과실이 없음에도 어떠한 어쩔 수 없는 사정으로 인하여 발생한 문제인지를 판단하기 어렵다.

이러한 문제를 해결하는 방안으로는 다음의 내용을 고려해 볼 수 있다.

- 인공지능의 투명성과 설명 가능성 강화: 인공지능의 설계 단계에서부터 의사결정 과정을 추적하고 설명할 수 있는 기술(예: XAI, Explainable AI)이나 제도 도입
- 책임 주체 명확화: 계약서나 사용 지침에서 각 주체의 역할과 책임 범위를 사전에 정의
- 법률 및 규제 정비: 인공지능의 불투명한 의사결정 과정으로 인해 발생할 수 있는 책임 소재 문제를 해결하기 위해 새로운 법적 기준을 수립하거나 기존 법령 개정

Q 인공지능이 잘못된 예측이나 결과를 내놓아 피해가 발생했다면, 이러한 피해는 누가 책임져야 할까?

A 인공지능의 잘못된 예측이나 결과로 인해 피해가 발생한 경우, 피해 보상의 책임 주체를 명확히 하는 것은 복잡한 문제이다. 이는 오류의 원인과 해당 시스템의 개발, 운영, 사용에 관여한 주체들의 역할에 따라 다르게 결정될 수 있다.

먼저 오류의 원인을 분석하는 것이 중요하다. 잘못된 결과가 알고리즘의 설계 결함에서 비롯된 것인지, 아니면 데이터 품질 문제나 사용자의 부적절한 사용으로 인해 발생했는지를 파악해야 한다. 예를 들어 금융 예측 모델이 특정 투자 결정을 잘못 내리게 했다면 그 원인이 학습 데이터의 편향인지, 알고리즘 자체의 결함인지, 아니면 사용자가 해당 모델을 적절히 이해하지 못한 것인지에 따라 책임이 달라질 수 있다.

개발사는 알고리즘이나 소프트웨어 설계에서 발생한 결함이 문제의 원인일 때 책임을 지게 될 수 있다. 만약 알고리즘이 특정 조건에서 예측 오류를 내는 것이 확인되었다면, 개발사는 설계 단계에서 문제를 예방하지 못한 책임을 질 가능성이 높다. 특히, 결함이 치명적이고 사전에 발견될 수 있었다면 개발사의 과실로 간주될 수 있다.

데이터 제공자의 책임도 고려할 수 있다. 인공지능 시스템은 학습 데이터의 품질과 편향에 크게 의존한다. 데이터에 오류나 편향이 포함되어 있었다면, 데이터 제공자가 이에 대한 책임을 질 가능성이 있다. 예를 들어 잘못된 의료 데이터를 학습한 인공지능이 부적절한 치료 결정을 내렸다면, 데이터 제공자가 이 문제에 대한 법적 책임을 일부 질 수 있다.

사용자의 책임은 시스템의 사용 방식이 잘못되었을 때 발생할 수 있다. 사용자가 시스템의 한계를 무시하거나 잘못된 방식으로 활용하여 피해를 초래했다면, 사용자가 책임을 져야 할 가능성도 있다. 특히, 시스템 메뉴얼에 명시된 경고나 제한 사항을 무시했다면 사용자의 과실이 인정될 수 있다.

그 외에 제조물책임, 하자담보책임, 공작물책임 등 관련 법률이 정하고 있는 바에 따라 책임을 지게 될 수도 있고, 여러 주체 간의 계약 내용과 보증 조건에 따라 결정될 수도 있다.

12 장

인공지능의 분야별 검토

금융, 의료, 교통, 제조, 교육 분야 등

학 습 목 표

1. 인공지능의 분야별 검토가 필요한 이유를 이해한다.
2. 인공지능의 분야별 활용 사례를 살펴본다.
3. 분야별로 윤리적, 제도적, 법률적 쟁점을 학습한다.

12.1 들어가며

인공지능의 적용 분야가 다양한 산업으로 확장되면서 인간의 삶에 매우 큰 영향을 미치고 있다. 그런데 산업마다 인공지능이 적용될 때의 특성, 적용 방식, 법적·윤리적·사회적 이슈가 서로 달라서 인공지능을 활용할 때 어떠한 내용을 고려해야 하는지가 각기 다를 수 있다.

그림 12-1 자율주행차 해킹

자율주행차의 인공지능이 더욱 발달하여 인간의 개입 없이도 스스로 도로를 주행할 수 있는 미래를 상상해 보면 이 기술이 가져올 긍정적인 변화는 상당히 크지만, 그 이면에는 여러 법적, 제도적, 윤리적 문제들이 존재한다. 특히 해커가 원격으로 자율주행차에 접근하여 차량의 제어권을 탈취할 수도 있고, 이때 차량을 위험한 경로로 유도하거나 의도적으로 충돌 사고를 발생시킬 수 있다. 이러한 상황은 운전자뿐만 아니라 다른 도로 사용자들에게도 치명적인 결과를 초래할 수 있다. 예를 들어, 해커가 다리 위에서 자율주행차의 브레이크 시스템을 무력화시켜 속도를 늦출 수 없게 만들거나, 다른 차량과의 충돌을 유도할 수 있다. 따라서 교통 분야에 활용되는 인공지능에는 보안이 중요한 쟁점이 될 수 있다. 반면 챗봇의 경우에는 이러한 교통 분야보다는 보안의 중요성이 낮다.

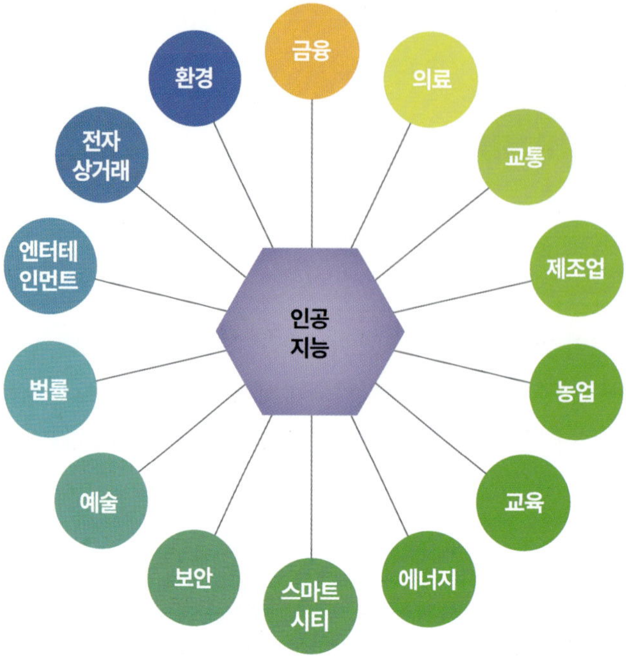

그림 12-2 인공지능의 다양한 활용 분야

이번 장에서는 인공지능이 적용되고 있는 수많은 분야 중에서 금융, 의료, 교통, 교육, 국방, 법률 분야에 인공지능이 어떻게 활용되고 있고, 어떠한 윤리적, 제도적, 법적 이슈들이 있는지 살펴본다.

12.2 인공지능의 분야별 검토가 필요한 이유

앞서 살펴본 바와 같이 인공지능은 각 활용 분야별로 윤리적, 제도적, 법적 검토를 해야 한다. 이러한 검토가 필요한 이유는 산업별로 그 특수성, 법적 요구와 규제 환경, 사회적·윤리적 문제, 기술 발전 수준이 다르고 그에 따른 사회적 수용성이 다르기 때문이다. 아래에서 좀 더 구체적으로 살펴본다.

산업의 특수성에 따른 위험 요소(안전성)의 차이

인공지능은 다양한 산업에서 서로 다른 방식으로 사용되고 있다. 예를 들어, 의료 산업 분야에서 인공지능은 진단, 치료, 환자 상태 모니터링 등과 같이 인간의 생명과 직결된 역할을 하므로 오류가 발생하면 환자의 생명에 직접적인 영향을 미칠 수 있다. 따라서 그 정확성과 신뢰성이 매우 중요할 수밖에 없고, 엄격한 성능 평가와 윤리적 검토가 필수적이다. 반면 제조업 분야에서는 인공지능이 생산성을 높이는 자동화 도구로서의 역할을 하므로 사고나 오류 발생 시 인명 피해보다는 경제적 손실이 주로 발생할 수 있다. 또한 금융 분야에서는 인공지능이 대규모 데이터를 분석하여 투자 예측, 신용 평가, 고객 서비스에 활용되고 있으므로 판단의 정확성과 공정한 의사결정이 중요하고, 인공지능의 의사결정이 차별적이거나 편향된 결과를 초래하지 않도록 인공지능에 사용되는 알고리즘의 투명성 및 데이터의 정확성을 갖추도록 해야 한다.

이처럼 각 산업의 특성에 따라 인공지능의 도입 방식과 기대되는 효과, 오류가 발생하는 경우 일어날 수 있는 문제가 다르므로, 법적 책임과 규제 수준도 다르게 설정되어야 한다. 의료 분야에서는 환자의 생명을 보호하고 안전을 도모하기 위한 강한 규제가 필요할 수 있지만, 상대적으로 위험성이 낮은 산업에서는 낮은 수준의 규제가 적용될 수 있다. 따라서 각 산업의 특수성을 고려한 법적 및 제도적 검토가 진행되어야 한다.

법적 요구와 규제 환경의 차이

각 산업 분야는 이미 그에 맞는 법적 규제와 표준이 존재하며, 인공지능은 이를 준수하는 방식으로 개발되고 활용되어야 한다.

그림 12-3 유럽의 인공지능 규제 법률

예를 들어, 인공지능 기반 의료기기의 경우 한국의 「의료기기법」이나 유럽 「의료기기 규제법(European Union Medical Device Regulation; EU MDR)」과 같은 법령이 적용될 수 있고, 의료 데이터 및 데이터에 포함된 개인정보에 대해서는 한국의 「개인정보보호법」이나 EU 「GDPR(General Data Protection Regulation)」과 같은 법이 적용될 수 있다. 다른 분야인 자율주행 자동차의 경우 한국에서는 「자율주행자동차 상용화 촉진 및 지원에 관한 법률」이나 「교통안전법」이 적용되므로 이러한 법의 테두리 안에서 인공지능이 개발되고 활용되어야 한다.

한편 각 분야를 규제하는 규제기관이 달라서 규제기관이 인공지능을 바라보는 시각이 서로 다르고 그에 따라 각 규제기관은 인공지능에 대해 다양한 법적 요구와 규제 기준을 마련하고 있다. 예를 들어 의료기기 분야의 경우 한국은 보건복지부, 식품의약품안전처 등의 규제를 받고, 미국은 보건복지부(Department of Health and Human Services; HHS), 식품의약청(Food and Drug Administration; FDA)의 규제를 받는다. 금융 분야의 경우 한국은 금융감독원, 금융위원회 등의 규제를, 미국은 SEC(Securities and Exchange Commission), FINRA (Financial Industry Regulatory Authority) 등의 규제를 받는다.

규제기관 중에서 인공지능 분야에 가장 활발한 규제를 하는 곳은 유럽연합(EU)이다. 유럽연합은 세계 최초로 인공지능을 규제하는 법인 EU 「AI Act」를 제정하여 2024년 8월 1일 발효되었고, 2025~2027년까지 단계적으로 적용 예정이다. EU 「AI Act」는 13개의 장(Chapter), 180개 항의 설명(Recital), 13개의 부속서(Annex)로 구성되어 있어서 그 양이 방대하고, 매우 강력한 규제 내용을 포함하고 있다. 또한 인공지능의 분야, 위험도 등을 고려하여 그 종류를 나누고, 종류별로 규제 수준을 다르게 적용하고 있다.

이러한 규제 추세는 전 세계적으로 확산하고 있고, 앞으로 많은 국가의 규제기관에서는 EU와 마찬가지로 인공지능의 분야나 기술적 특징을 고려하여 차등적 규제를 도입할 가능성이 높다.

사회적·윤리적 이슈의 차이

인공지능이 특정 분야에 적용될 때 여러 사회적·윤리적 이슈가 발생하는데, 분야별로 고려해야 하는 내용이 다를 수 있다.

인공지능이 직원을 관리하거나 평가하는 데 사용될 경우, 직원의 선발, 성과 평가 방식이 편향적이거나 불공정하다면 직원의 노동권을 침해할 수 있고, 따라서 선발 및 평가 과정이 공정하고 투명하게 이루어지는지에 대한 윤리적 문제가 발생할 수 있다. 또한 인공지능이 인간의 직접적인 개입 없이 스스로 목표를 탐지하고 선택하여 공격할 수 있는 자율 무기 시스템(Autonomous Weapon Systems; AWS)에서는 인공지능이 전쟁에서 어떤 윤리적 기준을 따라야 하는지에 대한 논의가 활발하다. 인공지능이 살상 결정을 내리는 것이 정당한지, 그리고 인간의 개입 없이 인공지능이 전쟁에서 공격을 수행하는 것이 윤리적으로 허용될 수 있는지에 대한 논의가 진행 중이다.

기술 발전 수준의 차이

인공지능 기술은 분야별로 발전 속도가 서로 다르다. 예를 들어 다음과 같은 기술 분야의 경우 모두 인공지능이 적용되는 것임에도 기술 발전 수준이 다르고, 발전 수준이 다르게 된 이유도 다양하다.

자연어처리(Natural Language Processing; NLP) 분야

자연어처리란 컴퓨터가 사람의 언어(자연어)를 이해할 수 있도록 처리하는 것으로, 인공지능의 한 분야다. 이 분야는 발전 속도가 매우 빠른데 최근 몇 년간 급속도로 발전해 왔다. Chat-GPT와 같은 대형 언어 모델을 비롯해 기계 번역, 음성 인식, 텍스트 생성, 챗봇 기술 등이 크게 발전하였다. 이러한 기술의 발전은 대규모 언어 데이터와 이를 처리할 수 있는 강력한 컴퓨팅 성능의 결합 덕분에 가능해진 것이다.

인간과 인공지능의 상호작용이라는 측면에서 NLP는 필수적이고 그 활용 분야는 무궁무진하다. 그렇기 때문에 그림 12-4와 같이 NLP 분야에는 수많은 투자가 이루어지고 있으며 그에 따라 기술 발전 속도는 더욱 증가하고 있다. 참고로 그래프 가장 위의 AI 인프라, 연구, 거버넌스 분야(AI infrastructure/research/governance)의 두드러진 투자 증가는 OpenAI와 같이 인공지능 애플리케이션을 구축하는 기업에 대한 대규모 투자가 이루어졌기 때문이다.

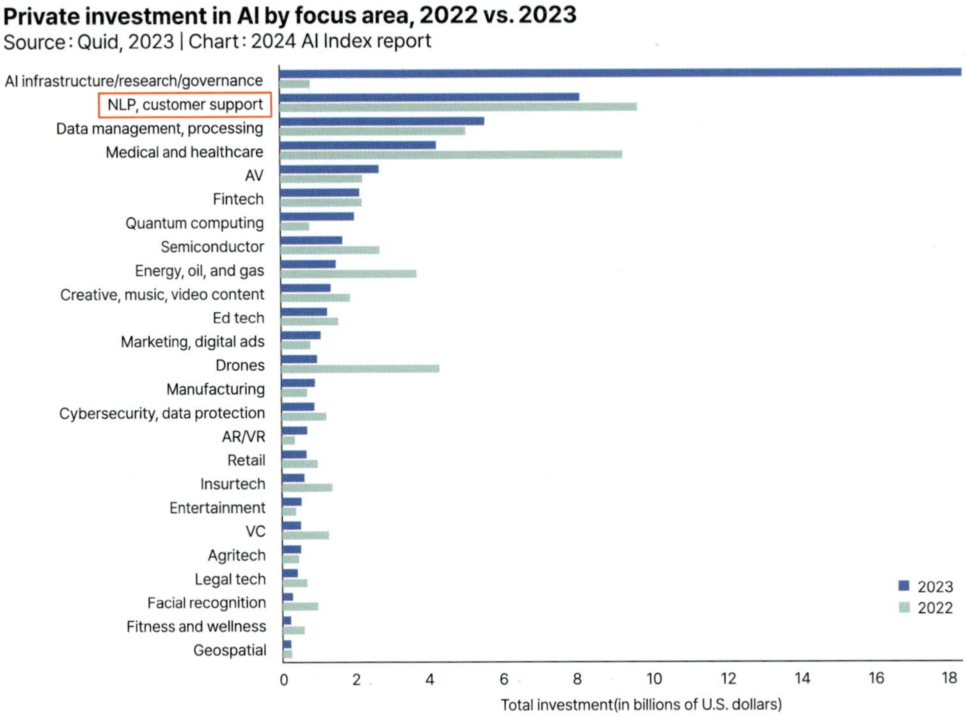

그림 12-4 인공지능 기술 분야별 민간 투자 현황

영상 처리 분야

인공지능은 영상 처리 분야에서 이미지나 비디오 데이터를 분석하고 이해하는 데 사용된다. 이 분야는 자율주행, 얼굴 인식, 의료 이미지 분석, 제조업의 품질 관리 등 다양한 응용 분야에서 빠르게 발전하고 있다. 이러한 빠른 발전의 주요 이유는 대규모 이미지 데이터를 활용할 수 있게 되고 고해상도 카메라 기술이 보급되었기 때문이다. 또한 자율주행차, 스마트폰, 보안 시스템과 같은 분야에서 인공지능 영상 처리 기술에 대한 높은 상업적 수요가 생겨났고, 그에 따라 연구와 투자가 활발하게 진행되었기 때문이다.

금융 분야

금융 분야의 인공지능은 아직 초기 단계이긴 하지만 발전 속도가 빠르며 금융 리스크 관리, 투자 분석, 자동화된 금융 서비스(예: 챗봇), 사기 탐지, 신용 평가 등 다양한 업무에 활용되기 시작하고 있다. 금융 데이터는 높은 부가 가치로 인하여 금융 회사들에 의해 잘 수집되고 관리되어 있어서 주로 데이터베이스 형태로서 대규모로 존재한다. 데이터 자체도 분석 및 예측에 적합하다는 성질을 가지고 있으므로 인공지능을 개발하기가 다른 분야에 비하여 용이하다는 측면이 있다. 또한 금융 분야는 효율성과 정확성이 중요한데 이는 인공지능을 활용하면 크게 도움을 받을 수 있으므로 인공지능 도입에 대한 요구가 크다.

교통 분야(자율주행)

교통 분야 기술 중 자율주행은 차량을 스스로 운행할 수 있게 해주는 기술로 다양한 센서, 컴퓨터 비전, 강화 학습 및 실시간 의사결정 기술이 복합적으로 결합된 인공지능 시스템이다. 이 분야는 큰 상업적 수요에 기초하여 대규모 투자가 진행되고 있고 그로 인해 한동안 기술이 빠르게 발전했지만, 최근에는 그 발전 속도가 더뎌지고 있다. 자율주행 기술이 발전하면서 점점 더 복잡한 기술적 난제들이 등장하고 있고 이를 해결하는 과정에서 발전 속도가 늦어지는 것도 있지만, 안전성 문제나 법적·윤리적 문제로 인해 상용화가 지연되는 측면도 있다.

의료 분야

의료 분야의 인공지능은 진단, 치료 계획 수립, 약물 개발 및 의료 데이터 분석 등에 사용되고 있다. 그런데 이 분야는 의료 데이터의 신뢰성, 정확성, 윤리적 문제(환자의 프라이버시 등)에 있어서 많은 논란이 있고, 의료 데이터는 민감 정보로서 데이터 접근이 제한적이다 보니 인공지능 학습을 위한 데이터 확보에 어려움이 있다. 또한 인공지능 오류로 인한 위험이 크기 때문에 안전성과 정확성에 대한 엄격한 규제로 인하여 다른 분야보다 발전 속도가 다소 느린 편이다. 다만 이미지 기반의 진단 인공지능의 경우에는 영상 처리 기술의 발전으로 다른 의료 분야에 대비하여 눈에 띄는 진전이 이루어지고 있다.

교육 분야

인공지능은 교육 분야에서 맞춤형 학습, 자동화된 평가 시스템, 학습 분석 등 다양한 방식으로 활용되고 있다. 그러나 이 분야는 다른 분야에 비해 상대적으로 발전 속도가 느린 편인데, 이는 교육이 정서적 상호작용과 같은 인간적인 요소가 중요한 부분을 차지하기 때문에 인공지능이 인간 교사의 역할을 완전히 대체하기 어렵기 때문이다. 또한 교육 데이터는 비정형적이고 복잡한 경우가 많아 인공지능 시스템에 적합하지 않다는 문제도 있고, 교육 인공지능의 공정성, 편향성에 대한 윤리적인 우려도 있다.

이처럼 인공지능 기술은 빠르게 발전하고 있지만 구체적인 분야별로 보면 여러 요인에 의해 발전 속도에 차이가 난다. 만일 기술 발전 속도가 빠른 분야라면 상대적으로 느린 분야에 비하여 윤리, 제도, 법률이 좀 더 유연하게 적용될 필요가 있다. 예를 들어 그동안 빠르게 발전했던 자율주행차 기술은 매년 새로운 기능이나 기술이 도입되었기 때문에 기존 교통 법규나 규제만으로는 이러한 발전을 모두 포괄하기가 어려웠으므로, 이러한 빠른 발전을 포괄할 수 있는 유연한 규제가 필요할 수 있다.

12.3 인공지능의 분야별 검토

앞서 살펴본 바와 같이 인공지능이 적용되는 분야는 매우 다양한데 그중에서 윤리, 제도, 법률적인 측면에서 이슈가 많은 분야 위주로 몇 가지를 다음에서 검토한다.

금융 분야

금융은 인공지능이 매우 빠르게 그 영역을 넓혀가고 있는 분야 중 하나이다. 금융 인공지능은 리스크 관리, 고객 지원, 투자 분석, 사기 탐지, 신용 평가 등 여러 영역에서 활용되고 있으며, 특히 대량의 데이터 분석과 자동화를 통해 금융 업무의 정확성과 효율성을 증가시킬 수 있다.

그림 12-5는 74인의 국내 금융사 CEO를 대상으로 진행한 인터뷰 결과이다. 비록 국내 금융권의 현재 인공지능 활용 수준은 10~20% 정도로 낮지만 50~80%까지 활용될 것을 기대하고 있으므로 앞으로 금융 분야에서의 인공지능 활용은 더욱 늘어날 가능성이 높다.

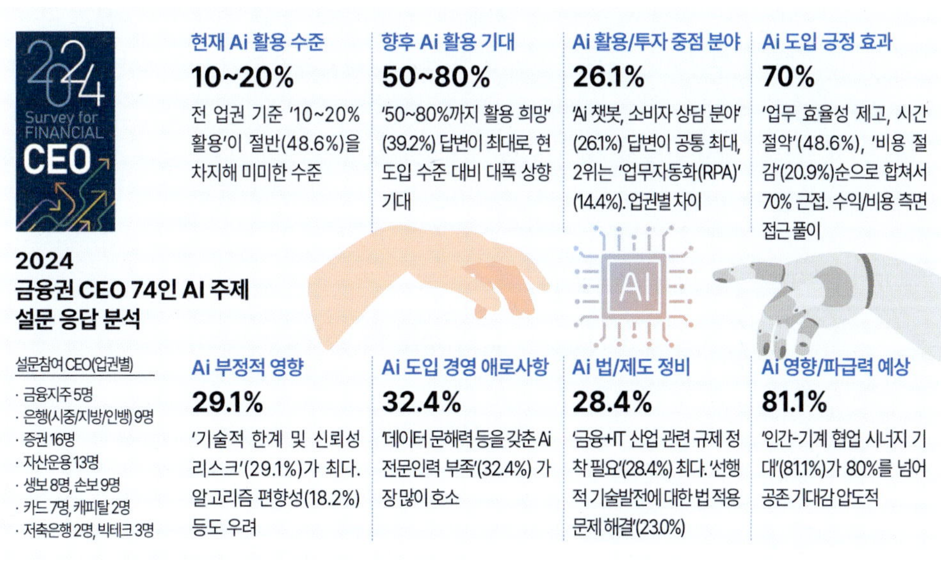

그림 12-5 금융권 CEO의 인공지능 활용 관련 설문조사(한국금융신문, 2024. 2. 26)

그러나 인공지능 기술의 도입으로 인해 새로운 윤리적, 제도적, 법률적 쟁점이 발생하고 있으며, 이러한 문제들이 적절하게 해결되지 않은 상태에서 인공지능이 급격하게 도입되면 금융 시스템의 신뢰성과 안정성에 위협이 될 수 있다.

인공지능의 금융 분야 활용 사례

- 알고리즘 트레이딩(Algorithmic Trading): 알고리즘 트레이딩은 대량의 거래 데이터를 실시간으로 분석하여 자동으로 주식을 매수, 매도하는 시스템으로 사람보다 훨씬 빠른 속도로 주식, 채권, 외화 등의 매매를 처리할 수 있고 시장 상황에 따른 감정 개입을 배제할 수 있다. 이러한 알고리즘 트레이딩에 인공지능이 적용되면 과거 데이터, 실시간 뉴스, 현재 시장 상황 등 여러 요소를 종합적으로 분석하여 최적의 거래를 수행할 수 있게 된다.

  골드만 삭스와 같은 대형 금융기관은 인공지능이 적용된 알고리즘 트레이딩을 통해 주식 매매의 50% 이상을 자동으로 처리하고 있으며, 이는 금융 시장에서 인간 트레이더의 개입을 줄이고 거래 효율성을 높이는 데 기여하고 있다. 골드만 삭스는 2017년까지 598명의 주식 매매 트레이더를 보유하고 있었는데, 이후 인공지능 투자 분석 프로그램 '켄쇼'를 도입함으로써 전문가 15명이 4주 동안 해야 하는 분석을 인공지능이 5분 만에 처리할 수 있게 됨에 따라 2명의 컴퓨터 엔지니어만 남기고 주식 매매 트레이더를 모두 해고하기도 했다.

- 사기 탐지(Fraud Detection): 인공지능은 금융 거래 데이터를 분석하여 의심스러운 패턴을 실시간으로 탐지하고, 이를 통해 사기 행위를 그 즉시 차단하여 금융 소비자를 보호할 수 있다. 이러한 사기 탐지 인공지능은 머신러닝 알고리즘을 통해 정상적인 거래와 비정상적인 거래 패턴을 구분하며, 비정상적인 거래 패턴을 탐지하면 즉각적인 경고를 보내거나 거래를 차단할 수 있다. 인공지능의 패턴 인식 기술은 여러 상황을 종합적으로 고려하여 판단하기 때문에 정해진 방식으로만 운용되는 기존의 규칙 기반 시스템보다 더 빠르고 정확하게 작동할 수 있다.

표 12-1 금융사의 사기 탐지 인공지능 도입 사례

금융사	사기 탐지 인공지능
MasterCard	사기 탐지 인공지능 '디시전 인텔리전스 프로(Decision Intelligence Pro)' 개발 및 도입
VISA	인공지능을 이용한 'Visa 첨단 승인 시스템(Visa Advanced Authorization; VAA)'을 운영하여 부정 결제 방지

PayPal	인공지능 시스템을 통해 사용자의 일반적인 행동에서 벗어난 거래 행위를 탐지하여 승인되지 않은 거래 방지
KB국민은행	인공지능 기반의 보이스피싱 모니터링 시스템 구축
IBK기업은행	보이스피싱 대응 프로그램인 '전기통신금융사기 AI 모니터링 시스템' 구축
toss bank	인공지능 기반의 실시간 신분증 이상 탐지 시스템 개발

- 신용 평가(Credit Scoring): 전통적인 신용 평가는 주로 개인의 신용 기록과 같은 정형화된 데이터를 바탕으로 이루어졌고 이러한 작업에는 사람이 직접 관여하는 경우가 많았다. 그러나 인공지능은 고객의 온라인 활동, 소비 패턴, 소셜 미디어 데이터를 포함한 다양한 비정형 데이터를 분석하여 더욱 정교한 신용 평가를 제공할 뿐만 아니라, 사람의 관여를 최소화하고 자동화된 프로세스로 신용 평가를 진행한다. 이렇게 인공지능을 신용 평가에 활용하면 신용 위험을 보다 정확히 예측할 수 있다.

  금융 분야에 있어서 이러한 신용 평가는 다양한 업무에 활용될 수 있다. 예를 들어, 대출 심사, 신용카드 발급, 보험 가입 심사, 임대 계약 시 임대인과 임차인의 신용 확인, 취업 및 채용에 활용될 수 있고, 전기, 가스, 수도 같은 공공서비스 공급자들도 요금 선불 요구 여부 등을 결정하는 데 신용 평가 점수를 사용할 수 있다.

  JP모건 체이스(JP Morgan Chase), 웰스 파고(Wells Fargo)와 같은 외국 은행, 케이뱅크(K-Bank), 카카오뱅크(Kakao Bank)와 같은 한국의 인터넷 은행, 소파이(SoFi), 업스타트(Upstart), 렌딩클럽(Lending Club)과 같은 핀테크 기업이 신용 평가에 인공지능을 활용하는 것으로 알려져 있다.

- 챗봇(Chatbot)을 이용한 고객 지원(Customer Service): 인공지능은 다양한 분야에서 고객 지원을 위한 챗봇으로 활용되지만, 고객 응대 서비스가 특히 많은 금융 분야에서는 더욱 적극적으로 활용되고 있다. 간단한 금융 정보 제공부터 송금, 잔액 조회, 계좌 개설 등 다양한 금융 서비스를 챗봇으로 제공한다. 이러한 챗봇 시스템은 24시간 서비스를 제공할 수 있어 고객 만족도를 크게 높이며, 고객 서비스 센터의 운영 비용을 절감하는 효과를 가져온다.

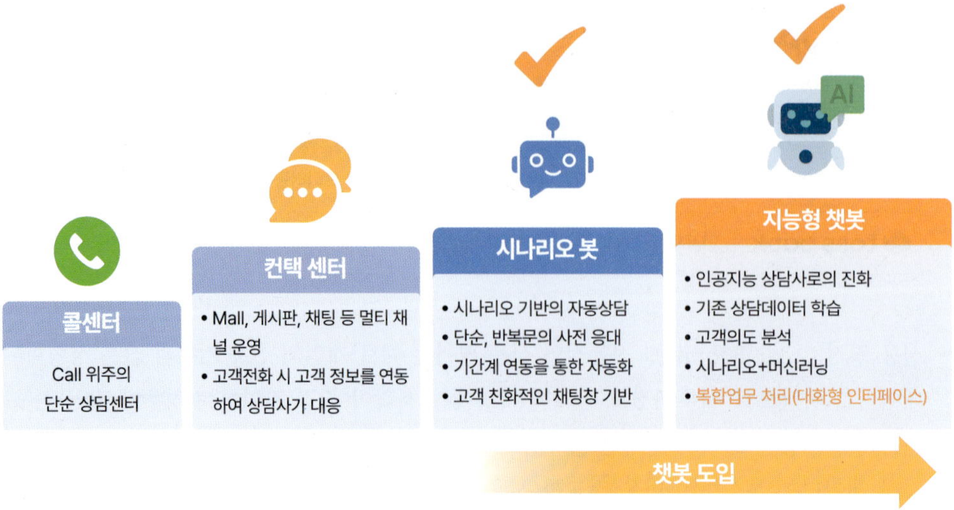

그림 12-6 고객 상담 분야의 변화 단계

뱅크 오브 아메리카는 인공지능 기반 챗봇인 '에리카(Erica)'를 통해 고객의 금융 서비스를 지원하고 있다. 에리카는 고객의 음성 명령이나 텍스트 메시지에 반응하여 다양한 금융 업무를 처리하며, 수백만 명의 고객이 이 서비스를 이용하고 있다. 그 외에도 웰스 파고의 '파고(Fargo)', 캐나다 왕립은행의 '노미(NOMI)' 등 다양한 인공지능 챗봇이 서비스되고 있다.

- 리스크 관리 및 예측 분석(Risk Management and Predictive Analytics): 인공지능은 대규모 데이터를 분석하여 금융 시장의 변동성, 금리 변동, 외환 리스크 등을 예측하고 이에 따른 위험을 관리하는 시스템을 제공한다. 또한 특정 자산의 가격 변동이나 시장 충격을 예측하여 리스크에 대비할 수 있는 체계를 마련할 수 있다.

  씨티그룹(Citi Group)은 리스크 관리 시스템에 인공지능을 적용하여 다양한 자산의 리스크를 실시간으로 모니터링하고 이를 통해 예상하지 못한 시장 충격에 대비하고 있다.

- 개인화된 금융 서비스(Personalized Financial Services): 인공지능은 고객의 거래 데이터를 분석하여 개인 맞춤형 금융 서비스를 제공할 수 있다. 이는 투자 추천, 자산 관리, 개인 금융 계획 등 다양한 서비스를 포함하며 고객의 금융 목표, 소비 패턴, 위험 성향 등을 종합적으로 고려하여 최적의 금융 서비스를 제공할 수 있다.

- 기타: 그 외에도 인공지능은 그림 12-7과 같이 프론트 라인(마케팅, 상품·서비스, 영업·고객), 미들 오피스(운영), 백 오피스(리스크관리, 인사 및 성과 관리)에서 다양하게 활용될 수 있다.

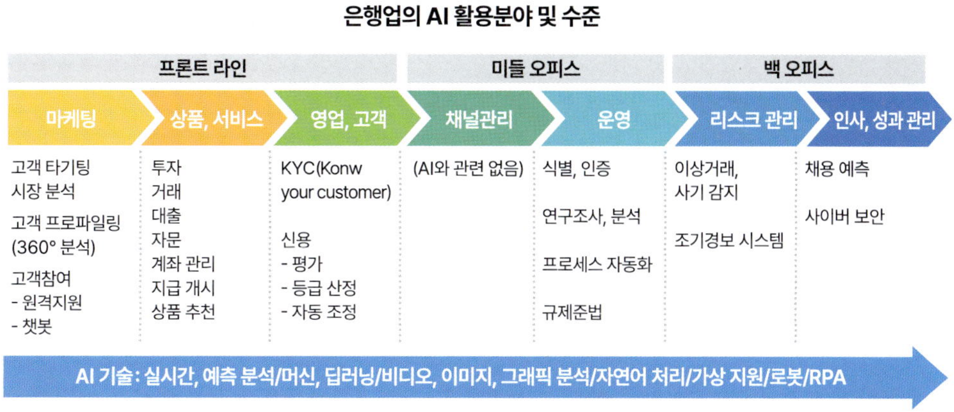

자료: Deloitte(2019)

그림 12-7 은행업의 다양한 인공지능 활용

금융 인공지능의 윤리적 쟁점

금융 분야에 인공지능을 활용하는 것에 대하여 다음의 윤리적인 쟁점들이 논의되고 있다. 이러한 내용들은 앞으로 기술적, 사회적, 제도적, 법률적 방법을 통해 다각적으로 해결하기 위해 노력해야 한다.

- **편향성 및 차별(사회적 불평등 심화)**: 과거의 금융 데이터에 인종, 성별, 지역 등에서 편향이 내재되어 있다면, 이러한 데이터에 기초하여 학습된 인공지능은 편향된 결과를 도출할 수 있다. 예를 들어 신용 평가 인공지능이 학습하는 과정에서 소수 인종에 대한 데이터가 부족한 경우 소수 인종의 신용을 낮게 평가할 가능성이 있고, 이는 소수 인종이 대출을 받는 금융 활동을 할 때 불리하게 작용함으로써 결국 사회적 불평등을 더욱 심화시킬 수 있다.
- **투명성 부족**: 금융 분야에서는 소비자에 대한 중요한 의사결정이 내려질 때 그 과정을 설명해야 하는 경우가 있다. 예를 들어 은행에서 대출 심사를 하고 대출 거부 결정을 내렸다면 해당 고객은 왜 자신이 대출 거부를 당했는지에 대해 은행에 그 이유를 알려달라고 할 수 있고, 은행은 고객에게 대출 거절 사유를 알려줘야 한다. 그런데 만일 위 대출 심사가 인공지능에 의하여 이루어졌다면 인공지능의 블랙박스 특성으로 인하여 왜 대출 거부라는 결정을 내렸는지에 대해 알 수 없는 경우가 있을 수 있다. 이러한 투명성 부족의 문제는 은행 업무에 대한 신뢰성 하락으로 이어질 수 있다.
- **책임이 불명확한 문제**: 인공지능이 잘못된 결정을 내렸을 때 그 책임이 누구에게 있는지 불명확할 수 있다. 예를 들어, 인공지능이 고객의 자산을 특정 포트폴리오로 구성하여 공격적인 투자를 했는데 큰 손실이 발생하면 이에 대해 누가 책임을 져야 하는 것인지에 대한 논란이 생길 수 있다.

- **프라이버시 침해**: 인공지능 기반 신용 평가 시스템은 대규모의 개인 데이터를 사용하여 분석을 수행하고, 개인의 금융 기록 외에도 소셜 미디어, 온라인 활동 등의 정보를 포함할 수 있어서 개인의 프라이버시 침해와 관련한 윤리 문제가 발생할 수 있다.
- **접근성과 금융 소외**: 금융 분야에 사용되는 인공지능이 모든 데이터를 디지털화하여 처리하다 보면, 금융 시스템에 접근할 수 없는 사람들(예: 은행 계좌가 없는 사람, 디지털 기술에 접근하기 어려운 사람)이 소외될 위험이 있다. 이러한 현상은 시간이 지날수록 더욱 심화되어 소외 계층의 금융 접근성이 계속 악화될 수 있고 결국 경제적 불이익으로 이어질 가능성이 있다.
- **자동화된 결정과 인간의 개입 부족**: 인공지능은 빠르고 효율적으로 금융 업무를 처리할 수 있지만 중요한 금융 결정을 인간의 개입 없이 완전히 자동화하는 것은 위험할 수 있다. 특히 신용 평가와 같이 사람을 평가하는 업무를 사람이 아닌 인공지능에 맡기는 것은 결국 우리 사회에 인간성이 상실되는 결과를 가져올 우려가 있다.

금융 인공지능의 제도적 쟁점

금융 인공지능 기술이 빠르게 발전하고 있지만, 이를 규제할 법적 프레임워크는 아직 충분히 정비되지 않은 상태이다. 특히 인공지능 모델의 투명성과 공정성을 확보하기 위한 제도가 부족하여 이로 인한 규제 공백이 발생하고 있다.

이에 각국 규제기관은 인공지능 시스템의 안전성과 신뢰성을 보장하기 위한 규제 마련을 추진하고 있고, 기존 법의 테두리 안에서 인공지능이 관련된 문제를 해결하기 위해 노력하고 있다.

- **미국**: SEC(증권거래위원회), FINRA(금융산업규제청) 등 다양한 규제기관이 인공지능에 관련된 규제를 하고 있다. 그 외에도 Federal Reserve(연방준비제도)와 통화 감독국(Office of the Comptroller of the Currency; OCC)이 금융 분야 인공지능 관련 규제와 감독에 관여하고 있다. 특히 OCC에서 발행한 「Model Risk Management(MRM) 가이드라인」은 금융기관이 의사결정을 내리는 데 사용되는 모델의 위험을 관리하고 완화하기 위한 주요 원칙과 절차를 제시하고 있다.
- **유럽**: 유럽연합(EU)은 금융기관의 인공지능이 신용 평가, 시장 감시의 목적을 위해 사용되는 경우 '고위험'으로 분류될 수 있고 이때는 다른 인공지능에 비하여 좀 더 추가적인 규제를 적용하고 있다. 또한 유럽 증권 시장 감독기구(European Securities and Markets Authority; ESMA)는 인공지능 기반 금융 분석 시스템에 대해 「자본시장법」에 기반한 가이드라인을 제공하고 있는데, 최근에는 은행이 인공지능을 활용하는 과정에서 문제가 생기면 이를 활용한 경영진이 전적으로 책임을 져야 한다고 경고하는 등 금융 소비자를 보호하

는 쪽으로 규제 방향을 잡는 것으로 보인다.

- **한국**: 한국은 금융위원회, 금융감독원 등에서 금융 분야에 적용되는 인공지능을 관리, 감독하고 있다. 한국의 경우에는 아직 금융 시장에서 인공지능의 활용도가 높지 않기 때문에 적극적인 규제보다는 가이드라인을 통한 인공지능 활용 활성화 및 신뢰 확보에 좀 더 초점을 맞추고 있다. 지금까지 발표된 금융 관련 가이드라인은 다음과 같다.

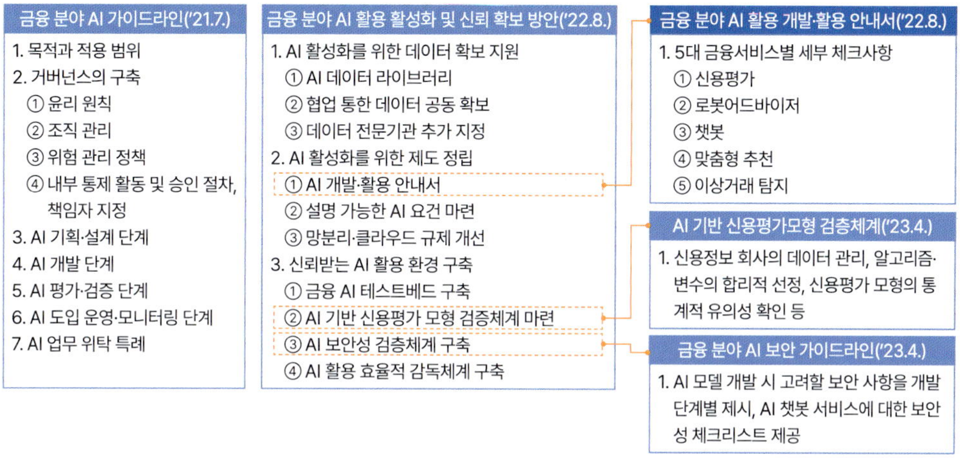

그림 12-8 국내 금융 분야 인공지능 가이드라인 및 안내서

금융 인공지능의 법률적 쟁점

아직 인공지능을 직접적으로 규제하는 법률이 많지는 않으며, 이에 인공지능에 발생하는 윤리적 문제들은 기존의 금융 분야를 규제하는 법률에 기초하여 규제될 수밖에 없다.

- **차별 및 공정성 문제**: 미국의 「평등 신용 기회법(Equal Credit Opportunity Act; ECOA)」은 인종, 종교, 국적, 성별, 결혼 여부 등을 이유로 신용거래에서 차별을 금지하고 있고, 「공평주거권리법(Fair Housing Act; FHA)」은 주택 구매, 임대, 모기지 대출, 보험 및 기타 주택 관련 서비스에서 차별 행위를 금지하고 있다. 이러한 법률은 인공지능에 의한 금융 거래에도 마찬가지로 적용될 수 있다. 한국은 「금융소비자 보호에 관한 법률」 제15조에서 금융상품판매업자는 성별, 학력, 장애, 사회적 신분 등을 이유로 금융 소비자를 부당하게 차별하지 못하도록 하고 있고, 「대부업 등의 등록 및 금융이용자 보호에 관한 법률」 제9조의 8에도 마찬가지 취지의 내용이 포함되어 있다.

- **알고리즘의 투명성 및 설명 가능성**: 금융 분야에서는 소비자 보호와 공정성 확보를 위하여 투명성과 설명 가능성을 강하게 요구하고 있는데, 미국에서는 「도드-프랭크 법(Dodd-Frank Wall Street Reform and Consumer Protection Act)」, 「공정 신용 보고법(Fair

Credit Reporting Act)」, 「공정 신용 기회법(Equal Credit Opportunity Act)」, 「증권 거래법(Securities Exchange Act of 1934)」 등 다양한 법령에서 소비자에게 투명한 정보 제공을 의무화하고, 복잡한 금융 상품이나 금융 결정에 대한 설명을 명확하게 할 것을 요구하고 있다. 한국은 「자본시장과 금융투자업에 관한 법률」, 「금융소비자 보호에 관한 법률」, 「신용정보의 이용 및 보호에 관한 법률」, 「전자금융거래법」, 「대부업 등의 등록 및 금융이용자 보호에 관한 법률」 등에서 설명 의무를 명시하고 있다. 따라서 인공지능을 활용한 금융 상품이나 서비스의 경우에도 위 법에 따라 인공지능의 결정에 대해 금융 소비자에게 설명할 의무가 있다.

- 데이터 보호 및 프라이버시: 인공지능은 고객의 방대한 금융 데이터를 분석하여 맞춤형 금융 서비스를 제공하는데, 이러한 데이터에 개인정보가 포함되어 있는 경우가 많으므로 개인정보 관련 법령이 주로 문제가 된다. 따라서 금융 인공지능의 학습 데이터에 대해서는 미국의 「그램 리치 블라일리 법(Gramm–Leach–Bliley Act)」, EU의 「GDPR(General Data Protection Regulation)」, 한국의 「개인정보보호법」, 「신용정보의 이용 및 보호에 관한 법률」 등이 적용될 수 있다.

  한편, 한국의 「신용정보의 이용 및 보호에 관한 법률」 제20조의2 제2항에 따르면 가명정보는 이용 목적을 정하고 해당 목적에 맞게 비식별 처리한 후 활용하고, 이용 목적이 달성되면 파기해야 한다. 그러므로 금융 회사 내에 이미 구축한 데이터 세트가 있다고 하더라도 다른 목적으로 활용하기 위해서는 데이터 세트를 새롭게 구축하여야 한다는 문제가 있다. 예를 들어 신용평가모델 개발을 목적으로 데이터 결합을 통해 구축한 가명정보 데이터 세트는 산업별 여신 현황 분석을 위한 다른 연구에도 활용 가능하지만, 앞의 법률에 따른 재사용 금지 규제로 인하여 데이터 세트를 새로 구축하여 활용할 수밖에 없다.

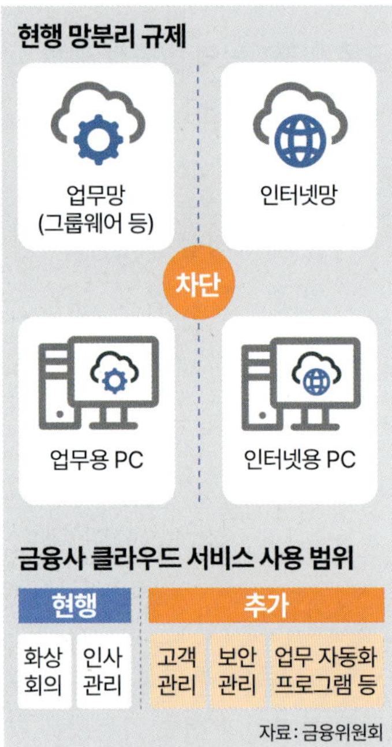

그림 12-9 금융사 망분리 규제 개선

- 금융 회사의 망 분리: 금융 회사는 「전자금융거래법」 및 「전자금융감독규정」에 따라 망 분리를 해야 한다. 망 분리란 정보보안 및 데이터 보호를 위해 내부 네트워크를 업무망(운영망)과 인터넷망(외부망)으로 물리적 또는 논리적으로 분리하는 것이다. 망 분리를 통해 금융 정보가 외부 인터넷으로 유출되거나 해킹되는 것을 방지하고 금융 시스템의 안정성을 확보할 수 있다. 그런데 인공지능을 개발하고 활용하기 위해서는

클라우드를 통한 대규모 컴퓨팅 자원이 필요한데 금융 회사의 경우 망 분리로 인하여 다른 회사의 클라우드에 접속하여 내부 업무를 수행하기가 어렵다. 그렇다고 인공지능을 회사 내에 직접 구축하는 것은 시간이나 비용이 상당히 소모된다는 문제가 있다.

따라서 전자 금융의 보안성 및 안전성을 유지하면서도 금융 회사의 인공지능 개발과 활용이 더욱 원활해질 수 있는 망 분리 및 클라우드 규제에 대한 개선이 필요한데, 금융위원회는 2024년 8월 규제 샌드박스를 통해 금융 회사가 고객관리, 보안관리, 업무 자동화를 위하여 외부 회사의 클라우드 서비스를 사용할 수 있도록 하는 금융 분야 망 분리 개선 로드맵을 발표하기도 하였다.

의료 분야

의료 분야의 인공지능은 단순한 데이터 분석을 넘어, 질병의 조기 진단, 치료 계획 수립, 그리고 신약 개발에 이르기까지 매우 중요한 역할을 수행하고 있다.

예를 들어 구글 알파벳의 인공지능인 딥마인드는 유방암 판독을 위해 영국 여성 7만 6천 명과 미국 여성 1만 5천 명의 데이터로 훈련되었고, 실제 성능을 확인한 결과 방사선학자보다 더 정확한 판독을 하였다. 물론 아직 인공지능이 완벽한 성능을 나타내는 것은 아니고, 위 사례에서도 방사선학자는 유방암을 찾아내었음에도 딥마인드는 놓친 사례도 있었다. 그러나 인공지능과 사람이 함께 판독한다면 그 정확도가 매우 올라갈 수 있다는 점에서 큰 의미가 있다.

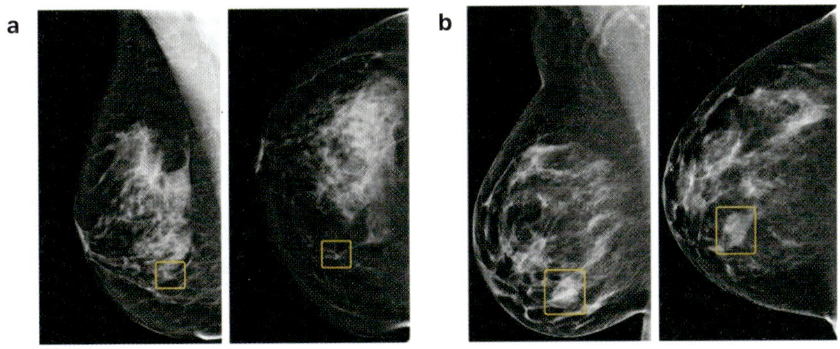

그림 12-10 전문가는 놓쳤지만 인공지능이 발견한 유방암 케이스(a)와 전문가는 발견했지만 인공지능은 놓친 유방암 케이스(b)

또한 인공지능은 코로나19 팬데믹 기간에도 초기 확산 예측 모델을 생성하여 전 세계 의료 기관들이 사전에 대응할 수 있도록 도왔다.

이처럼 인공지능은 의료 현장에서 변화를 일으키고 있으며, 그 발전 속도는 의료 시스템 전반을 재정의할 만큼 빠르게 진행되고 있다. 그러나 이러한 발전에는 기대와 더불어 여러 윤리적, 제도적, 법적 문제들이 동반될 수 있으며, 이러한 문제를 잘 해결해 나가는 것이 의료 인공지능 기술 분야의 발전을 위해 필요하다.

인공지능의 의료 분야 활용 사례

인공지능은 의료 분야의 여러 영역에서 활용되고 있는데, 대표적으로는 다음과 같다.

- 진단 도구 : 인공지능 알고리즘, 특히 딥러닝 모델은 환자의 의료 이미지(예를 들면, X-ray, MRI, CT 촬영 사진 등)를 판독하여 암, 심장 질환, 신경 질환이 있는지를 진단하는 데 사용된다. 특히 최근 인공지능의 이미지 분석 기술이 급속도로 발전하면서 진단 정확도가 매우 높아지고 있으며 병증의 조기 발견을 통해 효과적인 치료가 가능해지고 있다.

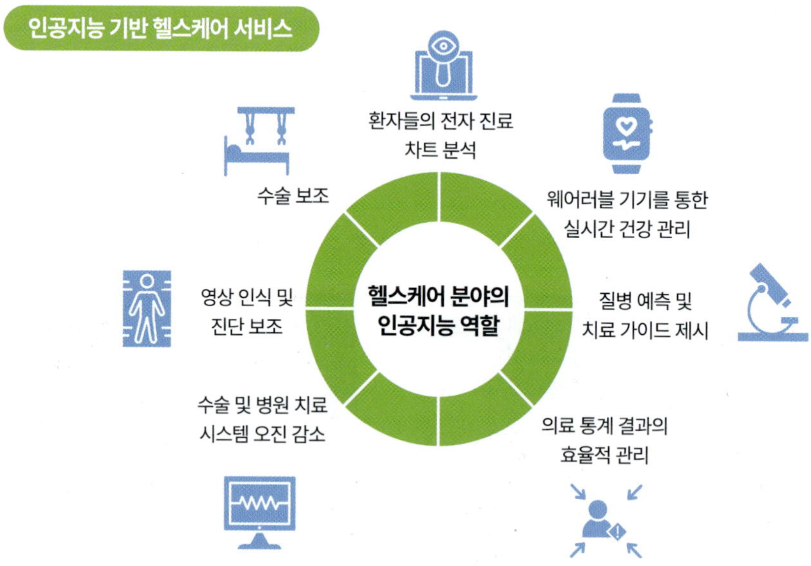

그림 12-11 의료 분야 인공지능

- 예측 분석 : 의료 분야에서 인공지능은 예측 분석을 통해 질병의 발생 가능성을 예측하고, 치료 효과를 평가하며(치료 예후 분석), 환자의 건강 상태를 추적하는 역할을 하고 있다. 이러한 예측 분석은 환자의 건강 기록, 유전자 정보, 의료 영상, 환경적 요인 등 다양한 데이터를 바탕으로 이루어지고, 인공지능의 학습 알고리즘이 이를 분석해 미래의 건강 상태를 조기에 예측함으로써 예방 조치를 취할 수 있도록 돕는다.

- **로봇 수술**: 인공지능 기반 수술 로봇은 인간의 개입을 최소화하여 수술의 정확성을 높일 수 있다. 예를 들어, 수술 로봇이 수술 중 절개나 봉합을 매우 정확하게 수행하여 주변 조직의 손상 가능성을 최소화할 수 있다. 또한 수술 중 실시간으로 데이터를 분석하여 수술 경과를 모니터링하거나 수술 중 발생할 수 있는 위험을 예측하는 데 인공지능이 활용될 수 있다.

- **개인 맞춤형 의료기기**: 인공지능 기술은 환자의 신체 상태, 유전 정보, 생활 습관 등을 분석하여 개인의 필요에 맞춘 의료 서비스를 제공할 수 있다. 예를 들어 당뇨병 환자를 위한 인슐린 펌프는 환자의 혈당 수치를 실시간으로 측정하고 인공지능이 이를 분석하여 적절한 양의 인슐린을 투여할 수 있고, 심장 질환 환자를 위한 인공지능 기반 심박 조율기는 환자의 심장 리듬을 실시간으로 분석하고 필요할 때 심박수를 조절하여 정상적인 리듬을 유지하도록 할 수 있다. 그 외에도 인공지능이 탑재된 웨어러블 기기(예: 스마트워치, 피트니스 밴드)는 사용자의 심박수, 운동량, 수면 패턴 등을 모니터링하고 분석하여 건강 관리에 필요한 맞춤형 정보를 제공한다.

의료 인공지능의 윤리적 쟁점

- **환자의 권리와 자율성**: 환자의 자율성은 자신의 건강과 치료에 관한 결정을 내릴 권리를 의미한다. 이는 환자가 충분한 정보를 제공받고, 자신의 가치와 신념에 따라 치료를 선택할 수 있어야 한다는 것이다. 예를 들어, 환자가 자신의 병증을 치료할 수 있는 방법에 대한 설명을 충분히 듣고, 각 치료 방법의 장단점과 예상 결과를 바탕으로 최종적인 치료 방법을 스스로 선택할 수 있어야 하며, 의료진은 환자의 결정을 존중하고 환자의 권리를 보호하기 위해 최대한 객관적이고 정확한 정보를 제공해야 한다.

  그런데 의료 인공지능의 발전은 의사와 환자 사이의 관계에 변화를 초래할 수 있다. 전통적으로 의사는 환자와 대화를 통해 환자의 상태를 파악하고 치료 방안을 함께 논의하는 역할을 해왔다. 그러나 인공지능이 환자의 상태를 분석하고 치료 계획을 제안하는 과정에서 의사의 역할이 줄어들게 되면, 환자는 의사와의 충분한 상호작용 없이 인공지능의 권고를 따르게 될 수 있다. 이는 환자가 자신의 상황에 대해 충분히 이해하지 못한 상태에서 인공지능의 결정을 받아들이게 될 가능성이 있고, 결국 자율성의 침해로 이어질 수 있다. 예를 들어 인공지능은 주어진 데이터와 알고리즘을 기반으로 결정을 내리기 때문에 모든 상황을 고려하지 못할 수 있는데, 인공지능이 환자에게 권고한 특정 치료법이 환자의 종교적 신념이나 개인적인 철학에 맞지 않는 치료법일 수도 있다.

  또한 환자는 인공지능 알고리즘의 작동 원리를 충분히 이해하지 못할 수 있고, 의사 또한 인공지능이 왜 특정 치료법을 제안했는지에 대해 정확히 알지 못할 수 있다. 이 경우 환자는 자신이 왜 그러한 치료를 받고 있는지 알지 못한 채 치료를 받게 될 수도 있다.

따라서 인공지능의 판단 과정이나 결과에 대한 투명성은 환자의 자율성과 직접적으로 연결되기 때문에 매우 중요하며, 환자는 의사의 판단과 인공지능의 제안을 종합하여 스스로 치료 방법을 결정할 수 있도록 충분한 정보와 설명을 제공받아야 한다.

- **의사로서의 인공지능**: 의료 인공지능이 발전하면 의사의 역할에 대한 윤리적 논의도 필요하다. 인공지능이 점차 많은 진단과 치료 계획 수립에서 중요한 역할을 하게 되면, 의사의 역할이 축소되거나 심지어 의사가 인공지능으로 대체될 가능성도 있다.

  이에 의료 인공지능이 의사의 판단을 대신할 수 있는지 아니면 보조적인 역할만 해야 하는지, 보조적인 역할을 한다면 어디까지 할 수 있는지에 대한 윤리적인 논의가 진행 중이다. 인간 중심의 의료를 계속 유지하면서 인공지능을 어떻게 활용할지에 대한 고민이 필요하다.

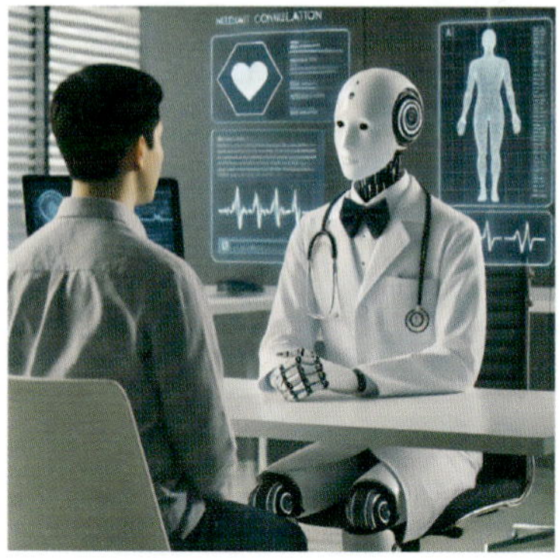

그림 12-12 인공지능 의사

- **책임 문제**: 인공지능이 의료 분야에서 중요한 결정을 내릴 때, 그에 따른 책임 소재가 불명확하다. 예를 들어 인공지능의 오류로 인해 환자가 잘못된 진단이나 치료를 받게 된다면, 그 책임을 의사, 병원, 인공지능 개발자, 환자 중 누가 책임을 져야 하는지에 대한 논의가 필요하다. 이는 윤리적인 문제일 뿐만 아니라 법률적 책임 문제이기도 하다.
- **인공지능의 편향성**: 의료 인공지능이 학습한 데이터에 편향이 있는 경우 이는 특정 집단에 대한 차별적인 결과를 초래할 수 있다. 예를 들어 인공지능이 학습한 데이터가 특정 인종, 성별, 나이, 혹은 경제적 배경을 가진 사람들에 대해 불균형적이거나 집단을 충분히 대표하지 못하는 경우, 해당 집단에 대해 정확하지 않은 진단을 내릴 가능성이 있다. 따라서 다양한 의료 데이터를 활용한 공정한 인공지능 개발이 필요하다. 나아가 인공지능을 활용하는 과정에서 편향되지 않은 판단을 하는지에 대한 지속적인 검토가 필요하다.

의료 인공지능의 제도적 쟁점

전 세계 의료 관련 국가 기관에서는 인공지능을 의료 분야에 활용하는 것에 대하여 여러 가이드라인을 발표하고 있다. 미국 식품의약청(Food and Drug Administration; FDA)은 「인공지능(AI)/기계학습(Machine Learning; ML) 사용 의약품 개발에 대한 보고서」를, 유럽 의약품청(European Medicines Agency; EMA)에서는 「의약품 전주기 단계에서 인공지능(AI)/기계학습(ML) 사용 원칙에 대한 의견서」를, 한국 식품의약품안전처에서는 「의약품 개발 시 인공지능(AI) 활용 안내서」를 발행하였다.

또한 인공지능은 주로 소프트웨어 형식으로 기기에 탑재되기 때문에 의료기기에 대한 가이드라인도 매우 활발하게 발표되고 있다. 미국 식품의약청(Food and Drug Administration; FDA)은 「의료기기로서의 인공지능 및 머신러닝 기반 소프트웨어 가이드라인(Artificial Intelligence/Machine Learning-Based Software as a Medical Device)」을 발표하였고, 한국 식품의약품안전처는 「빅데이터 및 인공지능(AI) 기술이 적용된 의료기기의 허가·심사 가이드라인」, 「인공지능 기반 의료기기의 임상 유효성 평가 가이드라인」, 「인공지능 의료기기 임상시험 방법 설계 가이드라인」 등을 발표하였다.

의료기기와 관련해서는, 인공지능이 적용된 기기가 의료기기에 해당하는지가 중요하다. 그 이유는 의료기기에 해당하면 「의료기기법」에 따라 허가나 인증을 받아야 하고, 임상시험이나 품질관리가 필요할 수 있기 때문이다. 식품의약품안전처의 「빅데이터 및 인공지능(AI) 기술이 적용된 의료기기의 허가·심사 가이드라인」에 따르면 다음과 같이 예를 들어 의료기기에 해당하는지를 판단하고 있다.

- **의료기기에 해당하는 의료용 소프트웨어**
  - 의료용 빅데이터를 기반으로 의료 정보를 분석하여 얻은 임상 정보(예: 종양 병변 크기 · 위치 등)를 이용하여 환자의 질병 유무, 상태 등에 대한 가능성 정도를 자동으로 진단 · 예측, 모니터링하거나 치료하는 소프트웨어
  - 의료용 빅데이터를 기반으로 의료 영상, 체외진단기기로부터 나온 시그널, 신호 획득 시스템(심전계, 뇌파계 등)에서 나오는 패턴 또는 시그널을 분석하여 진단 · 치료에 필요한 임상 정보를 제공하는 소프트웨어
- **의료기기에 해당하지 않는 의료용 소프트웨어**
  - 의료기관의 행정사무(병실 · 재고관리, 전자수속 등)를 지원하는 소프트웨어: 보험청구 데이터를 수집 및 처리하는 소프트웨어, 의사의 진료 스케줄, 병실, 환자의 투약 시간 등을 관리하는 소프트웨어, 환자의 의료 청구와 진료시설의 전자 수속 등을 지원하는 소프트웨어 등
  - 운동 · 레저 및 일상적인 건강 관리 목적의 소프트웨어: 건강 데이터를 수집 · 분석하여 고혈압 만성질환 환자의 체중 관리, 영양 섭취 정보를 제공하는 소프트웨어 등
  - 교육 · 연구 목적의 소프트웨어: 의료인 교육 · 훈련을 위해 해부학 그림이나 의료 영상 등을 제공하는 소프트웨어 등

- 질병 치료 · 진단 등과 관계없는 의료기록 관리 목적의 소프트웨어: 전자의무기록(EMR)을 저장, 관리하는 소프트웨어, 처방전달시스템(OCS), 임상 연구를 위한 환자 진료, 검사, IRB 심의 등 기록을 지원 · 관리하는 소프트웨어 등
- 의료인에게 환자의 건강 정보 또는 진료 정보를 정리 및 추적하는 툴을 제공하거나 의학 정보에 쉽게 접근하도록 도움을 주는 소프트웨어: 종전에 처방받은 의약품이나 치료법 등 정보를 대체, 변경하지 아니하고, 처방 · 진료에 관한 문헌 정보를 검색 및 정리하는 툴을 의료인에게 제공하는 소프트웨어, 환자의 건강 상태나 치료와 관련한 의학 정보에 쉽게 접근하도록 도와주는 소프트웨어 등

의료 인공지능의 규제는 주로 기술의 안정성과 유효성을 보장함으로써 의료 시스템 내에서 인공지능이 안전하게 사용될 수 있게 해주고 이를 통해 환자를 보호하는 것을 목적으로 한다. 특히 인공지능이 포함된 의료기기는 실제 사용 환경에서 지속해서 데이터를 수집하고 학습하여 성능을 개선할 수 있는데, 이러한 실시간 업데이트에도 의료기기로서의 안전성을 어떻게 보장할지에 대한 규제 연구가 계속되고 있다.

의료 인공지능의 법률적 쟁점

- 의료 행위의 정의와 인공지능의 역할: 「의료법」상으로는 의료인(의사, 치과의사, 한의사 등)만 의료행위를 할 수 있는데, 인공지능이 진단을 내리거나 치료 방안을 제시할 경우 이것을 법률상 의료행위로 봐야 하는지가 문제된다.

[의료법]

제2조(의료인) ① 이 법에서 "의료인"이란 보건복지부장관의 면허를 받은 의사 · 치과의사 · 한의사 · 조산사 및 간호사를 말한다.

제27조(무면허 의료행위 등 금지) ① 의료인이 아니면 누구든지 의료행위를 할 수 없으며 의료인도 면허된 것 이외의 의료행위를 할 수 없다.

인공지능이 의사의 진단을 보조하는 도구로 사용될 때는 인공지능의 판단이 의료행위라고 보기는 어렵다. 예를 들어 인공지능이 CT 스캔 이미지를 분석하여 암의 가능성을 보고하는 경우 암의 최종 진단과 치료 결정은 여전히 의사가 내린다는 점에서 의료행위는 의사에 의해 수행되는 것으로 봐야 한다.

그런데 인공지능이 의사의 개입 없이 스스로 진단을 내릴 수 있는 경우에는 논의는 좀 더

복잡해진다. 예를 들어, 인공지능 수술 로봇이 의사를 보조하여 환자를 수술하다가 급박한 상황이 발생하여 의사의 지시 없이 독립적으로 환자의 상태 안정을 위해 특정 부위를 절개하거나 봉합한다면 이는 인공지능이 단독으로 의료행위를 했다고 볼 수 있다. 그런데 앞서 살펴본 「의료법」에 따르면 의료행위는 오직 사람인 의료인만이 할 수 있으므로, 현행법상으로는 사람이 아닌 인공지능이 의사의 통제를 벗어나 단독으로 이러한 의료행위를 할 수는 없다.

- **「개인정보보호법」과 의료 데이터**: 인공지능 학습 데이터에 개인정보가 포함되는 경우 「개인정보보호법」이 문제 될 수 있다는 점은 9장에서 자세히 살펴보았다. 그런데 의료 데이터의 경우 이러한 개인정보가 문제 되는 경우가 좀 더 많을 수 있는데, 이는 의료 데이터가 환자의 건강 상태, 진단 정보, 치료 기록 등 매우 민감한 정보를 포함하고 있어서 개인의 민감한 신체적, 정신적 상태를 알 수 있는 경우가 많고, 다른 분야의 데이터에 비해 악용되거나 유출되면 개인에게 심각한 피해를 초래할 수 있다.
- **의료 데이터에 대한 권한**: 환자의 의료 데이터가 누구의 것인지에 대한 논의도 의료 분야의 법적 쟁점 중 하나이다. 환자가 자신의 의료 데이터에 대한 소유권이나 통제권을 가지고 있는지, 아니면 해당 데이터가 병원이나 인공지능 개발회사의 소유인지가 불명확할 수 있다.

  따라서 인공지능의 학습에 의료 데이터를 활용할 때는 의료 데이터에 대한 권한을 가진 자로부터 명확한 허락을 받을 필요가 있고, 경우에 따라서는 권리 주체의 동의 외에도 의료 데이터를 관리하는 연구윤리심의위원회(Institutional Review Board; IRB)의 승인을 받아야 한다.
- **의료 방법의 지식재산권 침해 가능성**: 인간을 대상으로 하는 치료 및 진단 방법이 특허로 등록받을 수 있는지는 국가에 따라 자율적으로 정하고 있는데, 현재 한국은 산업상 이용할 수 없는 발명으로 취급하여 특허로 등록받을 수 없다. 이는 의료행위가 인간의 존엄이나 생존에 깊이 관계되고, 모든 사람은 의료 방법을 선택할 권리가 있으며, 의사가 의료행위를 수행하는데 특허 침해 여부를 신경 쓰면 원활한 치료가 어렵다는 점이 고려된 것이다. 한국과 달리 미국은 인간을 대상으로 하는 치료 및 진단 방법에 대해 특허를 받을 수 있다.

  따라서 한국에서는 인공지능이 인간을 대상으로 치료하거나 진단할 때 특허를 침해할 가능성은 없다. 다만 이는 치료나 진단 행위 자체가 문제 될 가능성이 없다는 것이지, 인공지능이 인간을 대상으로 치료하거나 진단하는 과정에서 사용되는 기술이 특허 된 기술이라면(예를 들면, 진단을 위해 환자의 사진을 인식하는 과정에서 특허로 등록된 이미지 인식 기술을 사용) 이는 특허 침해가 될 수 있다.

교통 분야

인공지능의 교통 분야 활용 사례

자동차, 항공기, 선박, 열차 등 다양한 교통수단에 대한 자율주행 시스템, 스마트 교통 시스템(교통 신호 제어), 차량 공유 서비스(수요 예측, 경로 최적화) 등 다양한 영역에서 인공지능이 활용되고 있다.

교통 분야의 윤리적 쟁점

가장 대표적인 윤리적 쟁점 중 하나는 자율주행차가 사고 상황에서 어떤 판단을 내려야 하는지에 대한 문제이다. 예를 들어, 충돌을 피할 수 없는 상황에서 인공지능은 누구의 생명을 우선시해야 하는지, 피해를 최소화하는 판단이 무엇인지와 같은 철학적 논쟁을 불러일으킬 수 있다. 또한 인공지능이 교통 데이터를 분석하고 개인의 이동 패턴을 추적할 수 있기 때문에 프라이버시 침해 문제도 윤리적 쟁점으로 떠오르고 있다.

교통 분야의 제도적 쟁점

교통 분야의 제도적 쟁점으로는 인공지능 기반 차량의 안전성 기준을 어떻게 설정할지, 자율주행 차량을 일반도로에서 운행할 수 있도록 승인할 때 어떠한 기준에 따를지 등이 있다. 자율주행차가 실제 도로에서 운행되기 위해서는 여러 단계의 테스트와 규제 승인 절차가 필요한데, 각국의 규제기관들은 인공지능 기술이 적용된 교통 시스템의 안전성을 보장하기 위한 새로운 표준과 가이드라인을 마련하고 있다. 특히, 자율주행차의 레벨에 따라 운전자가 어느 정도의 개입을 해야 하는지에 대한 기준이 필요하다.

교통 분야의 법률적 쟁점

자율주행차의 운행 과정에서 사고가 발생했을 때, 책임이 차량의 제조업체에 있는지, 소프트웨어 개발자에게 있는지, 아니면 차량 소유자에게 있는지 아직 명확하게 정해진 바가 없다. 기존 법체계는 과실이 있는 사람이 책임을 지는 것으로 규정하고 있으므로, 사람이 아닌 인공지능이 관여된 사고에 대해서는 새로운 법적 해석이 요구된다. 또한 인공지능의 투명성 문제도 중요한데 자율주행차가 내린 판단 과정이 불명확할 경우 사고 원인을 규명하는 데 어려움이 있을 수 있으며, 이에 따라 누가 책임을 져야 하는지가 불명확할 수 있다. 보험 분야에서도 자율주행차 사고에 대한 보상 범위와 책임 분배 문제가 복잡해지고 있다.

기타 분야

인공지능은 매우 다양한 분야에 폭넓게 활용되고 있는데 앞서 살펴본 금융, 의료, 교통 외에도 다음과 같은 분야들이 있다.

제조 분야

제조업에서 인공지능은 생산 자동화, 품질 관리, 유지보수 등에 활용된다. 특히 공장 운영의 최적화, 장비 고장 예측, 불량품 감지와 같은 영역에서 중요한 역할을 하여 생산성을 높이고 비용을 절감하는 데 기여하고 있다. 다만 인공지능의 도입으로 인한 일자리 감소가 문제 되고 있고, 제조 분야 인공지능의 안전 기준이나 규제 도입의 필요성에 대한 논의가 활발하다.

교육 분야

교육 분야에서 인공지능은 개인 맞춤형 학습, 자동 평가 시스템, 학습 분석 등에서 활용된다. 인공지능은 학생들의 학습 데이터를 분석하여 개인화된 학습 계획을 제공함으로써 교사의 업무 부담을 줄일 수 있을 뿐만 아니라 학생 개개인의 능력에 맞는 학습을 가능하게 할 수 있다. 다만 인공지능이 학생의 개인화된 데이터를 수집하는 과정에서 프라이버시 침해 가능성이 있고, 인공지능 교육을 도입하는 경우 인공지능을 쉽게 접할 수 있는 사람과 그렇지 않은 사람 간의 형평성 문제는 앞으로 해결해야 할 과제이다.

국방 분야

국방 분야에서 인공지능은 무인 전투 시스템, 감시 및 정찰, 사이버 보안, 전투 시뮬레이션 등에 활용되어 전투 효율성을 높이고 있다. 그러나 인공지능 스스로가 목표물을 결정해 공격함으로써 인간을 살상하는 것에 대한 윤리적 문제, 나아가 인공지능이 인간의 통제를 벗어나 인간을 공격할 가능성에 대한 우려가 제기되고 있고, 인공지능을 사용한 자율 무기 시스템의 사용이 국제법에 부합하는지가 논의되고 있다.

법률 분야

법률 분야에서 인공지능은 법률 문서 자동 작성, 법률 분석, 재판 결과 예측 등에 활용될 수 있다. 다만 인공지능이 사법적 판단 영역까지 확장되어 활용되는 경우(예를 들어, 인공지능이 사람에게 죄가 있는지를 판단), 인간이 아닌 존재가 인간을 판단할 수 있는 것인지, 그러한 판단을 할 수 있다고 하더라도 인공지능이 인간을 판단함에 있어서 인간적인 요소를 충분히 고려할 수 있는지에 대한 우려가 제기되고 있다.

12.4 정리하며

앞서 살펴본 분야 외에도 인공지능은 매우 다양한 분야에서 활용되고 있고, 점점 더 확대될 것으로 보인다.

그림 12-13 인공지능의 활용 분야

각 활용 분야마다 고유의 특성이나 환경으로 인하여 인공지능을 도입했을 때 발생할 수 있는 윤리적·제도적·법률적 문제가 서로 다를 수 있다. 이에 각 관계 부처는 해당 분야에서 인공지능이 안전하게 활용될 수 있도록 다음과 같은 인공지능의 개발 및 활용 안내서를 발표하고 있다.

관계 부처별 인공지능의 개발 및 활용 안내서

금융위원회

「금융분야 인공지능 활용 활성화 및 신뢰 확보방안」, 「5대 금융 분야(신용평가·여신, 로보어드

바이저, 챗봇, 맞춤형 추천)별 AI 개발·활용 안내서」, 「금융 분야 AI 보안 가이드라인」을 발간하였다.

고용노동부

채용 인공지능 도입 현황을 파악하기 위한 실태 조사를 실시하였다.

외교부 · 국방부

군사 분야의 책임 있는 인공지능 활용을 위하여 네덜란드와 함께 제1차 REAIM(Responsible Artificial Intelligence in the Military domain summit) 회의를 공동으로 주최하고, 2024년 9월에는 제2차 REAIM 회의를 한국에서 개최하였다. 또한 한국은 해외 46개국과 함께 인공지능의 책임감 있는 군사적 이용에 대한 정치적 선언을 하는 등 국제사회와 긴밀한 협력을 지속하고 있다.

국토교통부

세계 최초로 레벨3 자율주행차 안전 기준을 마련하고 국제기준에 맞추어 이를 개정하고 있다. 레벨3 자율주행차 사고에 대한 피해자 구제를 위해 「자동차손해배상보장법」을 개정하여 보험 제도를 정비하였다.

경찰청

레벨3 자율주행 운행의 법적 토대를 마련하기 위해 「도로교통법」을 개정하여 자율주행차 및 자율주행시스템 정의, 관련 특례 및 의무사항 등을 규정하였다.

해양수산부

인공지능을 활용한 '자율운항선박 기술개발 R&D사업'을 통해 핵심기술을 개발하고 있으며, 기술 실증을 지원하기 위해 「자율운항선박 개발 및 상용화 촉진에 관한 법률」 제정을 추진하여 입법하였다.

식약처

세계 최초 「인공지능 의료기기 허가·심사 가이드라인」을 포함해 총 9건의 관련 가이드라인을 발간하고, 국제의료기기규제당국자포럼(IMDRF) 등 국제 논의에 적극 참여하였다.

정부

2024. 9. 26. 윤석열 대통령은 국가인공지능위원회 출범을 선포하고 대한민국을 오는 2027년까지 인공지능 3대 강국으로 도약시킬 것이라는 포부를 밝혔다. 국가인공지능위원회는 기술·혁신분과, 산업·공공분과, 인재·인프라분과, 법·제도분과, 안전·신뢰분과를 포함하여 다양한 영역에서의 발전과 혁신을 꾀하고 있다.

이처럼 국가가 총력을 다해 인공지능 분야의 발전을 위해 노력하고 있고, 문제 될 수 있는 여러 윤리적, 법률적 문제를 최소화하기 위해 힘쓰고 있다. 앞으로의 인공지능 발전은 이러한 국가적, 사회적 논의와 함께 인공지능의 신뢰를 쌓아가는 방향으로 이루어질 것이다.

Q&A 12장

Q 인공지능은 다양한 분야에서 활용되는데 윤리, 제도, 법률을 검토할 때 왜 인공지능을 각 분야별로 따로 검토하는 것이 필요할까?

A 인공지능을 각 분야별로 따로 검토하는 것이 필요한 이유는 다음과 같다.

- 분야별로 특화된 요구사항과 환경: 각 산업과 분야는 고유한 환경과 규제 요구사항을 가지고 있다. 예를 들어, 의료 분야에서는 환자의 개인정보 보호가 중요하고, 금융 분야에서는 알고리즘의 투명성과 시장 안정성을 위한 규제가 필요하다. 이러한 특수성을 고려하지 않으면 인공지능이 의도치 않은 문제를 초래할 가능성이 높다.
- 윤리적 문제의 차별성: 인공지능이 미칠 윤리적 영향을 각 분야별로 다르게 평가해야 한다. 의료 분야에서는 환자의 생명과 직접적으로 연관된 의사결정을 신중하게 다뤄야 하지만, 제조업 분야에서는 안전성과 자동화의 균형이 중요한 이슈이다. 이처럼 동일한 기술이라도 적용되는 분야에 따라 윤리적 우선순위가 다르다.
- 법이나 규제의 차이: 법과 규제는 분야마다 다르게 적용된다. 예를 들어, 의료 분야는 「의료법」과 「생명윤리법」, 금융 분야는 「금융 관련 법률과 금융 감독 규정」을 따른다. 따라서 인공지능이 적용될 때 그 법적 책임이나 규제의 내용도 분야별로 다르고 이를 통합적으로 논의하기가 어렵다.
- 기술적 요구사항의 차이: 인공지능 기술이 각 분야에서 요구되는 성능, 데이터 종류, 처리 속도 등이 다르다. 의료에서는 정확도가 가장 중요할 수 있지만, 교통 분야에서는 실시간 처리 능력이 더욱 중요한 요소가 된다. 이러한 기술적 요구사항을 맞추기 위해 분야별 분석과 맞춤형 접근이 필요하다.
- 사회적 영향과 기대치의 다양성: 인공지능이 각 분야에 미치는 사회적 영향도 다르다. 예를 들어 교육 분야에서는 인공지능이 교육 접근성을 확대하고 교육의 질을 높임으로써 공공의 이익을 증진시키는 것이 기대되고, 금융 분야에서는 금융 접근성 확대라는 공공의 이익보다는 금융 회사의 운영 효율성이나 리스크 관리를 통한 사적 이익 증진에 좀 더 기대가 있다.
- 리스크 관리와 책임의 복잡성: 인공지능 기술은 각기 다른 위험과 책임을 동반한다. 의료 인공지능의 오류는 생명에 치명적인 영향을 미칠 수 있는 반면, 제조 인공지능의 오류는 생산성 저하로 이어질 수 있다. 각 분야에서 적절한 리스크 관리 전략과 책임 소재를 논의하려면, 분야별 분석이 필요하다.

결론적으로, 인공지능의 분야별 검토는 기술적, 법적, 윤리적 관점에서 각 산업의 고유한 특성을 반영하여 문제를 더 정확히 이해하고 그에 따른 적절한 해결책을 제시하기 위한 필수적인 과정이다.

Q 인공지능은 교통 분야에서 자율주행을 가능하게 했는데, 자율주행은 실제로 얼마나 안전할까?

A 자율주행 기술은 교통 분야에서 혁신적인 변화를 가져오고 있는데, "얼마나 안전한가?"라는 질문에 대한 답은 기술의 발전 단계, 데이터 품질, 그리고 도입 지역의 도로 환경 등에 따라 달라질 수 있다. 몇 가지 주요 사항을 정리하면 다음과 같다.

- 사고율: 통계에 따르면 자율주행 차량은 인간 운전자가 운전하는 차량에 비해 사고율이 낮으므로, 사고율의 측면만 본다면 자율주행 차량이 더 안전하다고 볼 수 있다.
- 안전 수준의 한계
  - 기술적 한계: 자율주행 시스템은 날씨, 도로 표지판 상태, 예상치 못한 보행자 행동 등 다양한 변수에 영향을 받기 때문에, 예외적인 상황에서는 사람에 비해 안전성이 떨어질 수 있다.

- 레벨에 따른 차이: 자율주행 기술은 0단계(완전 비자동)에서 5단계(완전 자율)까지 나뉘는데, 현재 대부분의 상용화된 자율주행 차량은 2~3단계 수준이다. 현재 수준에서는 자율주행 차량이 사람보다 더 안전한지에 대해 논란이 있을 수 있으나 5단계가 된다면 확실히 사람이 운행하는 것에 비해 안전하다고 볼 수 있을 것이다. 다만 완전 자율주행(5단계)에 도달하려면 아직은 추가 연구와 개선이 필요하다.

- 기술적 한계
  - 데이터 부족: 자율주행 시스템의 학습과 개선을 위해 다양한 상황의 데이터가 필요하지만, 극단적 상황(예: 사고, 긴급 상황)에 대한 데이터는 제한적이다.
  - 센서 및 인프라 의존: 라이다(LiDAR), 레이더, 카메라 등의 센서와 고정밀 지도, V2X(Vehicle-to-Everything) 통신과 같은 기술이 필수적이나, 이들 기술의 신뢰성과 인프라의 구축이 아직 충분하지 않다.
  - 인공지능의 한계: 복잡하고 예외적인 상황에서 인간처럼 즉각적이고 직관적인 판단을 내리기가 어려운 경우가 많다.

결국 현재의 자율주행 차량은 통계적으로는 인간이 직접 하는 운전보다 더 안전하다고 볼 수 있지만, 기술적 완성도와 외부 변수로 인해 아직 완벽하다고 할 수는 없고 상황에 따라서는 인간의 운전 능력보다 떨어지는 경우도 있다. 물론 앞으로 기술 발전에 따라 자율주행은 더 안전해질 것으로 기대되지만, 해결되지 않은 법적 · 윤리적 과제가 여전히 남아 있다.

Q 인공지능이 교사의 역할을 대체할 수 있을까?

A 아주 먼 미래에는 인공지능이 교사의 역할을 대체할 수 있을 것이지만, 다른 분야에 비해서는 그 속도가 느릴 것으로 예상된다. 그 이유는 다음과 같이 교사의 본질적인 역할을 인공지능이 대체하기는 쉽지 않을 것으로 보이기 때문이다.

- 감정적 연결 및 동기 부여: 교사는 학생들과 정서적으로 소통하며 동기를 부여하는 중요한 역할을 한다. 인공지능은 공감이나 인간적인 상호작용을 완벽히 대체하기 어렵다.
- 윤리적 판단과 가치 교육: 교사는 도덕적 가치와 사회적 책임을 가르치는 데 중요한 역할을 하며, 이는 아직 인공지능이 수행하기 어려운 영역이다.
- 예기치 않은 상황 대응: 교사는 학생들의 개별적이고 예측 불가능한 행동에 유연하게 대응할 수 있지만, 인공지능은 아직 복잡한 사회적 맥락을 이해하거나 적응하는 데 한계가 있다.

결국 가까운 미래에 인공지능은 교사를 대체하기보다는 보조하거나 협력하는 방향으로 발전한다고 보는 것이 좀 더 현실적이다. 예를 들어 인공지능은 교사에게 학습 분석 데이터를 제공하고, 교사는 이를 기반으로 학생 개개인에게 맞는 교육 전략을 세울 수 있다. 이처럼 인공지능은 교육 분야에서 중요한 도구로 활용될 수 있지만 진정한 교육의 본질인 인간적 상호작용과 가치 교육은 인공지능으로 대체되기가 쉽지 않을 것이다.

13 장

기술과 법, 그 경계에서 인공지능을 다시 보다

인공지능의 개발 및 활용 시 유의해야 할 법률 이슈에 대한 종합 검토

학습목표

1. 인공지능 가상 사례를 인공지능 생애주기에 따라 살펴본다.
2. 서비스 기획 단계, 데이터 준비 단계에서 사례를 분석한다.
3. 인공지능 모델 개발, 학습, 검증, 평가, 배포, 운영 단계에서 사례를 분석한다.

13.1 들어가며

1장부터 12장까지 인공지능의 기술, 윤리, 규제, 법률에 대해 함께 살펴보았다. 이를 통해 우리는 인공지능이 사회 전반에 걸쳐 어떠한 영향을 미치고 있는지, 그리고 그로 인해 새롭게 발생하는 윤리적, 법적 이슈들이 무엇인지 여러 각도에서 검토했다.

그러나 인공지능을 둘러싼 여러 문제는 아직 제도나 법적으로 완벽히 해결되지 않은 상태이다. 이 때문에 국회에서도 인공지능에 관련된 법안을 계속해서 발의하고 있으며, 각 분야의 규제기관과 정부에서도 법적 프레임워크를 마련하기 위한 노력이 활발하게 진행되고 있다.

표 13-1 22대 국회에서 인공지능에 대해 2024. 10.까지 발의된 법안

의안 번호	의안명	제안자 구분	제안 일자	심사 진행 상태
2204250	인공지능산업 진흥 및 신뢰 확보 등에 관한 특별법안(김우영 의원 등 19인)	의원	2024-09-24	소관위접수
2203960	인공지능의 발전과 안전성 확보 등에 관한 법률안(이훈기 의원 등 14인)	의원	2024-09-12	소관위접수
2203297	인공지능 발전 진흥과 사회적 책임에 관한 법률안(배준영 의원 등 10인)	의원	2024-08-28	소관위접수
2203235	인공지능책임법안(황희 의원 등 10인)	의원	2024-08-27	소관위접수
2203072	인공지능 기본법안(한민수 의원 등 10인)	의원	2024-08-22	소관위접수
2201399	인공지능 개발 및 이용 등에 관한 법률안(권칠승 의원 등 15인)	의원	2024-07-04	소관위접수
2201158	인공지능기술 기본법안(민형배 의원 등 13인)	의원	2024-06-28	소관위접수
2200675	인공지능산업 육성 및 신뢰 확보에 과한 법률안(김성원 의원 등 11인)	의원	2024-06-19	소관위접수
2200673	인공지능산업 육성 및 신뢰 확보에 관한 법률안(조인철 의원 등 19인)	의원	2024-06-19	소관위접수
2200543	인공지능 발전과 신뢰 기반 조성 등에 관한 법률안(정점식 의원 등 108인)	의원	2024-06-17	소관위접수
2200053	인공지능 산업 육성 및 신뢰 확보에 관한 법률안(안철수 의원 등 12인)	의원	2024-05-31	소관위접수

이번 장에서는 이러한 법적인 공백 속에서 인공지능이 기존 법률에 따라 어떻게 규율될 수 있는지, 그리고 실제로 발생하는 법적 문제가 무엇인지 하나의 가상 사례를 통해 종합적으로 분석해 보고자 한다.

검토할 내용으로는 인공지능의 개발 및 활용 과정에서의 저작권, 특허, 상표, 영업비밀, 개인정보, 그리고 빅데이터의 활용 이슈까지 모두 포함한다. 관련된 이슈를 전체적으로 조망해 봄으로써 인공지능에 대한 윤리적인 쟁점, 규제, 그리고 법률이 얼마나 긴밀하게 얽혀 있는지를 확인해 볼 수 있다.

인공지능의 진보는 우리에게 수많은 혜택을 주는 동시에, 그 이면에 숨어 있는 법적 도전과제들 역시 끊임없이 생겨나고 있다는 점을 함께 상기하며, 이제 본격적인 논의에 들어간다.

13.2 가상 사례의 검토

가상 사례

인공지능 회사인 BestPick은 온라인에서 사용자 맞춤형 상품을 추천하는 인공지능인 '맞춤이'를 개발하고자 한다. BestPick은 소비자의 구매 기록, 검색 이력, 클릭 패턴, SNS 활동 내용, 온라인에서 작성한 게시글 등 다양한 사용자 데이터를 '맞춤이'에 학습시킴으로써 기존의 추천 인공지능에 비해 월등한 성능을 내도록 하는 것이 목표이다.

BestPick은 다양한 사용자 데이터를 수집하기 위하여, ① SNS 회사와 계약을 체결하여 SNS 회사가 보유하고 있는 사용자의 온라인 활동 내역 데이터를 구매하고, ② 학습 데이터 세트를 모아둔 플랫폼에서 데이터를 다운로드하였으며, ③ 인터넷에 공개된 데이터를 크롤링하였다. 이렇게 여러 출처에서 수집된 데이터를 모은 뒤에 데이터를 전처리하고 '맞춤이'에 학습시켰다.

'맞춤이'는 인공신경망 모델로 구현된 인공지능으로서 오픈소스 플랫폼에서 다운로드한 오픈소스를 기반으로 개발되었다. BestPick은 개발 과정에서 경쟁사의 개발자를 영입하여 '맞춤이'를 더욱 고도화하였고, 고도화된 부분의 소스코드는 외부에 공개하지 않았다. 다만 BestPick은 인공지능 모델을 최적화하는 기술이 부족하였기 때문에 우수한 인공지능 최적화 기술을 가지고 있는 OptiMind라는 회사에 '맞춤이'의 최적화 업무를 의뢰하였다.

그림 13-1 추천 인공지능 '맞춤이'

이렇게 개발된 '맞춤이'는 테스트 결과 매우 좋은 성능을 발휘하는 것이 확인되었고, 이후 BestPick은 '맞춤이'의 제품 추천 서비스를 시작하였다. '맞춤이' 서비스는 사용자가 물품을 구매하려고 하면 사용자에게 가장 적합한 가격대, 품질, 디자인의 물품을 추천하고 해당 물품을 구매할 수 있는 전자상거래 웹사이트를 안내해 준다. 특히 '맞춤이' 서비스는 기존의 추천 인공지능과 차별화되는 서비스를 제공하는데, 사용자가 '맞춤이'를 통해 물건을 구매할 때 구매 금액의 일부를 자선 단체에 기부할 수 있는 옵션을 제공하며,

기부 참여를 할 때 받는 보상 포인트를 추가 할인 혜택이나 무료 배송 등에 사용할 수 있었다. 또한 '맞춤이'는 중고 거래 플랫폼과 연계되어 새 제품뿐만 아니라 중고 제품에 대해서도 추천을 해주는 기능을 포함하고 있다.

사용자가 제품을 구매한 후에 구매한 제품에 대한 후기를 작성할 수 있는데, 이때 '맞춤이'에게 부탁하면 직접 사용자 후기를 대신 생성해 주고 필요한 그림이나 사진도 자동으로 삽입해 줌으로써 매우 편하게 후기를 작성할 수도 있다.

가상 사례의 검토 방향

인공지능 제품이나 서비스의 생애주기(Life Cycle)는 다양하게 정의될 수 있지만, 크게 개발 단계와 서비스 단계로 나눌 수 있다. 개발 단계는 개발 계획 수립, 데이터 준비, 모델 학습 및 평가 후 배포하기 전까지의 단계이고, 서비스 단계는 개발 이후에 인공지능 서비스를 운영하고 유지보수와 지속적인 개선을 하는 단계이다. 이를 종합해 보면 다음과 같다.

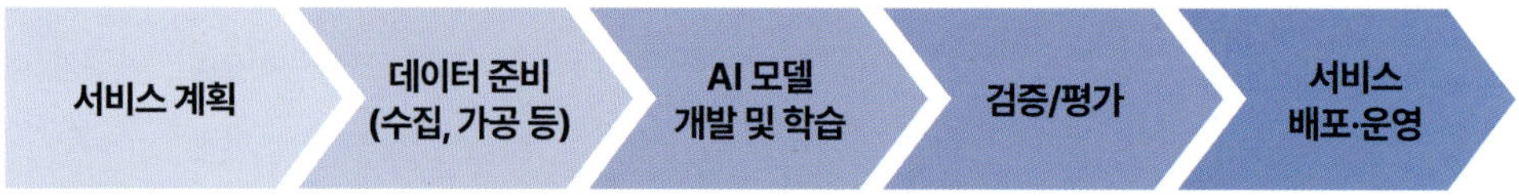

그림 13-2 인공지능의 생애주기

가상 사례도 인공지능 생애주기에 따라 다음과 같이 진행될 수 있다.

서비스 기획

- 서비스의 목표 설정: 맞춤형 상품을 추천하는 인공지능을 개발하되, 다양한 데이터 학습을 통해 높은 성능을 달성하는 것을 목표로 함. 기부 참여, 중고 거래 플랫폼 연계, 생성형 인공지능을 활용한 후기 작성 등의 차별화 기능 제공
- 데이터 요구 분석 및 수집 계획 수립: 인공지능 모델을 학습시키기 위한 데이터의 종류, 양, 품질 등을 파악하고 필요한 데이터를 확보하는 방안 마련(① SNS 회사로부터 사용자의 온라인 활동 내역 데이터 구매, ② 데이터 플랫폼에서 다운로드, ③ 인터넷 데이터 크롤링)
- 모델 개발 계획 수립: 오픈소스를 통한 개발, 개발자 영입, OptiMind와의 공동개발 계획 수립

- 비즈니스 계획 수립: 인공지능 서비스의 브랜드 네이밍('맞춤이') 및 캐릭터 디자인 계획 수립, 인공지능 서비스 제공 및 홍보 계획 수립

데이터 준비

- 데이터 수집: 서비스 기획 단계에서의 계획한 내용에 따라 다양한 출처에서 인공지능 '맞춤이'의 학습에 필요한 데이터 수집
- 데이터 전처리: 데이터에서 오류를 수정하고, 중복을 제거하며, 정규화하는 등 인공지능 모델에 학습시키기에 적합한 형태로 처리

인공지능 모델 개발 및 학습

- 모델 개발: 추천 인공지능에 가장 적합한 알고리즘 선택 및 개발
- 모델 학습: 준비된 데이터를 사용하여 인공지능 모델 학습
- 최적화 및 파인튜닝: 모델의 성능을 최적화하기 위하여 파라미터를 조정하거나 추가 데이터 학습 진행

인공지능 모델 검증 및 평가

- 모델이 과적합 되지 않았는지, 신뢰할 수 있는 결과를 내는지 확인하고, 학습된 모델을 테스트 데이터로 평가하여 성능 확인
- 맞춤형 상품을 추천하는 성능이 원하는 수준에 이르지 못할 때는 다시 학습을 진행하거나 파인튜닝을 한 뒤 재평가 진행

인공지능 서비스 배포 및 운영(모니터링 및 업데이트 포함)

- 완성된 모델을 실제 환경에 배포한 뒤, 소프트웨어와 하드웨어 인프라에 맞게 모델 운영
- 시스템이 실제 운영 중에도 예상한 대로 성능을 발휘하는지 지속해서 모니터링하고, 성능 저하나 오류 발생 시 이에 대한 조치 필요
- 인공지능 모델이 시간이 지나면 성능이 저하될 수 있으므로 필요한 경우 새로운 데이터로 모델을 재학습하거나 모델 자체를 새롭게 업데이트

다음 항에서는 가상 사례의 생애주기 별로 어떠한 법적 이슈를 고려해야 하는지에 대해 구체적으로 살펴본다.

13.3 서비스 기획 단계에서의 검토

지식재산권의 확보

앞의 4장부터 8장까지 살펴본 것처럼 지식재산권의 종류는 다양하며 각각 보호하고자 하는 대상, 보호 취지, 보호 범위 등이 서로 다르다. 따라서 가상 사례에서도 어떤 부분을 어떠한 권리로 보호할지를 검토할 필요가 있다.

표 13-2 특허, 상표, 디자인, 저작권의 정의 및 보호 대상

권리	정의	보호 대상
특허	자연법칙을 이용한 기술적 사상의 창작으로서 고도한 것	물건, 방법, 컴퓨터 프로그램, Business Method 등
상표	자기의 상품을 타인의 상품과 식별하기 위한 표지	문자, 도형 등
디자인	물품의 형상 · 모양 · 색채 또는 이들을 결합한 것으로서, 시각을 통하여 미감을 일으키게 하는 것	물품의 외관, 화상디자인
저작권	인간의 사상 또는 감정을 표현한 창작물	어문저작물, 사진저작물, 도형저작물, 컴퓨터프로그램저작물 등

특허권의 확보

특허는 '기술적 사상의 창작'을 보호하는 것이므로 '맞춤이'에서 어떤 부분이 기술에 해당하는지를 확인할 필요가 있으며 아래를 생각해 볼 수 있다.

- '맞춤이' 자체의 알고리즘 내지는 컴퓨터 프로그램
- '맞춤이'를 구동하기 위한 장치
- '맞춤이' 서비스의 영업 방법(Business Method)

서비스 기획 단계에서는 앞으로의 계획을 세우게 되지만 아직 본격적인 기술 개발이 진행된 것은 아니기 때문에 '맞춤이'의 알고리즘, 컴퓨터 프로그램이나 구동 장치는 개발되기 전이다. 따라서 이러한 내용에 대해서는 특허로 출원하기 어렵다.

그러나 '맞춤이' 서비스의 영업 방법은 서비스 기획 단계에서 어느 정도 구체화할 수 있으므로 이에 대한 내용은 영업 방법(Business Method)으로 특허 출원을 할 수 있다. 물론 추후 기술 개발 단계에 이르러서 그때 특허를 출원하는 것도 생각해 볼 수 있지만, 특허는 출원서를 제출한 날짜(이를 '출원일'이라고 한다)를 기준으로 그 날짜 이전의 기술보다 신규하고 진보한 기술만이 등록받을 수 있기 때문에 출원일이 늦어지면 그만큼 대비 대상 기술이 많아져서 등록받기가 어려워진다.

한편 7장에서 살펴본 바와 같이 특허는 '기술적 사상'을 보호하는 것이기 때문에 기술적인 내용이 아닌 영업 방법만으로는 특허로 등록받을 수 없고, 영업 방법이 컴퓨터나 정보통신기술을 이용하여 구현되는 경우에만 특허의 대상이 될 수 있다.

따라서 가상 사례에서 기존과 차별화되는 영업 방법(맞춤형 상품 추천 방법으로서 ① 자선 단체에 기부할 수 있는 옵션을 포함하고, ② 새 제품뿐만 아니라 중고 제품에 대해서도 추천을 해주며, ③ 사용자가 제품을 구매한 후 구매한 제품에 대한 후기를 인공지능이 작성해 주는 것)이 하드웨어와 소프트웨어를 이용하여 구현되도록 한다면 BM 발명으로 특허 출원할 수 있다.

물론 BM 발명이 특허로 등록받기 위해서는 다른 발명과 마찬가지로 특허 요건들을 만족해야 하며, 특히 BM 발명이 기존의 발명과 차별화되는 부분이 해당 기술 분야에 종사하는 보통 수준의 기술자가 쉽게 생각해낼 수 없는 것이어야 진보성을 인정받아서 특허로 등록될 수 있다.

상표권의 확보

상표는 자신의 상품이나 서비스를 타인의 상품이나 서비스와 구별하기 위한 표시이며, 가상 사례에서는 서비스 명칭인 '맞춤이'가 상표에 해당한다. 따라서 '맞춤이'를 상표로 출원할 수 있으며, '맞춤이' 문자뿐만 아니라 '맞춤이' 캐릭터에 대해서도 상표 출원이 가능하다.

상표를 출원할 때는 상표를 사용하고자 하는 상품·서비스를 지정하여야 하며, 이때 지정한 상품·서비스와 동일하거나 유사한 범위까지만 상표권의 효력이 미친다. 예를 들어, '맞춤이' 문자를 '웹사이트를 통한 인공지능 서비스 제공업'으로 지정하여 상표 출원한 뒤 등록받았다면, 다른 사람이 인공지능 서비스와 무관한 자동차 판매업에 '맞춤이'를 사용하였을 때 상표권 침해에 해당하지 않는다.

따라서 상표 출원 시에 현재 상표를 사용하고 있는 상품·서비스 뿐만 아니라 사업 계획상 사용 예정인 상품·서비스까지도 지정하여 출원하는 것이 바람직하다. 다만 상표권을 등록받은 후 3년 동안 한 번도 사용하지 않으면 제3자가 불사용을 이유로 상표등록 취소심판을 청구할 수 있다는 점은 유의하여야 한다.

참고로 특허청 홈페이지는 지정 상품·서비스 명칭을 검색할 수 있는 서비스를 제공하고 있다. 이 서비스에서는 국제적으로 표준화된 상표 및 서비스 품목의 분류 체계인 니스분류(Nice Classification)에 따라 상품과 서비스를 45개의 클래스(류)로 분류하고 있다. 예를 들어, '웹사이트를 통한 인공지능 서비스 제공업'의 경우 42류에 포함되어 있다. 니스분류에 포함되지 않은 상품·서비스라고 하더라도 그 명칭의 의미나 범위가 명확하다면 상품·서비스의 명칭으로 지정하여 출원할 수 있다.

그림 13-3 특허청의 상품분류코드 조회 화면

디자인권의 확보

물품에서 시각을 통하여 미감을 일으키게 하는 부분은 디자인으로 보호받을 수 있다. 가상 사례에서 디자인은 '맞춤이' 캐릭터이므로 이를 디자인으로 출원할 수 있으며, 이때 디자인을 사용하고자 하는 물품을 지정하여야 한다. '맞춤이' 캐릭터는 디스플레이 패널에 표시되는 것이므로 '화면디자인이 표시된 디스플레이 패널'을 물품으로 지정해서 출원하면 된다.

그림 13-4 '맞춤이'

참고로 물품에 표시되지 않은 화상디자인 그 자체도 '기기의 조작에 이용되거나 기능이 발휘되는 화상'인 경우에는 디자인으로 등록받을 수 있다. 그러나 가상 사례에서 '맞춤이' 디자인은 기기의 조작이나 기능과는 무관한 것이므로 화상디자인으로 등록받기는 어렵다.

저작권의 확보

저작권은 등록하지 않아도 발생하는 권리이므로, '인간의 사상 또는 감정을 표현한 창작물'인 '맞춤이' 캐릭터 디자인은 창작하는 순간 권리가 발생한다. 또한 직원이 창작한 업무상저작물이라고 하더라도 BestPick의 명의로 외부에 공표되면 BestPick이 저작자가 된다(「저작권법」 제9조).

다만 저작권 등록을 하면 등록된 사항이 사실이라고 추정받을 수 있고(「저작권법」 제53조 제3항), 침해자의 과실이 추정(「저작권법」 제125조 제4항)되는 효과가 있으므로 한국저작권위원회에 저작물로 등록해 두는 것이 바람직하다.

그림 13-5 한국저작권위원회의 저작권 등록 화면

인공지능 서비스 대상 국가 검토

인공지능 서비스를 어떤 나라에 출시할지에 대한 사전 검토는 법률적 측면에서 매우 중요한데 그 이유는 다음과 같다.

국가별 법률 및 규제 차이

각 국가는 인공지능에 대해 서로 다른 규제 체계를 가지고 있다. 물론 아직 인공지능에 대한 규제가 많지는 않지만, 데이터 보호, 개인정보 처리, 알고리즘 투명성, 인공지능 사용의 윤리적 기준 등에 대한 규제가 국가마다 다르게 정해져 있다.

예를 들어 EU의 「AI Act」는 고위험 인공지능 시스템에 해당하면 관련된 회사나 사용자에게 엄격한 의무를 부과하고 있으며, 미국의 「알고리즘 책임법(Algorithmic Accountability Act)」은 소비자의 삶에 중대한 영향을 미칠 수 있는 자동화된 의사결정 시스템(ADS)을 규제하고 있다. 또한 인공지능이 개인정보가 포함된 데이터를 활용하는 경우에는 각국 「개인정보보호법」의 적용을 받는다. 따라서 서비스가 출시될 국가의 법률을 미리 파악하지 않으면 해당 규제를 위반하게 되어 법적인 제재를 받을 수 있다.

책임 소재 검토 및 법적 분쟁 대비

인공지능 서비스가 의도치 않은 결과를 초래할 경우 누가 법적인 책임을 지는가에 대한 문제가 발생할 수 있다. 그런데 국가마다 갖고 있는 법적 책임 체계는 다르다. 예를 들어 미국처럼 소송이 활발한 국가에서는 피해 발생 시 기업이 더 큰 책임을 지게 될 수도 있고, 중국과 같은 사회주의 국가에서는 인공지능 기술이 사회주의 체계에 주는 영향을 검토하거나 규제할 수도 있으며 특히 사회적 영향력이 강한 플랫폼 회사에 대해서 여러 의무를 부과하고 있다. 따라서 서비스가 출시될 국가에서 기업이 직면할 수 있는 법적 리스크와 그에 따른 책임을 사전에 분석하고 대비할 필요가 있다.

지식재산권 보호

지식재산권은 출원한 국가에서만 보호받을 수 있으므로 보호받고자 하는 국가마다 모두 출원해야 한다(이를 '속지주의'라고 한다). 따라서 인공지능 서비스를 출시하고자 하는 나라에 대해서는 사전에 지식재산권을 확보해 둘 필요가 있으며, 그렇지 않으면 후발 주자들이 동일한 기술, 상표, 디자인을 무단으로 사용하는 문제가 발생하여 서비스의 시장 경쟁력이 약화될 수 있다.

세금 및 금융 규제

국가별로 「세법」이 다르며, 특정 국가에서는 인공지능 관련 서비스에 대한 추가 과세가 있을 수 있다. 또한 일부 국가에서는 디지털 서비스세를 도입하거나, 특정 인공지능 기술이 불공정하게 시장을 지배하는 것을 막기 위해 법적인 제재를 가할 수도 있다. 따라서 이러한 내용에 대한 사전 검토가 필요하다.

13.4 데이터 준비 단계에서의 검토

가상 사례에서는 총 3가지 방법(① SNS 회사와 계약을 체결하여 SNS 회사가 보유하고 있는 사용자의 온라인 활동 내역 데이터를 구매, ② 학습 데이터 세트를 모아둔 플랫폼에서 데이터를 다운로드, ③ 인터넷에 공개된 데이터를 크롤링)으로 데이터를 수집할 예정이므로, 각각에 대해 검토가 필요한 사항은 다음과 같다. 데이터 수집 이후 전처리 단계에서 검토해야 할 내용도 함께 살펴본다.

데이터 구매 또는 라이선스 계약 체결

대량의 고품질 데이터를 보유하고 있는 회사로부터 인공지능 학습 데이터를 구매하는 경우에는 비용이 발생하기는 하지만 원하는 데이터를 빠르고 쉽게 확보할 수 있다는 장점이 있다. 이렇게 타사로부터 데이터에 대한 사용 허락을 받아서 인공지능 학습 데이터로 사용할 때는 데이터에 대한 이용 허락 계약(즉 데이터 라이선스 계약)을 체결하여야 한다. 이러한 데이터 라이선스 계약은 데이터 거래의 상황이나 조건에 따라 다양한 형태일 수 있지만, 다음과 같은 내용들을 고려하여 작성하는 것이 바람직하다.

데이터 제공 거래의 유형

제공받은 데이터는 '맞춤이'의 학습에 사용하기 위한 것일 뿐이므로 사용 권한만 부여받으면 충분하고, 데이터 자체에 대한 모든 권리를 양도받을 필요는 없다. 따라서 '맞춤이' 학습에 사용하기 위한 데이터 이용 허락 계약을 체결하면 된다.

이용 허락의 범위

계약서에는 ① 데이터 이용 허락의 범위에 '인공지능 학습에 사용'하는 것이 포함된다는 점, ② 데이터의 가공은 2차적저작물 작성에 해당할 수 있으므로 BestPick에 2차적저작물 작성 권한이 있다는 점, ③ 데이터 라벨링이나 전처리를 위하여 BestPick이 다른 회사에 데이터를 이용할 수 있도록 허락해야 할 수 있으므로 BestPick에 서브 라이선스 권한(자신이 가진 권한의 일부 또는 전부를 제3자에게 다시 라이선스할 수 있는 권한)이 있다는 점, ④ 경쟁사가 동일한 데이터를 사용하여 '맞춤이'와 비슷한 성능의 인공지능을 개발하지 못하도록 하기를 원한다면 BestPick만 독점적으로 데이터를 인공지능에 사용할 수 있다는 점을 기재하는 것이 바람직하다.

PoC(Proof of Concept)

구매한 데이터로 '맞춤이'를 학습하는 경우 원하는 성능이 나올지 미리 알기 어렵기 때문에 일종의 테스트에 해당하는 PoC를 먼저 진행하고, PoC에서 원하는 성능 수준을 달성하는 경우에만 본격적인 개발을 진행하는 것으로 계약을 체결할 수 있다. 또한 학습 데이터의 품질(정확성, 완전성, 일관성, 최신성, 유효성, 신뢰성 등)에 대해 명확한 기준을 설정할 필요가 있다.

데이터가 타인의 권리를 침해할 때의 보증 및 책임

가상 사례에서 제공받는 데이터는 SNS 사용자의 데이터이기 때문에, 데이터에는 타인의 저작물이나 개인정보가 포함되어 있을 수 있다. 따라서 데이터가 타인의 권리를 침해하지 않는다는 점을 SNS 회사가 보증하거나, 타인의 권리 침해가 문제 되면 누가 책임을 질 것인지에 대해서 미리 명확하게 정해둘 필요가 있다.

플랫폼에서 데이터 세트를 다운로드

현재 Kaggle, Hugging Face, Google Dataset Search, Open AWS Data 등 매우 다양한 데이터 세트 제공 플랫폼이 운영되고 있다. 또한 화학, 제약 등 각 분야에 특화된 데이터들을 제공하는 플랫폼들도 있다.

이러한 데이터 플랫폼에서 제품 추천 인공지능의 성능을 높일 수 있는 데이터 세트를 다운로드한 뒤 '맞춤이'의 학습 데이터로 사용할 수 있다. 예를 들어, 그림 13-6과 같이 허깅페이스에는 제품에 대한 고객의 선호도 정보가 포함되어 있는 'Loreal_product_recommendation' 데이터 세트가 있고, 이러한 데이터 세트를 활용하면 '맞춤이'의 제품 추천 성능이 높아지는 것을 기대해 볼 수 있다.

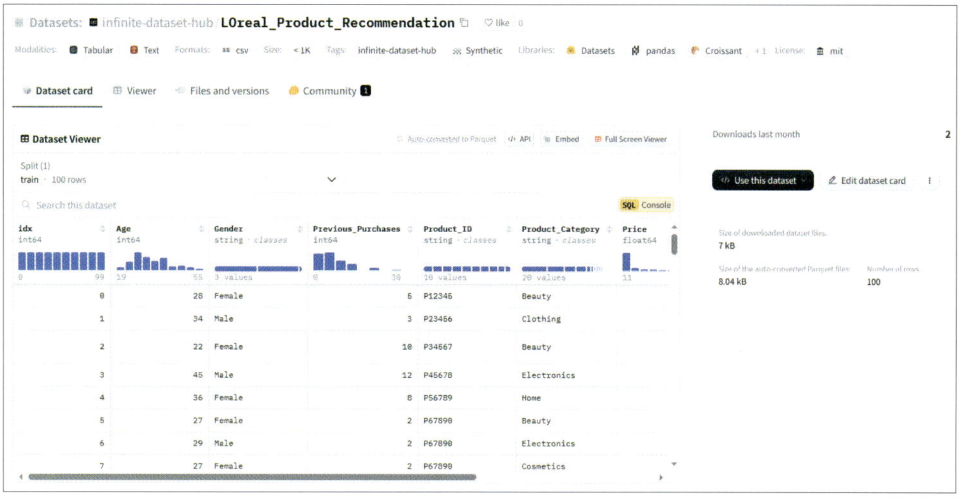

그림 13-6 추천 인공지능을 위한 데이터 세트

한편 그림 13-6의 데이터 세트는 MIT 라이선스로 제공되고 있으므로, MIT 라이선스의 내용을 확인하여 '맞춤이' 개발에 문제 되는 부분은 없는지 검토하여야 한다. 예를 들어, 데이터 세트를 상업적 목적으로 이용 가능한지, 개인정보가 포함되어 있는 경우에는 적법하게 수집되었고 인공지능 개발 목적으로 사용 가능한지, 데이터의 수정이나 변형이 가능한지, 그 외 지켜야 할 의무 조건이 있는지를 살펴볼 필요가 있다. 만일 데이터 세트의 라이선스를 확인할 수 없다면 해당 데이터 세트는 사용하지 않는 것이 바람직하다.

인터넷에 공개된 데이터 크롤링

10장에서 살펴본 것처럼 인터넷에 공개된 데이터를 크롤링할 때는 「저작권법」, 「부정경쟁방지법」, 「개인정보보호법」, 「정보통신망법」 및 「형법」이 문제 될 수 있다. 이러한 내용을 고려하여 가상 사례에서는 다음과 같은 방법으로 법적 리스크를 낮출 필요가 있다.

출처가 명확하지 않은 데이터

출처가 명확하지 않은 데이터는 수집을 자제해야 한다. 이러한 데이터는 실제 사실에 부합하는지 그 신뢰성을 담보하기 어렵기 때문이다. 예를 들어, 어떤 개인의 SNS 게시글에 '최근 20대 여성은 파란색 티셔츠를 선호한다고 한다'라는 내용이 포함되어 있을 때 이러한 내용이 어떤 출처에서 확인한 것인지 알 수 없다는 점에서 신뢰하기 어렵고, 따라서 '맞춤이' 학습에 사용하지 않는 것이 좋다.

데이터 크롤링 금지 웹사이트

크롤링 대상 웹사이트가 데이터 크롤링을 금지하고 있는지 확인하고 금지하고 있다면 이를 준수하여야 한다. 특히 웹사이트에서 크롤링을 막기 위한 기술적 조치가 취해져 있는 경우에는 기술적 조치를 회피하여 크롤링을 해서는 안 된다.

경쟁사의 웹사이트

제품 추천 인공지능을 서비스하는 경쟁사의 데이터를 크롤링하는 경우에는 부정경쟁행위에 해당할 가능성이 있으므로, 경쟁사의 데이터는 누구나 볼 수 있게 공개된 것이라고 하더라도 크롤링을 자제한다.

적법한 개인정보 수집 및 가명처리

제품을 추천하는 인공지능을 학습시키기 위한 데이터는 특정 개인의 나이, 성별, 제품 구매 기록, 선호도와 같은 내용이 포함될 것이므로 개인정보가 포함되어 있을 가능성이 높다.

따라서 수집된 데이터에 개인정보가 포함되어 있는지를 판단해 보고, 개인정보가 포함되어 있다면 「개인정보보호법」에 따라 적법하게 수집되었는지를 확인하여야 한다. 특히 '인공지능 학습 데이터로 사용'한다는 목적에 대해 정보 주체에게 알리고 동의를 받는 것이 중요하다(9장의 '이루다' 사례 참조). 또한 SNS에서 수집한 데이터는 개인의 사상이나 신념에 관한 정보, 개인의 신체적, 행동적 특징에 관한 정보(지문, 홍채, 얼굴 등), 인종이나 민족에 관한 정보가 포함되어 있을 수 있는데 이러한 정보는 민감정보에 해당하기 때문에 다른 개인정보와 구분하여 별도의 동의를 한 번 더 받아야 한다. 그리고 주민등록번호는 법에 별도의 근거가 있지 않은 이상 정보 주체로부터 동의를 받는다고 하여도 수집하거나 이용할 수 없다는 점을 유의하여야 한다.

다만 인공지능의 학습 데이터로 사용하는 경우에는 정보 주체의 동의 없이 가명정보를 사용할 수 있으므로(「개인정보보호법」 제28조의2), '맞춤이'의 학습에 꼭 필요한 데이터 항목이 아니라면 가명처리를 진행한 뒤 학습 데이터로 사용하여야 한다. 따라서 개인을 식별할 수 있는 식별정보(성명, 주민등록번호, 여권번호, 운전면허번호, 외국인등록번호, 주소, 전화번호 등), 식별가능정보(지역, 국적, 질병, 투약, 약품 등 다른 정보와 함께 분석할 경우 특정 개인을 알아볼 가능성이 높아지는 정보), 특이정보(희귀한 성씨, 희귀한 혈액형, 희귀한 직업)는 가능한 범위 내에서 최대한 비식별화하는 것이 바람직하다.

윤리적 이슈를 고려한 데이터 전처리

2장에서 살펴본 것처럼 학습 데이터에 고정관념이나 편견이 포함되어 있어서 데이터가 편향되어 있는 경우, 이러한 데이터로 학습된 인공지능 또한 편향된 결과를 도출할 가능성이 있다. 편향된 결과를 도출하는 인공지능은 사회적으로 문제가 될 수 있고, 결국 인공지능의 신뢰성 저하로 이어져서 시장에서 경쟁력을 상실할 가능성이 높다.

그림 13-7 윤리적 데이터로 학습된 윤리적 인공지능

따라서 최대한 다양한 데이터를 수집하고, 내용상 편향되거나 차별적인 데이터는 제외할 필요가 있으며, 데이터를 수집한 이후에는 통계적 방법을 사용하여 데이터의 편향성을 감지하고 편향되었으면 데이터를 수정해야 한다.

한편 인공지능의 투명성 및 설명가능성도 중요한 윤리적 이슈 중 하나이다. 인공지능이 어떠한 데이터를 사용했는지를 아는 것은 인공지능이 결정을 도출하는 과정을 설명하는 데 도움을 줄 수 있고 이를 통해 인공지능의 결과에 대해 사용자들이 더 신뢰할 수 있다. 따라서 어떠한 데이터를 사용했는지에 대해서는 기록을 남겨두는 것이 바람직하다.

13.5 인공지능 모델 개발, 학습, 검증 및 평가 단계에서의 검토

지식재산권의 확보 및 침해 가능성 검토

특허권의 확보 및 침해 가능성 검토

인공지능 모델을 개발하는 과정에는 여러 기술이 만들어질 수 있는데, 이러한 기술이 기존의 기술에 비해 새롭고 진보한 것이라면 특허로 보호받을 수 있다.

- **'맞춤이' 인공지능 알고리즘 또는 컴퓨터 프로그램 발명 출원**: 알고리즘이나 프로그램 그 자체는 '자연법칙을 이용한 기술적 사상'이 아니기 때문에 특허로 등록받을 수 없지만, 하드웨어(메모리, 프로세서 등)와 결합하여 특정 과제를 해결하기 위해 매체에 저장된 컴퓨터 프로그램은 특허로 등록받을 수 있다.

  또한 '맞춤이' 인공지능 모델 자체에 대한 것뿐만 아니라 새로운 데이터 학습/검증 방법이나 데이터 처리 방법을 개발하였다면, 이러한 방법에 대해서도 특허로 출원해 볼 수 있다.

- **'맞춤이'를 구동하기 위한 장치 발명 출원**: 추천 알고리즘을 구동하기 위하여 새로운 프로세서나 관련 장치를 개발하였다면, 그러한 물건에 대해서 특허로 출원할 수 있다.

- **임시명세서 제도 및 우선심사 제도 이용**: 인공지능은 기술이 매우 빠르게 발전되고 변화하는 분야 중 하나이다. 따라서 남들보다 빠르게 출원하고 빠르게 등록받음으로써 특허권을 선점하는 것이 중요하다.

  먼저, 특허 출원을 위해서는 기술 내용을 규정된 서식에 따라 특허 명세서로 정리하여 제출하여야 하는데 이 과정에 시간이 소모되어 신속한 출원이 어려웠다. 이에 특허청은 2020년 3월 임시명세서 제도를 도입하여 정해진 출원 서식에 따르지 않고도 연구개발 후의 논문, 연구 노트 등 자유로운 형식으로 작성(한글뿐만 아니라 외국어도 가능)하여 임시로 특허 출원을 할 수 있도록 하였고, 1년 이내에 규정된 서식에 따라 정리하여 다시 정식명세서를 제출하면 임시 출원한 날짜에 출원한 것으로 인정해준다. 따라서 '맞춤이' 개발 과정에서 개발된 기술은 일단 임시명세서로 빠르게 출원하여 출원일을 확보해 두고 이후 다시 정리하여 정식 출원을 할 수 있다.

다음으로, 특허 출원을 하면 특허청 심사관이 발명의 신규성, 진보성 등 특허 요건을 심사하여 거절 사유가 없는 경우에만 특허로 등록시켜 주는데 이러한 심사는 빨라야 1~2년, 오래 걸리면 2년 이상 소요된다. 그런데 인공지능 분야와 같은 4차 산업 분야는 기술의 발전 속도가 매우 빨라서 특허로 출원한 지 2년이 지나면 이미 새로운 기술로 대체될 수 있다는 점에서 신속한 등록이 중요하다. 이에 특허청은 4차 산업혁명 관련 기술 분야의 특허 출원을 우선심사 대상으로 추가하여 더욱 신속하게 심사될 수 있도록 2018년에 「특허법」 시행령을 개정하였다. 4차 산업혁명 기술로 분류되는 것은 다음과 같다.

표 13-3 4차 산업혁명 관련 19대 기술 분야 특허 분류(특허청)

특허 분류 정보			
인공지능	빅데이터	클라우드 컴퓨팅	차세대통신
사물인터넷	지능형 로봇	자율 주행차	드론
가상증강현실	스마트시티	맞춤형 스마트 헬스케어	혁신신약
지능형 반도체	첨단소재	신재생 에너지	3D프린팅
블록체인	스마트 제조	차세대 바이오 의약품	

- 타인의 특허권 침해 가능성 검토: 개발한 기술을 특허로 출원하여 등록받는 것 외에도, 기술 개발 과정에서 이미 존재하는 다른 사람이나 회사의 특허권을 침해하는지를 검토하는 것이 중요하다. 이를 검토하지 않으면 추후 타사와 특허 침해 분쟁이 진행될 수 있고, 분쟁이 발생하지 않더라도 이미 개발이 완료된 후에 특허권을 침해한다는 점을 알게 되면 특허를 침해하지 않도록 회피 기술을 개발하는 데 시간과 비용이 소모될 수 있기 때문이다.

기술 개발 과정에서 자사의 기술이 타사의 특허를 침해하는지 검토하는 것을 FTO (Freedom to Operate) 검토라고 한다. FTO 검토를 진행하게 되면 타사의 특허 침해 리스크를 낮출 수 있을 뿐만 아니라 이미 누군가 개발하여 공개한 기술을 또다시 개발하기 위해 불필요한 시간과 비용을 투입하는 것을 막을 수도 있다. 이러한 FTO 검토는 특허뿐만 아니라 상표, 디자인에 대해서도 진행하는 것이 바람직하다.

FTO를 위하여 선행 문헌을 검토하는 방법에는 여러 가지가 있는데, Google에서 검색하거나 특허청과 한국특허정보원에서 운영하는 키프리스 서비스를 이용해 볼 수 있다.

그림 13-8 키프리스 특허 검색 사이트(http://www.kipris.or.kr)

컴퓨터프로그램 저작권의 확보 및 침해 가능성 검토

컴퓨터프로그램(특히 소스코드)은 「저작권법」상 컴퓨터프로그램 저작물로서 보호받으며, '맞춤이' 개발 과정에서 창작된 순간 저작권이 발생한다. 그러나 앞서 살펴본 것처럼 저작권으로 등록받으면 여러 추정 효과가 있으므로 한국저작권위원회 홈페이지를 통하여 컴퓨터프로그램 저작물로 등록해 두는 것이 바람직하다.

한편 '맞춤이'는 오픈소스 플랫폼에서 다운로드한 오픈소스를 기반으로 개발되었다. 여기에서 '오픈'은 누구나 볼 수 있도록 외부에 소스코드가 공개되어 있다는 의미일 뿐 아무런 제약 없이 소스코드를 사용할 수 있다는 의미는 아니므로, 오픈소스가 따르는 라이선스 조건을 지켜서 사용해야 한다. 오픈소스를 사용하여 개발한 프로그램의 소스코드를 공개해야 하는지, 개발된 프로그램도 오픈소스의 라이선스와 동일한 라이선스를 사용해야 하는지, 상업적 목적으로 오픈소스를 사용할 수 있는지 등이 주로 문제 될 수 있으며, '맞춤이'의 개발 목적에 맞는 라이선스에 따라 오픈소스를 사용해야 한다. 예를 들어 가상 사례에서 BestPick은 외부 개발자를 영입하여 고도화한 부분의 소스코드에 대해서는 외부에 공개하지 않는 것으로 정하였기 때문에, 개발된 전체 소스코드를 공개하는 것으로 정하고 있는 오픈소스는 사용하기 어렵다.

또한 여러 종류의 오픈소스를 사용하는 경우에는 각 오픈소스의 라이선스를 모두 준수하여야 하는데, 어느 한쪽의 라이선스에서는 허용하는 것이 다른 한쪽에서는 허용하지 않으면 서로 충돌이 발생하여 라이선스가 양립 불가능하게 된다. 이러한 모순이 생기지 않도록 양립이 가능한 오픈소스만을 사용해야 한다.

영업비밀의 보호 및 침해 가능성 검토

영업비밀이란 공공연히 알려져 있지 아니하고, 독립된 경제적 가치를 가지는 것으로서, 비밀로 관리된 생산 방법, 판매 방법, 그 밖에 영업활동에 유용한, 기술상 또는 경영상의 정보이다. '맞춤이'의 경우에도 외부에 공개되지 않은 정보라면 개발과 관련된 모든 기술적 사항, 서비스와 관련한 경영 전략, 개발 비용 정보 등이 영업비밀에 해당할 수 있다.

물론 특허로 출원된 기술 내용은 출원일로부터 1년 6개월이 지난 시점에는 누구에게나 공개될 것이기 때문에 더 이상 영업비밀로서 보호받기는 어렵다. 그러나 그 외 비밀정보의 경우에는 영업비밀로서 보호될 수 있으므로 BestPick은 정보를 계속해서 비밀로 관리하기 위한 조치를 취해야 한다. 예를 들어 영업비밀 정보에는 권한을 가진 사람만이 접근할 수 있도록 통제하고, 임직원의 입사, 재직, 퇴사 시 정보가 외부로 유출되지 않도록 하며, 사내 비밀 관리 규정을 마련하여 실행하고, 다른 회사와 거래할 때 비밀 유지 계약을 체결하는 등의 관리를 해야 한다.

한편 자사의 영업비밀을 보호하는 것도 중요하지만 타사의 영업비밀을 침해하지 않는 것 또한 중요하다. 특히 BestPick은 개발 과정에서 경쟁사의 개발자를 영입하여 '맞춤이'를 고도화하였는데, 이 과정에서 개발자가 이전 직장의 영업비밀을 BestPick으로 가져오지 않도록 하여야 한다. 예를 들어, 회사 외부의 자료를 회사 내에 저장할 때는 허가나 승인을 받도록 하거나, 이직해 오는 직원에게 이전 회사의 자료를 가져오지 않았다는 점을 확인받아 둘 수 있다.

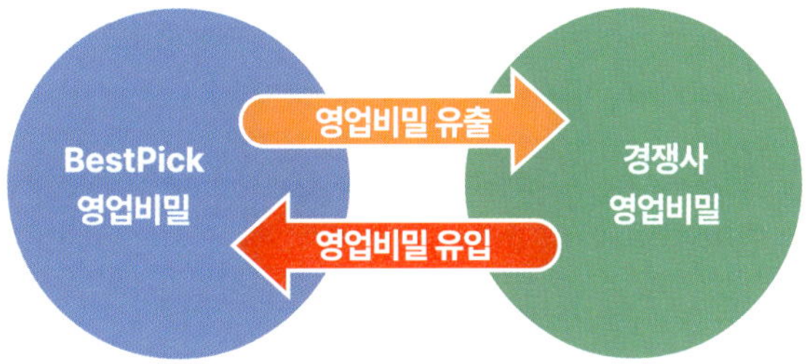

그림 13-9 영업비밀의 유출과 유입 방지

공동개발 계약서 작성

가상 사례에서 BestPick은 인공지능 모델을 최적화하는 기술이 부족하였기에 최적화 기술을 가지고 있는 OptiMind와 협업하여 '맞춤이'를 공동으로 개발하였다. 이렇게 공동으로 인공지능을 개발할 때는 개발 결과물의 지식재산권이 누구에게 있는지 명확하지 않을 수 있으므로 공동개발 계약서를 작성해 두는 것이 바람직하며, 다음과 같은 내용을 포함해야 한다.

지식재산권의 귀속에 대한 사항

먼저 공동으로 개발한 결과물의 지식재산권이 누구에게 있는지 정할 필요가 있다. BestPick 또는 OptiMind가 모든 지식재산권을 가지는 것으로 정할 수도 있고, 양사가 함께 공동으로 소유하는 것으로 정할 수도 있다. 공동으로 소유하는 경우 각 회사의 지분 비율도 협의하여 자유롭게 정할 수 있다.

참고로 지식재산권을 공동으로 소유하게 되면 계약에서 달리 정하지 않는 이상 양 사는 상대방 회사로부터 별도의 허락을 받지 않고도 자신이 가진 지분 비율과 무관하게 개발된 기술을 자유롭게 실시할 수 있다. 다만 자신의 지분을 타사에 판매하거나 다른 회사가 기술을 실시하도록 허락하기 위해서는 공동 소유권자인 다른 회사의 허락을 받아야 한다(「특허법」 제37조 제3항, 「상표법」 제48조 제4항, 「디자인보호법」 제54조 제3항 등).

지식재산권의 실시에 대한 사항

공동으로 개발한 기술의 실시(사용)에 관한 사항을 정할 필요가 있다. 만일 BestPick이 지식재산권의 전부나 일부를 가지는 것으로 정했다면 결과물도 자유롭게 사용할 수 있지만, OptiMind가 지식재산권을 모두 가지는 것으로 정했다면 BestPick은 OptiMind의 지식재산권을 실시할 수 있는 권한을 별도로 부여받아야지만 기술을 실시할 수 있기 때문이다.

또한 OptiMind가 공동개발을 진행하는 과정에서 공동개발 이전에 자신이 가지고 있는 지식재산권을 활용하였다면, BestPick은 OptiMind의 기존 지식재산권에 대해서도 실시할 수 있는 권한을 부여받아야 한다. 예를 들어, OptiMind는 기존에 A라는 기술을 가지고 있었는데 이번 BestPick과의 공동개발을 통해 A 기술을 개량한 A+B 기술을 개발하였다고 가정해 보자. 그렇다면 BestPick은 '맞춤이'를 개발하거나 서비스하는 과정에서 A+B 기술을 실시하여야만 하는데(즉, A도 실시하고 B도 실시해야 함), 개발을 통해 산출된 결과물인 B에 대해서만 지식재산권이나 사용권을 가지게 되면 A는 실시할 수 없게 되어서 결국 A를 포함하는 A+B를 실시할 수 없다는 결과에 이르게 된다. 따라서 공동개발 계약에서 BestPick은 공동개발을 통해 산출되는 결과물을 실시하는 데 필요한 OptiMind의 기존 기술에 대해서도 실시권을 부여받을 필요가 있다.

한편, BestPick이 기술을 실시하는 과정에서 BestPick뿐만 아니라 다른 회사도 지식재산권을 사용해야 하는 경우가 있다면(예를 들어, '맞춤이'의 유지보수를 위해 유지보수 업체가 지식재산권을 사용해야 하는 경우 등), BestPick의 사업목적 달성을 위한 범위 내에서 다른 회사도 지식재산권을 실시할 수 있도록 OptiMind와 계약을 체결하는 것이 바람직하다.

타인의 권리 침해에 대한 보증 및 면책 규정

'맞춤이' 개발 과정에서 FTO 검토를 진행한다고 하여도, 모든 특허를 확인하는 것은 현실적으로 어렵기 때문에 여전히 누군가의 특허를 침해할 가능성은 존재한다. 따라서 추후 '맞춤이'를 서비스하는 중에 특허침해소송이 제기되고 특허 침해로 인정됨에 따라 '맞춤이' 서비스를 중단해야 하거나 특허 침해에 따른 손해를 배상해야 할 때에는 그에 대한 책임을 누가 질 것인지 미리 정해둘 필요가 있다.

그림 13-10 특허 침해 공격에 대한 공동 대응

예를 들어 공동개발 과정에서 자신이 개발한 부분에 대한 책임은 자신이 지는 것으로 정할 수 있다. 가상 사례에서 모델을 최적화하는 기술은 OptiMind가 개발했으므로 추후 모델 최적화 부분에서 특허 침해금지 청구나 손해배상 청구 소송이 제기되면 이에 대한 책임은 OptiMind가 지는 것으로 하고, 나머지 부분은 BestPick이 개발하였으므로 그에 대한 책임은 BestPick이 지는 것으로 정할 수 있다. 물론 언제나 함께 대응하고 함께 책임지는 것으로 정하는 것도 가능하다.

기타 사항

공동개발이 종료된 이후 개발된 기술에 대해 추가적인 개량 발명을 개발할 수 있다. 이러한 추가적인 개발이 가능한지, 개발 결과물의 소유권 귀속이나 사용권은 누구에게 있는지를 공동개발 단계에서 미리 정해둘 수도 있다.

그 외에 비밀 유지에 관한 내용, 수익을 공유하는 경우 그에 대한 협의 내용, 공동개발과 관련한 여러 사항(개발 범위, 개발 기간, 개발 비용 등)에 대해서도 공동개발 계약서에 포함할 수 있다.

13.6 인공지능 서비스 배포, 운영 단계에서의 검토

인공지능 서비스의 배포 및 운영 단계는, 완성된 '맞춤이' 모델을 실제 환경에서 운영하여 일반 사용자에게 추천 서비스를 제공하는 것이다. 따라서 '맞춤이' 서비스 제공에 대한 이용약관을 마련할 필요가 있고, 운영 과정에서 다음의 내용을 유의할 필요가 있다.

서비스 이용약관 작성

약관에는 다음의 내용을 포함하는 것이 바람직하다.

산출물의 권리 귀속

인공지능이 산출한 산출물은 인간의 창작물이 아니기 때문에 저작권과 같은 지식재산권이 발생하지는 않는다. 그러나 창작성이 없는 산출물이라고 하더라도 데이터베이스(「저작권법」 제93조), 축적된 데이터(「부정경쟁방지법」 제2조 제1호 카목), 상당한 투자나 노력으로 만들어진 성과물(「부정경쟁방지법」 제2조 제1호 파목)은 허락 없이 사용할 수 없으므로, 산출물에 대한 권리를 '맞춤이' 서비스를 운영하는 BestPick이 가질 것인지 아니면 '맞춤이'를 사용한 사용자가 가질 것인지에 대해 정해둘 필요가 있다.

한편 사용자가 '맞춤이'를 사용하는 과정에서 발생하는 로그 데이터(사용자가 웹사이트에 접속한 시간, 방문한 페이지, 접속 상태 등의 각종 이벤트 정보나 오류 또는 상태 변화와 같은 정보)는 시스템 관리, 보안, 문제 해결, 성능 모니터링 등에 사용될 수 있으며, 추후 '맞춤이'의 성능 개선을 위한 학습 데이터로 사용될 수도 있으므로, BestPick이 권리를 가지는 것이 바람직하다.

개인정보의 수집·이용

추천 인공지능을 서비스하는 과정에서 사용자의 개인정보가 수집될 수 있다. 예를 들면, 사용자의 성별, 나이, 사는 지역과 같은 정보에 기초하여 사용자에게 가장 어울리는 가방을 추천해 주는 경우 BestPick은 사용자의 개인정보를 수집하여 처리할 필요가 있다.

이 경우 BestPick은 사용자에게 ① 개인정보의 수집·이용 목적, ② 수집하려는 개인정보의 항목, ③ 개인정보의 보유 및 이용 기간, ④ 동의를 거부할 권리가 있다는 사실 및 동의 거부에 따른 불이익이 있는 경우에는 그 불이익의 내용을 알리고, 그에 대한 동의를 구해야 한다. 특히, 수집한 개인정보를 추천 서비스 제공에만 사용하는 것이 아니라 추후 '맞춤이'의 학습 데이터로 사용할 예정이라면 인공지능 학습 데이터로 사용한다는 점에 대해서도 사용자에게 명확하게 알리고 동의를 받아야 한다.

수집된 개인정보는 유출되거나 훼손되지 않도록 안전성 확보에 필요한 기술적, 관리적, 물리적 조치를 취해야 하고, 보유 기간이 지나거나 처리 목적이 달성되면 파기해야 한다.

타인의 권리 침해에 대한 책임

'맞춤이'를 사용하는 과정에서 타인의 권리를 침해하는 경우가 발생할 수 있다. 예를 들어, '맞춤이'의 추천을 통해 사용자가 제품을 구매한 후에 사용자는 구매한 제품에 대해 후기를 작성할 수 있는데, 이때 '맞춤이'에게 부탁하면 직접 사용자 후기를 대신 생성해 주고 필요한 그림이나 사진도 자동으로 삽입해 준다. 그런데 '맞춤이'가 타인의 저작물과 유사한 글이나 그림으로 후기를 작성하면 이는 저작권 침해가 될 가능성이 있다.

이러한 저작권 침해는 사용자의 의도적인 프롬프트 입력 때문일 수도 있고, '맞춤이'의 학습 데이터에 저작권 침해 데이터가 포함되어 있었기 때문일 수도 있으며, 우연히 '맞춤이'가 저작물과 유사한 결과물을 생성한 것일 수도 있다. 이처럼 저작권 침해인지 여부, 그리고 저작권 침해라고 하더라도 이것이 누구의 책임인지가 명확하지 않기 때문에 이에 대해서 약관에 미리 정해 둘 수도 있다.

예를 들어 유료 서비스의 경우에는 '맞춤이'의 산출물이 타인의 저작권을 침해하는 경우 BestPick이 언제나 책임을 지는 것으로 하고, 무료 서비스의 경우에는 책임을 지지 않는다고 약관에 작성해 둘 수 있다. 물론 약관에 책임을 지지 않는다고 정해두었어도 추후 저작권 침해 소송에서 BestPick이 저작권 침해 데이터로 '맞춤이'를 학습시켰다면 그에 대한 책임을 지게 될 수 있다.

온프레미스와 클라우드

추천 인공지능인 '맞춤이'는 BestPick이 직접 운영하면서 사용자에게 추천 서비스를 제공할 수도 있지만, 다양한 판매자들이 상품을 등록하고 소비자에게 판매할 수 있는 공간을 제공하는 전자상거래 플랫폼 회사에 제공되어 해당 플랫폼 내에서 사용되도록 할 수도 있다.

후자의 경우 BestPick은 ① 전자상거래 회사 내의 서버에 '맞춤이'를 직접 설치하여 해당 회사 내에서 운영되도록 할 수 있고(온프레미스 방식), ② 전자상거래 회사가 사용자의 추천 서비스가 필요할 때 BestPick이 운영하는 서버에 접속하여 '맞춤이'의 추천 결과를 제공받을 수도 있다(클라우드 방식).

온프레미스 방식의 경우에는 '맞춤이'가 BestPick의 통제 범위 밖(즉, 전자상거래 회사 내부)에 설치되어 있으므로 BestPick이 '맞춤이'를 어떻게 운영, 유지보수, 업데이트할지 미리 계약을 통해 정해둘 필요가 있다. 클라우드 방식의 경우에는 '맞춤이'가 BestPick의 통제 범위 내에 설치되어 있으므로 계약으로 정할 사항은 온프레미스 방식에 비하여 많지 않을 수 있으나, 전자상거래 회사가 '맞춤이' 서비스를 이용하는 과정에서 전자상거래 회사의 영업비밀, 사용자의 개인정보가 BestPick의 서버로 전송될 수 있어서 이에 대해 어떻게 처리할지, 「개인정보보호법」이나 「부정경쟁방지법」상 문제는 없을지 검토할 필요가 있다.

온라인 플랫폼 운영자의 책임

인공지능 서비스를 제공하는 회사가 「저작권법」상 온라인 서비스 제공자(Online Service Provider; OSP)에 해당하는지는 아직 명확하지 않으나, 플랫폼 서비스로서 인공지능 서비스를 제공하면 OSP에 해당할 가능성이 높고 따라서 「저작권법」에서 규정하고 있는 OSP 책임을 이행하여야 한다.

특히 OSP 회사가 자신의 서비스 내에 저작권 침해 문제가 있다는 점을 통지받은 뒤 신속하게 문제가 되는 콘텐츠를 삭제하거나 접근을 차단하면 저작권 침해에 대한 책임을 면할 수 있으므로(「저작권법」 제103조), '맞춤이'의 플랫폼 내에 저작권 침해 게시물이 포함되어 있다는 신고를 받을 수 있는 신고 센터를 운영하고, 신고가 접수되면 신속하게 해당 게시물을 차단하는 조치를 취해야 한다.

13.7 정리하며

지금까지 가상 사례를 통해 인공지능을 개발하고 운영하는 회사에 문제 될 수 있는 법률적 이슈들을 살펴보았다. 인공지능을 개발하고 운영하는 회사들이 직면할 수 있는 법률적 이슈들은 여러 측면에서 발생할 수 있는데, 저작권, 특허, 영업비밀, 개인정보 등 매우 다양하다.

인공지능의 판단과 그 결과가 미치는 사회적, 경제적 영향을 고려할 때, 관련 법규 및 규제에 대한 철저한 이해와 준수를 통해 리스크를 최소화할 필요가 있고, 앞으로 새로운 법률과 규제가 등장할 가능성이 높은 만큼 지속적인 모니터링과 대응 전략을 마련하는 것이 필요하다. 향후 인공지능 기술이 더욱 발전함에 따라 법률적 이슈 또한 복잡해질 가능성이 있으며, 기업의 법적 책임과 윤리적 책임은 더욱 강조될 것이다.

한편 본 장은 인공지능을 개발하고 운영하는 회사의 입장에서 주로 서술되었지만, 학습 데이터의 저작권자, 기술 개발자, 인공지능의 사용자 입장에서도 어떠한 법률적 이슈가 있고 이를 어떻게 풀어나가야 할지 함께 고민해 보기를 바란다.

Q&A 13장

Q 본 장에서는 인공지능의 생명 주기 전체에서 발생할 수 있는 다양한 법률적 쟁점들을 살펴보았다. 그렇다면 앞으로 인공지능과 관련된 법적 분쟁이 많아질까? 많아진다면 어떠한 부분에서 분쟁이 일어날 수 있을까?

A 인공지능과 관련된 법적 분쟁은 앞으로 많아질 가능성이 크다. 이는 인공지능 기술이 발전하고 활용 범위가 확대됨에 따라 새로운 유형의 법적 문제가 생길 가능성이 높기 때문이다. 좀 더 구체적으로 살펴보면 다음과 같다.

1. 인공지능 활용의 확산 : 인공지능은 이미 의료, 금융, 제조, 교통, 교육 등 여러 산업에서 핵심 기술로 자리 잡고 있다. 이처럼 인공지능이 전방위적으로 도입되면서 다양한 법적 분쟁이 발생할 것으로 보인다. 예를 들어 의료 인공지능이 잘못된 진단을 내렸을 때, 자율주행차 사고가 발생했을 때, 제조업에서 인공지능이 제품 생산을 관리하다가 결함이 발생했을 때, 교육 인공지능이 학습자별 맞춤형 교육을 제공하는 과정에서 일부 학생이 차별적 대우를 받았을 때 누가 어디까지의 책임을 져야 하는지에 대해 법적 다툼이 발생할 수 있다.

2. 데이터와 프라이버시 문제 : 인공지능은 데이터 없이는 작동할 수 없으며, 학습과 작동 과정에서 방대한 데이터가 사용된다. 이러한 데이터에는 개인정보가 포함되어 있는 경우가 많기 때문에 개인정보의 보호와 관련된 법적 이슈가 지속적으로 대두될 것으로 보인다. 또한 국가 간 데이터 이동으로 인해 국제적인 법적 충돌도 증가할 가능성이 있다.

3. 알고리즘 편향과 차별 : 인공지능은 학습 데이터에 포함된 편향을 그대로 반영하거나 인공지능 모델의 설계 자체가 특정 그룹에 불리하게 적용되는 경우가 있으며, 이는 법적 분쟁의 주요 원인이 될 수 있다. 예를 들어 인공지능 채용 도구가 여성 지원자를 배제하거나, 금융 인공지능이 대출 승인 과정에서 특정 계층에게만 불리한 조건을 적용하거나, 인공지능을 활용한 범죄 예측 시스템이 특정 인종이나 지역을 과도하게 표적으로 삼는 경우 문제가 될 수 있다.

4. 책임 소재의 복잡성 : 인공지능은 다수의 주체가 관여하는 복합적인 기술이기 때문에, 인공지능이 사고를 일으켰을 때 누가 책임을 질 것인지에 대해 다수의 주체 간에 법적 분쟁이 발생할 수 있다.

5. 인공지능 창작물의 저작권 문제 : 인공지능이 생성하는 콘텐츠는 갈수록 다양해지고 있다. 그러나 기존 「저작권법」은 인간 창작물에 초점이 맞춰져 있어, 인공지능 창작물의 권리 문제는 계속해서 논란이 되고 있다. 또한 인공지능이 대량의 콘텐츠를 계속해서 창작해 내면서 인간의 기존 저작물과 유사한 저작물을 생성할 가능성이 높아졌으며, 이로 인한 분쟁도 증가할 것으로 보인다.

6. 법과 제도의 불완전성 : 인공지능 기술은 기존 법 체계가 예측하지 못한 문제를 일으키기 때문에, 법적 공백과 규제의 부족이 새로운 분쟁을 초래할 가능성이 높다.

Q 인공지능은 점점 더 인간을 닮아가고 일부 영역에서는 인간의 능력을 넘어서고 있다. 앞으로 인간의 영역을 더욱 빠르게 인공지능이 대체하게 될 것으로 보이는데, 법적인 부분 이외에 사회적인 갈등도 생겨날까?

A 인공지능이 인간의 역할을 대체하면서 다양한 사회적 갈등이 발생할 가능성이 있다. 이러한 갈등은 경제적, 사회적, 윤리적, 그리고 법적 측면에서 복합적으로 나타날 수 있다.

1. 일자리 대체로 인한 경제적 갈등: 인공지능은 단순 반복 작업뿐만 아니라 고도의 전문성이 요구되는 직무도 대체할 가능성이 있다. 이는 노동 시장의 변화와 실업 문제를 초래할 수 있다.

2. 소득 불평등 심화: 인공지능 기술의 발전으로 인공지능 기술에 대한 부가가치는 극대화되지만, 이익이 소수의 기업이나 기술 보유자에게 집중될 가능성이 높다. 이는 기존의 소득 불평등을 심화시킬 수 있다.
   - 기술 소유의 집중화: 인공지능 기술과 데이터는 대규모 자본과 인프라를 가진 기업이 주도하기 때문에 중소기업이나 개인은 경쟁에서 불리할 수 있다.
   - 인공지능 경제의 양극화: 인공지능을 활용할 수 있는 기업과 그렇지 않은 기업 간의 경제적 격차가 확대될 수 있다.
   - 사회적 복지 부담: 실업과 소득 불균형이 심화되면 정부의 복지 부담이 커지면서 정책적 갈등이 발생할 수 있다.

3. 기술 접근성의 불평등: 인공지능 기술을 활용할 수 있는 능력이나 접근 기회는 계층, 지역, 국가 간에 큰 격차를 만들 수 있다.
   - 디지털 격차: 기술에 접근할 수 없는 계층은 교육, 의료, 고용 등 다양한 측면에서 소외될 가능성이 높다.
   - 지역적 불균형: 도시 지역은 인공지능 인프라를 쉽게 활용할 수 있는 반면, 농촌이나 개발도상국은 기술 도입이 제한적일 수 있다.
   - 세대 간 갈등: 젊은 세대는 인공지능 기술을 더 잘 활용할 수 있지만, 중 · 장년층은 기술 적응에 어려움을 겪으면서 세대 갈등이 심화될 수 있다.

4. 인간의 정체성과 자존감 상실: 인공지능이 창의적 작업이나 전문성을 요구하는 영역에서도 두각을 나타내면, 인간의 정체성과 자존감에 영향을 미칠 수 있다.
   - 정체성 상실: 인공지능이 인간의 기존 역할을 대체하면, 인간은 사회에서 자신의 존재 이유를 찾는 데 어려움을 겪을 수 있다.
   - 자존감 위축: 인공지능이 인간보다 더 효율적이고 창의적인 결과를 낼 경우, 인간이 느끼는 자존감이 하락할 수 있다.
   - 인간 vs. 인공지능 경쟁: 인공지능과의 경쟁에서 밀리는 인간은 좌절감을 느끼고, 사회적 불만이 증가할 수 있다.

5. 윤리적 갈등과 인간 존엄성의 문제: 인공지능이 인간의 역할을 대체하면서 윤리적 문제도 두드러질 수 있다.
   - 인공지능에 과도한 의존: 중요한 의사결정에서 인간이 인공지능에 과도하게 의존하면, 인간의 판단력과 책임감이 약화될 수 있다.
   - 사회적 감시: 인공지능을 활용한 감시 기술이 확산되면서 개인의 프라이버시와 자유가 침해될 수 있다.
   - 인간 존엄성: 인공지능이 인간보다 더 뛰어난 역할을 수행한다면, 인간의 존엄성이 도전받을 수 있다.

6. 인공지능에 대한 사회적 불신과 반발 운동: 인공지능이 인간의 역할을 점차 대체하면, 이를 두려워하거나 반발하는 사람들도 증가할 가능성이 있다.
   - 인공지능 거부 운동: 일부 사람들은 인공지능의 도입이 인간의 권리를 위협한다고 느끼며 인공지능 사용을 거부하거나 반대할 수 있다.
   - 사회적 갈등 증폭: 인공지능 도입 찬성파와 반대파 간의 갈등이 정치적 · 사회적 대립으로 이어질 가능성이 있다.
   - 불신과 공포감 증가: 인공지능이 인간에게 어떤 영향을 미칠지 명확하지 않기 때문에 불신과 공포가 사회 전반에 퍼질 수 있다.

인공지능이 인간을 대체하는 과정에서 발생하는 사회적 갈등은 매우 다양하고 또 심각할 수 있다. 이러한 갈등을 최소화하기 위해서는 기술 개발과 도입 과정에서 폭넓은 사회적 합의와 윤리적 기준을 수립하고, 정부와 기업이 협력하여 새로운 시대에 적합한 정책을 마련해야 할 것이다.

찾아보기

ㅈ

ㅊ

ㅋ

ㅌ

ㅍ

ㅎ

영어

숫자

길벗 캠퍼스의 대학교재 시리즈를 소개합니다

길벗 캠퍼스는 교수님과 학생 여러분의 소중한 1초를 아껴주는
IT전문 분야의 교양 및 전공 도서를 IT Campus라는 브랜드로 출간합니다

메타버스 교과서 김영일, 임상국 지음 | 472쪽 | 29,000원 | 2023년 1월 출간	**전처리와 시각화 with 파이썬** 오경선, 양숙희, 장은실 지음 | 536쪽 | 29,000 | 2023년 5월 출간
파이썬 워크북 이경숙 지음 | 408쪽 | 26,000원 | 2023년 5월 출간	**안드로이드 프로그래밍** 송미영 지음 | 672쪽 | 36,000원 | 2023년 6월 출간
모던 자바스크립트&Node.js 이창현 지음 | 600쪽 | 34,000원 | 2023년 7월 출간	**SQL과 AI 알고리즘 with 파이썬** 김현정, 황숙희 지음 | 376쪽 | 27,000원 | 2023년 8월 출간
머신러닝과 딥러닝 with 파이썬 김현정, 유상현 지음 | 424쪽 | 28,000원 | 2023년 8월 출간	**4차 산업혁명과 미래사회** 안병태, 정화영 지음 | 488쪽 | 26,000원 | 2023년 7월 출간
게임 콘셉트 디자인 남기덕 지음 | 352쪽 | 27,000원 | 2023년 9월 출간	**생성형 AI를 활용한 인공지능 아트** 김애영, 조재춘 외 지음 | 356쪽 | 26,000원 | 2023년 9월 출간
게임 디자인&페이퍼 프로토타입 이은정 지음 | 352쪽 | 27,000원 | 2024년 1월 출간	**분산 컴퓨팅** 윤영 지음 | 360쪽 | 29,800원 | 2024년 1월 출간
찐초보 생활 전기 전병칠 지음 | 280쪽 | 21,000원 | 2024년 2월 출간	**외국인 학생을 위한 컴퓨터 활용** 김의찬, 박혜란 지음 | 464쪽 | 29,000원 | 2024년 5월 출간
C 언어의 정석 조용주, 임좌상 지음 | 584쪽 | 34,000원 | 2024년 6월 출간	**블렌더 교과서** 김영일 지음 | 608쪽 | 37,500원 | 2024년 8월 출간
일러스트레이터 with AI 허준영 지음 | 368쪽 | 27,000원 | 2024년 12월 출간	**포토샵 with AI** 이문형 지음 | 432쪽 | 28,000원 | 2024년 12월 출간
생성형 AI 창작과 활용 가이드 김현정, 원일용 지음 | 368쪽 | 27,000원 | 2024년 12월 출간	**인공지능 법과 윤리** 김명훈 지음 | 416쪽 | 29,500원 | 2024년 12월 출간

PPT

길벗 캠퍼스의 모든 도서는 강의용 PPT 자료를 제공하고 있습니다.
길벗 홈페이지의 해당 도서 교강사 자료실에서 다운 받을 수 있습니다.